江苏省高等学校重点教材
（编号：2021-2-196）

农村社区概论
NONGCUN SHEQU GAILUN

戚晓明　主编　郭占锋　副主编

南京大学出版社

图书在版编目(CIP)数据

农村社区概论 / 戚晓明主编；郭占锋副主编. ——南京：南京大学出版社，2022.11
ISBN 978-7-305-26154-1

Ⅰ. ①农… Ⅱ. ①戚… ②郭… Ⅲ. ①农村社区—概论 Ⅳ. ①C912.82

中国版本图书馆 CIP 数据核字(2022)第 174568 号

出版发行　南京大学出版社
社　　址　南京市汉口路 22 号　　邮　编　210093
出 版 人　金鑫荣

书　　名　农村社区概论
主　　编　戚晓明
副 主 编　郭占锋
责任编辑　黄　睿　陈　松　　编辑热线　025-83686659

照　　排　南京南琳图文制作有限公司
印　　刷　常州市武进第三印刷有限公司
开　　本　787 mm×1092 mm　1/16　印张 17.25　字数 420 千
版　　次　2022 年 11 月第 1 版　2022 年 11 月第 1 次印刷
ISBN 978-7-305-26154-1
定　　价　49.00 元

网址：http://www.njupco.com
官方微博：http://weibo.com/njupco
官方微信号：njupress
销售咨询热线：(025) 83594756

* 版权所有，侵权必究
* 凡购买南大版图书，如有印装质量问题，请与所购图书销售部门联系调换

编 委 会

主　　编 戚晓明

副 主 编 郭占锋

编委会成员（按姓氏笔画排序）

齐　钊　朱慧劼　吴业苗　李学斌

李浩昇　李　卓　杜培培　郑华伟

武艳华　范虹珏　郭占锋　戚晓明

前言

从德国滕尼斯的《共同体与社会》到美国芝加哥学派关于都市社区的研究,再到我国20世纪初燕京学派的社区研究,无不体现了作为认识社会基本单元的社区一直是社会学研究的经典主题。进入21世纪后,经济社会的快速发展、城镇化进程的加速、乡村振兴战略政策的出台等使得我国的乡村面临着前所未有的机遇与挑战。作为乡村社会的基本单元,农村社区备受关注。

2000年,中共中央办公厅、国务院办公厅转发了民政部《关于在全国推进城市社区建设的意见》,标志着我国城市社区建设正式在全国拉开帷幕。从"街居制"到"社区制",城市社区建设的开始与我国的经济体制转轨、社会转型密切相关。而农村社区建设相对滞后于城市社区。2006年,十六届六中全会提出"全面开展城市社区建设,积极推进农村社区建设",我国农村社区建设正式拉开帷幕。2009年,民政部开展了"农村社区建设实验全覆盖"创建活动。2015年5月,中央发布《关于深入推进农村社区建设试点工作的指导意见》,这是中央层面下发的第一个推进农村社区建设的政策文件。这里需要说明的是,国家有关社区建设政策文件的发布,标志了"社区化"建设的开始。但从社区的定义来说,"在一定地域范围内人们社会生活的共同体"称为社区;因而,传统村落、行政村等都可称之为社区,而并非狭义地单指挂牌或更名后的农村社区。本书在阐述相关概念、发展历程时不仅涵盖了传统的社区形态,还包括了现代的社区形态。

本书共分为十二章,主要是从农村社区构成要素的角度来编写的。前面四章是基本理论部分,涉及的内容包括农村社区的定义、要素、类型、功能、发展历程、研究理论与研究方法。这部分的写作目的是使读者对农村社区及农村社区研究有基本的认识。后面八章是对农村社区基本构成要素、发展中的问题的具体探讨,包括农村社区组织、人口、管理、环境、文化、服务和经济等。这部分的写作目的是使读者能够了解和掌握农村社区发展中的实际问题,能够分析农村社区发展中的各类现象。

本书的撰写获得兄弟院校社会学、社会工作、管理学同仁的大力支持,由戚晓明担任主编,郭占锋担任副主编。参与编写的人员分工如下:第一章由南京农业大学的范虹珏、李沁政、刘滨玮撰写,第二章由西北农林科技大学的郭占锋编写,第三章由南京农业大学的戚晓明、朱曦杰编写,第四章由南京农业大学的朱慧劼编写,第五章由南京师范大学的李浩昇、王晟聪编写,第六章由河海大学的武艳华、张志华撰写,第七章由西北农林科技大学的李卓撰写,第八章由南京农业大学的郑华伟撰写,第九章由西北大学的齐钊、路瑶撰写,第十章由南京师范大学的吴业苗撰写,第十一章由安徽大学的杜培培、陈江豪、刘筠萱、张婷婷撰写,第十二章由南京理工大学的李学斌、袁淑琳、孙宝琛、谢慧萍、葛珊珊撰写。郭占锋、祝西冰、杨灿君协助统稿,戚晓明完成终稿。感谢李轶星、王懿凡、李钰肖、丁雅捷、何雨芮、黄善阳、贾艺苇、孙旻为本书收集资料、校对所做出的贡献!

本书在编写过程中参阅了大量的著作、教材和论文,恕不一一列明,在此向所有的专家学者致谢!在编写、校阅过程中难免会出现疏漏之处,敬请读者批评指正,我们将在重印、再版时进行修改。

戚晓明
2022 年 8 月 18 日于南京

目录

第一章　农村社区概述 …… 1
第一节　农村社区的定义 …… 1
第二节　农村社区的要素 …… 7
第三节　农村社区的类型 …… 10
第四节　农村社区的功能 …… 13

第二章　农村社区发展历程 …… 16
第一节　新中国成立前的农村社区 …… 16
第二节　新中国成立初期的农村社区 …… 23
第三节　乡政村治时期的农村社区 …… 30
第四节　新型农村社区 …… 34

第三章　农村社区研究理论 …… 40
第一节　类型学 …… 40
第二节　功能主义理论 …… 43
第三节　人文区位理论 …… 51
第四节　社会体系理论 …… 55
第五节　社会互构论 …… 57

第四章　农村社区研究方法 …… 62
第一节　社区研究方法概述 …… 62
第二节　农村社区研究的一般方法 …… 68
第三节　农村社区研究的专业方法 …… 82

第五章　农村社区组织 86
第一节　农村社区组织概述 86
第二节　村民自治组织 95
第三节　宗族组织 100
第四节　农民专业合作社 103

第六章　农村社区人口 107
第一节　农村社区人口概述 107
第二节　农村社区人口结构 113
第三节　农村社区人口过程 125
第四节　农村社区人口问题、成因及对策 135

第七章　农村社区管理 141
第一节　农村社区管理概述 141
第二节　农村社区民主决策 147
第三节　农村社区民主管理 150
第四节　农村社区民主监督 156

第八章　农村社区环境 161
第一节　农村社区环境概述 161
第二节　农村社区环境治理 162
第三节　农村社区环境治理存在的问题 169
第四节　农村社区环境治理发展路径 174

第九章　农村社区文化 179
第一节　农村社区文化的概念及构成要素 179
第二节　农村社区文化的特点与功能 186
第三节　农村社区文化的传承与变迁 191

第十章　农村社区服务 195
第一节　农村社区服务的基本概念和主要内容 195
第二节　农村社区服务演变 202
第三节　农村社区服务的情境与发展 209

第十一章　农村社区经济 ……………………………………………………… 216
　　第一节　农村社区经济概述 ………………………………………………… 216
　　第二节　农村社区经济发展的模式探索 …………………………………… 221
　　第三节　农村社区经济发展中的一般问题 ………………………………… 229
　　第四节　农村社区数字经济的新业态与新挑战 …………………………… 232

第十二章　农村社区社会工作 …………………………………………………… 242
　　第一节　农村社区社会工作概述 …………………………………………… 242
　　第二节　农村社区社会工作的发展历程 …………………………………… 248
　　第三节　农村社区社会工作的发展现状 …………………………………… 256

参考文献 …………………………………………………………………………… 262

第一章

农村社区概述

第一节 农村社区的定义

一、社区的定义

"社区"是我们理解和界定"农村社区"这一概念的基础,因此先要讨论"社区"这一名词的相关定义。

(一)"社区"定义的演化过程

社区从本质上来说是指某一特定区域内的特定人群聚合,形成相似的生活方式。因而社区的本质就是人的群体关系或者社会关系。

"社区"一词源于拉丁语,原意指在松散的社会群体中形成的关系密切的伙伴和共同体。最早提出"社区"这一概念的是英国著名学者亨利·詹姆斯·萨姆那·梅因,他在1871年出版的《东西方村落社区》一书中,首次使用"community"一词,即社区这一名称。[1] 1881年,德国社会学家斐迪南·滕尼斯(F. J. Tönnies,1855—1936)将gemeinschaft(礼俗社会)首次引入社会学研究范畴,作为社会学的一个研究对象。继而,在1887年出版的 *Gemeinschaft und Gesellschaft*(《共同体与社会》)一书中,他以gemeinschaft和gesellschaft,即礼俗社会和法理社会两个概念来描述西方工业化以来社会变迁的趋势和两种不同性质的社会生活形态。他将前者解释为"具有共同习俗和价值观念的同质性人口所组成的关系密切、守望相助和富有人情味的社会生活集合体"[2],后来被学者界定为礼俗社会;而把后者理解为是由契约关系和人们的理性意志所形成的社会生活组织,后被学者翻译为法理社会;同时,他认为前者是一种依存关系,即共同体状态,后者是一种利益关系,人们因谋求自己的利益而结合,社会是由前一种形态向后一种形态演变。而农村社区,大部分仍处于所谓的"礼俗社会"状态,即更多的是"具有共同习俗和价值观念的同质性人口所组成的关系密切、守望相助和富有人情味的社会生活集合体"[3]。

---

[1] 袁秉达、孟临:《社区论》,中国纺织大学出版社,2005年,第2页。
[2] 斐迪南·滕尼斯:《共同体与社会:纯粹社会学的基本概念》,林荣远译,商务印书馆,1999年,第64页。
[3] 斐迪南·滕尼斯:《共同体与社会:纯粹社会学的基本概念》,林荣远译,商务印书馆,1999年,第75页。

关于"社区"这一概念，国内外的学者都进行了不同的阐述。下面摘录部分中西学者观点以增强理解"社区"这一概念的演化与发展历程。

西方学者对于"社区"的定义：

滕尼斯认为，社区是由若干亲族血缘关系而结成的社会联合。滕尼斯强调血缘纽带和联合，即共同体。①

R. E. 帕克在《城市社会学》中指出：社区是占据在一块被或多或少明确地限定了的地域上的人群汇集。② 其观点主要强调"人群汇集"。

E. N. 伯吉斯则强调"社区的地域环境"③。

埃弗里特·M. 罗吉斯与拉伯尔·J. 伯德格在《乡村社会变迁》中指出：社区是一个群体，它由彼此联系、具有共同利益或纽带、具有共同地域的一群人所组成。社区是一种简单群体，其成员之间的关系是建立在地域的基础上的。④ 他们强调共同利益、共同地域、简单群体三个要素。

B. 菲利普在《概念到应用》一书中指出："社区是居住在某一特定区域的、共同实现多元目标的人所构成的群体。在社区中每个成员可以过着完整的社会生活。"⑤其强调特定地域、共同实现的多元目标、群体三个要素。

G. 邓肯·米切尔指出：社区一词是指称人们的集体，这些人占有一个地理区域，共同从事经济活动和政治活动，基本上形成一个具有某些共同价值标准和相互从属的、情感的、自治的社会单位，城市、城镇、乡村或教区就是例子。⑥

综上可见，西方学术界对社区的定义主要从两个视角进行理解与概括：第一种是基于功利视角的解读，将社区定义为具有共同目标和共同利害关系的人组成的社会团体；第二种是基于区域视角的解读，将社区定义为在一定地域内共同生活的有组织人群。可见第二种解读，更为突出"地域"作为社区的基本要素，即社区是以一定地理区域为基础的具有共同意识和共同利益的社会群体。而第一种解读，则更为强调共同利益作为社区的基本特征，比较容易与社会组织的概念相互混淆。

中国学者对于"社区"的定义：

徐震认为，社区是居住于某一地理区域，具有共同关系、社会互动及服务体系的一类人群。社区是一类人群，他们住在相当邻近的地区，具有若干共同的利益和若干共同的服务，面临若干共同的问题，产生若干共同的需要。由于这种共同的利益、共同的问题、共同的需要，遂产生一种共同的社区意识。为了达成其共同目标，社区必须组织起来，互助合作，采取

---

① 斐迪南·滕尼斯：《共同体与社会：纯粹社会学的基本概念》，林荣远译，商务印书馆，1999年，第88页。
② R. E. 帕克、E. N. 伯吉斯、R. D. 麦肯齐：《城市社会学——芝加哥学派城市研究文集》，宋俊岭、吴建华、王登斌译，华夏出版社，1987年，第96页。
③ R. E. 帕克、E. N. 伯吉斯、R. D. 麦肯齐：《城市社会学——芝加哥学派城市研究文集》，宋俊岭、吴建华、王登斌译，华夏出版社，1987年，第110页。
④ 埃弗里特·M. 罗吉斯、拉伯尔·J. 伯德格：《乡村社会变迁》，王晓毅、王地宁译，浙江人民出版社，1988年，第266页。
⑤ 转引自蔡禾主编：《社区概论》，高等教育出版社，2005年，第4页。
⑥ G. 邓肯·米切尔主编：《新社会学词典》，蔡振扬、谈谷铮、雪原译，上海译文出版社，1987年，第51页。

集体行动,以求共同发展。具备这些或其中一部分条件或潜力的一类人群,即可称之为一个社区。①

《中国大百科全书》(社会学卷)指出,社区是指以一定地理区域为基础的社会群体。②

王康指出,社区是指一定地域内,按一定的社会制度和社会关系组织起来的,具有共同人口特征的地域生活共同体。③

张敦福在其主编的《现代社会学教程》中,引述了部分学者关于社区的定义,该书并未提出一个明确的定义,但其综述社区的几个基本要素也能表明社区是什么,这些基本要素是:共同情感联系和价值的认同,共同的地域空间,共同的利益,一定的人群。④

何肇发认为对于"社区"这一概念,应该确定一个非常宽泛的社区定义:社区就是区域性的社会,换言之,社区就是人们凭感官能感觉到的具体化了的社会。⑤

方明指出,社区一般是指聚集在一定地域范围内的社会群体和社会组织,根据一套规范和制度结合而成的社会实体,是一个地域社会生活共同体。⑥

国内学者形成较为一致的见解是:社区是人类生活的共同体,有别于社会、群体和人群。但社区可以是地域(区域)社会,也可以是具有社会交往的,具有共同意识、共同利益的人群。

综上可见,国内学术界关于"社区"这一概念的相关认知,达成的共识是社区是人类生活共同体。社区是建立在地域基础上的,处于社会交往中的,具有共同利益和认同感的社会群体。

(二) 社区的特征

从以上中西学者对于社区的基本概念界定,可以得出社区大概有如下特征:

第一,社区是区域性社会。因此,社区是社会的缩影,具备整体性大社会的基本功能以及一定的规模性。

第二,社区是人们的生活实体。社区是人们日常生活的主要场所,是人们交往的产物,即某一聚居地的人群通过比较密集持续的交往而形成的具有便利性关系的、互相认可的生活共同体。固定的地域与便利的接触需求,是社区形成的前提条件。

第三,社区是基本的社会实体。社区,作为政府基层治理的主要载体,不但包括一定数量的人口以及由这些人口组成的社会团体,而且包括人们的政治生活、经济生活以及文化生活,同时包括人们的经济关系以及地缘、血缘和业缘等其他社会关系。

第四,社区具有浓郁的地方特色。由于每一个社区都是建立在特定的区域地理环境和资源基础之上,拥有一定特征的人口。这种客观特殊的政治经济文化环境和历史文化条件,从一定程度上造就了一个社区自己独特的价值观念、行为模式、生活风气和群体意识。

---

① 徐震:《社区与社区发展》,台北正中书局,1988年,第35页。
② 《中国大百科全书》(社会学卷),中国大百科全书出版社,1991年,第356页。
③ 王康主编:《社会学词典》,山东人民出版社,1988年,第214页。
④ 张敦福主编:《现代社会学教程》,高等教育出版社,2001年,第162页。
⑤ 何肇发主编:《社区概论》,中山大学出版社,1991年,第3页。
⑥ 方明、王颖:《观察社会的视角——社区新论》,知识出版社,1991年,第5页。

第五,社区是以聚落形式作为本身的依托和物质载体。聚落,是人类在长期活动基础上利用自然和改造自然环境的结果。它不仅包括房屋建筑等集合体,还包括与居住生活有关联的生活、生产等基础设施。社区的所有构成要素都是聚集在聚落之中的。人类的大部分活动都是在这一聚落空间内进行的。它既是人们居住、生活、休息、交往的场所,又是人们进行生产劳动,进行物质交换、分配和消费的基地。

第六,社区会伴随着人类社会的发展变迁而不断发生变化。社区是在一定的社会历史经济条件下人类生产活动的产物。社会政治经济文化的变化,不但左右了身在社会当中的个人行为与意识变化,而且势必影响人类活动的产物即社区的发展变化。所以,伴随社会的发展变迁,社区也会相应发生改变。因此,没有一成不变的社区,有的只是具体的社区,一定社会条件下的社区。

二、农村社区的定义

农村社区是以农村区域范围为依托的一种社区类型,农村社区既有以上所提到的社区的共性特征,包括一定数量的人口、一定地理区域、一定的生产生活设施、一定的管理机构和社区成员的群体认同感等等;也有区别于城市社区、城镇社区的个性特征,即是一种以农业生产生活方式为基础、农村区域范围为依托的社区形式。农村社区,不仅是农村社会的组成部分,也是农村社会的缩影。

相较于城市社区,农村社区具有更强的乡土观念。滕尼斯所阐述的"具有共同习俗和价值观念的同质性人口所组成的关系密切、守望相助和富有人情味的社会生活集合体",这在本质上与中国传统文化所推崇的"人本质上是社会角色的担当者,不是孤立的个体,而是群体的一分子;人是具有强烈的群体生存需要、有伦理道德自觉的互助性个体,其命运与社会群体息息相关"[1]这一思想有着一定的相似性。

在通常情况下,农村社区具有如下基本特征:

第一,地域相对广阔,人口密度小。

农业生产生活需要以土地为载体、依赖自然资源进行活动,需要占据大量的地域空间。这就使得农村社区与城市和城镇社区相比,具有相对广阔的地域空间。地域占据较广,使得农村社区人口密度相对于城市和城镇来说显著降低、人口较为稀疏。

第二,经济生活自给自足,生产力相对落后。

作为农业社会的缩影,农村社区一贯带有传统农业社会的明显特征,即自然经济占据主导地位,以家庭为主要生产单位,经济上自给自足,整体消费水平不高。而且由于长期的城乡二元化发展,导致农村相对城市而言人口教育普及程度低,经济、文化和技术都处于弱势地位,生产力相对落后。

第三,社区居民职业结构同质性强。

农村社区的形成是伴随农民生产活动发展而来的,因此社区居民的基础性经济活动是从事农业生产,居民多数集中在以农业生产为主的初级产品生产领域,主要从事农耕作业、

---

[1] 丁元竹:《理解社区》,《中国农业大学学报(社会科学版)》2008年第4期。

林业、牧业和渔业等经济活动,社会分工简单,职业构成单一、同质性强。但是,随着城镇化的深入,我国人口结构发生了重大变化,农村社区近年来从事二、三产业的居民数量呈现逐步上升趋势,某些地区甚至超过了第一产业的人数。

第四,社区结构简单,乡土观念浓厚。

农村社区的主要居民是之前的本地村民,受到地域的限制,社区居民在血缘与地缘上关系密切,社会习俗组织较多,社区总体结构简单。社区居民地域观念较强、乡土观念浓厚,有相似的生活方式、价值观念、宗教信仰等等,传统文化的积淀较深。

农村社区除了以上四个基本特征以外,还具有如下较为明显的特征:

其一,农村社区是一个社会实体。

农村社区是由一定数量的人口、一定的地理区域、一定的生产生活设施、一定的管理机构和社区成员的群体认同感等基本要素构成的农村社会实体。它既是农村社会的组成部分,又是宏观农村社会的缩影。从范围上看,任何一个农村社区都是农村区域社会共同体,整个农村社会是由若干不同类型的农村社区所构成的。从内部组成上看,不同于某一部门、某一行业,农村社区是一个相对完整的社会结构体系。这种相对完整的社会结构体系包括一定数量和质量的人口以及由这些人口所构成的社会群体和社会组织,包括人们的政治、经济、文化生活的方方面面,包括经济关系、血缘与地缘关系在内的一切社会关系,包括一定的地域,还包括人们赖以进行社会活动的生产资料和生活资料。总之,它包括了农村社会的最基本内容,俨然是一个"小社会"。

其二,农村社区具有多重功能。

目前我国农村社区具有五种功能:一是经济功能。支撑农村的经济建设是农村社区的基本功能,是农村社区建设的关键因素。主要表现为农村社区在生产经营活动中通过发展现代农业、推进农村经济合作、完善农村金融制度以及改革土地制度等,发挥组织协调功能,为农村经济建设提供公共服务。二是政治功能。农村社区担负着维护基层社会稳定的政治功能,主要表现为农村社区依照党和政府的方针政策、建立和发展各种社会组织,维护社区居民的合法利益,推进村民自治和基层民主法治建设等。三是文化功能。农村社区文化功能体现在物质文化和精神文化两个方面:物质文化方面,表现为农村社区的基础文化设施建设功能,如开辟社区文化活动场地、组织开展群众性精神文明创建活动;精神文化方面,表现为通过组织开展文化娱乐和体育活动、发展教育事业,培养社区居民的凝聚力、认同感和价值观等。四是社会管理功能。农村社区是社会治理最基层的治理单位,是社会公共服务的基本单位,主要表现为农村社区组织具有维护本社区治安秩序、化解干预本社区居民矛盾冲突、维护本社区内部稳定等多项社会管理功能。五是社会建设功能。例如,农村社区组织要依法办理本社区的公共事务和公益事业,提供基本的公共服务和福利保障,促进本社区的建设发展。农村社区功能的多重性是由社区内容的多样性和社区居民的多方面需求所决定的,也是农村社区作为社会实体的一种反映。

其三,农村社区的主要经济活动是农业生产。

马克思认为,人类的第一个历史活动就是生产满足衣食住行等生存所需的基本物质生活资料。但在不同类型的社区,人们获取物质生活资料的方式是有差异性的。由于城乡的差异,城市劳动力通常从事二、三产业,即非农产业谋生,而农村劳动力通常主要依赖农业生产维持生存,包括种植业、林业、畜牧业和渔业生产等,因此农村社区的主要经济活动是农业生产。但是改革开放以来,城乡人口结构发生了显著变化,这种社会整体结构的显著变化带来了居民生产生活方式的巨大变迁。当前农村产业结构中最传统、最基础的农田种植业规模呈现缩小态势,农村产业结构发生了较大的改变,呈多元化发展趋势。不少地区从事二、三产业的农村劳动力已经超过了从事农业的劳动力,农民从事非农产业的收入也已经超过了农业收入。可见社会整体结构的变化也推动了农村型社区向城镇型社区的转型。

其四,农村社区的聚居规模较小。

衡量一个社区人口状况的主要指标是社区的人口密度和人口聚居规模。社区的人口密度通常用每平方公里的平均人口数量来表示,社区的人口聚居规模主要是指社区聚居人口(居民点人口)的多少。与城市社区相比,农村社区的人口密度低、人口聚居的规模小是其显著特征之一。就我国城乡而言,通常情况下,城市建成区的人口密度高达每平方公里数万人,而农村的人口密度为每平方公里数百人乃至更低。

从事农业生产是农民的主要谋生手段与方式,而农业生产与自然环境、自然资源息息相关,尤其是跟土地的关系尤为密切。无论是种植业还是畜牧业、林业、渔业等都需要占有更多的自然资源,如太阳能、土地面积、水源等。在生产力水平低的情况下,占有的自然资源越多收获越高,也才能以农业生产来维持农业社区人口的温饱;在生产力水平较高的情况下,占有大面积土地依然是实现农业高效规模生产的基本条件。

不仅由于农业生产本身依赖自然资源的特点,从农作物种植、运输上来看,农民也必须住在离耕地较近的地方,以方便打理农作物。这在交通不发达的传统时代必然如此,即使在交通比较发达的现代,倘若农民的居住地离农田太远也会带来诸多不便,甚至会失去耕作的可能。更何况农民要把种子、肥料从家里运到田间,又要把收获的农产品从田间搬回家里,如此一来,农民居住地和耕作地距离的远近自然成了影响劳动生产率的一个重要因素,这就决定了农村居民必然不可能像城市居民那样大规模集中居住,而只能小规模聚居于多处。于是,农村人口的聚居规模小就成为农村社区的特点之一。

其五,农村社区中家庭的地位和作用突出。

传统农业社会,农村家庭既是基本生活单位,又是最基本的生产单位。农村家庭作为农业社会的子系统,承担诸多社会职能,如生产、消费、生育、教育和赡养等。近代以来,随着生产力的发展、工业化的推进,机械生产在农业生产中得以广泛使用,逐步取代了家庭手工业的生产组织形式,出现了以江浙乡镇企业为代表的各类企业工厂。但在农业生产领域,家庭农业经营依然具有相当的普遍性。据有关资料介绍,日本有家庭农场400多万个,占该国农场及农业企业总数的90%以上;加拿大91.5%的农场为家庭所有;即使在农业最发达的美国,农业生产多数也采用家庭经营模式。改革开放之后,家庭联产承包责任制在我国农村大规模推行,逐步成为我国农村现阶段的基本经济制度和主要的生产经营方式,农村家庭也普遍成为我国农业生产的基本单位。家庭之所以在不同国家与不同时代适宜作为农业生产的基本单位,是因为它的一些最基本特征能够比较充分地满足农业活动提出的多重要求。不仅如此,家庭地位的重要性,在农村社会生活中尤为明显,个人往往以家庭成员的身份参加组织活动,农村社区通常也将家庭作为其生产生活活动的单位,并不直接论及个人。尤其像家族、邻里、经济合作组织和村民委员会等大都是以家庭为单位构建起来的。正是从这个意义上说,家庭是农村组织的基本构成单位。

其六,血缘和地缘关系在农村社区中发挥着支配性作用。

血缘关系是人类最原始的社会关系。原始社会早期的氏族公社即是以血缘关系为纽带而形成的,但到了原始社会后期随着生产力的发展与私有制的出现,单靠血缘关系不足以应付日益复杂的社会政治经济生活,地缘关系的作用逐步突显。在传统农业社会,人口流动性相对较低,地缘关系在某种程度上也是血缘关系的投影。血缘与地缘共同成为农村社区稳固社会关系的基础。

时至今日,我们在农村社区中还可以看到:第一,农民但凡遇到生产、生活困难,往往习惯求助于亲族、邻里和街坊。这种情况表明,血缘与地缘关系是农民生活的社会支持系统。正因为如此,农村的家族(宗族)和邻里群体才得以发挥着重要作用,表现出顽强的生命力。第二,农村生活共同体基本上是依附血缘和地缘这两种社会关系结合起来的。例如,我国农村的许多自然村往往是一个亲族共同体,是由于亲族们聚集而居才形成的。又如,我国农村原来的生产队以及现在的村民小组是依据农民居住远近来划分的,一个生产队或村民小组的几十户农民基本上都是街坊、邻里,其中不少人还有这样或那样的血缘关系。因此,与城市社区相比,血缘关系、地缘关系在农村社区中体现更为突出,作用更为显著。当然,也应该看到,由于经济社会的发展,现代农村社区居民间的业缘关系和趣缘关系的重要性正在不断增强。

其七,农村社区文化的地方性特征更为明显,农民的社区意识比较浓重。

社区文化是一种群体文化,是社区成员长期共同经济社会生活的反映,是社区成员大体一致的价值信仰、生活观念、行为规范、风俗习惯乃至方言等的总和。由于不同农村社区的形成过程、历史传统、地理条件和发展水平不同,在此基础上产生、形成的社区文化也不尽相同。且不说我国南方与北方的社区文化有明显差异,就是两个相距较近的农村社区,也各有自己的文化特色。我国农村有句俗话:"五里不同风、十里不同俗。"这表明即使相距很近的不同社区也各有自己的风俗习惯。不仅如此,农民还具有强烈的社区意识。社区意识,是一种社区事务的参与意识,主要是指社区居民对自己所属的社区在情感上的认同、喜爱和依赖。这种情感意识与心理感觉是社区成员长期接受社区文化、生活及各方面影响的结果。在我国农村社会,由于人们世世代代居住成长在相对固定的地方,在相对固定的地方学习生活,从而习得了带有地域性的行为模式和建立了区域性的社会关系,由此形成了具有浓厚地域性的社区意识或者"乡土观念气"。特别是我国农村社区是一个经济利益共同体,同一社区的农民具有共同的经济利益,这是农民的社区意识比较浓重的根本原因之一。

第二节　农村社区的要素

社区是人类生活的共同体,是一个极为复杂的事物和实体,这就决定了它具有多种构成要素。社区要素是指那些构成社区的或使其成为社区的基本因素。这些基本因素对于任何社区而言都缺一不可。

一个发展良好的社区所具有的要素有以下六个方面:

一、地域

地域是一个社区存在的物质载体,包括社区的范围、方位、形状、环境和自然资源等。它是人们赖以进行生产劳动和生活活动的物质场所。社区是区域性社会,占有一定的地理位置是社区不可缺少的基本条件。

社区发展与地理环境有直接关系。地理环境包括气候、土壤、森林、山脉、平原、河流、湖泊、海洋、矿藏等。一个气候温和、降雨量适中、土质肥沃的地方是农业发展的理想社区,而江河湖海是发展渔业的理想社区。在我国,东南沿海地区比西北地区经济发达,黄河、长江流域比内陆其他地区发达,都与地理位置有关。良好的地理环境会促进社区发展,不利的环境会阻碍社区发展。地域条件的好坏将直接影响农村社区的发展状况。

二、人口

人口是指社区内按一定生产关系或社会关系聚居的人口群体。它是社区的又一基本要素,是社区存在的物质基础之一。地域是活动的场所,人口则是社区活动的主体,没有人活动的场所,无人烟的地方,只能叫作空旷的荒原,而不是社区。社区应该是生机盎然的,有人的活动,有人活动的成果或人的印迹,人是在这一场所上活动的主体。地域和人口是社区的两大最基本要素。

人口要素包括社区人口的数量规模、人口的分布、人口的构成以及人口的素质等。人口数量的多少决定了社区的规模。人口越多,社区规模就越大;人口少,社区规模就小。人口的分布,就是社区人口在社区地域空间的分布状况。人口过于密集,人口密度就大;人口相对疏散分布,人口密度就小。人口的构成,包括社区人口的自然构成和社会构成。自然构成包括社区人口的年龄构成、性别构成。社区的年龄构成有老、中、少人群,老年人口占社区人口的比重越大,其老龄化的程度就大。而社区的性别构成主要是男女性别比的问题,一个社区的男女性别比应该在一个正常的比例范围,否则会影响社区居民的正常生活。社会构成则包括社区人口的阶层构成、受教育程度、职业状况、民族成分、婚姻状况、宗教信仰和流动状况等。人口的社会构成越复杂,说明社区人口的异质性就越强,就会增加社区管理的难度;反之,则利于社区管理。就当前而言,我国人口受现代化和城市化的影响,人口的流动性较大,城市人口在膨胀,而农村人口在缩小,给社区人口管理带来压力。人口的素质是人口的质量,包括人口的身体素质、文化素质、道德素质和心理素质等。传统社会里的社区,它的人口多半是同质的。他们有大致相同的职业、相同的利益、相同的观念。而现代社会的社区,尤其是城市社区,人口的异质性较大,流动性也较大。

三、组织

组织是指为了一定目的而形成的持续的、固定的人群关系。[①] 社区一般由很多不同类

---

① 于显洋主编:《社区概论(第二版)》,中国人民大学出版社,2016年,第30页。

型的组织构成。农村社区和城市社区内的组织有些不同,但都是为了满足社区发展的需要。城市社区内的组织有社区党组织、社区居民委员会、各类居民自组织,还有诸如学校、医院、银行等各类企事业单位。而农村社区内的组织主要包括社区/村党组织、社区居民委员会/村民委员会、村民小组、民间团体、各类协会、农民专业合作社等。从组织的类型来看,农村社区组织可分为正式组织和非正式组织,也可分为经济性组织、政治性组织、文化性组织,还可分为经营性组织、公益服务类组织等。农村社区组织是农村社区中的居民进行生产与生活活动的重要载体。通过组织,农村居民之间建立起丰富的联系,提升社区的整合程度。

四、文化

人们在一定场所活动的过程中,就会形成一定文化和规范。"一方水土养一方人",在同一块地域活动的人们形成了相同的文化和观念。文化包括物质文化和精神文化,由于各个社区的经济条件不同,由此影响居民职业的结构不同;又由于社区的政治条件、社会条件以及历史传统的不同,各个社区的文化便形成了有别于其他社区的自身特点。文化的表现形式有风俗、习惯和语言等。"十里不同俗"就是指相近的不同社区也有自己的文化特点,由此形成了不同的生活方式。

社区成员的社会化既是接受社区文化的结果,又是形成社区共同文化的前提。这是一个问题的两个方面,即人们的活动必然形成共同的文化和制度,又必须遵守这些文化和规范。社区的共同文化和制度指导并影响着社区的行动,促使社区构成一个整体。一个社区的人要生存发展,必然要和他人发生联系与建立各种关系。交往和办事要遵守一定的共同规范。制度既是文化沉淀的结果,又是文化的表现和传递。社区成员的活动有助于形成社区共同的文化,同时必然受文化和制度的约束。共同的文化和制度是构成社区的基本要素,是社区存在和发展不可或缺的要素。在中国,农村社区在数千年内,保持其相对稳定性,与其长期相对固定的人员结构、社会文化和风俗民俗有着不可分割的关系。

五、凝聚力和归属感

社区居民对自己所属的社区有一种情感与心理上的凝聚力和认同感。地域、人口、组织、文化是一个社区存在和发展的基本条件,但是仅有这些是不够的,还必须有把这些人口联系在一起的因素,即情感与心理上的凝聚力和认同感。

这种凝聚力和认同感有四种表现形式。一是属地的自豪感,即以"我是某社区居民"而自豪。二是回归的亲切感,即社区归属感,指的是社区居民将自己归入某一地域社区共同体的心理状态,是居民情感上和心理上的社区融入感。如出差返回,当火车驶进本社区车站时,油然而生的一种"我回家了"的愉快轻松的感觉,长久离开社区的人,老了也有一种回归的要求和心理,这叫叶落归根。三是乡土感情的认同感。即对乡音、风俗习惯的亲切感与根深蒂固的乡土观念。譬如"美不美家乡水,亲不亲故乡人""老乡见老乡,两眼泪汪汪"等。四是观念的共同意识。如共同的价值观念、共同的伦理观念、共同的荣辱观念以及共同的习俗。这种居民的社区认同感相当于一种社区精神,即社区居民有共同的社区认知意识,有共同的社区荣辱观。这对于维护社区成为一个集体行动单位非常重要。如果居民对这个社区"有"也可,"无"也可,"好"也可,"不好"也可,那这一社区也必定不可能真正地得到发展。

六、公共服务设施

为了方便居民,社区会建立一些服务性的便民公共设施,如学校、商店、医院、运动场、农贸市场等。社区的建设发展,社区居民的生活,都对社区建设完善的生活服务设施以及配套的公共基础设施有强烈的需求。这些设施是保证社区居民生存的必要手段和社区发展的必要前提,如社区的各种商业设施、文化教育设施、娱乐设施、医疗卫生设施、服务行业以及其他社会福利等。缺乏公共服务设施或公共服务设施不完备,不仅会影响社区居民的生活,也会影响社区的稳定和发展。

一个相对成熟的社区,常常具有一套将生产、生活、文化教育、休闲娱乐、医疗卫生、体育健身及其他社会福利设施集于一体的公共基础设施和服务体系。而且这些设施和服务体系,随着社会的发展进步而不断地发展完善健全,以满足社区居民日常的物质文化需求。若缺乏这些设施和服务,或不能具备与其时代发展水平相一致的设施和服务,就会影响社区居民的生活质量,也将影响社区的发展和稳定。政府组织作为社会公共利益的代表,理所当然也成为社区管理、社区建设和发展的主体,它通过委托、授权等方式,将本属于政府的部分社区管理职能转交给社区内的社区自治组织、企业乃至个人,以实现社区公共秩序和公共利益的维护,以及公共物品和服务的供给。

第三节 农村社区的类型

农村社区是农村区域范围内的人们基于共同的利益和需求、密切的交往而形成的社会生活共同体。然而,在现实生活中,一个社会生活共同体或社区的认定并不是一件容易的事。尤其是在当前我国农村社区的建设中,如何确定社区共同体的范围和边界,如何设定农村社区的合理规模,以及如何对农村社区建设科学布局等,一直是各地实践中的难点。

自滕尼斯提出共同体的概念以来,人们普遍将社区视为社会生活共同体,或者称为社区共同体,并承认人类历史上最早出现的、最典型的社区是农村社区。不过,迄今为止,对于社区的存在形式、组织类型及内外特征仍有不同的看法,有的将社区看作人们的一种生活方式;有的则把社区看作一种社会关系模式;有的视社区为一种组织与管理单元,有的则视社区为一种聚居空间;有的视社区为一种正式的社会组织;有的则视社区为一种非正式的社会群体;如此等等,不一而足。不同的理解不仅造成对社区认定和识别的困难,也给社区建设带来困难。目前为止,学术界对于社区的界定与理解仍存在不一致性。但是,大多数学者将社区视为一定地域范围内的人们基于共同的利益和需求、密切的交往而形成的社会生活共同体。"一定的地域""共同的纽带""社会交往""认同意识"是社区或共同体最基本的要素和特征。因此,我们也将这些基本要素作为进行农村社区识别的基本条件。

一、农村社区的演变过程

（一）传统社会的农村社区

我国社区的早期形态是农村聚落。中国农村人口自古以来就习惯依聚落、村落而居，一直到两汉之前聚落一直是乡村人口的自然聚集地。聚落在原始社会开始萌芽，其后不断地发展变化，汉代聚落开始向"村"转变，村也逐渐成为一个完整的地域概念。村到南朝时代不但成为一个完整的地域概念，而且已经成为主流的聚落形态，日渐成为村落共同体，具备了越来越多的社会功能。中国传统乡村社会的最小构成单位历来都不是个人而是家庭，然后通过豪族共同体、家族共同体、宗族共同体的形式，形成了传统社会的农村社区共同体。

（二）民国时期的农村社区

中国现代民族国家的构建始于清末新政，发展于民国时期，其核心内容是建立合理化的官僚制度，使国家行政权力深入地方社会。国家政权的官僚化与合理化、渗透性、分化以及对下层社会控制的加强，将中国古代社会分散的、多中心的、割据性的权威体系逐渐转变为一个以现代民族国家为中心的政治结构。不过，直到20世纪上半叶，家族（宗族）组织在乡村不同地区依然存在，有的甚至保存着相当完整的组织形态，族谱、族祠、族规、祖产及族长等一应俱全。在不少情况下，国家仍然会依靠家族对农村社会进行治理。

（三）新中国成立后的农村社区

新中国成立后农村社区的演变体现在它具有的行政化、阶级分化和组织化。行政化，指的是新中国成立初期乡村体制的建立对乡村社区的深刻影响，随着乡村政府的建立，乡村组织边界重新划分和明确，乡村社区共同体的人员边界、地域边界及权力边界也进一步明晰和确定。阶级分化，指的是新中国成立初期开展的土改运动，从根本上改造了乡村社区传统经济基础、权威基础及社会关系。组织化，指的是大规模地将生产资源集中化、集体化和公有化，也是农民的合作化和组织化。这一时期人民公社的建立将农村基层政权组织与集体经济合一，形成解放初期的农村社区模式。

（四）改革开放之后的农村社区

随着家庭联产承包责任制的实施，人民公社体制的解体，乡镇政权的重建以及村民自治的推进，我国农村基层组织与管理体制发生了深刻的变化，农村社区共同体也呈现出新的特征。经过多年的改革，农村经济社会和人们的观念已经发生了深刻的变革，农村社区共同体也在发生深刻的变革。随着改革开放的深入发展，村级组织及社区的封闭性被打破。尤其是随着经济和社会流动，多种所有制的发展，社区的地权关系、居民关系日益多元化和复杂化，农村社区的类型呈现出多样化趋势。

二、现代农村社区的分类

如果从农村社区具有的主要生产职能进行分类,可大体划分为:农村、林村、牧村和渔村等等。其中,农村(狭义上的农村)是指以从事种植业为主的农民组成的社区;林村是指以从事林业为主的人们组成的社区,往往以林业为主,林、农、牧相结合;牧村是指以从事畜牧业为主的人们组成的社区,有些也兼营农业或副业;渔村是指沿海或湖畔以水产业为主要职业的人们组成的社区。

如果从形态进行分类,也就是按照社区的平面分布形态进行分类,农村社区可大致划分为两种类型:(1)集村型社区,是指多数住宅集合在一起形成的集中型村落社区,它是农民集中居住的结果;(2)散村型社区,是指人口居住比较分散的农村社区,或者表现为一家一户单独居住,各住户之间居住分散;或者表现为几户人家组成的若干小村落散状分布。

如果从法定地位进行分类,也就是按照村庄是否为一个法定性社区来进行分类,农村社区可大体划分为两种类型:(1)自然村,是指自然形成的村落社区;(2)建制村,是在自然村落的基础上,出于村民自治和社会管理的需要而设置的农村社区,也就是村民委员会辖区共同体。它或者是由一个自然村组成的,或者是由相邻的几个自然村组成的,或者只是一个大自然村落的一部分。但就全国农村而言,由相邻的几个自然村组成一个建制村的情况最为普遍。

如果按照不同社区的地位作用,农村社区可大致划分为四种类型:(1)基层村落社区,是在农村中从事农业产业生产获得的最基本的居民点,生活服务设施较少的社区;(2)中心村落社区,是从事生产获得的较大的居民点,有为本村和周围基层村服务的较多设施的社区;(3)村落社区,指的是以家庭为单位构成的社区共同体,其内在联系主要以感情为主;(4)集镇社区,指的是人口聚居规模较大,拥有一定的工商服务业设施和集市的一类农田村社区,是比村庄高一层次的社会实体。

如果从基础和边界进行分类,农村社区大致分为四种类型:(1)以自然村落为边界,将自然村落视为农村社会生活共同体的基础;(2)以基层行政区域为边界,将农村最基层的组织与管理单位视为农村社区,如将历史上的保甲及当今的村民委员会、村公所等看作农村社区;(3)以血缘关系为基础划定社区,如将农村家族和宗族作为共同体;(4)以农民经济获得范围为边界,以农民最基本的经济获得空间作为农村社区或共同体的边界。

如果从农村社区建设的直接动因来看,农村社区可以划分为三种类型,即征地拆迁安置型、耕地整理安置型和康居示范型,三种类型有较为鲜明的差别:(1)征地拆迁安置型社区,即以征地拆迁形成的农村社区,是典型的城市化和工业化的产物,社区规模较大且重新构建了基层社会组织;(2)耕地整理安置型社区,即在地方政府积极推进下形成的农村居民集中居住区,农户土地承包权不变,在社会管理上具有双重架构;(3)康居示范型社区,一般规模较小,旨在通过不断改善居民的居住环境和生活条件来达到提高社区居民生活品质的目的。

如果从新型农村社区分类建设过程来看,可以划分为四种类型:(1)多村社区型,城市化的深入导致农村出现大量的空心村,因此将多个村庄合并为一个社区,在合适的位置(一一般是中心村)选择一个社区服务中心,以方便管理新社区的各项事务。多村数量一般以三至五个为宜,且村庄相互靠近;(2)一村一社区型,指的是以一个自然村为单位划为一个社区,但这种情况下的自然村规模要大、经济基础要好、村委领导力要强;(3)中心社区聚合型,一般都是选址镇政府驻地附近中心社区,发挥集聚功能,把周边村合并到一起,实现以强带弱、共同发展的目标,一般涉及多个资源贫乏的自然村;(4)企业社区型,拥有大型企业或是大规模集体经济的村落进阶成社区的类型,居民相对固定,企业经济实力雄厚,基础设施较好。

第四节　农村社区的功能

农村社区在农村的经济建设、社会发展等方面都发挥着十分重要的作用。农村社区的功能主要体现在自治功能、建设功能、管理功能、服务功能和发展功能五个方面。

一、自治功能

社区自治是指一个社区的居民拥有自我决定社区公共事务的权利以及权利行使的方式。社区自治是依靠社区内的自治性组织实现的,除了能够代表社区居民整体利益的居民委员会以外,还有满足一部分居民需要的社会组织,例如代表社区一定群体利益的社区维权组织——业主委员会、社区群众组织——老年人协会等等。农村社区是乡村的基层群众性自治组织,村民自治的功能主要有四项:第一,公共服务功能。居民委员会可以根据本村居民的愿望和要求,以及社区的基本情况来开展各项服务村民的活动,开展活动要首先了解村民的需要,同时要经过农村社区居民委员会的同意,举办村里的公益事业,不能向村民提硬性要求,不能以强迫命令的形式要求村民,不能摊派集资,只能通过村民"一事一议"的方法协商着办,通过广大村民自愿参与,努力建设好村上的公益事业特别是公益服务的基础设施。第二,组织和动员乡村群众的功能。农村社区能组织和发动群众在农村开展自治活动,这是村民自治的重要形式。农村社区的各项活动缺乏了社区成员的参与便毫无意义。第三,维护乡村社会秩序的功能。主要是通过社区内的成员自治来维护社区的治安和调解民事纠纷。第四,选举功能。在农村社区中,社区主任、副主任和委员都由居住在本村全体有选举权的村民或者由每户派一个代表选举产生,社区居民会议有权撤换和补选委员会成员。

二、建设功能

基础设施的建设是农村社区的重要功能,也是建设农村社区必须要完成的首要任务。社区的基础设施,也叫社区公共服务设施,用来满足社区居民对教育、医疗卫生、文化体育、商业服务、金融通电、市政公用和行政管理等方面的需求。在我国的现阶段,公用设施包括社区服务中心、养老院、托儿所、残疾人托养所、治安联防站、社区组织用房和物业管理设施等。农村社区对村庄建设方面进行统一规划、统一设计、统一布局,一定要根据各地不同的情况,因地制宜、实事求是、量力而行、讲求特色。对于经济条件好的地方,规划设计可以相对高雅,风格要具有特色;对于经济条件稍差的地方,也要将村庄建设合理规划出来,分步实施,杜绝无序混乱的状态。在农村居民居住相对密集的地方,做好村庄规划,对农村村庄外围的散居农户,要着力建设好两建三清四改五通的任务,即建设庭院经济、建设沼气池、清理垃圾、清理污泥、清理路障,改造危房、改造厨房、改造厕所、改造农舍,通水、通电、通路、通电话、通电视。基础设施基本建设完成或者具有一定规模是建设新型农村的一个基本条件。

三、管理功能

有序的管理是一个社区赖以生存和正常运转的重要条件。农村社区作为社会的一个细胞,社区管理的内容涉及面广泛,包括了农村社区规划、环境、文化、教育、卫生等方面。社区的规划管理是社区对农村社区生产生活的土地利用、基础设施、产业规划等的布局和规划;社区环境管理是对社区自然生态、居住条件、卫生情况的维护和管理;社区文化管理包括农村社区内文艺体育活动等公共文化管理,也包括社区居民的群众文化、家庭文化管理,还有对文化设施的建设、使用和维护以及对文化活动的规划和监管,对农村社区优秀文化的传承和保护等等;社区治安管理包括法制宣传、矛盾调节、周边治安维护以及对村民生产生活安全的保护,维护农村社区的秩序;社区人口管理包括农村社区人口生育管理、对农村外来人员、流动人员的登记管理,积极配合政府有关部门进行农村人口清查和户籍管理、人口普查的工作;社区财务管理是指对农村社区的一些投入、建设、生产和经营的财务情况进行管理;社区危机管理就是社区突发公共事件的预防、干预、应急和修复性管理。农村社区管理的内容广泛,这些事务的有效管理是维护社区和社会秩序的基本条件。我国是一个农村地域辽阔、农村居民人数众多的国家。农村社区的有序治理一直是国家和社会治理的难题,也是国家和社会有序治理的基础。农村社区管理功能的发挥对国家的政治稳定、社会和谐都有重大的作用。

四、服务功能

农村社区服务是农村社区组织运转和开展各种社区活动的基础与前提,它与现在农村社区的建设水平和农村社区服务平台的建设状况息息相关。农村社区的服务工程是一项惠及民生的工程,也是一个复杂的系统工程,需要科学的规划和布局,城乡结合发展,提高农民的生活水平。社区服务从广义的角度来说,是社区组织的或者社区成员实施的社区福利活动。它一般以一定层次的社区组织为依托,以社区中广泛的居民为基础,提供服务设施和项目来提高社区的公共福利,提高居民的生活水平。从狭义上讲,农村社区服务是以政府引导支持,社会多元参与为主体,以农村社区为基础,以社区组织为基本力量,以社区成员为服务对象,以满足社区内成员生产生活所必需的公共服务。具体说来,农村社区的服务主要包括了三大类型:基本公共服务、社区互助服务、市场化服务。

(一) 基本公共服务

基本公共服务是指建立在一定的社会共识的基础上,由地方政府主导提供的,与农村当地的社会发展水平和阶段相适应的,目的在于保障全体居民生存和发展基本需求的公共服务,享有基本公共服务是公民的权利,提供基本公共服务是政府和社区的职责。基本公共服务是政府提供的全社会共享的,满足人们正常发展需求的服务。基本公共服务范围,一般包括保障基本的教育、就业、社会保障、医疗卫生、计划生育、住房保障和文化体育等领域的公共服务,广义上还包括与当地人民生活环境紧密相关的交通、通信、公用设施和环境保护等领域的公共服务以及保障社区内公共安全的公共服务。

(二) 社区互助服务

社区互助服务是社区居民委员会以及社区内的社会组织和居民根据本社区的实际向社区居民提供的自主和互助性质的服务。社区互助服务具有服务范围小、服务方式灵活、服务时间短的特点,是农村社区服务中必不可少的内容。农村社区互助服务的内容包括了对社区内的老年人、儿童、残疾人、社会贫困户的社会救助和福利服务、面向全体社区成员的便民服务、对社区内部生产经营者提供生产性服务。

(三) 市场化服务

2011年,国务院办公厅印发了《关于社区服务体系建设规划的通知》,其中明确指出了要完善社区便民服务网站,优化社区商业结构布局;鼓励与支持各类组织、企业和个人兴办居民服务业,重点发展社区购物、餐饮、维修、美容美发、物流配送等服务,培育新型服务业和新型服务品牌,鼓励有实力的企业运用连锁经营的方式在社区内开设超市、便利店、标准化菜店和各种饭店;鼓励邮政、金融、电信、供销、燃气、自来水、电力、产品质量监督等公用事业服务单位在社区设点服务,满足居民多样化生活需求。农村社区市场化服务功能,主要为农业产业化发展提供产前、产中、产后的服务,具体包括以下几种:产品供销服务、科技服务、信息服务和金融服务。产品供销服务包括产品供销服务的供给和维护保养、对农业产业化的扶持、农机市场化服务、农业生产性基础设施的供给和重大虫灾防治。科技服务包括科技服务设施的供给和保养。信息服务包括信息服务设施的供给和维护保养。金融服务是指提供满足农村居民和社区组织需求的金融产品,包括融资服务和保险服务。

五、发展功能

农村社区的发展功能,主要指的是农村社区和农民之间的经济文化发展的双向互动,从而促进农村经济和社会的繁荣与发展。农村社区的发展是有计划、有步骤、制定了不同阶段的目标,从而引导农民促进农村生产力的发展和社会进步的一个行动过程。农村社区通过发动社区内的农民群众,充分利用社区内各种资源,通过政府、各类社会组织、各类企业单位的支持和援助,把农村社区建设成产业兴旺、生态宜居、乡风文明、治理有效、生活富裕的新农村。对广大农民来说,发展农村经济,既要靠土地集约化、规模化经营,又要靠农村合作组织经营,还需要政府普及科技知识和传递市场信息。需要通过农村社区的建设,选配具有较高文化水平的农村社区干部,配备良好的现代化设备,才能实现振兴农村、发展农村的宏伟目标。

第二章

农村社区发展历程

第一节 新中国成立前的农村社区

一、传统农村社区的形态

在《共同体与社会》一书中,斐迪南·滕尼斯首次明确"社区"(community)是人类生活的"共同体"这一概念,其本质特征是由那些有相同价值取向、同质性较强的人所形成的联合体,体现出亲密无间、互相帮助、遵从权威且有共同风俗习惯的交往方式。[①] 最初,"community"一词在中国被翻译为"地方社会",而费孝通及其同学在翻译帕克的社会学论文集时,认为此译并不恰当,于是依据帕克的具体释义将"community"另译为"社区",即将"社"和"区"组合切近"community"的原意。[②] 社区指社会群体或社会组织在一定区域范围内集聚而形成的生活相互联系体,与"社会"这一概念相对应使用。[③] 尽管社区的内涵随着历史发展不断演化,但基于一定地域范围、共同的联结纽带以及在社会交往和认同意识基础上形成社会生活共同体,始终是社区最基本的内核。

人类生产方式的不断变革使生产、交往等活动逐渐向特定范围聚集,形成了农村社区雏形。传统农村社区是以从事农业为主的居民聚居区域,具有鲜明的血缘及地缘特征。早期的农村社区主要是生活于同一地理环境中的家庭组合成了分散的小社区,这类社区的聚居程度低。随着生产生活范围的扩展以及血缘、地缘关系的扩充,逐渐形成大规模的人口聚居,基本形态也趋于稳定,表现出内部关系紧密、外部相互独立的特征。费孝通曾经以"熟人社会"来描述农村社区的基本特质。

结合风俗习惯、人口数量等相关因素建立起中观层面解释框架,可以将传统农村社区分为三种类型,即自然村落社区、宗族社区以及集市社区。自然村落社区是由多个家族构成的社区类型,社区成员的社会活动以部门为边界,以共同的习俗习惯为情感纽带,内部具有稳

[①] 斐迪南·滕尼斯:《共同体与社会:纯粹社会学的基本概念》,林荣远译,北京大学出版社,2010年,第28—76页。

[②] 费孝通:《二十年来之中国社区研究》,《费孝通全集》(第六卷),内蒙古人民出版社,2009年,第296页。

[③] 熊鹰、许方政等:《中国农村社区研究进展及展望》,《人文地理》2021年第2期。

定的经济关系和紧密的社会联系,是地域范围内的生活共同体①;宗族社区常见于东南沿海地区,由同宗同族的具有血缘关系的成员组成社区主体,社区以宗族为成员主体、以土地为场域边界,社区居民的祖先崇拜在社区认同中发挥纽带作用②,形成以族长为核心的一套行动秩序规则和交往准则,具有较强的内聚性和封闭性;集市社区是依照交易范围而划定的社区类型,其商业组织和经济交往较为成熟,以市场为主体、社团为边界、交换关系为纽带,在经济交易中形成共同的生活习惯、行为准则以及集体认同。③

总体而言,传统农村社区是建立在血缘、地缘关系之上,具有共同纽带、集体认同以及密切交往关系的生活共同体,它承担了包括治安防卫、信仰祭祀、婚丧嫁娶以及农民思想道德和共同规范的培养等在内的传统社会运行所需的各种功能④,在政治、社会以及经济各方面都有一套自主运行的组织结构和逻辑体系。

二、传统农村社区的特征

传统农村社区是中国社会的重要组成部分,形塑了中华文明的基本形态,即以精英自治为核心的治理特征、以小农经济为支撑的经济特征以及以伦理秩序为基础的文化特征。⑤

(一) 治理特征

正如传统中国社会的治理结构一样,通常认为传统农村社区的治理以"人治"为主,与西方的"法治"社会具有明显不同,"人治"与"法治"的根本区别在于维持秩序时所用的力量和所根据的规范性质⑥,而不在于表面意义上的"人"与"法"。传统农村社区的治理模式延续了国家治理中"皇权不下县"的基本传统,县以下的治理"惟宗族,宗族皆自治,自治靠伦理,伦理造乡绅"⑦,以宗族长老、士绅等为核心的地方精英群体在基层形成了较为完整的自治格局。

1. 以长老统治为基础的权力结构

传统农村社区有相对明显的血缘宗族特征,社区的主要组织是宗族,常由同姓家族聚居形成独立的社区。因此,其社区治理格局简单,由长老、族长等大家长掌握实际的统治权力,形成社区中的基础权力结构。在传统中国社会,礼教文化是社区秩序开展的基础,长老具有德高望重的品格,从而成为礼的象征和一切道德的标准,被赋予治理的权力,通过家族中的尊卑长幼地位和伦理规则约束,构建起系统而有序的治理结构。长老的权力并非阐发于社

---

① 李远行、蔡光前:《乡村脱序语境下的中国传统村落社区类型分析》,《学术界》2018 年第 9 期。
② 毛丹:《村落共同体的当代命运:四个观察维度》,《社会学研究》2010 年第 1 期。
③ 李远行、蔡光前:《乡村脱序语境下的中国传统村落社区类型分析》,《学术界》2018 年第 9 期。
④ 项继权:《中国农村社区及共同体的转型与重建》,《华中师范大学学报(人文社会科学版)》2009 年第 3 期。
⑤ 李远行:《从社区走向组织:中国乡村秩序重构的结构基础》,《华中师范大学学报(人文社会科学版)》2013 年第 3 期。
⑥ 费孝通:《乡土中国》,人民出版社,2008 年,第 49 页。
⑦ 秦晖:《传统十论》,复旦大学出版社,2003 年,第 3 页。

会冲突或社会合作的过程,而是随着社会继替的过程逐代传递,以血缘和代际关系为基础形成权力的更迭规则。① 因此,长老统治在很长一段时间内都是传统中国社会中最显著的权力结构,一切制度安排皆以此为基础,农村社区的治理更是依赖于此。

2. 以乡绅参与为核心的自治模式

国家治理权力在农村社区的悬浮,使乡绅势力不断扩大,最终成为地方实际掌权人,非正式权威在农村社区中逐步形成,基层社区的自治模式由此产生。乡绅的构成成员包括知识分子、在乡地主、返乡官吏、一族之长等,他们虽然并未被正式纳入国家官僚机构的行政体系之内,也不具备国家授权的官员身份,却在乡村社会中被看作"经济上的地主,社会上的绅士",因此具有被广泛认可的权威和权力。② 传统乡绅等精英群体因其所处的"权力的文化网络"③,借助自身较高的社会地位和道德口碑,扮演着国家与地方社会的"中介"角色,在农村社区拥有较大影响力。乡绅利用道德教化形塑地方秩序规则,分别涵盖基层社会组织、风俗教化、乡村公共事务建设等多方面,确保基层社会的稳定,维系地方社会的运转并规避外来力量的冲击,形成传统农村社区的"乡绅之治"。

(二) 经济特征

中国以农立国,农业人口占全国人口的绝大多数,以农业种植业为主,依靠农业和传统手工业形成同质性较强的生活共同体,过着自给自足的小农经济生活。在传统农村社区,农民以个人和家庭为单位从事生产经营与经济活动,基本的生产过程主要面向自然,以劳动交换自然资源,积累生产资料,形成家庭内部的稳定生产分工和村域范围内的贸易交换关系。虽然不同时期、不同地区的生产资料以及农产品交易具有不平衡性,但总的来看,农民的生产在缴纳皇粮税租后,剩余较少,生产目的以自足为主。因此,"男耕女织、自给自足"是传统农村社区中农业生产和农民经济生活的典型特征。

小农经济时代的农村社区整体发展稳定,经济贸易和村民交往皆呈现出互助特征,以此为基础形成共同的凝聚力和归属感。一方面,宗族和大家族拥有共同的财产和不同程度的生产积累,用于社区内不同家庭的应急之需和社区公共设施建设,如道路维修、水利灌溉等,形成了社区内部的互帮互助;另一方面,村民在社区内部通过劳力互换等形式的互帮互助,形成生产上的共同体意识。④

然而近代以来,随着西方资本主义的殖民扩张,国内地主阶级压迫剥削,加之灾荒不断、军阀混战,农村社区的经济迅速走向破产。⑤ 在当时的土地关系和分配制度约束下,贫雇农户家庭不得不向地主等拥有大量土地者租地耕种以勉强维持生计,家庭自给自足的经济模式被打破。同时,西方资本主义国家利用不平等条约将中国卷入世界资本主义市场,中国商

---

① 费孝通:《乡土中国》,人民出版社,2008年,第64—66页。
② 费孝通:《中国士绅》,生活·读书·新知三联书店,2009年,第239—251页。
③ 杜赞奇:《文化、权力与国家:1900—1942年的华北农村》,江苏人民出版社,2004年,第4—9页。
④ 李飞、杜云素:《中国村落的历史变迁及其当下命运》,《中国农业大学学报(社会科学版)》2015年第2期。
⑤ 郑杭生、李迎生:《中国早期社会学中的乡村建设学派》,《社会科学战线》2000年第3期。

品经济在鸦片战争后空前活跃,西方廉价工业品的大量涌入,破坏了传统手工业,农业生产逐渐走向商品化,农村社区经济状况加速恶化。民国初年,灾荒和军阀混战使国内形势严峻,农村社区经济雪上加霜,绝大多数地区的农村家庭处于贫困线以下。传统小农经济模式在现代化冲击下逐步瓦解,传统农村社区稳定生活秩序和贸易往来关系被侵蚀,在经济利益的分配、协调、整合等方面都存在着引发冲突的风险。

(三) 文化特征

农村社区的文化是农民在农业生产生活中逐步积淀并形成的特有精神生态、生活方式、思想观念和行为规范等[1],由于传统农村社区自身的组织结构单一且交往关系较为简单,传统文化中的礼治思想长期占据核心位置,逐渐形成了独有的以伦理秩序为基础的文化格局,进而凝聚成较稳定的文化共同体。

梁漱溟认为伦理本位是中国传统社会的基础。"伦理就是人与人之间的各种关系,人实存于各种关系之上,此种种关系即是种种伦理"[2],即伦理是处理人与社会关系的首要准则,传统农村社区文化基于家庭文化而衍生,形成社会交往中的伦理秩序。传统农村社区是在血缘为纽带的联系中逐渐形成的礼俗社会,家庭内部有一整套伦理关系,并深刻外扩于社区之中,涵化变为整个社会的文化特征。农民生产和生活的基本单位是家庭以及家族,家庭内部的尊卑关系和长幼秩序向外投射成为宗族的组织结构。在血缘和地缘关系支撑下,伦理关系赋予群体成员固定的社会位置和与之相对应的道德行为准则,形成高度一致的社区价值认同和生活方式,并逐渐发展成为农村社区中既定的文化秩序。基于伦理秩序而形成的社区文化对共同体的构建发挥着至关重要的作用,家庭和宗族是开展祖先祭拜、宗族祭祀以及娱乐交际等群体活动的重要组织,是形成传统农村社区集体记忆的重要载体,也是实现社区整合的关键力量。基于伦理秩序而产生的家庭文化和宗族文化不仅能够规范成员的行为、协调成员关系、整合社区秩序,还具有凝聚人心、唤起集体认同和增强情感归属的重要作用,不断形塑着传统农村社区的道德价值规范和生活意义。

三、中国早期的农村社区建设运动

中国传统的农村社区在很长一段时期都呈现出较为稳定的形态特征,然而随着现代化的入侵和社会变迁等各种力量的影响,农村社区的传统形态被打破,亟须改造与重建,由此引发了一系列的乡村建设运动。

19世纪末至20世纪初,维新变法、辛亥革命、新文化运动等社会改造运动接连失败,中国面临"三千年未有之变局"。20世纪30年代前后,一些知识分子尝试以农村为"破局"的起点,希冀"在不改变现存制度或秩序基础上,通过改良农业、流通经济、发展教育、合作互助、卫生卫健、自治自卫以及改变风俗等方式,恢复农村经济、实现民族再造与自救"[3],由此

---

[1] 王济东:《基于新型农村社区文化养成的政府购买行为研究》,《贵州社会科学》2016年第1期。
[2] 梁漱溟:《中国文化要义》,上海人民出版社,2005年,第86页。
[3] 彭秀良:《清河实验(三):发展经济》,《中国社会工作》2015年第28期。

拉开了以农村社区为对象的乡村建设运动。当时的政府实业部调查数据显示,当时约有600多个社会团体参加此项建设工作,建设实验地点约1 000多处①,包括燕京大学的清河实验、梁漱溟的乡村建设实验以及晏阳初的平民教育实验等。

(一)清河实验:以"三维"实践改造社会

二十世纪二三十年代,燕京大学社会学及社会服务学系将认识和服务社会作为办学目标,划定清河镇作为改造农村社会的实验区,并由燕京大学社会学家许仕廉、杨开道带领在清河实验区的农村社区培养社会领袖,从经济、社会等方面提出改良措施,增强农民的自我组织能力,围绕乡村改造、乡村建设和乡村发展做出重要尝试,但随着全面抗战爆发,持续九年的"清河实验"被迫中断。清河实验的社区建设运动主要涉及三部分内容,分别为发展乡村社会经济、开展乡村社会教育和改造乡村社会卫生,以此形成"三维"的社会改造实践。

第一,将农村的经济建设作为所有工作的重中之重,以兴办合作社、成立合作农场和发展乡村工业为核心进行经济建设工作。清河实验区研究股调查显示,40个村4 900户中负债者有756户,占总户数的15.5%,高利贷成为农村经济建设的重大阻碍。此外,农民生产资料缺乏,又不善于合作,还排斥学习与改良,进而不具备水旱虫害灾荒预防与救济能力②,因此实验区把经济工作重心放在农民合作互助上,不断扩大农民合作事项。此外,实验区开拓了毛纺织、手织地毯、土布印花和挑花、花生酱制造四种乡村工业。为家庭中的青少年女性劳动力提供就业机会,当地农村妇女每人每月用手工技术可赚到5—7元③,补充了家庭收入。

第二,开展乡村社会教育。1928年,燕京大学社会学及社会服务学系系主任许仕廉实地调查发现,清河当地居民中不识字居民比例达到69.7%,儿童较少入学,平民教育缺乏,民众业余生活单调乏味,妇女尤甚。④ 因此,实验区对当地儿童与妇女进行了乡村社会教育,包括成立具有教育性质的社会组织和训练班、建立和完善社会教育基础设施。这些服务不仅包含了基本的文字普及,也包含了对妇女其他生计的训练,还注重丰富的娱乐活动,无论从形式还是内容上均将教育工作融入农民的实际生活中,充分尊重了乡村的生活秩序。

第三,改造乡村社会卫生。清河实验区最初的卫生工作附属于社会股中,由于民众看病和实验区卫生工作的双重需要,实验区在1932年7月成立了组织完善的独立卫生工作部门,分为总务、保健、防疫统计、环境卫生、卫生教育和医务6个组,每个组都有相应的职责范围。除正常工作事务外,还经常组织一些卫生教育和宣传活动。为方便农民看病,实验区在1933年建立医院,后来因实验区所辖村庄范围扩大,进一步成立了三个分诊所。然而,由于乡村民众千百年的观念和习惯,当地居民对西医、住院、手术等不信任,如在女性生育方面给助产工作造成相当大的阻碍。此种情况下,医院未能发挥原本的功能,逐渐成为农民拿药的

---

① 晏阳初:《乡村运动成功的基本条件》,《晏阳初文集》,教育科学出版社,1989年,第77页。
② 参见杨骏昌:《清河合作》,学士毕业论文,燕京大学社会学系,1935年。
③ 邓淑贤:《清河实验区妇女工作》,学士毕业论文,燕京大学社会学系,1934年,第37页。
④ 许仕廉:《一个市镇调查的尝试》,《社会学界》1931年第5期。

诊所,但实验区的卫生股一直根据当地情况调整工作办法。①

(二) 梁漱溟的"山东邹平"模式

梁漱溟将文化失调作为引发中国社会问题的根源,昔日的社会组织节节崩溃,需要从根本上重新建造社会所适用的新组织,因此提出以培养新伦理、创建新礼俗进行组织再造,进而解决中国问题,改造中国社会。② 1931年6月15日,梁漱溟等人成立乡村建设研究院,采取救活旧农村、开拓新道路、创造新文化和建立新组织的行动策略,在山东邹平县开启和平改造中国实验,具体如下:

第一,广泛开展乡村社会调查,交流推广乡村建设经验。山东乡村建设研究院在1932年至1935年间共组织开展了6次系统而全面的社会调查,内容涵盖经济、教育、医疗、人口、治安等方面。研究院在此基础上对邹平县农村社会的具体情况有了深刻把握,编撰了《邹平概况调查》《邹平实验县户口调查报告》等材料。③ 随后,乡村服务指导处全方位开展了乡村建设工作,通过专职导师巡回指导、刊登杂志、媒体报道等形式加强学习合作与经验交流。

第二,设立乡农学校,开展乡村教育。梁漱溟等人组织成立"乡农学校",它作为一种新的社会组织构造集政治、教育、养育、卫健于一体。④ 首先,设立"村学乡学须知",明确教员、学生等不同群体的责任义务,并规范约束其言行举止,在伦理情谊约束下学习与交流⑤;其次,又将"乡农学校"内部划分为儿童部、妇女部、成人部以及高级部等不同部门,以因材施教和因类施教的原则展开对应的教育内容。⑥ 其中,高级部秉承综合性教育的特点,集中在乡学一级开办;成人部以成人教育为目标,提倡男女平等教育,开设识字、礼仪以及农业知识等课程,并在学习之余组织民众加强身体健康教育、开展卫生扫除、改良社会风俗。⑦

第三,改良农业,建立乡村合作经济。充分考虑邹平乡村的自然禀赋以及地形地貌等基本情况,将乡村划分为南北两个社区,分区改良农业。南部因其特有的林业资源被规划为林业改进区,北部社区成立棉业改进区。随后,聘请专业人员指导凿井,兴建水利设施。在1935年至1936年间,先后成立乡村合作事业指导委员会,建立以棉花、蚕业、林业等为主的307处合作社,推动乡村合作经济发展。⑧

第四,设立联庄会,构建地方自卫系统。邹平县政府于1933年开始建立乡村自卫系统,主要通过联庄会组织设立自卫队。乡村自卫队属于地方性的安保组织,一切听命于乡理事和乡队长,其中的干部与成员皆是由县层面选拔,主要职责是负责地方治安,构建起地方性保卫组织系统。⑨

---

① 《中国乡村卫生机关调查概况》,《中华医学杂志》1934年第9期。
② 梁漱溟:《梁漱溟全集》(第五卷),山东人民出版社,1992年,第364—372页。
③ 梁漱溟:《梁漱溟全集》(第五卷),山东人民出版社,1992年,第222—239页。
④ 梁漱溟:《梁漱溟全集》(第五卷),山东人民出版社,1992年,第347—355页。
⑤ 梁漱溟:《梁漱溟全集》(第五卷),山东人民出版社,1992年,第347页。
⑥ 梁漱溟:《梁漱溟全集》(第五卷),山东人民出版社,1992年,第404页。
⑦ 梁漱溟:《梁漱溟全集》(第五卷),山东人民出版社,1992年,第355页。
⑧ 梁漱溟:《梁漱溟全集》(第五卷),山东人民出版社,1992年,第490页。
⑨ 梁漱溟:《梁漱溟全集》(第五卷),山东人民出版社,1992年,第1020—1021页。

第五,建立乡村卫生院,加强卫生事业建设。研究院以县、乡两级为单位分别设立卫生院和诊疗所,与齐鲁大学医学院合作设立公共卫生试验区,培养建设农村卫生员队伍,进一步提升乡村卫生建设。①

第六,创办农业展览会,促进科学技术推广。通过举办展览会的形式推广新农业技术和育种技术,在会上积极为农民讲学诸如《农业改良浸种法》《土壤改良》等与农业种植密切相关的技术类读本,提升农民的技术水平。同时,广泛征集、展示各类农产品,促进农业知识交流,进而繁荣乡村经济。②

(三)晏阳初的"河北定县"模式

晏阳初认为解决中国问题的关键在于解决"人"的问题。中国农村有85%以上的人口,因此,农村是解决中国问题的首要阵地。解决农村问题,又应从教育入手,用教育改善人的思想。基于此,晏阳初发起了以平民教育为核心的乡村建设运动,并将河北定县作为建设的试验点,具体如下:

第一,以实地调查剖析农村问题。与其他乡村建设流派一样,晏阳初的"定县模式"仍然将翔实的社会调查放在首要位置。通过系统全面的乡村调查,充分把握乡村现实问题和发展规划,并将调查贯穿于乡村建设全过程。据晏阳初自述,"农村社会调查目的在于发现问题,了解事实,并以此为指导开展工作。社会调查的最终指向是以现实为基础开展社会之改造,以实事指导建设之需要。"③

第二,以"四大教育"解决农村问题。晏阳初在社会调查基础上,以农村积淀已久的"愚""贫""弱""私"四大亟须解决之重大问题为本,提出以四大教育解开症结。四大教育思路分别是用文艺教育治"愚",传授平民各种知识;用生计教育治"贫",提高乡村生产能力;用卫生教育治"弱",增强平民身体素质;用公民教育治"私",培养平民团结力。④

第三,以三位一体的方式推行农村平民教育。晏阳初认为,平民教育需以学校式、社会式以及家庭式教育联动的方式推行,因而需在学校、社会以及家庭三个重要场合中进行教育。⑤ 学校式教育是以识字和扫盲为主的初级教育;社会式教育是以毕业生为中心的继续教育,通过开办图书阅览室、活动中心等方式,为高级平民学校或职业平民学校的毕业生创造继续识字与学习的社会环境;家庭式教育主要是以家庭成员为主要目标的教育,通过对家庭中各年龄段成员予以教育训练,创造家庭中的学习氛围,进一步巩固学校、社会教育的成果。⑥

四、早期农村社区建设的意义

早期农村社区建设主张用和平手段建设农村社区、复兴传统文化和改造中国社会,其本

---

① 梁漱溟:《梁漱溟全集》(第五卷),山东人民出版社,1992年,第772页。
② 梁漱溟:《梁漱溟全集》(第五卷),山东人民出版社,1992年,第305页。
③ 晏阳初:《晏阳初全集》(第三卷),天津教育出版社,2013年,第291—293页。
④ 晏阳初:《晏阳初全集》(第三卷),天津教育出版社,2013年,第293—295页。
⑤ 晏阳初:《晏阳初全集》(第三卷),天津教育出版社,2013年,第296—298页。
⑥ 晏阳初:《平民教育与乡村建设运动》,商务印书馆,2014年,第122—134页。

质是一种社会改良主义运动。作为爱国知识分子对国家现代化的有益探索,不仅促进了近代乡村变迁,也为今天的农村发展与社区建设提供了借鉴。

第一,培育社会组织,加强社区自治。尽管乡村建设流派的社区建设出发点不尽相同,但都为农村组织建设做出了重要的贡献。在乡村建设运动的规划下,分别在农村成立了规模不一但为数众多的教育组织、经济合作组织、自卫组织以及基层管理组织,进一步提升了社区自组织能力。

第二,加强社区教育,培育本地人才。乡村建设运动在长期实践过程中,始终将人才培育放在首要位置,以社区教育为抓手,以培养本地人才为核心,培育了农村人才队伍。尤其是以晏阳初为代表的平民教育运动,将扫盲和识字作为农民培育的途径,训练并培养了众多本地人才,并使其反哺于乡村建设之中,一定程度上实现了对"人"的改造。据不完全统计,山东邹平的乡村建设研究院共培养学生2 400余人;邹平乡农学校共培养学生4 000余人;晏阳初的平民教育促进会共培养学生十万人以上,为当时的中国培养了大批乡村服务人才和实用人才。[①]

第三,开展交流合作,促进院校联动。随着乡村建设运动在全国范围内的推行,引发了政府单位、社会团体以及民间机构的相继呼应,也吸引了更多的院校、教职工和学生群体加入其中。通过创办乡村学习、技术推广展览会、教育讲座等方式切实改善了中国农村的落后面貌,并进一步提升了农民的思想意识和文化水平。全国院校广泛建立交流合作平台,为新思想传播、新技术推广、新组织培育以及农村社区的发展做出了卓越贡献。

总体来看,尽管乡村建设运动从教育、文化、组织等多方面进行农村社区改造,但最终仍以失败告终,其根本原因在于未从根本上解决农民所面对的经济困境,农民对土地的要求未被满足,经济负担未被减轻;农民的翻身解放前路渺茫,没有在政治上推翻地主阶级的统治。[②] 中国自古以农立国,数千年的封建统治使土地长期私有,农民因土地问题而饱受地主的剥削和压迫,进而影响其生活与生计。显然,"乡建派"的农村社区建设运动并未触及土地这一根本问题,因而无法充分而有效地动员农民,使乡村建设获得持续的发展动力。只有从根本上改变中国的社会、政治和经济制度,才能实现农村社区更加长远地发展。[③]

第二节 新中国成立初期的农村社区

新中国成立后,国民经济基础薄弱,各领域建设落后,国家各项政策方针都亟须建立与完善。据此,国家开始实施自上而下的国家政权建设和自下而上的政治动员[④],通过土地改

---

① 郑大华:《民国乡村建设运动》,社会科学文献出版社,2000年,第486页。
② 郑大华:《民国乡村建设运动》,社会科学文献出版社,2000年,第533页。
③ 孙诗锦:《启蒙与重建:晏阳初乡村文化建设事业研究(1926—1937)》,商务印书馆,2012年,第374—375页。
④ 吴理财:《中国农村治理变迁及其逻辑:1949—2019》,《湖北民族学院学报(哲学社会科学版)》2019年第3期。

革、社会主义改造和人民公社运动,突破传统的"皇权不下县,县下为乡绅"的治理方式,逐步将农村纳入国家政权体系,充分吸收整合农村资源并调动农民的生产性力量,使其服务于国家整体建设与改造。这种政权组织的转变引发了农村社区的巨大变化,重构了农村基层秩序,新的具有社会主义特质和集体精神的农村社区逐渐形成,农民的政治地位、经济生活和生活形态发生了根本改变。这一时期农村社区具有明显的"政治化"[①]和"集体化"特征,并逐渐形成以资源集中配置和再生产的形式而存在的"自给自足"的共同体。[②]

我国农村社区在新中国成立初期经历了两个阶段的变迁:第一是1950年到1958年的土地改革运动和农业合作化运动;第二是1958年到1978年的人民公社化运动。中共中央于1950年颁布的《关于在各级人民政府内设土改委员会和组织各级农协直接领导土改运动的指示》中明确表明,土改委员会和农民协会是进行土地改革运动的主要力量;同年3月颁布的《中华人民共和国土地改革法》又使得土改运动具备法律基础。相关指示的颁布拉开了国家在新解放区土地改革运动的序幕。同年12月颁布实施的《乡(行政村)人民代表会议组织通则》和《乡(行政村)人民政府组织通则》,意味着国家政权开始下沉至乡(行政村),并在乡一级设立组织机构以巩固基层政权。这种土地私有制的变革打破了传统的乡村秩序,国家开始借由农民协会、村人民代表会议等基层组织来管理乡村和农民,农民生产积极性被调动起来,同时对新生人民政权的巩固和社会秩序的稳定产生了积极作用。至1953年春,土地改革运动结束,这一时期我国实施区村体制,在县下设区村两级政权,在村一级将"农会"和"农代会"作为主要的管理组织来协调村民的行为。1953年,我国开始在全国范围内开展农业合作化运动,第一个"五年计划"的实施拉开了"一化三改造"的序幕,通过互助组、初级合作社和高级合作社的农业生产组织方式逐步将农民纳入集体化生活中,农民土地所有制被土地集体所有制取代。这一时期,农民协会和村人民代表大会的作用逐渐式微,且随着农业合作运动向纵深推进,村组织职权逐渐向合作社管理委员会倾斜,协助管理村民的集体生活与生产。1954年初,内务部颁布了《关于健全乡政权组织的指示》,进一步促进乡政权组织的完善;同年4月,《地方各级人民代表大会和各级人民委员会组织法》颁布实施,乡村基层政权体制的合法性得到保障。这些政策方针的不断完善,意味着我国国家政权逐步下沉至乡村一级,农村社区的存在和发展开始与国家政权建设息息相关。总而言之,这一阶段,农村社区原有的组织方式被打破,国家政权逐渐开始向乡村渗透并下沉。通过土地改革运动和农业合作化运动,一方面重构了农村社会秩序;另一方面加深了农民对国家的信任,构筑了对新中国的政治认同,农村社区不再独立于国家而存在,其生产活动受到集体监督与支配。

1958年8月,人民公社化运动以中共中央颁发的《关于在农村建立人民公社问题的决议》为标志席卷全国,国家依此决议开始建立"政社合一、五位一体"的人民公社组织,同时取

---

① 徐勇:《"行政下乡":动员、任务与命令——现代国家向乡土社会渗透的行政机制》,《华中师范大学学报(人文社会科学版)》2007年第5期。

② 韩喜平、王思然:《新中国成立以来农村社区治理的模式演进与现代化转型》,《江淮论坛》2021年第3期。

消了原来的乡政府。① 之后,中共中央于1961年6月颁布的《农村人民公社工作条例(修正草案)》使得"三级所有,队为基础"的人民公社体制最终确立并推向全国,作为当时国家最基层的单位而存在。1962年,《关于改变农村人民公社基本核算单位问题的指示》中规定,将核算单位由原生产大队改为生产队,原乡人民代表大会改为公社社员代表大会。在这种村级结构不断转换的过程中,国家逐步实现了对村级组织的掌控和在农村社区的形象树立。生产队在这一时期成为人民公社的基层组织,生产队社员大会讨论决定公社内的一切重大事项,公社组织则在"政社合一"的原则下,运用强制性的行政手段包揽了村民生活生产的方方面面,实现对村民活动的全方位掌控。此外,这一时期农村实行生产队、生产大队、人民公社三级管理制,或生产队、人民公社两级管理,其乡党委即社党委,乡人民委员会即社务委员会。在管理方面,秉持着"三级管理、队为基础"的原则,生产队在整个管理体系中具有基础地位,生产大队作为连接生产队与人民公社的纽带,对上对下都负有责任,对任务的分配以及关系的协调都有重要作用,人民公社通过对社会经济领域的领导进而实现乡村政治控制。②

从整体上来看,在人民公社化的27年中,国家对农村进行了有计划的、政治化的集体改造。国家通过不断改造基层政权,将农村社区的组织结构分为"人民公社—生产大队—生产小队"三级。在这种社队制结构下,农村社区不再只是简单意义上的农户生活、生产的聚居地,更成为国家治理的重要领域,逐步被纳入国家政治体系。同时,由于人民公社运动的特殊性,全国农村社区逐渐同质化,内部的生产结构和生产方式高度一致,处于一种封闭且稳定的状态。

一、社队制时期农村社区的特征

从1958年实施人民公社化运动到20世纪80年代初家庭联产承包责任制的兴起与改革,社队制在农村存在并延续了27年之久。社队制对我国农村社区的影响十分深远,它不仅创设了"政社合一"的社会管理体制,还建立了以"乡"为单位的经济再分配体制,使得农村社区的性质发生根本变化:传统自然的生活共同体逐渐演变为国家直接管控下的政治属性显著的复合共同体——政治经济共同体。此阶段的农村社区治理"政治化"倾向在"政社合一"模式的影响下更为显著。因为在此种社会体制下,社员的生产生活均以队为基础,经济高度集中,农民的所有生活生产活动皆以集体为基本单位。社队制在一定程度上遏制了基于土地和财富高度集中导致的贫富分化,也避免了农村社会阶层的进一步分化;但与同时代的其他国家相比,这种社队制也产生了一些问题。总体来看,新中国成立初期,国家权力的逐渐下沉尤其是人民公社化运动的实施使得当时的农村社区凸显出以下特征:

(一)经济集体化

人民公社时期国家在各个领域,尤其在农业领域实行高度统一的集体经济,实行集中经营、集中劳动和统一分配原则,主要依靠政治动员、行政命令等强制手段来敦促社员的集体

---

① 蔡禾主编:《社区概论》,高等教育出版社,2005年,第198页。
② 于建嵘:《人民公社的权力结构和乡村秩序》,《衡阳师范学院学报(社会科学)》2001年第5期。

性参与,农民因此逐步丧失了生产积极性和主动性。由此可见,经济高度集中是人民公社化运动的主要特点。这一时期,国家强调"一大二公"和"三级所有、队为基础"模式,以强制性的行政手段将村庄和合作社合并,实现高度的公有化和组织规模化。同时,人民公社实行生产资料公有制,将土地等生产资料全部归集体所有,集体劳动成为公社基本的生产方式,全公社的资源与人力都被调动服务于集体化经济。正因如此,人民公社时期通常也被称作"大集体时期"。但在如此严格的集体化管控下,公社成员仍存有反抗体制的强烈冲动,戏称自己就像缸里的螃蟹,一次次地攀爬,一次次地跌落,不懈努力只是为了爬出生产队这口缸。[①] 可见,高度集体化经济的实行严重削弱了村民生产积极性,甚至产生了逆反心理,埋下了阻碍国家经济进步的隐患。

(二) 组织结构三级制

1962年,国家继续调整人民公社的组织架构,强化了"人民公社—生产大队—生产小队"三级管理体制,其中,生产小队是最基层的党和国家的治理单位。这意味着生产队成了农村基本的产权、生产和核算单位。同时,公社统一管控、分配社员的私有财产。人民公社体制作为一种组织与功能相融合的体制,集中体现在"政社合一"和"党政不分"的组织架构上。"政社合一"即整合国家基层政权组织与人民公社组织[②],由党组织选任并调派优秀人员进入工作队,而工作队则负责掌控乡村社会的政治工作、话语权力和社会资源。如此一来,基层党组织理所当然发展为农村社会的领导。"党政不分"是指中国共产党实行一元化领导的领导方式,即国家严格按照三级管理制,以"人民公社—生产大队—生产小队"的组织架构进行管理,在每一级强调党的地位与领导,每级管理制度分别对应"党委—党支部—党小组"。其中,党委和党支部又是所属地区最关键的中心领导机关,决定并管辖本区域内的一切重要事务,党组织权力高度集中。由此,农村社区形成了"党政经"不分的管控体制,在组织架构上呈现三级化治理的倾向。

(三) 思想行为共同体化

人民公社运动主张"一大二公"的宣传教育,要求社员以饱满的情绪和积极性参与进来,指出公社应追求规模大和公有化程度高的目标,以公社的集体利益作为根本利益,以实现公社集体经济的跃升发展为主要奋斗目标。在思想层面,为使得有计划的政治运动顺利施行,党和国家从意识形态教育出发,在全国范围内开展宣传活动,并通过实际的集体化社队制重塑村民的意识观念,将其改造为具有集体共同体理念的社员。在经济与组织管理层面,国家为加快工业化建设进程且实现经济快速发展,逐步构建了农村公社体制,用三级管理体系严格把控村民活动,并将其限制在村级范围内。[③] 在生产劳动方面,人民公社在生产小组的基础上实行"工分"制度,村民进行集体劳动。在生活用品分配方面,家庭不再是基本的生存单

---

① 张乐天:《告别理想——人民公社制度研究》,上海人民出版社,2005年,第326页。
② 张帆:《新中国成立以来农村社区治理的发展进程与现代走向》,《农村经济与科技》2019年第21期。
③ 吴建征、武力:《体制重塑与多方互动:人民公社与乡村社会发展之嬗变》,《青海社会科学》2020年第4期。

位,每个人都依附于集体生活,日常必需品被禁止进行商品交易,其获得只能通过粮票、油票等国家规定的票证实现,且票证只能从公社领取,实行严格的按需分配制,在这里,票证取代了货币的作用。此外,集体生活还包括最基本的吃饭问题,社员需按规定在"公共食堂"就餐,俗称"吃大锅饭"。如此来看,村民生活生产的各个方面均受集体的支配与管控,一方面在思想上受国家集体化意识宣扬的影响,树立了共同体意识;另一方面,刚性体制的限制将村民的活动绑束在一起,在集体行动的不断碰撞中产生对公社的贡献感和归属感,思想与行动的双重构建逐渐使村民意识共同体化。

  总的来说,在新中国成立初期,为巩固新生的人民政权和应对羸弱的国家基础,我国进行了强有力的自上而下的政权建设,以强制性的、计划性的政治手段重新改造并整合了农村基层社会。在此建制下,基层政府逐渐取代了乡绅在农村社区中的权威地位,自上而下的政治化管控和有计划的政治运动打破了传统的农村社区秩序,农民自主性和能动性逐渐湮没,形成了"国家—农村社区"单向度的治理秩序和整合模式。综上所述,新中国成立初期的农村社区在人民公社的体制下表现出经济集体化、组织结构三级制和思想行为共同体化的特征。

二、社队制对中国农村的影响

  社队制作为贯穿中国乡村社会近30年的制度,对中国社会影响深远,在为国家整体战略发展做出积极贡献之时,也给农村带来一定的消极影响。

(一)对乡村政治的影响

  社队制实际上是由传统乡村治理的社会整合转向人民公社的政治整合,其不仅是农村社会经济领域的实践,更是乡村政治领域的变革。"政社合一"的运行方式与"三级所有,队为基础"的组织结构并举,极大地强化了国家对农村的控制,国家力量也以前所未有的广度和深度向基层社会生活渗透,将农村集体经济组织与基层政权合并为人民公社。[1] 采取"政社合一"的治理模式,一方面避免了合作社与基层政权发生利益冲突,另一方面强化了国家对基层社会的整合与治理。在这一体制下,乡村社会形成由公社、生产大队、生产队和社员构成的新型组织结构。在纵向权力构成上产生了"公社主任—生产大队长—生产队长—生产组长"为主线的政治结构。[2] 在此过程中,国家权力深入乡村社会内部,国家乡村治理方式发生转变,乡村社区权利结构得以重塑。[3] 人民公社是社会主义政权中农村社会最基层单位,是国家政权的末梢,也是上级政府决策的执行者,生产队则是农民生产生活与组织管

---

[1] 黄辉祥:《"民主下乡":国家对乡村社会的再整合——村民自治生成的历史与制度背景考察》,《华中师范大学学报(人文社会科学版)》2007年第5期。
[2] 钟涨宝主编:《农村社会学》,高等教育出版社,2019年,第129页。
[3] 景跃进:《中国农村基层治理的逻辑转换——国家与乡村社会关系的再思考》,《治理研究》2018年第1期。

理的基本单位。[1]

社队制是计划经济体制建立的产物,也是计划经济施行的重要基础。社队制的实行使国家、中间层与底层社会的三元结构被国家与农民的二元结构所取代,乡贤、士绅和民间统治精英所发挥的中间作用逐渐被削弱,宗族地区的传统权威也逐渐被削弱,国家与民众构成了直接互动的双层社会结构。国家与农民之间的关系变化映射出中国社会结构的变化。这种变化对中国产生了深远影响,社员选举、民主监督及群众会议等形式保证了农民的政治参与,国家与农民的直接接触推动了中国乡村政治的民主化进程。同时,国家力量下沉到乡村,政策执行主要依靠政治动员、行政命令等强制手段,中间层的缓冲与保护功能缺失,造成农民与国家互动过程中处于劣势地位,丧失了行动力与主动权。传统文化的约束与凝聚作用逐渐被消解,农民的文化观念发生转变,由"光宗耀祖"的大家庭理想转向爱国家、爱集体、爱社会主义、舍己为公的集体主义思想,并转化到了实际行动中。基于以上原因,当社队制解体后,二元社会结构就丧失了组织支撑,出现乡村组织"瘫痪"、乡村社会"失序"和村民自治"失灵"等不和谐现象。

(二) 对社会经济发展的影响

人民公社化运动作为农业合作化运动的延续,对农村经济发展产生了巨大的影响。

第一,人民公社化运动推进了国家工业化进程。社队制起源于国家实现工业化的需要,整合了农民与农村社会的资源,为工业发展提供了必要的资本积累,同时从根本上推进了城市化和工业化的步伐。我国在新中国成立初期面临着内忧外患的严峻形势,亟须建立新型工业体系推动国家工业化发展。面对薄弱的工业基础,毛泽东曾指出:"为完成国家工业化和农业技术改造所需要的大量资金,其中相当大的部分要从农业方面积累起来。"[2]中国农村从20世纪50年代中后期至改革开放实行了近30年的社队制。通过实施指令性生产计划、产品统购统销、资源统一分配、限制市场自由贸易和以户口制隔绝人口流动等一系列措施,政府逐渐成为农村土地、劳动力和资本的决策者、支配者与受益者。[3]

第二,人民公社化运动推动了农业现代化进程。当时社会普遍存在的"平均主义",虽然在一定程度上挫伤了农民生产积极性,但此时粮食等主要农作物产量仍有所增长。"政社合一"运行方式集中体现了我国社会主义的制度优势,有效动员了有限的人力、物力及财力,在农村的水利建设、农业生产基本条件改善、农业技术改造、现代农业技术引进等方面均有所进步,农业现代化进程在机耕面积、化肥用量、农机动力、农村用电等领域大大加快。

第三,人民公社化运动促进了社会保障体系的建立与完善。一方面,随着人民公社化运动的深入,各地区均在不同程度上建立了相对完善的社会保障体系,包括生产贷款、社会救济等多个方面;另一方面,生产大队卫生站和公社卫生院两级医疗体系逐步设立,为村民提供了便利的医疗服务。这种相对全面的乡村医疗体系,有效降低了结核病、血吸虫病、霍乱

---

[1] 项继权:《中国农村社区及共同体的转型与重建》,《华中师范大学学报(人文社会科学版)》2009年第3期。

[2] 中共中央文献研究室编:《毛泽东文集》(第6卷),人民出版社,1999年,第432页。

[3] 钟涨宝主编:《农村社会学》,高等教育出版社,2019年,第129页。

等疾病的发生率,提高了社员健康水平。可见,人民公社在技术发展、人力资本累积以及社会保障等方面都推动了农业现代化进程。

(三)对农民思想观念的影响

社队制虽然为国家整体战略发展做出了重要贡献,但总体上不符合生产力发展要求,带有一定的社会理想色彩,给乡村社会带来了消极影响,消解了农民的生产积极性,纵容了基层干部的盲目指挥。

首先,农村土地等生产资料均归集体所有,这在很大程度上制约了个体私营经济发展,农民日常生活也被纳入集体中。社员每天定点定时从事农业劳动并收获平均酬劳,因为"干好干坏一个样,干多干少一个样",所以出现了社员在集体劳动中"磨洋工"、浪费公有资源等现象,与之相应的还有农民生产积极性低、农村经济乏力等问题,乡村社会的持续发展在某种程度上因此受到阻碍。此外,农民生计模式也发生了变化。作为中国传统农业生产方式之一,包括家庭手工业在内的家庭副业,在人民公社时期被认为是私有制残余且被清除,农民被强制剥夺了增加收入的机会,农村经营困难,家庭副业萎缩,农民日益被局限在枯燥的集体劳动中,农业生产方式呈现"内卷化"。[①]

其次,在人民公社体制下,产生了高度集权的乡村治理模式,但由于基层干部素养不足、能力欠缺,使得乡村治理问题频出,结果是"左"倾错误蔓延,高指标、浮夸风、瞎指挥及"共产风"大行其道。[②] 总而言之,在以"以农补工""剪刀差"等为主要形式的工业化资本积累下,以及隔绝城乡人口流动等一系列措施的推动下,城乡二元体制逐渐固化,农村经济远远落后于城市,城乡之间的发展严重失衡,城乡之间出现了难以逾越的鸿沟。

社队制在中国乡村存续近30年,社队制的实行及其产生的城乡二元结构所形成的壁垒对中国尤其是农村社区产生了极其深远的影响。在国家整合和重塑乡村社会过程中,该体制服务于国家整体发展战略,不仅推进了城市化与工业化进程,改善了农业生产条件,还建立起了社会保障体系,重塑了乡村的社会结构与农民的文化观念。但是,其所带来的消极影响也不容忽视,农民生产积极性被挫伤、农村社会发展迟缓、城乡之间形成难以逾越的鸿沟、刚性城乡二元结构被形塑。[③] 总而言之,国家权力的下沉,引发了农村社区的巨大变化,使得传统的乡村秩序逐渐被重塑。集体化、行政化的治理是这一时期农村社区的主要治理方式,农村社区显现出体制僵化、组织结构固化、经济集体化的特性;而且全国的农村无论类型如何,都推行同一种模式,在生产方式、日常活动等方面表现为高度一致性,展现出同质化的倾向,缺乏农村社区的特色。

[①] 吴建征、武力:《体制重塑与多方互动:人民公社与乡村社会发展之嬗变》,《青海社会科学》2020年第4期。
[②] 温铁军:《半个世纪的农村制度变迁》,《战略与管理》1999年第6期。
[③] 辛逸:《试论人民公社的历史地位》,《当代中国史研究》2001年第3期。

第三节　乡政村治时期的农村社区

一、乡政村治的定义

部分农村在1978年改革开放正式开始之前,自发开展了"分田到户"的实践,原有的农村政治经济组织"生产大队"在新的生产组织形式下,功能一度丧失,村庄秩序混乱。在此背景下,广西宜山县三岔公社合寨大队村民采取差额选举方式,产生了中国第一个村民委员会。20世纪80年代初期,人民公社体制相继被废除且逐渐被家庭联产承包责任制所替代,这种变化直接推动了农村政治体制的改革。生产队随着人民公社体制的瓦解彻底丧失整合功能,农民与公社、村落与公社之间出现巨大张力,为此中国重新建立了乡村体制,撤生产大队改设了村委会,实行了村民自治。中国农村政治自此进入乡政村治时期。

中国农村政治改革历经了两个阶段。一是"乡政村治"体制初步形成期。1981年十一届六中全会颁布的《关于建国以来党的若干历史问题的决议》中明确指出,基层政权及社会生活中要逐步实现人民直接民主。1982年,中共十二大进一步指出"社会主义民主要扩展到政治、经济和社会各个方面,发展各个企业、事业单位的民主管理,发展基层群众自治"。1982年12月,根据以上政治思想颁布的《中华人民共和国宪法》第一百一十一条规定,村民委员会成为基层群众性的自治组织。中共中央、国务院于1983年10月颁布的《关于实行政社分开建立乡政府的通知》中要求政社分开,开始在全国建立乡政府,由此乡政府发展为国家基层政权组织。1985年6月,全国完成撤社建乡行动。二是村民自治阶段。1987年,全国人大常委会通过的《中华人民共和国村民委员会组织法(试行)》,标志着我国基本确立了"乡政村治"体制。村民自治制度在这一文件的具体指导下在全国范围内广泛实践,中国基层社会治理进入村民自治阶段。之后,国家与社会的分离在《中华人民共和国村民委员会组织法》(2010年修订)实施后,得到法律认可。自此,国家初步完成了对基层政治制度体制的安排,形成了以乡镇政权与村民自治为核心的基层政治体制。

张厚安最早提出"乡政村治"这一概念,他将以国家行政权力和村民为主体的乡村自治权利相分离为基础的体制定义为"乡政村治"[①]。"乡政村治"包含了"乡政"和"村治"两个核心概念:"乡政"为乡镇建制,由公社建制改革而来,即在乡镇一级设立乡镇基层政权,属于农村最基层政权组织,依法对乡镇实施行政管理,把国家的强制力作为权威来源,但不直接管理基层具体社会事务,表现出明显的行政色彩和一定程度上的集权特性;"村治"是指由村民委员会取代被撤销的人民公社体制下的生产大队,主要行使自治权,对农村公共事务和公益事业进行自我管理的渠道,主要通过民主选举、民主监督、民主决策、民主管理的方式来进行。"村治"与"乡政"的行政性和集权性不同之处在于,它表现出高度的民主性与自治性,并以非正式的村规民约和村民舆论作为实现社会治理与社会控制的辅助工具。依据《宪法》

---

① 张厚安:《乡政村治——中国特色的农村政治模式》,《政策》1996年第8期。

《中华人民共和国村民委员会组织法》的相关要求,"乡政"和"村治"呈现指导与被指导的特征,要求"村治"在实现自我治理的同时,村庄有效对接乡镇政府以完成国家自上而下赋予的各项任务。乡村社会进而作为一个整体基本被纳入了以国家行政管理和村民自治为核心的"乡政村治"治理格局中。

总而言之,"乡政村治"体制形成了囊括市场经济、法制精神和民主意识的乡村治理手段和行政管理结构。这表明在市场经济初步发展的社会背景下,国家承认农民的个人权利,并给予了制度性的承诺;这意味着国家的行政权和乡村自治权两者间保持了一定的距离,重新界定国家与社会的边界,释放农村基层社会的发展能力,标志着中国乡村政治的现代化以及社会民主化历程中的关键跨步。

二、乡政村治的特征

(一) 组织特征

就整个组织体系的形成而言,在"乡政"与"村治"中,"乡政"在前,"村治"在后。"乡政"发轫于1980年6月18日四川广汉向阳公社的解体和乡政府的建立。在农村经济体制改革初有成效后,乡镇政治体制改革也随之启动,首先从公社一级入手,即将变革重点先落在"乡政"上——废止人民公社,建立乡镇政府。这项工作到80年代中期基本完成。与此同时,"村治"仍处于摸索阶段,村一级的政权建设相对滞后。广西合寨大队自发建立的"村民委员会"为村民自治提供了一条新的路径,时任全国人大常委会委员长彭真对此充分肯定,认为全国各地可以因地制宜进行多种形式的实验,对实验结果做比较研究,建设居民(村民)委员会,找到处理与基层政权的关系的合适路径,并修改居民委员会条例,制定村民委员会条例。[①] 可见,对于"村治"起初并未形成一套成熟的体系,是在基层人民的摸索中逐步形成和确立的,是人民实践的结果。

乡镇权力组织体系总体划归为党委、人大、政府、政协联络组以及武装部五个组成部分。其中,乡镇党委属于党的农村基层组织,在五个部分中居于核心地位。党政分开意味着党委不再直接干涉乡镇人大和政府管辖内的各项事宜,但为确保党的领导核心地位,党委通过党内决策影响行政决策。乡镇政府在物理空间上离广大农村地区和农民群体最近,是农村基层政权机构,用于贯彻执行国家在农村的各项发展计划和任务目标。第一,乡镇政府作为乡镇人大执行机关由乡镇人大选举而来,需要对乡镇人大负责,定期汇报相关工作。第二,乡镇政府在中央人民政府统一领导、上级行政机关直接领导下,配合完成上级政府交办的各项工作。第三,同级党委对乡镇政府也有领导权,党委在乡镇内政治、经济和人事等方面具有最终决策权。第四,乡镇政府与村民委员会之间是指导与被指导的关系。村民委员会是基层群众性自治组织。村民委员会协助乡镇政府开展工作,乡镇政府不得干预依法属于村民自治范围内的事项。

"乡政"在"乡政村治"的体制下发挥主导作用,"村治"发挥基础作用。村民的自治空间

---

① 彭真:《彭真文选》,人民出版社,1991年,第430—431页。

从根本上讲,来源于国家政权的让渡与授权,"乡政村治"体制使得乡村权力结构还原到"国家—社会"的二元框架。

(二) 经济特征

农村社会经济状况在乡政村治时期存在土地集体所有制和市场化取向两个最基本的规定。在乡村经济体制改革初期,家庭联产承包责任制将土地使用权分配到户,即在坚持土地集体所有制的前提下变革土地经营制度,农民与集体经济组织之间的关系也因此改变;1984年,农村第二阶段改革正式开始,实行了合同制代替农产品统购统销,生猪、禽蛋派购均被取消,改由市场发挥价格调节作用,农民与国家关系被重新定义。农民成为掌握生产经营权的主体,乡村社会经济资源主要由市场配置,多种经济成分并存的乡村经济发展格局逐渐形成。

乡村经济体制改革促使乡村社会分层结构发生改变。家庭联产承包责任制使农民自由支配劳动力并获得生产经营的自主权,乡村资源也可自由流动。一定程度的市场化使乡村社会卷入与城市社会分工体系相联结的新的社会秩序中,社会流动频率加快、农民职业愈加分化、农民之间经济差距加大,进而改变了中国乡村社会分层结构,原有的"刚性"城乡二元结构被冲击,并以新的乡村社会利益关系结构为基础,开始了新的乡村秩序的萌芽。

首先,利益主体扩展为国家、地方政府、社区组织、农民家庭及个人。其次,利益关系从人民公社下"国家—集体—个人"的简单直线型利益的连接方式分化成各个利益主体交错结合的散状利益状[①],此种交叉的综合结构的主要表达方式,是以经济利益为主,具有复杂化的特点。乡村社会政治结构的变迁很大程度上受到了各个主体的新型经济利益关系的影响。例如,随着乡镇财政关系从国家包干变成乡镇包干,地方财政利益和国家财政政策两者之间的矛盾日益凸显。与此同时,也为乡镇、村级和农户间的利益博弈提供了相互限制的架构。最后,在获取利益的途径方面,无论是国家、乡镇政权组织,还是农户或农村社区组织,乡村社会的各个利益主体都开始采取兼具市场化、法制化、制度化特色的财产转移方式以代替人民公社背景下的无偿占有。

(三) 文化特征

"乡政村治"体制的确立,除通过制度设计、治理格局规划等安排来改变乡村社会的纵向及横向政治结构和经济发展体制外,更重要的是,重塑了乡村社会文化系统,主要表现在人民公社时期平均主义的颠覆,以及法制、民主精神的嵌入。

首先,1979年9月,党的十一届四中全会颁布《关于加快农业发展若干重大问题的决定》,要求各级行政机关的意见除法律规定之外,不得用行政命令强制社、队执行,以此保障农民自主权,发挥农民生产积极性。[②] 这种方式既可以解决人民公社时期平均主义弊端,又能够弥补管制苛刻、经营手段死板单一的缺陷。其次,法治社会秩序的维系取决于两个方面:一是具有普遍取向的制度和法律作为协调人际关系、指引社会行动的基础原则,替代了

[①] 于建嵘:《新时期中国乡村政治的基础和发展方向》,《中国农村观察》2002年第1期。
[②] 中共中央文献研究室编:《三中全会以来重要文献选编》(上),人民出版社,1982年,第202—203页。

具有特殊主义取向的风俗习惯;二是村民已搭建起维系法治秩序的心理基础,可以充分感悟法治精神,对法律知识有正确认识。①"乡政村治"格局下从《宪法》到《村组法》对乡镇体制和村委会的具体规定,表明国家明确乡村社会中主体间相互的权利与义务是以立法机关的法律为保障的,而不再单纯以行政权力为标准,区分乡村社会的利益界限。这有力地诠释了我国的法治精神持续发展的因果关系,促进了乡村社会由传统伦理秩序向现代法治秩序的转型,而且这种法治性权威也为乡村社会中的组织和个人提供了刚性的行为尺度。最后,村民自治所蕴含的民主精神,使得农民不但可以获得民主、自由权利,而且其行动在生产经营和社会流动等方面均体现出高度的自主性,其权利意识、竞争意识和主体意识迅速觉醒,一定程度上冲击了村庄原有的社会道德与文化秩序,增加了乡村社会的整合难度。

三、乡政村治的影响

乡、镇一级设立基层政权,对乡镇依法进行行政管理、村庄实行村民自治,这种"乡政村治"格局解决了人民公社解体造成的农村组织瘫痪困境,加强了基层政权,对维系乡村社会的稳定和促进乡村有序健康发展起到了不可忽视的作用。

第一,重构国家与社会的关系。20世纪中国乡村政治的百年历史始终沿着国家政权下沉的主线发展。而20世纪80年代以来,乡村政治在农村经济体制改革和政治民主化进程中一改人民公社时期的国家共同体结构,国家政权力量逐步退出乡村社会,彻底改变了国家权力下沉而形成的对乡村社会全面覆盖的趋势,重塑了国家与社会关系。乡政村治总体上符合现阶段农村生产力发展要求,打破了农村经济发展困境;在乡村社会场域中,国社界限明晰化,国家宏观统一管理与农民主体性地位充分结合,推动村民参与乡村治理,释放了乡村社会发展活力。

第二,推进以公民权为基础的基层民主政治制度化进程。传统社会下"皇权不下县"的乡村自治以士绅统治主体,乡村并非建立在普遍的公民权基础上;辛亥革命后仿西方实行地方自治,但均流于形式,社会动荡,乡村失序,农民依旧是实际的被剥削者;乡政村治下,法律规定农民成为国家平等的公民,享有管理本村公共事务的基本公民权,村民自治制度正是在此基础之上建立的。村民自治再次确认了农民个人利益的合法性与合理性,在本质上不同于历史上的乡村自治、地方自治②,标志着中国基层民主的制度化、规范化和程序化。

第三,培养农民的民主意识和公民精神。中国是有着长期中央集权历史传统的国家,历来强调社会等级秩序与中央权力的建构,缺乏政治民主传统;但在乡政村治体制建构和完善过程中,建立的一系列民主规则和规范程序,在使农民获得民主选举、决策、管理和监督的权利的同时,进行的仪式化的民主训练,在一定程度上使广大农民对民主程序有所认知,提升了民主意识,培育了现代国家的公民精神。

同时,在国家力量的推动下,乡村社会治理方式被重构,乡村自治成为非农民自主选择的新型治理方式,进而具有欠缺内生性社会组织基础的先天缺陷。在激烈的社会变迁中,

---

① 郑杭生:《当代中国农村社会转型的实证研究》,中国人民大学出版社,1996年,第170页。
② 徐勇:《为民主寻根——乡村政治及其研究路径》,《中国农村观察》2001年第5期。

"乡政"与"村治"的关系一定程度上脱离了制度文本的规定,村民自治难以承担乡村社会治理重担。村民弱势地位凸显,乡镇干部干涉村党支部以及村庄选举,村两委受乡镇政府约束,最终乡政的"官治"和村治的"自治"并存,由此形成的自上而下的"权威性自治"突出地体现为村委会行政化。具体可以划分为"被动行政化""主动行政化"[①]两种,前者指一些乡镇对村委会以"领导"代替"指导",或在"指导"的名义下"领导""包办"村委会的工作,使得村委会在事实上丧失对村务的管理权,沦为乡镇的下级机构;后者指在资源不对称的格局下,村委会处于弱势地位,为获取乡镇资源一味执行、服从和迎合乡镇政府的要求,丧失了应有的自主性和自治功能。

第四节 新型农村社区

一、政策背景

2006年10月,党的十六届六中全会颁布的《关于构建社会主义和谐社会若干重大问题的决定》明确提出:"积极开展农村社区建设,建立新型社区管理和服务体制,将社区打造为管理有序、服务完善、文明祥和的社会生活共同体。"民政部于2007年颁布《全国农村社区建设实验县(市、区)工作实施方案》,将304个县市区划分为农村社区建设实验区,全国各地相应确定了不同层次的实验区。党的十九大报告提出,"要坚持农业农村优先发展,按照产业兴旺、生态宜居、乡风文明、治理有效、生活富裕的总要求,建立健全城乡融合发展体制机制和政策体系,加快推进农业农村现代化",要求实施乡村振兴战略。作为缩小城乡发展差距的重要举措,新型农村社区建设利于改善农村人居环境,实现"农业强、农民富、农村美",是推进乡村振兴的重要抓手。经过一系列努力,新型农村社区建设取得显著成效。农村土地的规模化经营、产业结构的优化升级、农民收入渠道的拓宽、农民生活水平的提高,有利于从根本上改变传统村落农民生产生活方式,提升农民生活质量,破除城乡二元结构壁垒,缩小城乡发展差距,逐步实现城乡融合发展。

二、新型农村社区的定义

"新型农村社区"是要打破原有村庄界限,经过统一规划,将两个及以上的自然村或行政村,建设成为具有新的居民住房和服务设施、新的统一规划和产业布局、新的服务管理模式和经济格局的新的农民生产生活共同体。它有别于传统村落,并不是传统意义的"共同体",而是在城乡统筹发展和制度变迁基础上、由政府主导与总体规划的、以农民为生产生活主体且包括多种经济与社会关系的农村社会生活共同体及现代化农民居住区。与城市社区一

[①] 黄辉祥:《乡村博弈:国家整合的内在紧张——基于现代国家建构理论的尝试性解释》,《东南学术》2008年第3期。

样,新型农村社区环境卫生、功能齐备、管理有序,能够切实满足农民需求,高度组织化的管理和相对完善的服务保证了乡村公共产品、管理和服务的有效供给。新型农村社区建设,既非村庄房屋翻新,也非简单的人口聚居;而是为从根本上缩小城乡差距,让农村呈现全新的生产生活状态、让农民享有均等化公共设施及服务,最终在经济消费、文化氛围等方面弥合与城市的差距。

新型农村社区建设,颠覆了传统农村社区,打破了城乡壁垒,促进了时空流动,农民可以像市民一样享受现代化生活。新型农村社区建设,要充分尊重农民意愿,坚持自愿原则,提高农民生活水平,鼓励农民有偿退出宅基地,主动购房建房,积极引导农村土地有序流转。新型农村社区建设,要构建现代产业体系,实现公共服务城乡均等化,既要节约土地、提高土地生产效率和实现农业产业集约化经营,也要使农民在不离开家乡和土地的情况下,逐步迈向城镇现代化生活。

三、新型农村社区的特征和类型

新型农村社区与传统农村社区的特征截然不同,表现在村庄活动空间扩大、治理方式和治理目标现代化、基础设施和公共服务水平发展迅速、人口结构越来越复杂、人与人之间关系从熟悉走向陌生。农村社区在变迁过程中基础设施逐渐城镇化、社区服务逐渐完备化、村民生活方式逐渐市民化,实现了传统向现代的转变。

(一) 新型农村社区的特征

1. 公共基础设施与服务不断完善

公共基础设施与公共服务是社区发展的基础,也是社区居民生活的基本保障。新型农业社区在道路、水电、通讯、污水处理等设施方面取得了长足的进步,基本实现了城乡基础设施的全覆盖,促进了社区人居环境的进一步发展。水、电、路、气、房等基础设施建设发生历史性变革;社区结合地方实际,建设干道和巷道,道路已全部变为水泥路或沥青路;安全饮水设施实现全覆盖;生活垃圾收运处置体系逐步完善以保持社区清洁。同时,社区健全基础设施管护体系与制度,发挥居民主体作用,使其更多参与到设施建设、管理与养护的过程中,促使其产生对社区的归属感与责任感。新型农村社区充分整合利用现有资源,不仅在基础设施层面改善了社区的物质条件,也在公共服务层面推动了教育、医疗、福利等方面的完善。既满足了社区居民的生活所需,又提高了居民个人可持续发展能力,使居民更好地享受其发展成果。

2. 村容村貌与居住环境并重

村容村貌既是社区居民生活其中的具体环境,又是社区对外展示的首要门面。新型农村社区关注村容村貌与社区居住环境,旨在以完善的设施和优美的环境促进居民的生活质量。首先,科学规划利用土地,在实现居民集中居住的基础上,社区集约经营农田,以硬化、绿化、净化为重点,开展社区人居环境整治,推进社区公共环境不断向好。其次,大力推广生态循环农业,通过实现农业废弃物的循环利用达到减少农业污染的目的;实施社区清洁行动,建立与完善生活垃圾收集处理体系和中转运输机制,共同促成社区美好生态环境。最后,号召居民建立卫生保洁制度,激发农民建设美丽家园的积极性,通过发挥居民主体性改善社区环境。在基层政府的引导下,社区通过治理生活污染、发展生态农业、管理乡村企业等多种方式推进农村环境整治,让乡村更美、更宜居。

3. 社区治理体制与居民参与同步

为了提高乡村社会治理能力,实现治理现代化,基层治理模式由政府主导型向现代化和服务化模式转变。在此期间,各种专业组织、志愿者组织以及合作组织纷纷涌现出来,治理主体由二元变为多元。[①] 新型农村社区建立了基层党支部、居民自治委员会以及各类民间社会组织,不同的组织对应不同的职能,共同满足村民日益多样化的生活需求。伴随着各种规章制度与程序的完善,社区管理的手段与方法越来越公开透明,治理方式与时俱进,依托互联网这一平台,利用微信、微博等方式,完善居民参与社区治理渠道,逐步形成新时代背景下的治理模式。各组织与主体合力,丰富村民参与治理方式与途径,间接推动乡村民主化进程,提升了村民自治程度。

4. 生产与生活水平稳步提升

新型农村社区推动多种产业发展,形成了以产业为核心,带领农民致富增收的新渠道。凭借乡村本土的特色资源,融合旧有产业,延伸产业链、拓展现有产业范围。通过农产品加工业、乡村生态旅游等多种产业,一方面,促进产业发展逐渐走向多元化;另一方面,构建产业融合发展体系,并在此基础上打造规模化、产业化、现代化的农业产业链,增加农民增收渠道。新型农村社区,拥有相对完备的社会保障体制,农民享受均等化权益,生活水平显著提升。水、电、路、气、房等基础设施完善,社区公共服务涵盖幼儿服务、公共教育、劳动就业等领域,不断增强农民的获得感、幸福感和安全感。

(二)新型农村社区的类型

目前,我国的新型农村社区根据农村社区建设模式,可以划分为以下几种类型。

1. 合村并居型农村社区

伴随着城乡一体化的深入推进,在"土地财政"的催化下,大部分地级市相继着手推行合村并居。这是关乎社区经济、民生保障和文化事业等在内的综合性工程,是城镇化快速发展的体现,并不是常规意义上的拆旧建新,也并非简单意义上聚落或行政组织的集中。合村并居旨在对旧有乡村社区的生产与生活环境、社区管理体制等进行全面改良,由政府提供相应的资金支持,将邻近的自然村合并为一个行政村,进行统一管理与规划,使分散农户集中居住、土地集中经营,使得提供基础设施与公共服务的成本显著降低,并促成了资源集约利用。合村并居社区打破了自然村落构成,加速中国城镇化进程,是传统乡村社会向现代化城市社会的过渡阶段。

然而,一些地方政府"一刀切"的强推方式忽视了农民的部分需求,违背了农民意愿,也给合村并居后的社区生活带来了一系列问题,具体表现为农民生计未解决,生活成本增加,

---

① 曹立前、尹吉东:《治理转型:从传统乡村到新型农村社区》,《农村经济》2016年第11期。

管理方式滞后,出现了"农民上楼,农具难上楼"的问题。农民集中搬到楼房居住,但是产业结构调整和农村劳动力的非农转移并未及时实现,社区距离农田较远,为农民耕作农田带来不便,同时增加了农民的生活成本。基于此,2021年《中华人民共和国乡村振兴促进法》明确提出,村庄的规划和建设应当尊重农民主体地位,国家开始以法律法规的形式来规范合村并居型社区的构建。此外,在居民规模更大、人员异质性更强、更具开放性的新型农村社区,需要创新管理方式,改善基础设施,根据居民需求提供相应的公共服务,实现新型社区的综合发展,构建新型生活共同体。

2. 旧村完善型农村社区

旧村完善型社区主要是指在原有较大规模、规划合理、区域位置优越、建设条件良好、经济水平较高、公共设施和基础设施具有一定基础的旧有村庄的基础上,对其进行改良和提升后所建设的新型农村社区。旧村完善型社区在住房建设、基础设施和公共服务设施建设,甚至产业发展上都有较好的基础。因此,整体村庄改造难度小,建设效率高,用少量的投入即可有效完善基础设施,大幅提升社区服务功能,显著改善村民生产生活条件。农民群体居住空间的重构必然使原有的社会结构、社会关系与社会秩序受到冲击,有效利用旧村良好条件,在保留原有结构的基础上完善公共设施,提高社区服务供能,有助于快速推进社区生活的现代化。与此同时,需要对社区进行制度化、常态化和规范化的管理,推进社区治理的现代化进程。

3. 产业带动型农村社区

产业带动型社区依托产业发展,利用产业形成和建设带动居民生活水平与经济收入持续增高,最终实现整个社区的改善。产业带动型社区通过对土地进行资源整合,将人口集中,以产业聚集解决农民就业、以土地集聚实现农业现代化,推动村庄资源的高效配置,最终实现新型社区的全面提升。产业带动社区的优势在于:实现当地村民"失地而不失业",达成社区集体"自我造血",促进农民有能力"支付"上楼成本。[①] 产业带动型社区在抓好产业发展的同时,将社区高效治理与产业高质量发展相结合;这种产业与社区的融合发展,进一步引进了先进资源,持续改善了公共配套设施,提高了服务水平,弥补了发展短板,形成了"产、住、商"全方位、一体化的新型社区生活圈。

4. 移民型农村社区

移民型农村社区通过对居住于恶劣的生活环境的民众予以搬迁而实现。20世纪80年代以来,中国经济持续高速增长,人民生活水平显著提高,但直至2004年底仍有2 610万人的温饱问题没有得到解决。有相当一部分的贫困人口生活在中西部等不适合人类生存的山地或高原地区,生存环境的恶劣直接造成生活水平难以提升。自20世纪80年代初,中国开始尝试以移民的方式进行扶贫,又于2001年启动了生态移民工程。2009年以前实行整体搬迁与零星搬迁相结合的方式,以2009年为分水岭不再安排零星搬迁,开始实施集中搬迁。移民型社区通过习近平总书记在2015年10月16日首次提出"五个一批"脱贫措施中"易地

---

① 郭占锋:《从村落共同体到新型社区——中西部地区农民集中居住及其文化适应》,社会科学文献出版社,2018年,第378页。

搬迁脱贫一批"措施而形成。易地扶贫搬迁是实现生态环境恶劣的贫困群众跨越式发展的根本途径，也是打赢脱贫攻坚战的重要途径，大量移民社区在国家脱贫攻坚战略的推动下形成、建设和发展。移民社区经历了搬迁、适应、融入、扎根、发展五大阶段。大量移民群体离开故土，到陌生的移民新区或异域环境中求生存、谋发展。从解决温饱、改善移民生计到发展多种产业、优化产业结构，中国的移民社区已焕然一新，移民在他乡落地扎根，生活发生了翻天覆地的变化。

移民型农村社区努力让贫困群众"搬得出，稳得住，逐步能致富"。其中，搬出是基础，稳住是核心，致富是关键。各地易地扶贫搬迁的建设任务相继完成，移民社区工作重点逐步转移到后续发展。2020年2月颁布的《易地扶贫搬迁后续扶持若干政策措施》，为移民社区后续工作给予了指导。移民社区建设是动态变化、持续用力的过程。农民从环境恶劣地区搬迁到移民新区，通过移民、政府、企业等多方协同努力，社区建设初见成效，移民逐渐致富增收。但在后续建设过程中，出现社区服务难以满足移民需求、产业后续培育力度不足等问题。因此，移民社区后续将从基础设施和公共服务设施配套、产业培育和就业帮扶、社区管理、搬迁群众合法权益保障、工作投入力度保证、统筹指导和监督检查等方面入手，做好脱贫攻坚与乡村振兴有效衔接，移民型农村社区后续发展任重而道远。

四、新型农村社区的现存问题与未来展望

（一）新型农村社区的现存问题

"十四五"规划中指出，要将乡村建设放在社会主义现代化建设的重要位置，强化乡村建设的规划引领，提升乡村基础设施和公共服务水平，改善农村人居环境。建设新型农村社区是推进乡村振兴和城乡一体化的重要战略措施。经过多年努力，新型社区的建设激发了农村活力，推动了农业农村经济快速发展，为城乡统筹和农民市民化做出了突出贡献，但在这一过程中也面临着诸多问题。

首先，社区建设存在强制性。部分地方政府较强的自上而下"强制性"和"规划性"使得农民自下而上的参与性不高，甚至存在着地方政府一味追求政绩、违背农民意愿、损害村民权益的现象。

其次，社区农民就业和产业支撑问题尚未得到完全解决。新型农村社区建设在一定程度上改变了农民传统生计模式，土地是农民的生计保障，更是最后的退路。社区改变了农民旧有的生计方式，新的生计方式却尚未完善，因此必须建立社区产业链条，稳固社区的产业支撑，保障农民收入以解决其后顾之忧。

最后，社区存在公共设施缺失和村民自治问题。由于地方财政条件有限，村民难以享受均等的基础设施与公共服务。新型农村社区建设颠覆了延续数千年的传统农村社区，变革了农村治理模式，在新时期，必须完善公共服务与社区服务，增强农民对社区的认同感[1]，深

---

[1] 项继权：《中国农村社区及共同体的转型与重建》，《华中师范大学学报（人文社会科学版）》2009年第3期。

化居民自治能力,提升其社区参与热情,以不同的方式和手段激发村民主体性,促进村庄的内生性发展。

(二) 新型农村社区的未来展望

首先,新型农村社区的未来势必会形成完善的产业链条,为居民的生计来源提供基本保障。立足于社区当地的具体情况,寻找社区的特色文化与资源,在此基础上因地制宜发展产业,产销结合,不断拓展产业链条,实现产业与市场的良好对接。同时,同步规划产业发展与社区建设,建立集体经济组织,让村民皆可参与其中,解决部分困难人员的就业问题,一方面保障社区居民经济增收;另一方面以产业为导向实现社区的现代转型。

其次,新型农村社区趋向于达成功能健全、基础服务和社会保障制度完善的目标。社区将把更多的财政资金投向公共基础设施和公共服务,一方面推动社区人居环境不断改善,提高社区居民的生活满意度;另一方面,服务与保障制度的完善有利于缩小城乡差距,实现城乡服务均等化,为乡村留住更多的人才与资源,促进乡村振兴,实现城乡统筹发展。

最后,实现全面发展、综合提升新型农村社区。政府将进一步推进乡村振兴战略,贯彻落实产业振兴、文化振兴、人才振兴、生态振兴和组织振兴,创建安居乐业的新型农村社区。这不仅表现在农民增收这一经济层面上,还体现在居民文化素养等层面上;不仅包含社区治理方式的革新与治理体系的完善,还包含社区人才的回流与增加;不仅体现在生态环境的改善与提高上,还体现在居民就业环境的丰富与多元上。

第三章

农村社区研究理论

在乡村振兴与新农村建设的时代背景下,诸多学科关注焦点逐渐从城市向农村转变,在关注城市社区之余向农村社区研究倾斜。理论之于农村社区研究好比骨骼之于人体,是建构研究框架、得出研究结论的基础。理论研究与时代发展相生相息,其服务于特定时期、特定环境以及特定人群,学者们基于社区要素就社区结构、功能、特性、运转等方面形成诸多理论研究成果。回顾社区研究理论的成果可以发现关于社区的理论研究多以城市社区为研究对象,但这些理论并不仅限于解释城市社区社会现象与问题,同样适用于研究农村社区。这股理论研究的热潮从西方社会逐渐蔓延至中国学界,引起国内外诸多学者的思考与探索。

第一节 类型学

19世纪,欧洲社会处于工业革命时期,城市化浪潮从英国向欧洲其他国家扩散,大机器生产标志着欧洲社会率先步入现代化进程,传统的思想观念和道德意识被削弱甚至抛弃,社会互动规则和社会运行模式从本质上发生了改变。工业时代下的城市与乡村既有着紧密的联系又互相冲突。当农村劳动力大规模迁移至城市社区,城市社会的发展将农村社会作为基础,同时农村社会依托城市社会的反哺向城镇化方面发展。此外,代表城镇的工业文明与代表乡村的农业文明在文化、风俗等方面也存在激烈冲突。然而,两者之间仍存在不容忽视的关联。基于当时社会二分变迁,学者们建构起一种分析框架,将城市与乡村都置于其中,分析两者的差异与联系,即古典类型学。类型学既是一种理论,又是一种分类分析的方法。

一、滕尼斯:礼俗社会与法理社会

德国社会学家斐迪南·滕尼斯是社区研究的开创者,也是类型学理论研究领域的先行者。他于1887年出版了著作《共同体与社会》,国内也有学者译为《社区与社会》,费孝通将其译为《礼俗社会与法理社会》。滕尼斯在这本著作中提炼出了人类社会的两种理想模型:共同体(或曰社区)与社会,并详细描述与比较了这两类社会生活形态的不同。

在滕尼斯建构的这个二分类型模型中,"社会"是新兴的,"共同体"是古老的。"共同体"是一种自然集合,人们基于自主意愿,无组织、无目的自发形成社会有机体,彼此间依靠情感、血缘、信仰等联结,是个人自然意志的选择。在"共同体"内,人们亲密无间、互相依赖、纯粹又团结、融洽又排外。"社会"建立在选择意志之上,相较于"共同体"的自发与天然,"社会"更像是"制造品",是非自然的、有目的的。利益、契约等为搭建"社会"的水泥,机械、功利成为"社会"的标签。"共同体"与"社会"存在着显著差异,生活在两种不同生活类型中的人们也在价值观念、行为表现等方面截然不同。费孝通结合中国社会的实际,将"共同体"命名为"礼俗社会","社会"命名为"法理社会",两种迥异的社会联合类型拥有不同的生活写照,两者涵盖的地域范围也各有不同。参照滕尼斯所处的社会背景,欧洲社会处于更迭时期,工业建设方兴未艾,城市化进程如火如荼,时代的飞速发展在慢慢地侵蚀着礼俗社会的土壤,资本主义盛行下的欧洲社会将金钱、利益等不良价值观念最大化,"共同体"内的人们在失去他们原始的家园。在滕尼斯看来,乡村社会不可避免地向城市社会发展,城市社会的出现与向外扩张的进程无法被逆转。虽然社会发展的应有之义是前进与上升,但在实际的社会发展中,迂回、曲折是不可避免的。在过渡期内,城市进步所引发的社会转型问题使身处历史潮流中的人们遭受巨大的冲击。

学术界普遍认可滕尼斯对"共同体"与"社会"的比较研究是工业社会早期社区研究的发端。在滕尼斯的社区论述中,能感知他对社会转型期人们担忧与恐惧的体念。礼俗社会是其理想的社会关系联结模型,没有利益纷争,没有外界喧嚣,只有互相团结、彼此熟识的亲密关系。因而,他对"共同体"的消逝十分惋惜。

二、迪尔凯姆:机械团结与有机团结

与斐迪南·滕尼斯二分类型学说异曲同工的是迪尔凯姆阐述的基于社会变迁引发劳动分工的社会团结类型。迪尔凯姆与滕尼斯同处于欧洲社会转型期,机械化与工业化的推进引发社会变迁,传统农业社会在城市化进程中被瓦解,现代工业社会逐渐成为主流社会类型。对于这种天翻地覆的社会变革,迪尔凯姆陷入了深深的思考。他认为,在社会进化的过程中,紊乱的社会秩序使得组织以及群体间联系的纽带产生变化,彼此间原始、纯粹的感情逐渐消弭。为了更加精准地描述工业社会变革对民众社会生活带来的影响,迪尔凯姆在《社会分工论》一书中提出了"机械团结"与"有机团结"这两大类型学概念,分别用来代表传统农业社会时期与现代工业社会时期人们不同的团结方式。在他看来,社会分工的出现瓦解了农业社会原有的紧密联结,社会中个体的异质性和个性增强,新的社会矛盾与问题出现,旧有秩序瓦解,失灵的社会规则丧失约束力,而新的社会机制尚未建立,社会面临着"失范"的危机。传统农业社会整合的方式建立在群体高度同质性上,社会分工导致集体意识衰落,个体意识增强,出现"各人自扫门前雪"的社会现象。

迪尔凯姆认为,社会从传统向现代转型,社会整合方式也随之发生了变化,究其实质乃是机械团结向有机团结的转化。不同的社会结构拥有差异的社会团结方式,传统社会中个人倾向于自发、无意识地建立联系,现代社会里大家趋于共同利益互相联结。迪尔凯姆对机械团结的分析立足于传统社会中个体的同质性,即人与人之间具有高度的相似性,集体意识是个人行动的驱动力。由于原始社会中,社会生活简单枯燥且重复,人与人之间依靠宗教、血缘等原始情感来维系"亲密"关系,彼此之间价值观相似,行动指向雷同,个性服从于集体意志,个人意志起的作用微乎其微,那么在群体作用的催化下,个人的行动带有盲目、冲动的特点,具有强烈的被压制性,社会强制支配着个人的意志与生活。同时,某个体违反集体意识,触犯群体行为准则,必然受到排斥,严重者会受到群体的惩罚。如果说机械团结是传统农业社会的主要特征,生活于其中的人们是自给自足的;那么有机团结则是现代工业社会的典型特征,是建立在精细的社会分工基础之上的。在这种发达的社会形态中,社会成员异质性较高,个性也较为突出。现代社会发展超前于传统社会,简单的机械团结是不可能存在的,因为在这样的社会氛围下,人们各司其职,集体工作的完成依赖专门化的个体分工,促进彼此联结与依赖。同时,社会有机化程度与分工精细程度成正比,社会的运行需要不同分工的机构相互配合,而部门、机构工作细化为个人职业分工,那么社会分工愈精致复杂,个体对他人乃至社会的依赖愈强,集体意识淡化程度愈高。随着社会分工越来越细化,个人异质性也逐渐增强,个体意识也不易被集体意识所吞噬,社会关系和社会秩序主要依靠恢复性法律来维持。在有机团结的理想状态下,个人与他人、机构、群体的联系纽带增多,社会关系变得更加紧密,那为何个体与个体间"亲密关系"徒有其表?在他看来,社会分工本身并非问题根源,不良的社会分工状态才是催生社会关系产生矛盾的导火索。

一定程度上来说,社会团结论是从社会整合的角度对滕尼斯的"共同体"与"社会"二分类型学说做出了回应。与滕尼斯不同,迪尔凯姆对社会变迁持乐观态度,社会朝着有机团结方向发展有其合理性与必然性。关于不良社会分工状态催生的阶级斗争、人际关系疏离等社会困境必然会随着社会进步逐渐消失,社会最终会达到理想状态。因此,尽管迪尔凯姆认为现代社会中不仅需要"有机团结",也需要"机械团结"作为补充,但他期待现代城市能朝着"有机团结"的方向发展。

三、韦伯:价值与理性

工业化的兴起标志着资本主义社会和传统农业文明断裂,工业文明作为一种新的文化出现,"现代化"逐渐成为当时西方诸多社会科学家研究的热点议题。德国社会学家马克斯·韦伯与法国的迪尔凯姆处于同一历史时代,他也注意到工业化的社会变迁给当时的欧洲社会带来了巨大冲击,早在19世纪就对社会发展做出理性的思考,探究社会未来将何去何从。韦伯认为,资本主义不可避免,西方社会必然踏上现代化道路,其具备的"理性主义"是西方社会独有的,不同于东方社会传统、落后的封建文化,现代与传统相对立,西方与东方同理。何为"理性"?"理性主义"是指在概念精确化的过程中最大化趋近于现实并支配现实。在韦伯看来,"理性"与资本主义相结合,只有在西方社会,"理性"概念才能外化为科学、技术、建筑、机械等具有现实意义的理性形式,那么西方社会向现代化发展就是"去传统""理性化"的过程,因此抑制"理性主义"蔓延是徒劳且不可逆的。换句话说,韦伯基本把现代化等同于理性化,西方社会孕有理性主义思潮,资本主义的发展就是理性化的过程与表现。可以说,理性主义是一条独特的西方道路。

在韦伯看来,席卷而来的资本主义浪潮不可避免地推动原本二分社会类型的融合与进化,即传统乡村社会向现代城市社会转变,理性逐渐战胜非理性并最终占据主导地位。在原始思维以及原始精神中,非理性要先于理性产生,然而随着乡村社会日趋理性化,乡土生活也充斥着理性因子,价值、利益、功效日益成为人们的行为准则,传统的情感、价值观因素作用微乎其微。马克思·韦伯担忧资本的循环积累会以人类形式理性过度膨胀、实质理性逐渐枯竭为发展代价,现代文明挤压人类原始情感,冰冷的工业文化蚕食人们的精神世界,传统农村精神价值缺失,最终人类被关进理性的囚笼。

四、新类型学

社会学家霍华德·贝克将社会划分为宗教社会和世俗社会两种类型。在他看来,"宗教社会"与"世俗社会"之间是连续的发展过程,前者代表传统村落社区,保留宗教的价值观,后者象征现代工业城市,以世俗的道德价值观念为准则。贝克基于这一类型学分析概念建构的类型并非他心中理想的社会类型,人们如何对待变化的态度和行动是区分"宗教社会"与"世俗社会"的主要标准。因此,世俗化并非社会变动的唯一方向,社会的发展可以是跳跃的,也可以是反方向的。塔尔卡特·帕森斯在滕尼斯有关"共同体"与"社会"二分社会类型的基础上提出了模式变量理论,发展出了一种新的区分社会结构的类型学工具。他的模式变量理论主要包含五组模式变量,即情感中立性与情感性、自我取向与集体取向、普遍主义与特殊主义、成就与先赋、专一性与扩散性,现代社会的特征可以用每一组模式变量中的前面一个词来形容,而共同体的特征则用每一组模式变量中的后面一个词来归纳。罗伯特·雷德菲尔德对墨西哥尤坎他州不同类型的社区进行了比较研究,分析"不变的封闭性同质社会"与"变动的开发性异质社会"之间的差异。通过比较,他指出"大传统"的都市社会与"小传统"的乡村村落各自拥有独特的文化脉络。在此基础上,罗伯特·雷德菲尔德对"乡村—都市连续统"人类聚居形态做了进一步的类型学思考,认为城市与乡村、工业与农业两者可以协调为连续统一体,而不一定是二元对立的两端。在后工业时代,安尼瑟·理查蒙德对社区、社会和后社会作比较,对比传统时期、工业时期以及后社会时期不同的社会状态,分析乡村社会走向后社会时代的必然性。[①]

第二节 功能主义理论

功能主义发轫于19世纪初期社会有机体论,社会学鼻祖奥古斯特·孔德提出家庭是社会有机体的细胞,同时赫伯特·斯宾塞提出社会是一个有机的整体。对功能主义的溯源也可以追溯到《理想国》中柏拉图对社会阶层的划分。

功能学派是社会学研究中较为传统的研究理论和研究流派,发展历史较为长远,对社区研究而言是最主要的理论之一。塔尔科特·帕森斯是功能学派集大成者,他将功能主义推至社会学理论研究顶峰,使得功能主义在20世纪中后期占据社会学理论研究的统治地位,主导社会学理论的发展方向。

在功能主义者看来,系统是研究的着眼点,功能学派以宏观视角看待社会现象与问题,将社会结构和整体作为分析单位,建构科学的研究体系。早期功能主义理论家分析人类文化,强调社会文化之于社会系统好比水泥之于建筑大厦,能够维持且巩固社会系统整体功

---

① 徐奇、莱瑞·赖恩、邓福贞编著:《社区社会学》,中国社会出版社,2004年,第28—29页。

能。现代功能主义理论家则提倡系统功能的必要条件。早期的功能理论被称为英国功能学派人类学,主要以英国社会人类学家马林诺夫斯基和拉德克利夫·布朗为代表。而现代功能主义理论则以美国的塔尔科特·帕森斯和罗伯特·默顿为典型代表。功能主义理论分支众多,派别复杂,不同时期蕴含的时代背景与时代特征各有差异,因而每个时期代表人物的理论意义也不尽相同。

功能主义者为社区研究提供一套要素分析和功能分析的框架。总体而言,功能主义分析框架中包含两大要素:部分与整体。功能分析强调系统与其组成部分相互依赖,功能上相互联系,系统里每一个组成部分都有其正向抑或是负向功能,部分甚至大于整体,正是各部分承担的功能维持整体的统一与存在。由此推及社会,每一个社会都是一个相对稳定的有机体,社会系统的功能运作依赖社会成员拥有的价值观念及整体奋斗的目标。功能主义者注重系统存在的基本条件而非其存在的合理性与必要性,一个系统要维持运转,保证常态化运作,某些功能条件必不可缺。

一、孔德与斯宾塞

作为社会学鼻祖的孔德,认为生物学和社会学这两门学科都关注有机体,生物学关注生命体,社会学关注社会整体,因而两门学科之间存在着亲近性。因此,他借鉴生物科学中的理论与方法,将其引入社会研究中,以此构建社会有机体学说,从而使社会学得以诞生。借助于生物科学的有关概念,孔德认为社会学可以分为社会静力学和社会动力学。所谓社会静力学,是研究者从社会的横断面静态地去考察社会,研究社会的平衡图景,包括社会组织结构、关系、秩序。社会动力学则是强调研究者应关注社会的动态变化,研究社会的变迁、进化、发展以及动力。社会静力学着重论述社会有机体的各个组织和结构如何平衡与和谐,进而试图揭示出社会有机体各组成部分之间相互作用的规律。因而,孔德成为早期社会功能主义的代表人物之一。孔德不认为个人是组成社会的基本单位,反对将个人作为研究社会的出发点,他认为社会的细胞应是家庭,家庭才是社会的缩影,甚至可以细化为家庭内的夫妻。家庭之间相互联结形成部落,部落之间相互联结组成社会,所以家庭才是组成社会的基本单位。源于生物学的学科概念,孔德认为社会系统内各组成部分处于变化之中,各有机组成部分在动态中共同保持平衡状态,若某个组织"生病",社会的平衡状态将被打破,陷入紧张、紊乱的态势。

斯宾塞则提出了社会有机体论,将生物有机体和社会有机体进行了系统比较,揭示了两者的相似性和不同之处。在斯宾塞看来,生物有机体比较简单,而社会是复杂的有机体,称为超有机体。两者的相似之处在于:生物有机体与超有机体都会随着时间推移日益复杂化,其内部结构会逐渐分化,相应的社会功能也会不断分化。斯宾塞用"分化"这一概念说明生物有机体或是社会有机体内部要素存在某种联系,整体内各部分相互联系和相互制约,社会由此成为一个由相互依赖的各部分所组成的有机体。在他看来,在不断扩大与发展的社会系统中,"分化"无法扭转,是资本主义社会发展的应有之义。斯宾塞有关生物有机体和超有机体的相似性比较,为功能主义的发展提供了理论基础。

孔德与斯宾塞的功能主义论点有共通之处:两者都借鉴了生物学的研究理念,进行了生物有机体和社会有机体的类比。一方面,生物有机体和社会有机体具有结构的相似性。孔德认为生物有机体可以分解为细胞、器官、组织等,社会有机体包含家庭、社会等级、城市等,斯宾塞认为社会有机体和生物有机体一样,是由器官和系统组成。另一方面,生物有机体生命机能的维持依赖机体内部组织协调运作,社会有机体同理。社会系统稳定发展与良性运行离不开系统内部各个部分相互协调,可以说,社会是由组成要素来满足其功能发挥的复杂有机体。但追根溯源,孔德与斯宾塞的思想体系又各具特色。孔德认为思想具有必然的起源,他注重阐述发生过程,斯宾塞的宗旨在于揭示发生过程,强调物质才是必然的起源。

二、迪尔凯姆

迪尔凯姆继承了孔德的社会有机体论,成为功能主义的重要代表人物之一,在类型学中曾提及迪尔凯姆是一名类型学家,但他对社区研究理论的贡献不局限于类型学说,其对社会功能的阐释以及功能分析模式更是深刻影响了后来的帕森斯和默顿等功能主义理论家。因此,迪尔凯姆也被认为是功能主义的先驱者之一。在迪尔凯姆那里,整体是社区研究的重点,社会整体层次需求的满足必须通过内部各个部分相互作用,即各个部分是整体完成功能的必要条件。他探究社会如何整合成为一个整体,并提出了"社会整合""社会分工""集体意识""社会失范"等具有深远影响力的概念,为功能主义理论的发展做出了重要贡献。总的来说,他的观点可以概括为,社会优先于部分,整体优先于个人。

人的思想不能无中生有,每个人的思想都浸润在其所处的时代背景中,与社会经济、文化相连,赋有时代特征。迪尔凯姆的思想也带有鲜明的时代烙印,功能主义理论就是他所生活时代的见证。19世纪后半期,西方资本主义社会经历巨大革新,传统的社会规则被推翻,社会结构的改变为欧洲国家带来无法预计的危机与社会矛盾。伴随着工业化程度的不断加速,生产的社会化和生产资料私人占有之间的矛盾也日益凸显,由此爆发了严重的经济危机。资本主义对外扩张产生了新的社会问题,社会贫富差距拉大,富人资本不断积累推动社会阶层两极分化,富人越富,穷人越穷。工业生产产生经济效益之余也带来环境污染的难题。资产阶级社会新旧矛盾交替,过去的道德规则不足以束缚群众,逐渐消亡,新的规范规则还处于尚未诞生的虚空状态,社会处于"道德真空"的窘境,人们因缺乏社会规范的指导而不知道应该如何行动,导致社会出现了混乱,迪尔凯姆将其称之为"社会失范"。于欧洲社会而言,道德与宗教相生相息,传播宗教思想是进行道德教育的有效手段。迪尔凯姆从社会实体的角度,肯定宗教的社会价值,但他呼唤"去宗教化"的世俗道德教育,认为这样的道德体系才是动荡的欧洲社会所亟须的。

有别于孔德和斯宾塞的功能视角,迪尔凯姆强调功能分析在社会学研究中的独特价值,他认为社会学的研究对象是社会事实,在研究社会事实的过程中,应该将因果分析和功能分析区别开来,提倡将功能分析方法运用到实证研究中去,解释某一种社会事实应该回到这个事实本身,对社会事实的原因和功能分别进行研究,先找到原因,再分析功能。

三、英国文化人类学功能学派

马林诺夫斯基(1884—1942)和拉德克利夫·布朗(1881—1955)是人类学功能学派的奠基者,他们也是英国现代社会人类学的开创者。

(一) 马林诺夫斯基

马林诺夫斯基的功能主义以文化作为研究对象,文化具备的功能能够满足社会系统中人的多种需要,文化存在的意义就在于其功能。同时,他认为文化是一个功能性的整体,文化体系内各部分与文化整体存在联系。在马林诺夫斯基的文化学说中,"文化整体论"与"文化功能论"最有影响力。"文化整体论"是指文化是一个整合的系统,文化系统中每一个因素都有其存在的必要性,满足了文化系统的某一方面的需要,发挥自己的功能,它们并非孤立的,而是彼此联结、交叉。倘若将某个文化因素与文化环境割裂开来,单独看待,切断其与文化环境的联系,那么这样的研究视角就失去了整体意义,无法了解这一文化因素之于文化体系的作用与反作用。"文化功能论"则强调对文化的功能进行分析,社会文化中的风俗习惯、观念、信仰等,都是为了满足人们的生理和心理需求而创造出来的。他曾提出两条假设,一是任何社会文化现象普遍拥有功能,即功能是广泛存在的;二是文化现象的功能不能被单个文化因素所取代,即功能的不可替代性。这两条假设原则也成了传统功能主义的基本前提假设。他还把社会系统进行分层,认为每一个层次都存在重要功能。

马林诺夫斯基的理论贡献主要在于他主张对文化进行功能分析,认为功能普遍地存在于文化现象中,每一种文化都有自己的功能,且文化因素间相互联系促使文化体系也与周围环境相互影响。他受迪尔凯姆和斯宾塞的影响,以人的需求作为文化功能分析的落脚点与归宿来建构文化功能主义理论体系,这一研究视角顺应了当时的人文主义浪潮,肯定了人的价值。他的社会系统分层理论框架,从个体有机体、社会、精神等方面对社会系统进行分层,对现代功能学派也产生了重要影响。

虽然马林诺夫斯基的功能主义学说是一个较为完整的理论体系,但仍存在一些局限性。比如,他虽强调文化的功能属性,但过分夸大其满足人类需求的程度,易造成主观唯心主义,即文化的"功能"恒定,人的需求能够解释任何社会现象。这种唯心主义的研究取向不利于功能学派的持续发展。此外,马林诺夫斯基认为文化系统中各种要素的存在和发展都是为了满足人类的需求,他认为人类的需求主要有生物需求、社会需求与社会整合需求这三类,其中,生物需求为基本需求,后两者为衍生需求。这三类需求处于金字塔的不同位置,当金字塔底端的基本需求被满足后,人们才会追求金字塔中间的社会需求与上层的精神需求。马林诺夫斯基虽然建立了以基本需求为导向的功能分析体系,但并未提出如何有效解决多种矛盾需求的方式。当高层次的衍生需求与低层次的生理需求相冲突时,不同类型之间的需求满足如何协调,马林诺夫斯基并没有给出具体的解决方案。同时,文化作为一个功能性整体在满足人们诉求的同时,文化自身功能是否也存在缺口,这些问题不得而知。虽然马林诺夫斯基基于人类需求的功能主义理论遭到了多方批判,但他的理论对现代社会学功能主义的发展起到了推动作用。

（二）拉德克利夫·布朗

马林诺夫斯基是从人类需求的角度出发,研究文化现象的功能,而拉德克利夫·布朗认为,研究社会现象只能以社会文化的整体为出发点,而不能立足于个体生理或心理。布朗与马氏研究对象的范围存在差异。但是,两人都认同社会是有机整体,整体功能的发挥离不开组成部分所做的贡献。基于社会整体性,布朗提出了功能统一性的假设,即社会整体是一个功能统一体,组成整体的各个部分并非独立、各自为政,而是分工协作、同心协力,这种良性的内部环境不会激起不可调解的冲突。

布朗有关文化功能的研究最早出现在《安达曼岛人》一书中。该书对安达曼岛人的宗教与习俗进行了深入研究,在此基础上阐述了功能学派的理论。他更注重研究文化现象的共时性,他认为文化是一个整合的系统,每一个文化要素都有其价值,认可它们在维持社会系统中发挥的功能。同时,他也将纵向的历时性研究与共时性研究相融来做比较研究,尝试对文化的本质与结构功能进行深入分析。在这本书中能够窥见,布朗的思想在向结构功能主义转变。对于安达曼岛人的田野调查让布朗明白社会也具有一定的结构,系统组成部分互相关联并作用于社会整体,各组成部分和谐一致共同推动社会的发展。由此可见,布朗强调对文化和社会结构都进行功能分析。

布朗认为,社会结构是指一个文化系统中人与人之间形成的关系,而制度在支配着人与人之间的关系。何为制度？制度即是社会所公认的并且贯彻执行的规范体系与行为准则。在制度的指引下,人类社会结构得以搭建起来。社会结构成为理解文化与制度的桥梁。

迪尔凯姆和布朗都认为社会整合是现实存在的,但为了避免迪尔凯姆功能主义理论中的目的论倾向,布朗提出应该用"存在的必要条件"这一术语取代"需要"一词。然而,这种整齐划一的分析方法仅适用基础的社会学研究,对于研究对象多元化的应用社会学来说,这种分析视角的解释力略显单薄。

四、美国结构功能主义学派

二战以后,发端于美国的结构功能主义学派成为当时主流的社会学派,塔尔科特·帕森斯和他的学生罗伯特·默顿是结构功能主义最主要的代表人物。结构功能主义发端于早期社会有机体论,是在传统功能主义思想基础上发展而来的,是对过去的总结与革新。因此,结构功能主义是在结构主义与功能主义有机结合的基础上发展起来的。

（一）塔尔科特·帕森斯

虽然"结构功能主义"的概念是源于人类学家布朗的功能分析学说,但帕森斯是对"结构功能主义"进行定义的第一人。同时,帕森斯也是马林诺夫斯基的学生,后者的思想对帕森斯而言,有重要启发与影响。尽管如此,德国社会学家马克斯·韦伯的思想对帕森斯的影响最大,在帕森斯之前,韦伯在美国社会学领域的知名度并不高,帕森斯将韦伯的《新教伦理与资本主义精神》翻译成英文在美国出版,为韦伯的理论在美国的广泛传播做出了巨大贡献。总体而言,帕森斯的功能主义理论建构历时较久,从早期注重主观性的社会行动理论,到后期注重社会系统的理论,他的结构功能主义理论越来越偏向于宏观,试图建构一个具有普遍解释力的大一统理论。

在早期研究中,受韦伯社会行动理论的影响,帕森斯也关注行动者的社会行动,将社会行动作为社会学研究的出发点,探索社会行动的理论框架。他在《社会行动的结构》一书中对迪尔凯姆、韦伯、马歇尔、帕累托等理论家的观点进行了总结,认为人们以社会行动为媒介来表达自己的思想与情感,那么社会行动就具有个人主观意志性,帕森斯将其称为"唯意志论"的社会行动,以此区别于心理学意义上的"行为"。在帕森斯看来,心理学意义上的"行为"没有考虑到社会规范和共同价值观对"行为"的影响,他建构了一个单元行动框架,包含行动者、目标、情境(包括手段和条件)以及社会规范四个要素。其中,"行动者"即行动的发出者;"目标"即行动者的行动想要达成的理想状态;"情境"是指达成行动目标过程中包含的环境因素,这些影响因子往往是客观的,超脱主观意志控制的,但也涵盖个人可以控制的环境因素,例如行动的手段;"社会规范"意为约束行动者行动的目的与手段的思想观念、制度规则等无形之物,限定了行动者的主观意志与客观选择。在帕森斯看来,情境在个人实现行动目标中扮演着重要角色,他将这一要素细化为"手段"要素与"条件"要素。"手段"要素是行动者在环境中可以控制并改变的,"条件"要素是指阻碍行动者在状态中达到预期目标的自然条件与社会条件。由此可见,他的社会行动功能分析体系带有明显的目的框架,从个人主观意志出发,融合了主观与客观两种因素。

帕森斯的社会行动理论是他早期思想中最具有代表性的理论,但后期随着研究的不断深入,他的思想越来越偏向于构建宏大的社会系统理论。依据帕森斯的观点,行动系统都存在基本的功能需求,系统诉求的满足是其自身生存与运行的必要条件。他构建了 AGIL 功能分析模型来对行动系统的结构功能进行分析。首先,行动系统可以分为四种子系统,即行为有机体、人格系统、社会系统和文化系统,这四种子系统相应地分别承担四种生存的必要条件。一是适应(adaptation)。行为有机体承担"适应"的功能,确保行动系统能够从外部环境中获取自身发展所需的各种资源,并在系统内部进行协调和分配。二是目标达成(goal achievement)。人格系统承担"目标达成"功能,制定目标并确定其实现的先后顺序,为此调动可支配的资源去实现预期目标。三是整合(integration)。社会系统承担"整合"功能,协调系统各部分,增强系统自身的内在联系,使得部分凝聚为一个整体,避免系统出现障碍。社会系统在四种子系统中是最重要的,主要由法律、宗教等社会制度来承担整合的功能。四是模式维持(latent pattern maintenance)。这主要由文化系统来承担这一功能,可以具体化为家庭制度、教育制度与宗教制度的某些成分,以维持系统价值观的稳定性,保持系统的稳定与连续,确保系统有秩序地运行。在行动系统中,经济、政治、社会共同体与社会价值观体系分别执行 AGIL 中的四种功能。同时,帕森斯认为,行动系统的四个子系统之间是在不断地互动中的,它们之间的互动可以通过不同的符号媒介来实现。其中,适应功能对应的是货币,目标达成功能对应的是权力,整合功能对应的是影响,维模功能对应的是义务。从社会秩序的角度来看,拥有多种交换媒介能够维持社会系统的平衡与稳定。帕森斯引入 AGIL 框架来分析结构的功能,标志着他的理论逐渐向宏大抽象的功能主义理论过渡。在帕森斯晚期的研究生涯中,他的宏大理论受到同时代其他学者的质疑,其中主要的质疑之一是认为他的理论不适用于解释动态的社会变迁,帕森斯吸收了批评意见,尝试将结构功能主义运用于社会变迁的分析,认为社会进化分为分化、适应力提高、包容和价值普遍化四个阶段,由此社会的适应性得到不断增强。

帕森斯作为功能主义理论学派的先驱,是西方社会学界极具影响力的领头羊,他开创了美国宏观研究的先河,建立了一个可以容纳和解决一切现实问题与理论问题的分析框架。帕森斯毕生致力于构建宏大的社会学体系,他的庞大功能主义分析框架也遭到诸多社会学家的质疑,例如默顿、米尔斯。在20世纪四五十年代,帕森斯的结构功能主义在西方社会学界一直处于主导地位。直到60年代后期,由于帕氏理论高度抽象概括,人们开始对他的假设产生怀疑。一方面,帕森斯过分强调社会稳定与平衡,回避当时社会变迁爆发的种种矛盾与冲突;另一方面,结构功能的分析忽视了人的能动性。80年代后,美国社会学界兴起"新功能主义",诸多新兴学派发端于帕氏的功能理论,他们剔除其构想中的不合理之处,延续了其理论精华。

(二)罗伯特·默顿

默顿倾向于反省与批判早期功能主义,反对帕森斯宏大与抽象的理论分析。他认为,宏大的理论分析框架缺少生存与发展的现实背景。他强调经验功能主义的重要性,指出功能主义理论要易为人理解与接受。他倡导"中层理论",把经验分析与理论研究相结合。因此,他也被称为经验功能主义者。

默顿认为,中层理论既不同于抽象、脱离经验世界的宏观理论,它与经验世界是保持联系的,同时,中层理论也不同于低层次的经验命题,它关注命题之间的相互联系,因此有可能会发展出一般理论体系。所谓中层理论,是指"介于日常研究中低层次的而又必需的操作假设与无所不包的系统化的统一理论之间的那类理论",是介于宏大叙事与微观经验之间的分析视角。

默顿对传统功能主义的三个经典假设进行了批判。一是功能统一性假设。这一假说设定社会系统的各个部分在运行中是高度协调一致和相互促进的,整合程度较高,因此,社会不会产生不可调解的冲突。二是功能的普遍性。这一假设强调社会的正功能是普遍存在的,所有社会形式或文化形式都能产生积极影响。三是功能不可缺少性。这一假设认为,在一种文化中,任何文化事项都满足了社会的一些重要功能,它们的功能是不可缺少的,也不能被替代的。默顿推翻以往的假设,他认为,在功能分析上不能假定社会是完美的,社会也有不平衡与变革,可能个体无法感知,但确实存在;功能不局限于正功能,反功能和潜在功能不容忽视;某一种功能需求不必依赖单一项目,可以从多个不同的项目中获得。

据此,默顿对"功能"概念进行了新的阐释,并提出一组功能分析的新概念。首先,他认为,功能有正反之分,区分两种功能要取决于社会结构要素及其关系对社会系统是起助推作用还是削弱作用。研究者要基于历史的框架研究反功能,对这些制度化行动模式的后果保持长期观察。其次,默顿提出了显功能和潜功能这一对概念。所谓的显功能是指社会成员能够认识到的那些有利于系统调整和适应的客观后果,潜功能则与之相反,是社会成员没有预料到也没有被认识的后果。默顿功能分析范式中的四个基本取向就是基于显功能与潜功能、正功能与反功能这两组概念。针对早期功能主义所倡导的功能不可或缺性、功能不可替代性,默顿提出了"功能替代"这一分析概念。默顿认为需要用"功能替代"的概念对整体进行分析,承认某一结构组成部分是具备功能的,但这种功能并非是一成不变的,有时候也能够被选择或被替代,功能替代物也能够完成同样的任务。

默顿有关中层功能分析的范例是越轨理论。迪尔凯姆最早提出了"失范"这一概念,意为社会失去了规范。默顿进一步发展了失范理论,他首先将"失范"定义为文化目标与可利用的合法手段间的断裂,两者出现了不平衡。其次,他运用文化目标和制度化规范进行分析。在这一过程中,他把规范作为研究的自变量,把行为设定为因变量,以文化目标和制度化手段对美国社会进行分析。他认为,当目标与手段出现错位,越轨行为就会产生,例如创新、从众、造反、逃避等社会行为都属于越轨行为。

帕森斯与默顿都是结构功能主义的杰出代表,虽然他们的理论存在分歧,但他们都承认社会结构是社会学研究的重点。帕森斯的结构功能主义理论显得宏大且抽象,他试图建立一个具有普遍解释力的理论体系,而默顿则吸取了其他学者对他老师的批评意见,创新性地提出了中层理论,认为应该在一般性的宏观理论与低层次的经验研究之间建构理论,经验性是他理论的重要特征。默顿建立起来的经验功能主义超越传统功能主义的知识范围,是具有实用意义与价值的。具体来说,两者在分析方式、分析完整程度以及对部分关系认识程度上存在差异。同时,二人的理论在反思与批判中将功能主义推到新的发展高度,促进社会学研究的进步。

(三)新功能主义

1. 杰弗里·亚历山大

在20世纪的40年代中后期和50年代,因为美国社会处于稳定发展的黄金时代,以帕森斯为代表的、强调社会平衡发展的结构功能主义思潮成为美国社会学界的主流理论流派。但随着20世纪60年代美国社会出现各种动荡,社会学家们开始觉察帕森斯结构功能主义的缺陷,试图建构新的理论来解释社会发展趋势。微观社会学理论批判帕森斯过多关注宏观的社会结构,忽视了社会个体的自主性,缺少对个体行动的分析。宏观社会学理论则批评帕森斯重视社会结构的稳定性,但忽视了社会中的冲突与变迁等。到了20世纪80年代初,随着美国社会进入新的稳定发展阶段,帕森斯的结构功能主义再次受到学术界的关注,后来者尝试对其进行建设性修正,其中,美国社会学家亚历山大的"新功能主义"是比较有代表性的理论。亚历山大在1985年出版的论文集《新功能主义》中首次使用这一术语。新功能主义一方面继承功能主义的理论传统,另一方面借鉴其他理论学派的思想,使功能主义再次回到社会学理论的重要位置。新功能主义具有三个显著的特点:一是以批判态度对待帕森斯的理论传统;二是倾听70年代与帕森斯结构功能主义观念不同的"声音",对反对的流派持开放态度;三是新功能主义并没有形成统一的理论形态。

亚历山大对新功能主义有两大方面的贡献:一是提出后实证主义的方法论;二是在社会行动与社会结构理论方面有所建树。亚历山大认为,在社会学研究领域存在两种方法论,即经验论与唯理论。经验论强调在社会科学研究中要注重经验的观察,人们对社会形成的认知必须以经验观察为基础。唯理论则强调作为一般性预设的理论的重要性。前者是经验性的,专注于对经验的观察和归纳,属于实证主义;后者是理论性的,专注于一般性预设和命题的分析与综合,属于非实证主义。他进一步指出,实证主义过分强调经验观察,基于观察形成的认知仅停留在纯粹的分析层面,而非实证主义忽视经验观察在科学研究中的作用。这两种研究方法相对片面,并不能保障社会学科学研究的可持续发展。因此,他把自己的方法论立场确定为后实证主义。后实证主义也称为后经验主义,共同关注理论研究与经验研究,平衡这两种形式在社会学研究中的地位,强调要发挥这两种研究形式的双重作用。亚历山大提出后实证主义的四大假设:第一,所有科学资料都是由理论指导而成的;第二,科学成果并非仅仅以实验证明为依据;第三,一般性理论的形成是武断的和平行的,而非怀疑性的和垂直的;第四,科学观念的转变有且仅在新的理论认识经验事实的变化。

在分析社会行动理论时,亚历山大认为社会中个体的行动是一种应变行动,其包含解释性和策略性要素,两者彼此交叉影响。解释又包括两个不同的过程,类型化和创新。这种微观视角与宏观视角结合的尝试也被他运用到了社会结构理论分析中。

2. 卢曼

德国著名社会学家卢曼的系统功能主义也被认为是新功能主义理论的代表之一。他一方面继承了帕森斯社会系统功能论的高度抽象性,另一方面也对帕森斯的社会行动理论提出了批评,认为这一理论过于强调社会结构的影响。卢曼试图对传统的社会系统理论进行创新,他将社会系统重新定义为各种社会行为制度化模式,主要关注社会系统与其外部环境之间的关系。卢曼认为,所有的社会系统都处于复杂多维的环境之中,环境主要包括时间维度、物质维度和符号维度三个方面,为了能够在复杂的环境中生存,系统必须发展出一套能够从时间、物质、符号三个维度降低环境复杂性的社会机制,他称之为复杂化的化约机制。此外,社会分化也是卢曼系统功能主义阐述的内容之一。他认为,社会分化是系统通过复制系统,以此来增强掌握、选择和降低复杂性的能力,并提出了社会分化的三种类型:区隔分化、阶层分化和功能分化。在卢曼看来,虽然社会分化会导致社会的不整合甚至冲突,但社会分化和社会整合是此消彼长的关系,社会分化也可以促进社会整合的实现。

第三节 人文区位理论

人文区位理论起源于法国,法国学者德古朗许(Fustei de Coulanges)的著作《古城》(1864)被视为人文区位学的开端。随后,更多的学者开始关注村落社区发展,如英国学者H. S. 梅因的《东西方的村落社区》(1871)、英国学者西波姆(Frederic Seobohm)的《英国的村落社区》(1883)、美国学者高尔宾(C. J. Galpin)的《一个农业社区的社会解剖》(1914)、威廉兹(J. M. Williams)的《一个美国镇》(1906)等都是当时的代表作。美国学者帕克(R. E. Park)基于现有研究成果,开创芝加哥学派,成为人文区位学的奠基人。所谓"芝加哥学派"主要是在20世纪初至30年代左右,以帕克所在的芝加哥大学社会学系为中心形成的社会学派,主要关注现代化进程中出现的各种都市社区问题。

人文区位学又被称为"人文生态学"或"社会区位学",这一理论学派着眼于区位环境对人们群体生活产生的影响。人文区位理论借用生态学概念,区位或生态一词来源于自然科学,动植物学家用"生态"一词来描绘生物在环境中的生存状况。20世纪20年代后,社会学家借用其来描述地域及其人文区位环境要素,以空间结构作为研究对象,就此开创人文区位学派。根据时间的先后顺序,人文区位学派主要有古典人文区位学派和现代人文区位学派,而后者又可以进一步细分为新正统人文区位学派和社会文化区位学派。虽然人文区位学派的理论经历了这三个发展阶段,但其理论本质一直没变,都是在强调社区的空间结构对社区发展的重要性。在空间结构研究中,研究者们关注自然环境与社会环境对人类群体生活的影响,探究空间环境对人类的影响,譬如城市社区研究、乡村社区研究都以此理论作为研究切入点。

一、古典人文区位学派

芝加哥学派产生于动荡期的美国社会,这一时期工业化和城市化浪潮开始涌现,国家工业体系逐渐形成,工业急速发展,城乡两极分化,乡村日益萎缩,城镇急剧扩张。基于前期英法等国学者对人文区位的研究成果和历史背景,古典人文区位学派积聚学术力量,应运而生。这一学派的主要代表人物有帕克、托马斯、麦肯齐、伯吉斯等。早期古典区位学家借助生物进化论的原理研究社区空间格局对人类群体生活的影响,强调以社区作为研究与分析的单位。他们认为,社区是人类赖以生存的自然环境,人们生活在社区中必然会与他人产生关系。

(一)共生与竞争

帕克是人文区位理论研究的先行者,代表性著作是《人文社区:城市和人文区位学》。这表明人类社区与生物社区之间存在共性,是"共生"的,这就是他的生物及社会层次组织说。帕克借用生物生态学的概念和方法来研究当时的都市社区。生态学最初是生物学的学科术语,研究生命有机体与周遭环境,包括生物环境与非生物环境间的联系,探究改变这些联系的原因与结果。生物学说为帕克研究社区带来启迪影响,他认为社区研究学说也可以借鉴生物生态学的环境概念,将人类生态学引入社会研究。同时,帕克深知人类与生态界的物种有别,生物竞争生存资源与生存地盘,但人类有智慧与思想,行为受到法规制度、宗教习俗等的制约,人类会通过一定形式的交换、协商、求和等形式来规避无节制的掠夺行为,达到相互适应而不是两败俱伤的目的。

帕克认为,社区的本质特征是人群的集合,人们基于地域组织起来,并相互依存。在他眼里,人类社区里的个人或团体彼此之间是相互联系、相互依赖的,单个个体无法独立生存,就像生物生态系统中,每一种生物在自然界都不能摆脱生态圈的影响。然而,生存于自然环境中的物种依托所处环境汲取"养料",生物间出现竞争关系。那么,人们生存也需要依托所在的生活环境获取资源,势必产生区位竞争。由于受到当时盛行的社会达尔文主义思想的影响,帕克也认可通过竞争来实现社会各部分的"优胜劣汰"。在他眼里,竞争是决定社区内空间组织的主要要素,是主导社区生活的主要变量,是人类社区得以形成的基本原则。帕克认为,正是由于竞争环节的存在,才能动态地调节社区内成员的数量与质量。

总的来说,帕克强调人文区位学如果只建立在关注"共识"层面的社会秩序上,忽略人类的社会行为,就是将人类与动植物的生物行为画上等号。仅从某个层面看人类社会,得到的观点都是片面的,人文区位学提倡平衡"共识"与"竞争",旨在研究这两种社会秩序维持平衡的过程。用帕克的话来说,就是"研究一旦生物性均衡和社会性均衡被打破,从一种相对稳定的秩序向另一种相对稳定的秩序转变的过程"①。

(二) 社会发展过程

帕克关心和思考的另一个问题是社会发展的过程。他根据社会成员的互动方式,将社会的发展过程分为竞争、冲突、调节与同化这四个阶段。在此基础上,麦肯齐又进一步提出了浓缩与离散、集中与分散、隔离与侵入、接替等人类生态过程。一是浓缩与离散。浓缩是指一种在既定区域内安置的同一类型人口和机构数量增多的趋势,离散与浓缩正好相反,它是指既定区域内同类人口和机构数量减少的趋势。这两种过程都由密度来衡量。二是集中与分散。集中是指具有相同职能的机构集聚,比如商业街。分散是指这样的机构离开中枢位置。三是隔离与侵入。隔离是指由于竞争的结果,同质性的人群或机构聚集到某一特定区域后,区域之间彼此分离。侵入则是指某一类人群或机构离开它原来的区域,进入另一类人群或机构居住区域的过程。四是接替,指的是这类人群或机构进入这片区域后,取代了原有的群体或机构,并对这一区域实施有效统治的过程。

古典人文区位学派多以城市社区为研究对象,把区位学的观点运用于都市的分析,例如伯吉斯,他在探讨都市社会生态秩序时,提出同心圆假说,认为城市发展像一棵树的年轮,由内到外,一圈圈向外扩散出去,一系列的圈带就是都市发展中所必需的中心商务圈带、住宅圈带等。霍伊特对伯吉斯的理论模式进行了修正,根据对美国142个城市地产业目录资料的研究,在1939年发表的《美国城市居住邻里的结构与增长》一书中提出了扇形理论,他认为城市并不是以同心圆的方式向外延展,而是沿着交通要道从城市中心向外扇形辐射。同心圆模型中每个环状部分都是均等的,每个圈带都是平等地向各个方向发展,而扇形模型整体呈放射状,每个部分不均等,扩散方向也不同。1945年,哈里斯和乌曼提出了城市土地利用的多核心模式,他们认为城市不是只有单一的核心,而是有多个相互分离的核心,其中一个在规模和重要性上占据较大优势而成为主核心,其余则为次核心,而这些次核心不断发展,又会衍生出新的城市中心。

古典人文区位理论虽然受到了社会学界的广泛关注,但是也遭到了学术界的批判。有学者认为,这一学派以地缘作为假设模型的依据,但地缘这一概念具有模糊性,难以测量,假设模型的推广性有待考量;竞争是推动城市社会结构变迁的观点不一定正确,结构也会受到合作、冲突等社会过程的影响。现代区位学在古典区位学的理论基础上改进了研究方法,避免单一研究方法的研究弊端。

从上述论述可以看到,尽管研究的社区类型纷繁复杂,提出的社区模型各具特色,但城市社区是早期人类区位学家研究的主阵地。虽然关于乡村社区的人文区位研究起步早,英法等国家的社会学家都涉足此领域,但研究内容局限于对乡村社区社会生活的描绘,集中在乡村社会问题的研讨。

---

① R. E. Park, *Human Community*, The Free Press, 1952, p. 158.

二、现代人文区位学派

(一) 新正统人文区位学派

作为现代人文区位学派的主要理论流派之一,新正统人文区位学派试图克服古典人文区位理论中存在的缺陷,尝试将社会生活中主要及次要社会因素结合起来分析。这一学派的主要代表人物有奎因、A.霍利、邓肯等。奎因认为人文区位学的研究应该关注劳动分工问题及其带来的影响,人类群体及其与环境的互动关系才是需要研究的重点。A.霍利的人类生态学将社区看成由不同功能部分组成的关系系统,区位学是研究人们如何在社区中发展以及社区是如何发展的科学,学者们的研究目光不应该短浅,研究范围不应该狭窄。他提出生态组织的四个重要原则:相互依赖、关键功能、分化与支配。邓肯是当今最有影响力的新正统人文区位学者之一,他著有《人文区位学和人口研究》,通过考察帕克社会地位差异的人们在空间上相互分离的假设,肯定环境、职业与社会现象之间是存在关联的。据此,他提出生态复合体理论,给新正统方法增添了四个相互关联的变量,简称 POET 变量。这四种变量能涵盖一个区位系统中各个因素,进而描述各个变量之间的关系。"P"是人口(people),是指区位系统中的人类群体,包括群体的数量、密度、素质等维度。"O"是组织(organization),是指人类为生存且适应社会自发建立的各种社会群体结构。社会群体结构的类型、数量与规模等因素都会影响社区的发展。"E"是指环境(environment),包括一切外在现象,社区的区位、气候、资源等都是它所处的环境状态,这些环境因素也会对社区造成影响。"T"是指技术(technology),可以指人类拥有的知识体系,或者是技术工具。其发展水平影响着人们认识与改造社会的方式。邓肯认为,这四个变量共同运作于同一个动态系统,同时他特别强调人口要素与组织、环境和技术要素之间的关系。

(二) 社会文化区位学派

社会文化区位学派是在批判古典人文区位学派的基础上发展起来的,这一学派认为后者忽视了文化因素在社区中的作用,但实际上文化是社会的血脉,文化与人类社会生活密切相关,只有把文化的意义与价值融入区位理论中去,才能对社会的形成有更好的解释,也才能真正了解人类的社会活动是如何进行的。美国社会文化区位学家 W.怀利经过实际调研后,得出文化变量也是研究区位影响的变量之一。而 C.乔纳森通过社区地域流动的分析,也佐证了怀利的结论,认同文化变量对区位行为有一定影响,应将其纳入研究范式内。阿尔伯特·西门和奥古斯特·海克斯切两人也认同宗教、习俗、价值观等文化因子对社区的空间模式有很大影响。W.弗雷是文化生态学的奠基人,他在《波士顿中心土地利用》一书中对波士顿中心区土地利用进行研究,发现无论是同心圆模式还是扇形模式都不存在于实际社会中,这两种理想模式难以契合现实。同时,中心地区有部分地区因为文化属性并未受到商业浪潮的影响,保留其原始地貌。因此,费雷得出结论,文化也是一种独立的变量。

社会文化学位学派向社会展示了文化要素在社区发展中的重要性,为人们理解社区提供了一种新的视角。然而,这种新颖的角度使他们的学说披上了人类学的色彩,生态学变量在他们的观点中逐渐消失。可以说,这一时期的人文生态学失去了自己的特点,不是原来意义上的人文区位理论了。

自20世纪30年代以来,这一学派又发展出新的分析方法。E.谢夫奇和M.威廉斯在《洛杉矶的社会地区》(1949)一书中提出社会地区分析理论,主要运用"社会状况""家庭状况""种族状况"三类指标来进行地区差异的分析。"社会状况"指标通过对职业声望和教育程度测量获得;"家庭状况"以生育率、妇女儿童数量、住宅数目来测量;"种族状况"以外国移民或黑人占总人口数的百分比来测量。社会地区分析理论可以通过这三个指标的测量,对不同城市的社会地区进行比较,从而对都市的空间格局进行更好的研究,此外,也可以通过比较不同时期的普查资料来测量出区位的变迁。

总体来说,人文区位理论提出的区位研究关注不同人群在地域与空间上的分布与活动状况,分析他们之间的相互关系。这样的方法论更接近客观实际,定量研究与实证主义相结合的研究方式也在实际应用中被考虑。

第四节 社会体系理论

社会体系理论,又被称为社会系统理论,这一理论认为社区是一个稳定、持久的社会系统,它侧重考察社区系统内各个部分之间以及社区系统与其他社会体系之间的关系。在社会系统学派看来,社区是一个由许多个人、群体和机构组成的网状结构,是较为持久且有一定范围的体系。对于社会体系理论来说,社区体系的范围通常包括物理范围、心理范围与社会范围。社区的物理范围是指社区的地理位置内所有土地、人们创造的物品以及人口本身;心理范围是指社区的人所能接受的心理界限;社会范围包括个人、群体或机构彼此之间的联系。社区日常生活依赖社区内关系网络来进行,这些关系网络相互交织、相互作用,体系与体系或体系与部分之间保持着动态互动的关系。因此,社会系统学派强调社区体系互动性的特点,认为社区内的互动关系贯穿社会体系,个体、群体以及组织之间都会产生互动,各方在互动中动态调整自身以适应体系内部与外部变化。可以看到,尽管社会体系内部状态处于动态变化之中,但体系仍能维持整体运转。这表明,社会体系都有相对稳定的组织结构。

一、社会体系综合理论

I.T.桑德斯是美国社区理论专家,他从社会体系的视角来看待社区,将社区视为以某一特定领域为中心的一系列持久的互动过程和互动体系,可以运用功能结构的观点来分析这种体系。桑德斯认为,作为整体系统的社区涵盖多个主要体系,每个主要体系之中又包含若干个次要体系;他们的运作过程包括沟通、分配、整合等;主要的制度化组织机构则包括家庭体系、宗教体系、经济体系、教育体系等。[①]

[①] 蔡禾主编:《社区概论》,高等教育出版社,2005年,第64页。

二、交往场地理论

交换场地理论的代表人物主要是美国学者萨顿与柯拉扎,他们强调将社区看作交换场地,在此基础上来研究人与人之间的交往体系。与人文区位理论相比,他们将个体因素置于思考范围,区位环境不在他们主要考量领域内,个人的价值观、行动动机与行为是他们关注的重点。他们认为,当社区被看成一个交往场所时,考察体系内个体的行动均由社区性决定,而社区性主要受到地方性相关的活动、行动者共同认可的地方性以及当地人参与活动等因素的影响。

三、社区次体系论

社区次体系论的代表人物是美国学者沃伦。他认为社会宏观体系会对地方社区产生影响,将地方性社区视为社会宏观体系中的次体系,由此在社会与社区之间建立了主次联系。沃伦认为,社会的发展与变迁会导致社会宏观体系对地方社区次体系进行支配。在沃伦眼里,这样的发展趋势是不可避免的,也是无法扭转的。一方面,地方性社区内部各单位与外界联系在不断增强;另一方面,社区内在联结功能弱化,向心力与自主性下滑。在分析主次体系相互联结的基础上,沃伦进一步提出了社区是由纵向格局与横向格局组成的网络。其中纵向格局的概念主要是用来分析一个社区内部各社会单位与子系统同外部社区及体系之间的结构和功能关系,体现了地方社区与社会体系相互联系,且受到社会体系的制约;横向格局的概念主要是描述社区内各社会单位与子系统彼此之间的结构和功能关系,在横向格局中,社区内的各个单位相互协作,都发挥着地方性功能。现代社区的发展趋势是从横向格局向纵向格局加强。

四、世界体系论

世界体系论由美国社会学家沃勒斯坦于20世纪70年代中期创立。在20世纪70年代,西方社会学领域兴盛现代化理论,倡导以西方资本主义工业社会为模板,来规划与设计相对不发达国家日后发展的蓝图,强调各个社会现代化需要学习西方文明与技术,世界各国都必然要走西方化或美国化的发展道路。但世界体系理论反对这种以西方为中心的论调,尝试用"中心—外围"的依附关系来解释世界体系的历史变迁。世界体系学派不是以边陲地区或国家为分析单位,而是以全球社会或是世界体系为研究起点。可以说,世界体系理论借鉴了依赖理论核心与边缘论点的同时,也吸收了社会学"阶级"概念,超越依赖理论与社会学的束缚,强调"动静结合"地来考察世界体系。

沃勒斯坦构建了一个"中心—边缘"解释框架,他认为欧洲社会的劳动分工与资本积累将资本主义世界划分为中心(发达地区)—半边缘(过渡地区)—边缘(欠发达地区)三个地带。处于中心地位的是在世界体系处于主导地位,拥有话语权与支配权的国家;处于边缘地位的是受控于中心国家的欠发达国家;介于两者之间的半边缘性国家具备前两者的特性,既可以控制边缘国家,但同时又受制于发达国家。沃勒斯坦进一步指出,市场机制无疑会加剧中心与半边缘和边缘地区之间的差距,他为此提出边缘及半边缘国家突破现存世界体系的对策。那么,何为世界体系?沃勒斯坦认为,世界体系理论的内涵是丰富的。世界体系是一个有范围或边界的社会系统,其具有诸多如结构、成员群体、规则和凝聚力等类似于社区社会体系的要素。同时,沃勒斯坦的世界体系分析主要是对资本主义世界体系的系统研究,资本主义世界体系主要包括单一的资本主义世界经济体系、多重的世界政治体系与多元的世界文明体系。

世界体系理论的概念比较混乱,沃伦没有厘清"世界体系"与"帝国"两个概念之间的区别。在资本主义经济盛行的时代背景下,"世界体系"潜在地向不平等、剥削领域靠拢。尽管存在以上不足,但他的世界体系理论开创的理论视野与独特观点是不可忽视的。沃勒斯坦摆脱了传统的"国家—社会"分析框架的束缚,创新性地提出"资本主义世界体系";脱离流行的现代社会理论,客观、理性地看待资本主义带来的影响与未来走向,从世界体系层次"整体性"地分析世界的发展史,极具学术意义与价值。

第五节 社会互构论

20世纪三四十年代,受西方功能主义学派以及人文区位学派的影响,一些中国社会学者在不同地区的农村社区,通过观察法、访谈法进行田野调查,并发表了一系列有关农村社区的研究成果,比较有代表性的有费孝通的《江村经济》、林耀华的《凉山彝家》、杨庆堃的《禄村农田》等等。自20世纪70年代末以来,中国社会学逐渐恢复生机,无论是理论还是方法都在不断探索发展,逐步形成一些本土化的研究理论与方法,社会互构论就是其中比较有代表性的理论之一。

一、社会互构论概述

(一) 什么是社会互构论

社会互构论的产生是在有关什么是新型现代性的探讨下产生的。"现代性"一词是伴随着工业社会的发展而出现的,是对工业社会特征的概括与总结,也是西方社会学家用来反思现代社会中人们的思考方式、生产方式、思维方式以及沟通方式是否符合"理性",并寻求出路时所用到的核心概念。[1]

"现代性"给人们的生活带来了极大的便利,与此同时,现代性的危害也逐渐显现出来,其过分强调工业化与理性,导致了人们对自然资源的过度开发和利用,也造成了人与人之间关系的冷漠,这种以牺牲社会和自然环境为代价的现代性被称为"旧式现代性"。与之相对应的是"新型现代性"一词,新型现代性肯定了现代性这一总的发展方向,但它也看到了旧式

---

[1] 韩庆祥:《现代性的本质、矛盾及其时空分析》,《中国社会科学》2016年第2期。

现代性的弊病,不赞成将自然与社会、个人与社会对立起来,而是认为人与自然可以共存,人和社会能够实现共赢。

当"旧式现代性"遭遇危机时,人们对新型现代性充满了期待。我们对于新型现代性的自觉,加上中国社会正处于快速发展阶段,特别是中国社会转型中人与自然、人与社会的关系发生了重大变化,为社会学本土化发展提供了难得的历史机遇。在这样的时代背景下,中国社会学家郑杭生提出了具有中国本土化特色的社会学理论,即"社会运行论""社会转型论""新视角下的社会学社会化理论"。[①] 20世纪中后期,郑杭生等人在其著作中又提出了一种全新的社会学理论,即社会互构论,这一理论不仅是对上述三大理论的深入探索,更是超越了传统社会学理论中人与社会二元对立的理路,重新阐释了个人与社会之间的关系。

在中外社会学理论发展的过程中,各位社会学家对于"个人与社会的关系"这一社会学核心论题的讨论从未停歇过,"社会唯实论"和"社会唯名论"是最具有代表性的两种观点。社会唯实论认为社会学的研究对象应该是社会,因为社会是超越个人的客观存在;社会唯名论则与之相反,认为真正存在的是个人而不是社会,并将个人作为研究对象,用后者来否定前者。然而在现实社会中,个人与社会之间并不是简单的线性决定关系,"社会唯实论"与"社会唯名论"在这一问题上所形成的二元对立也无益于理解当代社会生活中社会与个人的状况。如何将两种观点有机结合,超越个人与社会之间的二元对立便成为中外社会学家一直以来努力的方向。例如布迪厄将二元对立视为"危害社会学的毒瘤般的主张",认为主体和客体、内在(本质)与外在(表象)、物质与精神、个人与社会等概念应一概加以抛弃[②],但他在对相关概念进行叙述和展开时又离不开各种概念的对立关系。诺贝特·埃利亚斯认为个人与社会是不可分割的,完全抹杀了二元性与对立性,依然无法对二者关系做出正确判断。郑杭生教授所提出的社会互构理论,首先承认了个人和社会的客观存在性以及两者二元对立的客观事实;其次摒弃了消解两者"二元对立"的思路,思考如何在"二元对立"的客观前提下思考个人与社会之间的互构共变关系,体现了对于现代性、社会学重建的深刻反思。

社会互构论把个人和社会这两大行动主体的互构共变关系作为研究重点,这是由社会学的研究对象所决定的。迪尔凯姆认为,社会学的研究对象是社会事实,而社会事实是个人与社会之间互构共变关系的产物,因此要对社会事实进行研究,就必须对社会关系主体间互构共变关系进行研究。社会互构论认为,个人和社会是人类生活共同体的两大基本要素。就二者关系而言,个人和社会是相互关联的:个人受社会影响,个人是社会化的个人,社会也必须由个人组成;同时个人和社会又是相互区别的:个人是被结合在社会里的,但个人又和社会相对应。

社会互构论的核心思想是个人和社会这两大行动主体之间的关系应为互构共变,而非二元对立。所谓互构是指社会关系主体之间的相互建塑与型构的关系,所谓共变则是指社会关系主体在互构过程中的相应性变化状态,相应性是共变状态的基本特征。[③] 相应性不是对应性,更不能看作相同性,社会关系主体所发生的变化是包含差异与冲突的,因此,社会互构论的研究范围比较广,既可以研究正向谐变,也可以研究逆向冲突、悖向逆变等。

---

①②③ 郑杭生、杨敏:《社会互构论的提出——对社会学学术传统的审视和快速转型期经验现实的反思》,《中国人民大学学报》2003年第4期。

(二) 相关重要概念

自改革开放以来,中国社会进入转型期,社会流动日趋频繁,市场经济的发展冲击着原有的"熟人社会",加速了社会分化。在转型过程中,人们感受到了生活的沧桑与巨变,每个人都被卷入历史巨变的洪流中,社会互构论尝试对当前中国个人与社会之间的关系变迁进行解释,提出了四个重要的分析概念。

1. 广义社会转型论

现代性和社会转型都是社会互构论中的重要范式。现代性可解释为人类生活和组织模式及社会实践结构从传统走向现代、迈向更加现代和更新现代的不断成长过程。[①] 社会转型则表现在全球化的视野下,社会与自然的关系发生了畸变,随着经济全球化的发展,社会生活也发生了急速分化,与之相应的,社会多元化趋势也日趋明显。在社会互构论看来,现代性和社会转型是一个硬币的两面,从理论和经验层面研究社会转型是社会学研究的主要任务之一,侧重研究现代性发展、变迁、上升过程中的本土路径、本土经验和本土特点,由此促进了中国社会学家对于"广义社会转型论"的探索,成了当代中国社会学研究的理论、方法之源。

2. 社会主体关系

社会互构论需要解答的"元问题"是社会主体之间的关系,即个人与社会之间的关系。社会互构论认为二者在社会生活共同体中所形成的是多元二重关系,既包含着差异、矛盾、摩擦,又蕴含着整合、调整与顺应。对于社会主体之间互构共变关系的正确认知,对于平衡个人利益与社会利益,缓和人与自然的紧张关系,最终实现个人与社会双赢具有重要意义。

3. 个人

在社会互构论中,"个人"受现代性的影响,被视为现代性的产物,而且在社会化的成长过程中不断丰富自身内涵,这种观点使得对于"个人"的分析形成了具体的理论场域。例如社会互构论认为,个人的主体性发展与社会的现代性发展高度相关,同时个人主体性的发展也会影响到社会未来的发展方向。又如,社会互构论通过研究"个人分化"的类型、特点及趋向,对于我国个人分化过程中出现的问题进行思考,并提出了相应的社会机制。

4. 社会

社会互构论分析了滕尼斯的共同体概念、舒茨的生活世界概念、加芬克尔的常人方法论以及后现代主义者的解构理论等,指出西方传统的社会学家所设定的"社会"模型的局限与不足,认为人与社会绝非二元对立的、割裂的,而是多元二重性的有机统一,同时表达出对于新型现代性、新式社会的展望。

二、理论意义及前景

首先,社会互构论为社会学学科本质的研究提供了一种全新思维方式。传统的整体主

[①] 杨敏、郑杭生:《社会互构论:全貌概要和精义探微》,《社会科学研究》2010年第4期。

义—个体主义思维模式严重限制了社会学的学科发展,这种非此即彼的"二元对立"方法论也成了中国社会学家难以摆脱的思维定式。这种思维方式所预设的社会学研究起点通常是经过极端抽象化的社会情境,这与社会学的学科本质相背离,因此也难以得到令人满意的研究结果。而社会互构论一方面揭露了"二元对立"这一理论前提的虚假性,另一方面将经验事实作为社会研究的起点,重点研究个人与社会作为社会主体之间的互构共变关系。随着经验事实的回归,研究者们摒弃了传统哲学的思辨方式,重新回归到社会学的学科范围中来。

其次,社会互构论使得社会学理论与研究方法能够更好地融合。方法论为社会学理论的研究提供逻辑方向、分析路径及具体研究方式,具体理论也为研究方法的施展提供了逻辑起点与理论假设。传统西方社会学中长期存在的"整体主义—个人主义"的方法论预设,致使社会学研究方法和理论构建处于长期争议之中。譬如人文主义和实证主义对社会研究是否应该保持中立持不同观点,以两者为起点所建构的社会学理论又分别聚焦于微观层次和宏观层次,难以形成统一的理论体系。社会互构论打破了传统个人与社会二元对立的预设,确立了个人与社会之间的互构共变关系,尝试将理论性与经验性、人文性与实证性相结合的一体化研究[1],从而为社会学理论的统一与融合提供了可能性。

最后,社会互构论的提出与诠释是我国社会学发展过程中具有里程碑意义的一步,体现了社会学的本土化发展与理论自觉。社会学缘起于西方社会,扎根于西方文化,是西方社会学家为解决社会问题所做出的努力。中国社会学起步晚,常借助西方社会学相关理论来解释社会现象的成因与社会运行的规律,但往往与国情不相符,解释难以令人信服,并且这种长期的"拿来主义"难以打破西方社会学理论"霸权"地位,导致中国社会学长期处于缺乏"理论自信"与"理论自觉"的困境。社会互构论从社会学的根基处着手,超越社会学的传统研究范式,突破西方旧式现代性的思维方式,通过对中国社会转型过程进行深入思考,将学科与现实进行有机连接,总结提炼出带有中国特色的理论体系和研究范式,为中国社会学实现本土化提供了可能的出路。[2] 本土化并不仅限于从"西方"到"中国",更要做到从"中国"到"世界"的应用,成熟的本土化社会学理论应当能解释大多数社会事实,从而实现真正的本土化。社会互构论不仅对个人与社会之间的关系做出了全新解释,也对现代性所处的困境进行了深刻反思,在社会学理论的创新方面有了质的发展,具有里程碑意义。

三、社会互构论的应用

当今中国处于社会转型时期,原有的人与自然、个人与社会关系所赖以生存的基础被不断打破。一方面,由于人类的持续侵入和劫掠,"自然"不可逆转地人化和社会化,已经不再是与社会主体的心智活动无关的过程。另一方面,社会不能再把个人仅仅理解为生产性的资源或手段,以物性特征来看待和衡量个人的价值——把个人的独特性当作社会不可复得

---

[1] 郑杭生、杨敏:《社会互构论的提出——对社会学学术传统的审视和快速转型期经验现实的反思》,《中国人民大学学报》2003年第4期。
[2] 杨发祥、王镜新:《社会互构论的方法论预设及其学术意义》,《学习与实践》2020年第3期。

的"宝贵财富""人才资本"。[①] 在这样的背景之下,我们需要重新修复和重建人与社会的关系,如何提升个人的集体认同意识,如何在不断裂变的社会中推进社会基层治理,满足个人对于美好生活的向往引发了中国社会家们的深思。社会互构论从个人与社会的互构共变关系出发,提倡将社会打造为共同利益集合体,个人也能够在内心形成共同的社会理想与目标,这与实现共同富裕的社会主义本质要求相一致,对农村的社会治理具有重要的指导意义。

首先,社会互构论关注个人与社会这两大行动主体的互构共变关系。在社会互构论的理论框架中,郑杭生从"响度"与"量级"两大维度出发,将互构共变关系进一步细分为以下三种:一是正向谐变,指的是多元主体的功能协调一致,变化一致,共同发展彼此间的联系;二是逆向冲突,即互构各主体之间存在着矛盾、冲突、差异日趋扩大;三是悖向同变,可理解为事物关系朝着相反的方向发展,因此也被称为"正向—反向"同变。如果将这三种互构共变关系应用到农村社区的研究中,农村社区的主体包括了农村社区/村党组织、社区委员会/村民委员会、农村居民、社会组织等。在这一场域之下,上述的三种互构共变关系都有可能存在。比如,某一地区的乡村总体建设规划与村民的具体需求产生了冲突,如果不能有效平衡双方的利益,那么这两者就很容易成为悖向同变的关系;又如乡镇政府、村民委员会、村民本应正向谐变,共同为美好乡村建设添砖加瓦,但倘若未能合理分工,在事务中相互推诿,很容易形成逆向冲突。

其次,社会互构论强调社会互构的过程研究。在社会互构论看来,在多元主体共同参与和创造行动意义效应的过程中,不同社会主体积极谋划和行动,在各种可能性中"争取一个最佳值",通过努力来"赢得"某种事实。[②] 因此,用社会互构论来指导农村社区的治理实践时,重点应把握多元主体的互构共变关系,我们要在农村社区中积极构建正向谐变关系,警惕逆向冲突关系,修正悖向同变关系,让更多的村民走出来、干起来、敞开来,回归社区生活,营造美好村社。

最后,社会互构论重视社会结构转型对互构共变关系的影响。由于中国当前处于社会转型期,社会的流动规模保持在高位,无论是地理空间上的城乡之间的流动,还是社会不同阶层之间的流动,都使得农村社区中多元主体的治理充满了不确定性,因此我们需要分析这种流变性的互构共变关系,共同探讨如何创新农村社区治理机制,使得农村社区的多元主体能够积极合作、共创和谐家园。

综上所述,社会互构论对于农村社区研究的意义就在于它对社会与个人关系的创造性认知,以及自身具备的解释能力,能够作为一种全新的视角,为当今中国农村社区治理的实践提供现实指导意义。

[①] 郑杭生、杨敏:《社会互构论的提出——对社会学学术传统的审视和快速转型期经验现实的反思》,《中国人民大学学报》2003年第4期。

[②] 杨敏、郑杭生:《社会互构论:全貌概要和精义探微》,《社会科学研究》2010年第4期。

第四章

农村社区研究方法

社区研究方法是认识社区现状和分析社区问题的重要手段,也是连接社区理论和现实社区的重要桥梁。从德国社会学家滕尼斯提出社区概念以来,经过吴文藻、费孝通等社会学者的广泛努力,社区研究成为中国社会学的一个重要分支学科和研究领域。中国本土社区研究方法也呈现出多元的发展趋势。本章将对农村社区研究方法进行阐述,以期能够更好地呈现农村社区研究的方法论,为农村社区研究的开展勾画研究体系。

第一节 社区研究方法概述

一、社区研究方法简史

（一）社区研究传入中国

无论是在"社会学之父"孔德,还是在"实证社会学之父"涂尔干的眼中,社会都是高于个人的客观事实,而德国社会学家滕尼斯提出的"社区"概念,为社会和个人提供联结的桥梁。在《共同体与社会》一书中,滕尼斯提出了社区的概念。他指出,社区有着与社会完全不同的特征:意志类型为本质意志——情感动机型;意志取向为整体意志;行动方式为传统的行动;互动表现为本地网络,呈密集型;生活范围为家庭、乡村、城镇;维护手段为感情、伦理、宗教;结合性质为有机的方式。[①] 滕尼斯所指的社区是一种社会共同体。滕尼斯在提出社区概念的时候没有强调社区的地域性质,甚至没有强调社区的实体性,社区在此时还主要停留在理论层面上。

美国社会学家最初引用滕尼斯的社区概念时,并不包含地域的含义。20世纪20年代,美国社会学家查尔斯·罗密斯将德文的"社区"(gemeinschaft)一词译成英文community。20世纪30年代,以芝加哥大学罗伯特·帕克为代表的芝加哥学派学者对社区进行深入研究,创立了社区研究的人文区位理论。社会学的芝加哥学派对人文区位、种族、犯罪、贫民窟等问题开展广泛研究,成为都市社区研究的范例。芝加哥学派基于广泛的社区调研,对城市社区生态进行了较为全面的分析,并对城市的社区结构等因素进行了初步的探讨,这些成果

---

① 贾春增:《外国社会学史》,中国人民大学出版社,1989年,第67页。

在帕克等人于 1925 年出版的合著《城市社会学——芝加哥城市研究文集》一书中有较为详细的阐释。芝加哥学派的社会学家认为,社区的规模和稳定程度与一定区域内的食物和生活必需品的生产与分配的生态学过程有密切关系。[①]

芝加哥学派的城市社区研究成果使得社区不再是一个理论的概念,而成为具有稳定地理空间的地域生活共同体。芝加哥大学教授罗伯特·雷德菲尔德,受到以人类学家马林诺夫斯基和布朗等人为代表的功能学派人类学和以帕克为代表的社区经验研究方法的影响,将视野置于农民社区。他提出,城市是大传统,而农村是小传统和俗民文化的聚居区域,这在他的《小社区》和《农民社会与文化》两本著作中能够窥得一二。这一时期问世的社区研究经典作品包括怀特的《街角社会》和林德夫妇的《中镇》等。

20 世纪 30 年代中期,帕克、布朗等人访华并开设讲座,"社区"概念得到广泛传播。此前,"community"被翻译为"基本社会"或"地方社会"。燕京大学教授吴文藻和学生费孝通等人将这个概念译为"社区"。费孝通是第一个使用社区概念的中国学者。[②] 当然,帕克不仅仅带来社区这个概念,还将芝加哥学派的人文区位理论介绍给中国学界。这一用于分析城市社区的理论为中国社区研究开阔了眼界。吴文藻和费孝通作为社区研究中国化的代表人物,为中国社区研究的理论和方法的推进做出了重要贡献。

(二) 中国社区研究方法的早期实践

中国社区研究方法的早期实践就是从对农村社区的调查研究开始的。在民国时期,中国处于现代化转型的初级阶段,社区研究具有明确的问题导向。彼时,中国社区研究方法有两个主要的社区研究流派:社区调研学派和乡村建设学派。社区调研学派主张通过开展社区调查研究来揭示社区现状和问题。社区调研学派具有明确的学术研究倾向,主要由吴文藻、费孝通等社会学家来领导并实施。乡村建设学派则主要通过乡村建设行动来改善乡村社会发展的现状,解决乡村问题,具有明确的实践取向,主要代表人物有梁漱溟和晏阳初等人。

中国社区研究的奠基人吴文藻教授就是社区调研学派的代表人物之一。[③] 吴文藻撰写了《现代社区研究的意义与功用》《西方社区研究的近今趋势》等多篇研究论文,向中国学界介绍"社区"的概念和西方社区研究的理念与成果。他尤其强调文化的意义,提出边疆社区、农村社区、都市社区及其文化特性的差异。抗日战争时期,退居后方的费孝通等人,在云南呈贡组建了云南大学社会学研究室,社会学界称之为"魁阁"。在这一时期,社区研究依然没有中断,费孝通撰写的《禄村农田》、张之毅撰写的《易村手工业》和《玉村农业和商业》(后被称为《云南三村》)于 1943 年出版。

在吴文藻教授的帮助下,费孝通于 1936 年赴英国伦敦跟随著名人类学家马林诺夫斯基攻读博士学位,蜚声国际的《江村经济》是费孝通的博士论文。《江村经济》基于江村的调研,对农民的消费、生产、分配和交易等体系进行细致论述,这是中国学者第一次向西方学术界

---

① 参见 R. E. 帕克、E. N. 伯吉斯、R. D. 麦肯齐:《城市社会学——芝加哥学派城市研究文集》,宋俊岭、吴建华、王登斌译,华夏出版社,1987 年。
② 丁元竹:《中文"社区"的由来与发展及其启示》,《民族研究》2020 年第 4 期。
③ 齐群:《社区与文化——吴文藻"社区研究"的再回顾》,《浙江社会科学》2014 年第 3 期。

呈现中国农民的经济生活及其背后的社会结构因素的研究成果。除了《江村经济》和"魁阁"时期的代表作《禄村农田》外,《乡土中国》是他的另外一本值得深读的作品。《乡土中国》虽然是费孝通当时的授课讲稿,但这一讲稿高度整合了社区调研学派尤其是费孝通社区调研的诸多成果。民国时期,燕京大学是中国社区研究的重要阵地,马林诺夫斯基曾称燕京大学的社区研究是社会学的中国学派。

曾短暂在燕京大学任教的李景汉也是社区调研学派的代表人物,但其研究方法并非吴文藻和费孝通等人采取的田野调查方法,而是社会调查方法。在加州大学主修社会学及社会调查研究方法的李景汉,回国后积极开展国情调查。他于1933年出版的《定县社会概况调查》是以社会调查方法对中国农村社会生活进行介绍的百科全书。该书以村落为调查单位,从人口、教育、农民生活、乡村娱乐等方面对定县基本社会概况进行了全面描绘。

关注社区的文化和经济结构是燕京学派的社区研究传统,这一传统很大程度上是文化人类学和民族学的民族志方法在社区的运用,关注的社区也往往是具有普通村落或者特殊的民族文化社区。接受过美国社会调查正规训练的李景汉采用问卷调查等社会调查方法对社区开展较为全面的调研,二者都是通过经验的调查方法来对社区开展研究。与社区调研截然不同的流派是乡村建设学派。乡村建设学派是由知识分子领导的乡村建设运动,具有明显的理论预设和较强的干预性。

晏阳初和梁漱溟是乡村建设学派的主要代表人物。1926年,留学归来的晏阳初在中华平民教育促进协会任职,在河北省定县主持开展乡村建设实验。晏阳初主张以学校、社会、家庭三位一体的教育方式,实施四大教育:文艺教育、生计教育、卫生教育和公民教育。晏阳初的乡村建设思路是通过教育来改善农民的"愚、穷、弱、私"。1931年,梁漱溟在山东创办山东乡村建设研究院,着手在邹平等县进行乡村建设实验。在邹平乡村建设实验区,梁漱溟实施政教合一,建立乡农学校,推行社会改良等政策,大力改善乡村积贫积弱的面貌。梁漱溟在山东省政府的大力支持下,开展了复兴儒家文化的乡村建设运动。

民国时期,乡村建设学派主要采用行动研究方法来寻求乡村社会改良的方法和路径。这一时期,乡村建设运动蔚然成风。其他较为著名的乡村建设实验还有陶行知的晓庄实验、黄炎培的昆山实验、卢作孚的北碚实验等。燕京大学教授杨开道、许世廉也曾在北京清河镇开展乡村社区改造。据调查,20世纪二三十年代全国从事乡村建设工作的团体或机构达600多个,先后设立1000多处实验区。① 乡村建设学派虽然通过乡村建设运动来寻求乡村社区发展的路径,但是未取得长远的成效。② 一方面,不触及乡村问题根本的社会改良③并不能真正解决乡村社区发展的核心问题;另一方面,时代背景使得乡村建设运动全部中断。抗日战争的到来使得乡村建设运动终止,之前的建设成效也被战火付之一炬。社区调研学派和乡村建设学派为农村社区研究提供了丰富的研究范本,也奠定了中国农村社区研究方法的学术传统,为改革开放以后中国社区研究的进一步深化打下了经验、理论和方法论上的基础。

---

① 郑大华:《民国乡村建设运动》,社会科学文献出版社,2000年,第456页。
② 郑杭生、李迎生:《中国早期社会学中的乡村建设学派》,《社会科学战线》2000年第3期。
③ 杨瑞:《近代中国乡村改造之社会转向》,《中国社会科学》2017年第2期。

（三）改革开放以后的中国社区研究方法

改革开放以后，费孝通、雷洁琼等积极领导中国社会学的恢复与重建。在老一辈社会学家的号召和推动之下，社区研究这一重要传统迅速重建。费孝通基于苏南地区的"小城镇"研究，更是延续了社区研究的传统，使得社区研究成为中国社会学的重要领域和研究方法。费孝通先生一改早期社区研究传统[①]，致力于通过社区研究来论证各区域要素组合的不同，发现地方经济发展模式的多样性，提出苏南模式、温州模式等乡镇发展模式。这一时期的代表作有费孝通的《行行重行行：乡镇发展论述》等。

在老一辈社会学家的引领下，中国社区研究的传统继续发扬，并不断走向深化。一方面，基于经验的社区调研继续开展。村庄田野调查成果不断涌现，如"浙江村""华西村""南街村"等社区的调研，包括华中乡土学派所做的乡村政治研究。此外，社区问卷调研及其成果也无时无刻不在计划、执行，为揭示乡村社区现状及其变迁提供了调研基础。基于社区改良的乡村社区建设实验同样也在继续，如李小云教授的"河边村实验"[②]、华中师范大学组织开展的"村治实验"[③]等。

二、中国社区研究方法的多元面向

自中国社会学建立伊始，社区研究就成为中国社会学的鲜明底色。在中国社会学百余年的历史进程中，社区研究也呈现出多元面向，为丰富中国社会学研究，充实社会学专业研究方法打下坚实的基础。

第一，以社区为研究方法。在中国学者引入"社区"概念之初，有一种观点将社区视为研究社会的方法。"社区研究"最突出的特点是其"见微知著"的"透视"功能，基于"社区"的研究来透视"社会"的规律在中国早期本土社会学家的农村社区研究中体现得最为明显。[④] 吴文藻指出，社区是"有物质的基础"和"可以观察到的"，这种作为"微型社会学"或"微型社会人类学"的社区分析的目的在于"从社区着眼，来观察社会、了解社会"。[⑤] 吴文藻主张"社区"是了解社会的方法论和认识论单位，试图创立以"社区方法论"为主体的"中国社会学派"。[⑥] 通过社区来了解社会，是以社区为研究方法的主要目标。作为一个小型的社会系统，基于对社区的分析和研究能够解释社会的规律。秉承这种观点的学者，通常采用田野调查的方式来开展社区研究。

第二，以社区为研究场域。从中国社区及社区研究的百年历程可以看到，社区具有较强的地域色彩。社区被界定为一定地域范围内的生活共同体。社区作为空间范畴，社区内的

---

① 刘能：《费孝通和村庄生计研究：八十年的回顾》，《西北师大学报（社会科学版）》2015年第2期。
② 李小云：《河边扶贫实验：发展主义的实践困惑》，《开放时代》2020年第6期。
③ 马华：《村治实验：中国农村基层民主的发展样态及逻辑》，《中国社会科学》2018年第5期。
④ 肖林：《"'社区'研究"与"社区研究"——近年来我国城市社区研究述评》，《社会学研究》2011年第4期。
⑤ 吴文藻：《现代社区实地研究的意义和功能》，《社会研究》1935年第66期。
⑥ 王铭铭：《社会人类学与中国研究》，生活·读书·新知三联书店，1997年，第30—31页。

人口、家庭、社会组织都是社区的重要构成要素,以社区为研究场域的分析也通常分析在特定社区内的人群、家庭、单位、组织等主体。城乡社区普遍建立起来,社区成为一个重要的生活空间,成为组织管理和社会服务的重要媒介。因此,以社区为研究场域的研究,主要关注的是社区中的个人、群体和组织,关注他们的行动逻辑和社会互动的规律。这类研究是很多研究的取向,他们选择社区内的某一现象或问题开展调研,或者基于社区抽样框来开展问卷调查,较著名的成果有李景汉的《定县社会概况调查》等。

第三,以社区为研究对象。以社区为研究对象的研究取向将社区视为一个整体,比较分析不同社区之间的异同和特征或者关注作为整体的社区的某些方面和特征,这同样是在城乡社区普遍建立之后形成的一种研究取向。这种研究取向不关心个体、群体、家庭甚至社会组织的特征,因为社区中的个体、群体、家庭和社会组织是社区一类信息或某一侧面。因此,以社区为研究对象的取向更多地关注中观层面的信息,如社区结构、社区经济、乡村产业发展等。项飚的"浙江村"研究、折晓叶的《村庄的再造》都是以社区作为研究对象的研究成果。

第四,以社区为研究载体。以社区为研究载体并不是将社区作为研究场域和对象,而是关注社区是如何承载构成社区的非物质性要素,如社区文化、宗教信仰、民俗习惯等。这类研究更多关注的是社区的非物质特征,而这些特征甚至是超越社区的,因为社区只是这些非物质构成要素的载体。这方面的研究有林耀华的《金翼》、周怡的《中国第一村》等。

无论是以社区为研究方法,还是以社区为研究场域、研究对象或研究载体,中国社区研究者围绕社区开展广泛的社区调研,经验研究成果蔚然成风,社区研究方法为社会学者普遍接受和使用。中国社区研究方法的广泛实践,一方面建立了社区研究方法体系,深入推进社区研究方法的本土化,为社区研究奠定重要的方法论和研究基础;另一方面为分析中国社会现状及其变迁提供理论探讨的多重范本,也进一步深化了中国社区理论成果。

三、中国农村社区研究方法的特点

新中国成立以来,社区成为基层社会的重要组织单位,这使得社区不仅仅是社会生活共同体,还是重要的社会组织。中国当代语境下的"社区"本身就具有本体论和方法论上的双重意义[1],它既是行政区划和生活实体,又是社会互动的重要空间。村民自治制度在全国普遍建立起来,村民委员会成为农村社区的重要组成要素,农村社区研究在一定程度上受到社会政策和制度框架的影响。村民自治制度建立以来,尤其是乡村振兴战略推进实施以来,农村社区研究方法在社区研究传统的基础上呈现出新的特点,这些特点体现在农村社区研究的研究取向、研究范式、研究特色和研究体系等方面。

1. 以社会现象和社区问题为取向

农村社区是关系中国农业农村现代化发展的关键因素,中国农村社区研究是在中国推进农业农村现代化的历史进程的背景之下开展的。在现代化进程背景下,中国城乡二元结构作为中国社会制度的鲜明底色,乡村劳动力等资源流入城市,造成大量乡村衰败,留守儿

---

[1] 于显洋、任丹怡:《社区研究方法:反思、实践与讨论》,《学习与探索》2019 年第 9 期。

童问题、农民工问题、乡村产业问题、养老问题等不断显现,使得乡村问题在社区层面日渐突出。无论是社会主义新农村建设,还是乡村振兴战略的推行,都是以解决农村社会问题,推进农业农村现代化为主要目的。很多以发现社会规律、解决社会问题为己任的社会学家将研究聚焦于乡村社会问题,形成了很多以社会现象和社区问题为取向的社区研究成果,较为典型的研究是关于农民自杀的研究。以社会现象和社区问题为取向,不但延续了社区研究中国化的务实传统,而且为揭示在新形势下乡村社区多元发展路径之下的乡村社区发展贡献了丰硕的社会科学成果。

2. 以经验调查为方法,多元范式相结合

当代中国的农村社区研究方法大都采取以实证研究为主,通常采用问卷调查等定量研究或者观察法、访谈法等定性研究方法。农村社区研究吸取来自文化人类学的田野调查法和社会学的问卷调查法等研究方法的精髓,兼有人文主义的经验调查和实证主义的社会调查法。社区研究的经验方法,关注的社区构成要素、社区现象与问题,直接进入社区现象和问题发生的情境,与社区的构成要素发生直接的接触,对社区现象和问题进行直接考察,使得社区研究越来越生动且具有说服力。以经验调查为方法,多元范式相结合的分析范式的出现与社区研究以社会现象和社区问题为取向有关。一方面,农村社区现象和问题的特殊性要求必须通过经验研究的方法来解答;另一方面,经验研究方法能够采用实证和科学的方式来揭示农村社区规律与现象。有研究者提出"经验饱和法",实则是人文主义和实证主义相结合下的新尝试。

3. 以行动研究为研究特色

社区调研是社区研究学者开展研究的惯常方法,但行动研究是中国乡村建设学派的传统。改革开放以来,党和国家推行"先试先行",积极探索中国社会的现代化之路,也推出了很多基于社区的乡村建设和示范实验行动。社区学者以此为契机积极采取行动研究,参与乡村社区发展的研究和探索。其中的典型是李小云教授。李小云创建了小云助贫中心,将云南省西双版纳河边瑶族村庄作为实施贫困综合治理方案的实验基地,提出解决贫困的五个系统的综合治理方案,包括和谐公益型的社区建设规划、产业生计、人居环境景观规划等,旨在将公益与发展相结合,将扶贫和发展的实践与研究在行动层面有机结合。除此之外,社区研究学者还积极参与到政府和社会组织开展的乡村建设行动和实验中来,形成一批社区行动研究的成果。

4. 农村社区研究体系多元立体

农村社区是中国社会的末端组织,区县政府是农村基层的管理单位,区县政府、乡镇政府和社区居委会形成的社会治理体系是农村社区治理框架的核心。围绕着农村三级社会治理体系,农村社区研究也围绕着县、乡镇、村社区三级体系展开,县域研究、乡镇研究和乡村社区研究构成农村社区研究的三个阶梯,为呈现农村社区发展提供多元分析框架。除此之外,随着新型城镇化的推进,农村社区在诸多方面向城市社区靠齐,开始出现社区居委会、社区社会组织、社区工作者等多元主体,"三社"联动参与到乡村社会发展之中,为丰富中国农村社区研究提供了新的要素,也构建了多元立体的研究体系。三级社会治理体系和多元社区参与主体,不断形塑农村社区研究及其方法体系。部分地区在大力推进城乡一体化之时,已然取消农业户籍和非农户籍,统一为居民户口,为农村社区研究开辟新的研究土壤。

第二节 农村社区研究的一般方法

农村社区研究就是对一定地域范围内的农村社区及其构成要素开展调查研究,进而揭示农村社区发展现象及其规律的专门研究。社区概念是由社会学家提出,因此具有浓厚的社会学色彩,但是又深受人类学、民族学、人文地理学等学科的影响,因此,农村社区研究方法既有一些一般方法,也有一些专门的社区研究方法。农村社区研究的一般方法是社会科学研究方法在农村社区领域的运用,包括实地研究、问卷调查、实验研究和文献研究。

一、农村社区实地研究

实地研究是深入研究现象的实地,以参与观察和无结构访谈方式收集资料,并通过对这些资料的定性分析来理解和解释现象的社会研究方式。[①] 实地研究的关键在于要进入社会现象和社会问题出现的社会土壤之中,去深入了解社会现象和社会问题发生的内在逻辑等微观机制。实地研究是定性研究方法的一种,很大程度上受到文化人类学的影响。文化人类学在对异域文化进行研究时,总是在实地长期居住来理解异域文化,例如马林诺夫斯基在西太平洋开展的土著文化调查等。文化人类学在开展实地研究之时,往往不带任何假设,因为他们关注的通常是文化,所以总是能了解异域文化的差异及其特征。

社区实地研究往往不能完全不带假设地进入研究实地,一方面是因为社区仅仅是一个地域范围,拥有广阔的研究主题和方向,而实地研究的精力总是有限的;另一方面,粗略的假设或者研究主题能够给实地研究带来诸多指引,提高资料收集和研究的效率。因此,实地研究往往会选定一定的主题或者带有某种指引性的假设进入实地,通过某种关系进入实地来开展研究。在进入实地后,研究者往往采取访谈、观察等方法来对社区现象和问题进行分析。访谈法主要是通过语言和对话来获取与研究主题相关的信息,而观察法则是通过对人的行为、社会现象甚至物的秩序进行观察,发现其背后的社会逻辑。

(一)访谈法

访谈法是通过语言沟通交流的方式来获取研究资料和信息的研究方法。访谈法必须要与相关访谈对象开展对话交流和互动,通过对话来收集与社会现象和社会问题相关的资料与信息,然后通过对这些访谈资料的分析和整理来发现访谈资料背后呈现的社会现象和社会问题的逻辑与内在关联性。访谈法开展的前提有三个:第一,研究主题及其资料能够通过访谈和对话收集;第二,访谈对象了解研究者想要解答问题的答案,或者至少能够帮助提供的线索;第三,访谈对象和访问员能够在保证交流信息真实性和流畅性的情况下,完成交流访谈。很多基于访谈法的实地研究面临的障碍通常包括无法进入实地、语言不通等,这给访

---

① 风笑天:《社会研究方法(第五版)》,中国人民大学出版社,2018年。

谈资料的有效性及可靠性带来挑战。

1. 结构式访谈与非结构式访谈

从访谈过程的控制性来看,访谈法可分为结构式访谈和非结构式访谈。结构式访谈对访谈过程、内容和形式进行高度控制。访问员和访问对象的对话有着明确内容、步骤、流程,甚至关于提问的形式和方式都是标准的。结构式访谈在很多时候被运用于问卷调查之中,填答式问卷调查只是采用"你填我答"形式来收集问卷资料的形式,这些资料通常是标准化、数量化的问卷数据。

非结构式访谈事先不预订访谈提纲、表格和提问的标准程序,只给调查者一个题目,由调查者与被调查者就这个题目自由交谈。[①] 非结构式访谈允许访谈对象在某一问题上开放式地进行发言。由于非结构式访谈给访谈对象以较高的自主性,这给访谈资料的收集带来一定的挑战。在主题较为敏感或者内容较为私密的非结构式访谈中,不建议访问员在访问过程中采用"边答边记"的形式来记录资料。因为在访谈对象说话时记录访谈内容可能会造成访谈对象的敏感,也可能会给访问员对访谈过程的掌控带来一定的压力。通常在非结构式访谈中,访问员会在征得访问对象同意的情况下使用录音设备,以保证能够全面收集访谈资料,便于后续的整理和分析。

2. 访谈法的程序

访谈法对资料的收集完全依赖于访问员和访谈对象之间的互动,因此,对访谈法的控制必须依赖于访谈程序和访谈技巧。访谈法的程序主要包括以下几个阶段:访谈前的准备,开展访谈,记录访谈资料,访谈资料的整理、补充和分析。多数访谈法都可以按照这一程序列出的步骤来开展,但实际访谈中,按照访谈主题和访谈实际情境会略有调整,需要访问者对访谈过程进行适当的调控。

第一,访谈前的准备。访谈前的准备是为访谈的顺利进行和访谈资料的收集做准备的阶段,这一阶段的准备主要包括访谈提纲、访谈人员组织安排、访问背景资料的获取、访谈流程的设定、访谈资料收集方式等。访谈提纲是围绕着研究主题相关的一系列具有逻辑关系的问题,用于指导访谈对象表达观点、提供信息和发表态度。访谈提纲应预先进行调适和测试,并打印成稿,以保证访谈提纲的质量,并对流程和时长等有一个初步的预估。访谈人员组织安排首先需要拟定访谈人员框,获取他们的相关信息、联系方式,无法联络的还需要寻找中间人来进行联络。按照研究要求选取一定数量的访谈人员,确定选定访谈人员的身份、数目和顺序,然后逐一进行联系、约访,商定访谈的时间和地点。访谈流程的设定通常对于新手研究者而言很有必要。确定访谈资料收集方式同样重要。在访谈前需要确定如何来收集访谈资料,确定是采用现场记录、事后记录还是录音的方式。这些方式的选择有赖于研究者对访谈主题、内容和访谈资料的预先判断。此外,如果访谈对象拒绝使用录音设备,应当采用何种替代方式等。

第二,开展访谈。完成访谈前的准备之后,访问员就需要与访谈对象形成互动,就相关问题进行对话和交谈。访谈过程中,应在充分保障访谈对象自主权的前提下,适当地将访谈

---

① 袁方主编:《社会研究方法教程》,北京大学出版社,1997年,第271页。

的内容和主题紧紧围绕在限定主题之内,并在访谈过程中明确。开展访谈的过程需要使用一些访谈技巧来保证访谈资料的有效性和高效性。

第三,记录访谈资料。一些研究中,访谈资料的记录是通过录音设备来收集的,这与访谈过程的开展是同时的。但有些访谈资料可能并非及时的,或者说存在延迟。要对访谈资料实现全面和高效的记录,除了通过录音设备等技术手段,还可以通过速记和事后补记的方式来进行。这些访谈记录无论是以录音设备文档、电子文字记录还是纸质文字记录等方式收集,最终会以文字的形式来呈现,以方便后续的整理和分析。

第四,访谈资料的整理、补充和分析。访谈完成后需对访谈资料进行后续的整理和分析。访谈录音需要通过专人对谈话内容进行转录,访谈资料最初会以访谈对象的谈话为方式呈现,但对访谈资料的整理则完全要将以人为单位的访谈资料转换为以访谈内容为单位的资料。这种转换对访谈资料的整理和分析技巧有较高的要求,在资料整理过程中,研究者可以选择开放式、轴心式和选择式等不同的编码方式,具体的编码方式和实地研究资料分析方法不再赘述。近年来,出现有一些访谈资料分析软件,如 Nvivo 软件,可供海量访谈资料分析。访谈资料整理的目的在于围绕访谈主题对访谈资料进行分析,发现内在逻辑关联。而此阶段,可能需要以访谈资料的要求,进行补充访谈,从而更好地充实资料呈现和逻辑分析。

3. 访谈法的技巧

访谈过程对技巧的要求较高,它并非日常随意的对话,也非对答般的问询。在访谈中,访问员要意识到自己是挖矿工,需要用访谈来挖掘访谈对象了解的珍贵资料。因此,在访谈过程中应当采取一些技巧来达到访谈和研究的目的。

第一,支持性技巧。支持性技巧是访问员通过身体及口头语言的表达,向访谈对象表达专注和专业性,以便于访谈对象能够真实地表达内心的想法和意见。支持性技巧包括表达专注、主动倾听、鼓励支持等。[1] 表达专注是要通过各种手段和方式让访谈对象了解访谈中需要心无旁骛,全身心投入访谈中。访问员应在保障访谈双方社交距离适当的情况下,面向访谈对象,与访谈对象保持稳定、坦诚的视线接触。主动倾听是访问员要主动积极地倾听访谈对象的发言,除了提问和适当的控制技巧外,访问员应保持倾听的姿态,让访谈对象畅所欲言。鼓励支持是访问员要对访问内容进行适当回应,肯定访谈对象发言的价值和意义。

第二,引领性技巧。引领性技巧是访问员通过一系列专业技巧对访谈对象的谈话内容、主题和方向进行引领的技巧。这一技巧是要将谈话内容和主题指向有意义的方向,防止出现跑题、表达模糊等情形。访谈中的引领性技巧主要包括澄清、提问控制和确认。澄清是指访问员对访谈对象模糊不清的内容进行更详细清楚说明的技巧。在澄清时访问员可多使用开放式的提问,或者举例子的方式,帮助访谈对象了解所提问题,从而得到更真实准确的回答。提问控制是通过转换提问、追问、插话等方式来对访谈对象的谈话内容进行适当的控制的技巧。当发现访谈内容偏离主题,或者访谈资料已经饱和的时候,访问员应当对访谈对象进行适当的转换提问,或采用倒水等行为动作来实现话题的转换;当访谈内容不够深入的时

---

[1] 许莉娅:《个案工作》,高等教育出版社,2013年,第112—118页。

候,访问员应当适当追问,通过追问来引导访谈对象对研究主题和内容进行深入详细的阐述;当访谈对象不专注或者资料不聚焦时,访问员应当通过插话或提问来将研究内容聚焦于研究主题。确认是对访谈对象谈话内容核心要点的再次确认,以保证记录的访谈资料反映了谈话的真实情况。确认又可以分为复述问题、复述答案、停顿。复述问题是再次提出之前提出的问题,以确认访谈对象回答的真实性。复述答案是对记录的信息进行复述,以获得访谈对象的确认,通常需要将谈话内容凝练成为摘要,然后询问"您是这样认为的,是吗?"停顿是认为访谈对象回答不完全,以停顿的方式期待访谈对象继续做补充。

第三,影响性技巧。影响性技巧是访问员通过一些手段,使访谈对象的谈话能够真实反映内心的情况。在有些时候,访谈对象并未对提问进行深入的思考,因此回答在很多时候具有不稳定性,所以要适当地施加一些影响性的技巧。影响性技巧并非要影响谈话内容的有效性,而是要让访谈对象能够真实地回答提问,使访谈对象的回答保证真实和可靠。影响性技巧包括提供信息、举例、对质。提供信息是在访谈对象对某些问题认识不够深入时,需要向访谈对象提供一些他们可能不知道的新信息,从而辅助、修正访谈对象形成正确的态度和观点。举例是通过虚构或真实的案例来引导访谈对象对相关问题进行思考,并表达观点。例如,在调查二孩生育意愿时,举例说:"有一对夫妻都是上班族,有个5岁的女孩,他们最近又怀孕了,在要不要孩子的问题上犹豫不定,你觉得他们要不要生第二个孩子呢?"对质是访问员发现访谈对象前后观点不一致,或者出现一些明显不协调的表达时应采用的方法。"不知道是不是我记错了,您刚才不是这样说的吗?这个问题您到底是怎么看的呢?"

在某个访谈中,可能并不需要使用所有的访谈技巧,也可能需要一些新的技巧,使用的技巧都是有一定的情境的,需要在特定的情境中使用,访谈之前需要对访问员进行培训,从而保证回收的访谈资料具有较高的价值和可信度。

4. 访谈法使用情境和优缺点

访谈使用的情境适合"能够被访谈"且"适合被访谈"的研究主题。它特别适用于对个人行为、动机、态度、观点、意愿等与个人相关的主客观因素的考察,也可以用于对某些不易被观察的群体、集体、组织或者文化因素的考察,但此种情境下需要保证访谈对象的典型性。

访谈法的优点主要有三个:第一,能够让访谈对象在自然条件下发表观点、传递信息,从而保障访谈信息的可信度和可靠性;第二,访谈过程灵活机动,收集资料生动翔实,能够充分发挥访问员和访谈对象的能动性,尽可能多地挖掘和收集生动的资料与信息;第三,适用于比较和跟踪分析。访谈法的缺点同样有三个:第一,资料的概括性较差,收集到的资料信息是对话方式出现的,相对较为繁杂,缺乏系统性;第二,对敏感尖锐等问题不适用;第三,可能受到访问员和其他客观因素的影响。

5. 在社区内开展访谈

在社区内开展访谈法有一些注意事项。首先,要对社区人口等各方面的情况尤其是与研究主题相关的信息有初步的了解,从而增强在访谈过程中的自信和可控性。其次,在访谈对象的选取上要尽可能多地照顾到具有典型性和代表性的群体。在一个传统农业社区开展访谈,要尽可能多地照顾到具有代表性的留守群体、务农群体、农民工群体等;在条件允许的情况下,向社区精英或者居民委员会的人员进行适当的访谈,从而保证搜集信息是全面的。

再次,要适当转译提问方式,入乡随俗。农村社区往往有一些地方性知识或特殊文化传统,访问员需要按照习惯和风俗适当转译提问的方式和内容。最后,加强对访谈的柔性控制。社区访谈在很多时候缺乏可控的条件,例如访谈场所可能是在田埂上,访谈时间无法选择劳作时间等。因此,在社区开展访谈时,访问员要保持高度的专业性,尽可能多地对访谈施加柔性控制。

(二) 观察法

观察法是通过观察来搜集研究资料的研究方式。科学观察要具备以下几个特征:第一,有一定的研究目的或研究方向;第二,有一定的理论准备和较系统的观察计划;第三,有较系统的观察或测量记录;第四,观察结果可以被重复验证;第五,观察人员受过一定的专业训练。[①] 与访谈法依靠对话和互动不同,观察法主要依赖视觉来获取信息,科学的观察并非对行为、现象和问题进行直观的观察和记录,而是要在观察的基础上发现内在的规律性。

从观察场所来区分,可以将观察分为实验室观察和实地观察。实验室观察是通过单面玻璃、摄像机等设备在实验室中进行观察,通常是在高度可控的封闭环境内,如实验室、会议室、访谈室等。实地观察是进入研究对象所处的真实情境进行实地的观察,它可能是对人的生活情境,也可能是现象和文化发生的自然情境。实验室观察类似于自然科学的实验观察,需提前进行实验设计,其结果可以量化分析。实地观察法的代表是人类学的田野调查,对观察对象和内容不做干预,由观察者自行开展。

从观察程序来区分,可以将观察分为结构式观察和非结构式观察。结构式观察强调的是观察过程中的高度程序性和控制性。这种观察使用高度统一、明确具体的观察工具来对观察情境进行考察,其结果很多时候可以用量化的方式来呈现。例如,在图书馆内对不同类别书目阅读者的观察,观察者事先对被观察者的身份信息进行限定:性别、年龄、是否戴眼镜……非结构式观察是不对观察程序和信息做强制要求,基于某一主题开展的不做明显限定的观察。这种观察往往不依赖于观测工具,完全依靠观察者对资料的把握情况。

1. 观察者的角色

观察法是一种不必须与观察对象发生互动的观察方式,但观察结果既可能相当客观,也可能非常主观。因此,观察法必须要依赖于观察者对观察情境中信息的主动挖掘,像侦探一样发现观察情境中有价值的信息。研究者通常会采取参与式观察来对观察对象进行研究。参与式观察是研究者深入研究对象的生活背景,在实际参与研究对象日常生活的过程中所进行的观察。[②]

参与式观察中的观察者与被观察对象所生活情境之间的关系决定了参与式观察者的角色。作为观察者的参与者角色是在实施观察过程中,观察对象知道观察者研究者的身份,最典型的例子是怀特在《街角社会》中的示例,在进入波士顿贫民窟进行参与式观察时,人们都或多或少知道怀特在写一本关于这个街区的书。完全的参与者则是以隐藏身份参与到观察对象的生活情境中去,观察对象不了解观察者的身份。典型的例子是社会学家严景耀为了

---

① 袁方主编:《社会研究方法教程》,北京大学出版社,1997年,第334页。
② 风笑天:《社会研究方法(第五版)》,中国人民大学出版社,2018年,第343页。

分析犯罪问题,隐藏身份进入监狱进行观察。作为观察者的参与者是参与式观察通常的角色,但这在很大程度上取决于研究对象和研究主题的特殊性。对于一些隐私或者被污名的人群而言,通常采取完全的参与者的身份才更加便于资料的收集。

2. 观察法的使用情境和优缺点

观察法不过多地强调与观察对象之间的对话交流,其重点在于关注观察对象的行为、特征和表现。观察法不仅仅可以观察人和群体的行为及特征,还可以观察文化或制度的特征,如对民俗文化和社会治理的观察。观察法尤其适合于少数族群,例如性少数群体、少数民族文化等。观察法应保证较少对观察对象产生介入性影响,从而保证观察到的信息和现象是自然且真实的。

观察法最大的优点是对调查对象较小的扰动,从而避免因调查本身可能带来的影响。观察法重点在于发现自然生活情境中的人和社会现象,不带具有倾向性的假设能够使得研究资料和研究结论具有较高的说服力。观察法还能够弥补访谈法对对话和语言的依赖,能够发现现象、特征或者符号的内在逻辑性。

观察法主要的缺点是观察者的参与可能会使得观察资料受到价值观、互动等因素的影响,而隐藏身份的观察又可能会面临伦理困境。此外,因为日常生活情境的琐碎和平常,这对资料系统性整理分析能力有一定的要求。

3. 在社区内进行观察

在社区内进行观察,研究者通常就是观察者。但观察者要想顺利地在社区内收集到有效的资料,首先必须要顺利进入社区。除了对熟悉社区的研究外,大多数研究者通常会进入陌生的社区内开展观察,这给观察的进入带来挑战。当选定一个具有代表性或者典型性的社区时,研究者应当取得社区的支持,这样可以给观察带来极大的便利。一般来说,陌生社区的进入方法,要么是通过正规的渠道,由所在单位开具介绍信,请求社区提供研究便利;要么就是通过人际关系渠道,通过熟人带入社区,为观察提供保障。后者在中国情境中的观察研究中更为常见。

在社区内,不建议采用完全参与者的角色,因为社区成员太多,而且信息沟通渠道通畅,一旦采取隐藏的身份可能会面临暴露的风险。社区内的精英是进入社区开展观察的可能渠道,也可能是提供观察信息和研究便利的重要来源,所以,在社区内进行观察应当与村或社区自治组织的领导者保持信息的畅通。一些研究者采用"家乡研究法"对自己家乡所在的社区开展观察,能够省去介入社区、语言等方面的障碍,但是这给观察者独立客观的观察视角带来挑战。

(三) 扎根理论

以社区研究为代表的芝加哥学派强调实地研究,在美国遭遇以量化研究为代表的哥伦比亚学派的挑战。1967 年,格拉泽与斯特劳斯以弥合理论研究与经验研究之间的二元对立为初衷,以开辟新的研究模式为目的,提出一种"生成的"而非"验证的"方法论,即"扎根理论"。[1]

---

[1] 吴肃然、李名荟:《扎根理论的历史与逻辑》,《社会学研究》2020 年第 2 期。

扎根理论立足经验资料,旨在通过实地研究来发现经验资料的理论旨趣。

扎根理论与原先的实地研究和社会调查的研究范式不同,它不关注对理论、命题或假设的检验,而关注从经验资料中提取和生成理论。所以,扎根理论无须太多的研究准备和文献资料,它强调对研究对象的深入访谈,通过对访谈资料的编码、整理和分析来发现与提出理论。扎根理论分析的方向来自研究者与比较和生成性分析的互动,以及研究者对它们的解释,而不是来自外部的规定。[①] 从这个意义上说,扎根理论更倾向于是一种研究范式。扎根理论实则从研究深度和理论生成的维度对实地研究进行了提升。

扎根理论强调不带任何研究假设进入实地研究中去,而依赖于对深入研究资料的分析和整理。扎根理论对资料的整理和分析方法相对较为依赖,通常会采用实质编码、理论编码等编码方式来整理资料,而分析通常采用比较分析方法等。也是因为这种对资料整理分析技术的依赖,扎根理论近年来发展出一套对定性资料的量化分析方法。从已有通过扎根理论来进行分析的研究来看,扎根理论大都停留在微观行为层面,难以上升到中观甚至宏观的层面。

访谈法和观察法并非是独立的资料分析方法,在同一个研究中可以综合使用多种方法来收集与研究主题相关的资料。例如,《江村经济》就收集了个人的文献资料、访谈资料、观察资料等多元资料。在实地研究中,进入社会现象和社会问题发生的情境之后,可以通过这些方法来收集资料,通过对这些资料的分析来佐证定性研究分析成果。

二、农村社区问卷调查

(一) 问卷调查法

问卷调查法,是指采用自填式问卷或结构式访问的方法,通过直接地询问,从一个取自总体的样本那里收集系统的、量化的资料,并通过对这些资料的统计分析来认识社会现象及其规律的社会研究方法。[②] 问卷调查法是一种定量研究方法,问卷调查只反映了资料收集的过程,它通常采用理论证伪的方式来进行。

问卷调查法逻辑分为逻辑推演过程、问卷调查过程、经验概括过程和理论验证过程。问卷调查法的出发点是理论,理论通过逻辑推演转化为若干个微观的命题,命题又转化为若干个可以被证实或证伪的研究假设,这一阶段是逻辑推演过程。问卷调查过程则是按照研究假设及变量操作化,按照概率抽样方法,在研究总体中随机抽取研究对象,发放并完成调查问卷,再通过问卷整理、数据录入、数据清理等程序最终获取量化数据的过程。经验概括过程是基于调查数据的社会统计和分析来对研究假设进行验证,并最终对研究假设验证情况进行整理,获得概括的经验结论的过程。理论验证过程则是基于经验概括结果与理论之间的辨析,来最终对理论进行验证、补充和修正的过程。

[①] 凯西·卡麦兹:《建构扎根理论:质性研究实践指南》,边国英译,重庆大学出版社,2009年,第225页。
[②] 风笑天:《社会研究方法(第五版)》,中国人民大学出版社,2018年,第177页。

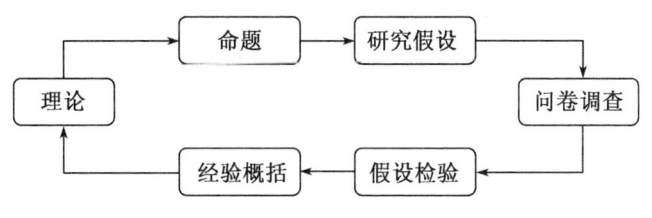

图 4-1 问卷调查的理论验证逻辑

问卷调查中,对研究各阶段均有明确的指示和要求,有着标准化的流程、方式和分析方法,被国内外各学科的研究者广泛使用。一般而言,问卷调查都是以个人为对象的,但是可以收集群体、组织、国家等信息。下面重点来讲述问卷调查阶段的主要知识。

(二) 问卷调查的过程与步骤

第一,选题阶段。选题是根据研究需要来选择研究的主题。再长的问卷也无法面面俱到,社会调查中的研究主题往往限定于少数几个核心关键词,如农民工的精神健康、农村居民的生活质量等。这样不仅可以集中对研究问题进行操作化和详细调查,也能够在一定程度上控制研究的成本。研究选题的来源主要有社会生活观察、理论文献资料、第三方委托等,一般都会以项目的形式来开展。因为社会调查通常要耗费大量的人力、物力和财力,所以经济支持在很大程度上会影响到选题的范围、性质。

第二,准备阶段。准备阶段需要对后续调查阶段的所有内容进行详细的设计,包括调查设计、抽样方法、变量测量、问卷设计与印制等。调查设计包括调查地域、调查全过程管理、调查员、督导等人员的招募与培训、数据管理和分析方法、调查预算等预先计划;抽样方法包括研究总体的界定、抽样框获取、抽样方法选择等;变量测量包括对核心变量的操作化处理、量表的设计、控制变量的设计等。准备阶段实际上是为开展问卷调查做准备的阶段,这一阶段的工作非常繁杂且相当重要,会直接影响问卷调查的进度和调研数据的质量。

第三,调查阶段。调查阶段就是开展问卷调查的过程。问卷不仅仅可以通过"一对一"的形式,还可以采用自填问卷、邮寄问卷、集中填答、电话访问等形式来开展问卷调查。问卷调查只需要按照准备阶段的抽样方法、调查方法和预先印制的问卷来进行。一些大型的调查还可能涉及建筑物抽样方法、督导管理和与当地社区负责人进行联络等。问卷回收率和回收的质量是直接影响数据质量和研究结果的重要因素。

第四,分析阶段。分析阶段是完成全部问卷调查后的数据整理和数据分析阶段。回收全部问卷后,需要对问卷进行整理,然后通过计算机录入问卷数据,并对录入数据进行有效清理。最后使用统计分析软件来对调查数据进行分析。常见的统计分析软件包括 SPSS、Stata、Amos 等,可根据不同需要选择不同的分析方法和分析软件。

第五,总结阶段。总结阶段要对数据分析结果进行整理和分析,形成最终的研究论文或报告。除了研究报告,还需要对研究过程做全面的总结,包括方法的适用性、调查方法、研究设计、数据分析、研究成本、不足与反思等。

(三) 问卷的设计

设计一份高质量的问卷,对于问卷调查方法而言至关重要。问卷设计的主要步骤包括问卷设计的准备、变量操作化、设计问卷初稿、试用与修改和问卷印制。

第一,问卷设计的准备。问卷设计的准备工作包括研究目标的界定、调查信息的范围、确定问卷调查的具体形式、问卷设计的方法等。问卷设计的准备阶段可以邀请课题组成员进行头脑风暴,对问卷设计的各方面进行集思广益,也可以咨询专家学者,对问卷设计进行指导。

第二,变量操作化。变量操作化是问卷设计的关键步骤,是联结理论命题和研究数据的核心阶段,是将抽象的概念转换为可观察的具体指标的过程。[①] 例如,核心变量为社会支持,可以按照界定将社会支持分为人际支持、组织支持、社区支持。其中,人际支持通过"当需要向人借钱/搬家/倾诉时,您觉得有多少人会向您提供帮助?"这一问题实际上操作化为人际经济支持、人际劳务支持和人际心理支持三个变量。当然,如果相关核心概念有权威规范的量表时,建议使用量表,因为量表的信度和效度都有一定程度的保障。

第三,设计问卷初稿。常见的问卷通常包括封面信、指导语、问题及答案设置等。封面信是向被调查者介绍调查和邀请参与的简短信息,通常包括调查内容、调查目的、调查对象选取、调查者的联系方式等。封面信是向调查对象介绍调查情况,寻求配合的开头语。封面信的语言应言辞恳切,向调查者传递正确的信息。指导语是对问卷如何进行填答的介绍,如单选题或多选题的问题、选择题应使用勾选还是填写选项的方式等。问题及答案设置是问卷设计的难度所在。单选题、多选题、填空题、排序题等是问卷中问题的常见形式。通常封闭式问题的答案设置需要满足完备性、互斥性和排他性的特点,开放式问题不需要设置答案,但需要预留足够的填答空间。问卷初稿的设计还需要对问卷的版面、文字格式与大小等进行统筹处理,以形成规范的调查问卷。

第四,试用与修改。向调查对象发放的调查问卷应当是规范且无误的,要在设计初稿的基础上进行不断的调适和修改。对问卷的试用与修改可以通过反复推敲与修改、寻求专家意见和试调查等方法。为了保证质量,最好三种方法结合使用,来对问卷初稿进行修改。试调查的修改意见是最重要的,因为试调查会选择一些符合要求的调查对象进行尝试调查,能够更好地发现问卷中可能存在的问题。

第五,问卷印制。问卷印制通常先打印一份样品,来综合考察版面、字体、编排、问卷设计、错别字等方面的问题。确认无误后,再进行问卷的印制。印制问卷的数量要综合考虑问卷回收率、调查方式等因素,通常要比预期回收问卷数量多一些,以备可能出现的废卷和问卷丢失的问题。

(四)问卷调查的使用情境和优缺点

问卷调查特别适用于调查个人或群体的行为、态度、观点等方面的主观指标,能够较为及时地反映个人的态度和意见,因此,在市场调研、民意测验等领域有较为广泛的使用。但是,问卷调查通常要求采用概率抽样方法,这对研究总体的抽样框结构有一定的要求,而这在某些没有明确抽样框的群体中,缺乏较好的适用性。

问卷调查法的一大特点是操作程序上的规范化,不仅可以避免偏见、减少误差,还能够

---

① 风笑天:《社会调查中的问卷设计(第三版)》,中国人民大学出版社,2014年,第27页。

保护被调查者的隐私,便于数据的定量分析和呈现。大范围内的抽样问卷能够在节省时间、经费和人力的情况下,最大限度地反映研究对象的整体情况。由于在操作、分析、管理等方面的程序性和标准化,问卷调查现已形成较为规范的科技支持,调查公司、移动面访工具、数据分析软件等能够为问卷调查提供科技助力。

问卷调查法的缺点也是不言而喻的。问卷以文字的形式呈现,这对调查对象的文化水平有一定的要求,加之问卷设计者和被调查者可能存在的不同用词偏好等可能会给问卷的理解和填答带来问题。此外,问卷调查通常难以保证填答的环境和质量,导致问卷回收率缺乏保证。问卷调查最大的挑战是,问卷假设调查者的答案会反映调查者本身的真实情况,而这一点在个体化和隐私意识越来越强的社会背景下,越来越难以保障。

(五) 在社区内开展问卷调查

问卷调查法通常会选择在社区内进行,因为社区是人生活和居住的空间。最为常见的是针对普通居民的问卷调查,明确的抽样框能够为社区内的抽样调查提供很大的便利。社区抽样往往分为两个阶段。第一个阶段是抽取社区。社区的抽取可以通过政府等公开渠道获取,常见按照省、市、县/区、乡镇/街道、村/社区的分层或随机抽样来获取社区样本。第二个阶段是抽取个人样本。在抽取社区后,需要对社区内的个人来进行抽取。在社区内抽取个人样本,可能的话可以获取社区成年成员的名单来进行简单随机抽样。如果无法获取社区成员名单,那么可以通过建筑物抽样的方式来抽取房子,再从房子中抽取家庭中的成年人。有些问卷调查并非针对社区内的所有居民,可能只针对农村女性。这类抽样最好不要使用建筑物抽样的方式,因为家庭中的女性成员出现的概率在不同家庭中的概率是不等的,建议寻找抽取到的农村社区的全部成年女性的名单,然后进行抽样。

在社区内开展问卷调查,应首先对社区的基本情况进行了解,尽可能地获取该社区成员的全部名单或者抽样框,了解农村社区中的村小组、村小组家庭户数、家庭成员基本情况等。而这可能需要来自公安部门户籍人口或者社区自治组织负责人的协助。众所周知,问卷必须由个人来进行填答,但有一些以社区为调查对象的问卷调查,不针对个人。常见的以社区为调查对象的问卷调查,可以通过社区内的抽样调查或社区自治组织负责人的调查来进行。社区内的抽样调查是通过社区内个人的抽样来代表社区的整体和平均水平,这可以适用于社区社会资本的调查;而社区自治组织负责人的调查则是社区自治组织负责人作为代表,对社区整体情况进行评价和填答,例如对村集体经济状况的调查等。

三、农村社区实验研究

实验法最早源自自然科学领域,是通过对刺激因素的实验设计来发现关键因素作用的一种科学研究方法。随着在心理学及相关领域的广泛推行,实验法被引入社会科学领域,形成了一批独具特色的实验研究成果。

(一) 实验研究法

实验研究法是通过高度控制的实验设计来检验变量间关系的一种研究方法。实验研究在很大程度上依赖于对研究因素的有效控制和对实验数据的量化分析。举个例子,如果我们要检验"笨鸟先飞"是否成立,那么我们需要对"笨鸟"和"聪明的鸟"飞行的年龄进行统计和比较分析,如果"笨鸟"学会飞行的平均年龄要小于"聪明的鸟",那么就可以验证我们的原假设。实验法一定是经验研究方法,它总是考察刺激因素在特定环境中是否发生作用。实验研究法也是一种定量研究方法,它总是可以用量化的指标来说明刺激因素的作用。

要认识实验法需要了解四对核心概念。第一对核心概念是实验对象与实验者。实验对象是参与实验的人、动物或者被实验和观测的对象,实验者是实验的主导者或执行者。这一对核心概念表明实验是由实验者施加在实验对象身上的一种科学的测量和研究方法。化学实验通常实验对象是试剂,而社会学实验的研究对象通常是人。第二对核心概念是实验刺激和被解释因素。实验刺激是实验法中的自变量,是施加在实验对象身上的关键因素,被解释因素是实验法中的因变量,是受到实验刺激影响的因素,实验刺激因素变化的程度和范围决定了因变量和自变量之间的因果关系。第三对核心概念是实验组和控制组。实验法中通常含有实验组和控制组,实验组是接受实验刺激的一组研究对象,控制组是不接受实验刺激的一组研究对象。实验组和控制组除了在实验刺激因素以外,其他方面的因素应尽量保持一致,这样才能更好地测量出刺激因素带来的差异及其显著性程度。第四对核心概念是前测和后测。实验法中通常采用量化的方法来测量刺激因素作用的大小。简单实验设计要开展前测和后测。前测往往是刺激因素发挥作用之前的变量水平,后测是刺激因素作用之后的变量水平。

实验法之所以被称为科学方法,主要是依赖于实验逻辑。实验设计讲求逻辑性和科学性,能够保证对实验的测量是科学且可重复的。简单实验设计是对单项假设进行验证的实验设计,往往只考察单个刺激因素的作用。简单实验设计又可以分为单组前后测实验设计和两组前后测实验设计。单组前后测实验设计只有实验组,没有控制组,在刺激因素发挥作用的前后对实验对象的同一指标采用相同的测量,通过前后差异的比较和分析来对刺激作用进行评估。例如,以电影对爱国情感影响的实验为例,在电影放映之前对研究对象爱国情感的测量是前测,在电影放映之后对研究对象爱国情感的测量则是后测,后测和前测的差值就是刺激因素作用的水平。两组前后测实验设计分为控制组和实验组,控制组是不接受刺激因素作用的研究对象,实验组是接受刺激因素作用的实验对象。控制组前后测的差异是自然状态下的变化,而实验组前后测的差异是自然状态加上刺激因素作用的变化。同样是电影对爱国情感影响的实验,这里的实验设计就会采取两个场次先后进行前后测。对观看其他电影或未观看爱国电影的控制组的前后测差距被认为是自然的差异,对观看爱国电影的实验组的前后测差距则是自然差异和刺激因素的影响,两个组前后测差异的比较可以检验观看爱国电影对爱国情感影响的显著性。

(二)实验研究的过程与步骤

第一,实验准备阶段。实验准备阶段不仅仅包括对实验目标、研究假设等因素的考量,还包括对实验场所、实验对象、实验前后测、实验成本等所有相关因素的统筹安排。这些统筹安排包括但不仅仅限于对实验对象的招募、分组、测量、报酬支付等方面。

第二,实验设计阶段。这一阶段要对实验目标中的研究假设进行详细的规划和调整,采用简单实验设计,还是所罗门四组实验设计,或是多组实验设计?实验设计是实验逻辑的关键,需要根据研究假设和实验目标来相应调整。

第三,实验阶段。实验的执行阶段就是对实验设计的执行,主要包括对实验组和控制组的前测与后测及其数据的整理。实验阶段的成功开展主要有赖于前两个准备阶段的精密安排。

第四,实验报告阶段。根据实验阶段的前后测数据来分析刺激因素的作用,从而对实验假设进行判断和分析,并最终形成实验报告。

(三)实验研究的使用情境及优缺点

实验研究特别适合用于测量变量间的因果关系。社会科学领域的实验研究通常涉及人的态度、意见、认知、能力等多方面因素的客观测量,但对人的行为、动机、意向等因素的测量存在一定程度的挑战。实验研究往往假设控制组和实验组在刺激因素以外不存在任何差异,然而就算是双胞胎,差异依然存在,所以实验研究往往关注人的认知、行为等普遍规律。

实验研究的优点主要包括:第一,实验设计的科学性。通过情境控制和实验设计,实验研究在逻辑推论尤其是因果关系推论上具有较强的说服力。加上实验设计清晰、测量工具规范,使得实验结果的可重复性较高。第二,实验研究的成本相对较低。实验研究可以通过较少研究对象的测量和分析来确定变量关系,实验研究的对象很多时候是通过一定方式来招募的,而非问卷调查中采用的概率抽样方法,因此在研究对象获取和研究目标达成上的边际效益较高,这在一定程度上降低了实验研究的成本。第三,实验研究在因果关系推论上有明显优势。在社会科学领域,变量互为因果成为判断因果关系的重要阻碍,而实验研究,通过前后测解决了因果关系中的时序性问题,能够从逻辑上明确自变量和因变量之间的因果关系,这是很多截面调查数据无法保障的。

实验研究的缺点主要包括:第一,刺激因素的有限性。实验研究的逻辑性依赖于实验设计的严密性,但是实验设计总是只能将实验局限于有限的刺激因素上,通常实验研究仅采用简单实验设计方法,只能分析有限的刺激因素。第二,实验的高度控制可能会带来问题。实验设计本身的高度控制可能会给实验对象真实自然的行为和表达带来影响,使得实验的真实性受到质疑。第三,实验对象选择的偏差性问题。实验研究中研究对象往往采用自愿招募的方式,往往辅之以一定额度的激励因素,使得实验对象可能会带来偏差。批评者会说,你这不是实验对象,而是愿意通过实验来获取激励报酬的对象。

(四)在社区内开展实验研究

一般情况下,实验很少选择在社区内进行。这一方面是因为实验需要高度可控的情境,实验更青睐于实验室的单面玻璃,而非充满诸多不可控因素的社区环境。另一方面,在社区内开展的实验可能只是在社区的某些公共空间,而非涵盖整个社区内的实验。但以社区为对象的实验研究依然存在,例如很多基于社区开展的行动研究,实际上是一种不是很严格的实验,但社区行动研究符合实验的逻辑,试图通过实验来发现社区规律。这些实验可能是有社会学家、社会活动家、政治家等开展的社区建设实验,也可能是社区工作者、社区社会组织开展的社区工作实践和社区营造实验等。

还有一种实验方法也可能涉及社区,那就是准自然实验。准自然实验实际上指的是在自然场景或真实发生的情境使用实验设计来开展研究的方法,但是又不得不受到真实情境的影响而影响到实验设计的严谨执行,比如说缺乏前测,或者研究对象非随机选取等。社区内的准自然实验,是基于社区内真实发生的情境来测量社区内部变量之间的因果关系。这一方法尽管推陈出新,但是必须通过较为严密的方法论考验来证明实验设计的有效性。

四、农村社区文献研究

文献研究法是一种通过已有文献资料来开展研究的研究方法,这在人文社会科学领域是一种常见的研究方法。文献研究通过对文献资料的分析来开展科学研究,而常见的文献包括:第一,行为与痕迹资料。如图书馆资料的损毁程度可以作为衡量图书借阅量的指标。第二,二手数据。统计部门或调查组织收集形成的二手数据,如全国人口普查数据等。第三,传播媒介中的图像、音频、文字资料等。在期刊、报纸、海报中的图像、人物、文字资料都可以作为文献来分析背后的社会意涵。

(一) 二手数据分析

二手数据分析是对他人以其他目的收集起来的数据进行二次分析的研究方法。通常而言,二手数据的使用者并非是问卷设计者、数据分析和数据的初次使用。二手数据依赖于他人收集的数据来回答自己的问题。常见的二手数据来源主要有:一,国家统计部门和政府机关公布的普查、统计年鉴、公报、年报数据;二,开源调查数据;三,相关部门收集的统计信息,如人口计生、民政等部门和机关统计业务部门的人口统计数据。

二手数据分析主要是基于二手数据的再次分析,特别适用于了解人口、社区的总体情况,从而进行比较研究和趋势研究,也可以适用于利用二手数据来发现新问题。二手数据分析的优点主要有:第一,节省人力物力财力。通过他人提供的二手数据来开展研究,能够省去数据收集的时间和资金成本。第二,能够充分挖掘二手数据的价值。对二手数据的分析是对二手数据价值的再挖掘,有助于发现和探索新问题。

二手数据的缺点也很明显。第一,二手数据的适用性难以保障。二手数据收集的目的与研究目的往往缺乏关联,从而使数据分析的适用性得不到保障。第二,二手数据面临使用权和学术规范问题。二手数据归属权属于数据调查部门,研究者想要使用这些数据就必然会面临使用权限和学术规范等相关问题。

社区相关的二手数据包括:国家普查数据,国家统计局公布的社区调查数据,民政等政府主管部门的城乡社区的统计数据,二手社区调查数据等。与社区相关的二手数据分析相对来说较少,主要是由于政府部门在社区层面的统计数据并不多。

(二) 内容分析

内容分析指的是对文献载体中的内容进行客观、系统和定量的描述与分析。这些信息载体包括书籍、杂志、报纸、电视节目、网络点击率、信件、照片、广告、海报等。研究者可以基于这些信息载体中的分析来发现这些内容的总体趋势和变迁现状。例如,针对杂志封面人物形象的分析,每一本杂志封面都是抽样总体,而研究需要对这些杂志封面信息进行编码,包括人物、性别、年龄、职业、穿着等。除了对书面信息的研究，内容分析还可以进行基于物体的形状、损耗等相关信息的研究，例如图书的破损程度。当内容分析的信息条目较多时，可采用概率抽样的方法来抽取所要分析的信息。

内容分析是对信息载体内容的定量分析，特别适用于对信息载体的比较和趋势分析，其前提是信息载体背后隐含的因素。内容分析实际上是将信息载体作为一份问卷，对信息载体信息进行标准化的定量分析的研究方法。举例来说，针对历年"全国三八红旗手"的信息的内容分析，需要整理全部历年"全国三八红旗手"获得者的相关信息，然后根据普查或者抽查对历年获得者的情况进行逐一统计，然后再开展量化分析。也就是说，内容分析其实是基于信息内容的量化分析，量化分析通常采用描述性统计分析方法。

内容分析的优点是分析成本较低，工作开展相对较为简单。只需要通过对信息载体内容的量化统计和分析就可以发现相关内容反映出的现状和趋势，这特别适用于一些研究经费受限的研究者。此外，内容分析不与研究对象发生直接关联，不会对研究对象发生扰动，因此也不存在伦理方面的问题。

内容分析的缺点也是显而易见的。内容分析必须依赖于某种形式的信息载体，而信息载体一方面让研究内容局限于信息传播、大众传媒等相关研究领域；另一方面，信息载体能否真正反映真实的社会现状依然充满不确定性，所用于分析的信息载体也可能受到资料留存、社会变迁等方面的影响。

在社区内开展内容分析，主要聚焦于社区内部的信息载体。例如，社区宣传栏、社区宣传标语、社区内的海报信息、社区公共空间的影像文字等。社区内容分析作为对信息载体的量化分析，对可用分析的信息载体数量有一定的要求。

(三) 元分析

元分析是为了整合研究结果，对来自个体研究的大量分析结果进行统计分析。这一方法与内容分析都是定量分析方法，但是元分析主要的分析单位是单个研究的数据分析结果，例如两个变量之间的相关关系。随着问卷调查等定量分析方法和技术的广泛传播，针对不同区域、不同研究对象但涉及相同变量的定量研究越来越多，这些定量研究所呈现的结果存在略微差异，如何来消解这些零散研究的数据结果差异，得到一致性的变量关系结果成为元分析最主要的目的。

元分析首先要选取分析相同变量关系的量化分析结果，通常这些量化分析结果来自一手数据分析研究论文所报告的变量关系结果。常用作效应值的指标有比值比、风险比、风险差、标准均值差、r 值（皮尔森积差相关系数）、反应比等。确定研究效应值并选取个体研究数据后，根据元分析方法来对总体效应值进行汇总和综合分析。以 r 值为效应值的元分析经常使用 HOMA 方法和 HSMA 方法两种分析程序，两种分析程序对相关系数的固定效应模型、系数修正方式存在差异。

元分析实际上是在零散个体研究结果的基础上再次进行统计分析的一项技术和分析方法。它需要考虑到研究结果中存在的样本量、样本偏差等方面的差异，最终得出确切的变量关系效应值。元分析特别适用于对某一变量关系已有较多一手数据分析结果的研究汇总，从而对变量关系形成较为稳定和可信的变量关系。

元分析的优点主要是对特定变量关系已有研究的综合汇总分析,能够呈现稳定和可信的变量关系结果。但是元分析存在一定的缺点:首先,元分析的开展必须依赖于一定数量的特定主题的发表文献,这使得元分析局限于对量化研究相对成熟和重复的研究领域,缺乏一定的创新性。其次,元分析要对已发表文献进行筛选和汇总,这使得已发表文献并非总是能进入分析中来,而且元分析的分析数据内部差异性较大。社区相关的元分析研究相对较少:一方面是因为社区方面的量化研究结果相对较少;另一方面,社区研究通常关注社区的总体发展,较少针对社区变量之间的关系。但是,随着社区方面的量化研究成果越来越多,元分析方法的应用也存在可能。

第三节　农村社区研究的专业方法

一、人文区位学研究方法

人文区位学方法是芝加哥学派在开创都市社区研究时创用的社区研究方法,这一方法对中国社区研究的本土化提供了指引和方向。人文区位的研究传统由来已久,但人文区位学方法的提出和集大成者是芝加哥大学教授帕克。人文区位学创立以来,经历了不同的发展阶段。古典人文区位学说是人文区位学的早期观点,这一理论提出了社区类型、区位过程、社会经济圈带等相关概念,揭示了社区的静态、动态和结构性特征。如帕克区分了生物层次的社区和社会层次的社区。新正统的人文区位学发源于对古典人文区位学说的批评和改良,代表人物有奎恩和哈雷,他们指出:人文区位学不仅要研究都市空间结构,还要研究其他类型的空间结构;竞争并不是决定空间结构和空间组织的唯一因素。[①]

人文区位学的主要观点有以下三点:第一,社区中的人形成共生和互生的关系,个人生活在生态系统和组织系统之中。第二,竞争是决定社区空间组织的主要因素。竞争是决定空间结构的重要因素,对形成空间组织和区位发挥重要作用。第三,区位是一个动态发展过程。除了竞争之外,入侵、延续、隔离、中心化和集中化等区位过程同样推动区位的动态变迁。

早期人文区位学家的研究关注都市社区和乡村社区,但芝加哥大学的研究主要集中在都市社区。中国学者吸收人文区位学的相关理论和观点,对乡村社区积极开展研究。传承燕京学派社区研究传统的台湾大学教授杨懋春在《人文区位学》中区分了在平原上作辐射状发展的农村、沿河川发展的农村、沿山口边缘发展的农村、沿大路两侧发展的农村、在山谷和平原接近处发展的农村、在山谷内部曲折处发展的农村和在丘陵溪涧处发展的散村等七种中国乡村。[②]

人文区位学研究方法关注社区中的自然因素所形成的社区区位结构,关注地理、生态、

[①] 丁元竹:《社区的基本理论与方法》,北京师范大学出版社,2009年,第252页。
[②] 参见杨懋春:《人文区位学》,五南图书出版公司,1983年。

气候、人口、文化和风俗等在社区互动和变迁中的作用。人文区位学研究方法强调对社区的实地调研,要全面了解社区的自然生态系统和社会区位系统,从而更好地把握社区的结构和内在特性。人文区位学研究方法在一定程度上吸取了功能主义的观点,将生态学尤其是竞争理论引入社区这一社会系统中来。因此,社区的生物属性和社会属性是人文区位学的两个永恒话题。

人文区位学研究方法的优势很明显,这一方法倡导采用细致的社区实地调研来发现社区多元系统之间的关联和结构因素,揭示社区构成要素及其反映的区位因素。这一方法是在理论指导下的实践研究方法,在理论和实践层面上都自成体系,能够呈现社区的区位及其生态结构。但人文区位学方法将社区视为社会生态系统,并未完全摆脱生物学传统,对竞争过程的强调更是充满了社会达尔文主义的色彩,缺乏对文化风俗习惯等社会文化因素的关注。此外,人文区位学方法在乡村社区中的运用也往往充满挑战,因为乡村社区充满了差异性,而并非像城市社区那样总是拥有相同的社区元素和系统。

二、社会网络分析方法

社会网络既是一种理论视角又是一种分析方法。社会网络这一概念的理论溯源最早来自德国社会学家齐美尔和英国人类学家拉德克利夫·布朗,而社会网络分析方法应用则要首推美国社会心理学家莫雷诺。莫雷诺提出用社会关系网络来测量群体内人际吸引和排斥的方法,他提出社群图方法——通过测量群体中的个体之间相互接受和排斥程度来发现、描述、评价社会地位和结构,以及社会发展的方法。这一观点为揭示社会网络提供了群体基础,但是社群图更多运用于小型的社会群体之中,后来的研究者提出区块模型等社会网络模型,为社会网络分析在更广阔的范围内运用提供了基础。

社群图可用于分析社会群体内部简单的关系网络,通常以图式的方式呈现。莫雷诺用"点"来代表个人,连接点之间的"连线"则代表关系。社群图中的核心概念包括:连接线、途径、捷径、切割点和桥线。连接线是两点之间不经过其他点的直接连线,表明两点的直接关系;途径指的是存在关系传递,有时可以区分方向;捷径是点与点之间包含连接线段数最少的途径;切割点是破坏点与点之间相连的点;桥线是作为切割点的连接线。[1] 通过这些关键概念,社群图就可以呈现社会群体内部的关系网络。

区块模型是把一个网络 N 中的行动者分区成为各个位置 $B_1,\cdots,B_2,B_B$,并且存在一个对应法则,它把行动者分到各个位置之中,即如果行动者 i 处于位置 B_K 之中,则(i)=B_K;利用 b_{klr} 表征位置 B_K 和 B_l 在关系 X_r 上是否存在联系。[2] 如果存在联系,则 $b_{klr}=1$,否则为 0。对区块模型分析结果的解释可以从三个层次上进行:第一,个体层次——利用个体层次属性分析区块模型的有效性;第二,位置层次——对各个位置进行描述性分析;第三,整体层次——利用影像矩阵对总体的区块进行描述。

除了社群图和区块模型,还有研究者提出 p^1 模型(二人组独立模型)和 p * 模型等社会

---

[1] 袁方主编:《社会研究方法教程》,北京大学出版社,1997年,第630页。
[2] 刘军:《社会网络模型研究论析》,《社会学研究》2004年第1期。

网络模型,这里仅对社群图和区块模型做了初步介绍。读者也可尝试使用 UCINET 和 STRUCTURE 等[1]社会网络分析软件来进行社会网络分析练习。

社会网络分析关注的是人与人之间所形成的社会网络,这种社会网络具有结构的属性。[2] 社会网络可以提供把握整体关系结构及其动态的有效手段,在社会学、管理学等领域的应用较为广泛。社会网络是被社会关系联结起来的人和关系的网络,其主要构成要素包括:人、关系和网络,因此社会网络分析也可以基于这三种视角来划分出三种分析类型:主体网、关系分析和整体网分析。主体网的核心是人,它往往以某个人为中心,调查他所在关系网络中的个人和单位,从而形成对主体网的研究截面。关系分析的核心是关系,它关注连接人和人之间关系的属性、强度等信息,关系和强度属性决定了人际交往和资源往来的情况。整体网的核心是人在关系网络中的位置,揭示个人在社会网络结构中的地位及其属性。

社会网络分析方法通常使用或结合使用访谈法、图式法和问卷调查法等综合分析方法。访谈法可用于对小群体内部人际关系网络的研究,图式法能够更加形象地呈现社会网络的全貌,问卷调查法可以更加细致地调查个体的社会网络和社会资本情况。本土社会网络结构主要的测量媒介有饭局网、拜年网、讨论网和最大宴席网等。从已有研究来看,饭局网对城市在职人员的社会网络有较好的适用性,拜年网对城乡居民有较好的适用性。常见的社会网络的测量方法有两种:定名法和定位法。定名法通过设定特定情境询问调查对象想起、试图求助的和讨论的人的名字,这组成了调查对象的重要关系网络,然后按照名字依次询问重要关系网络中的人的经济社会特征,从而来测量调查对象的社会网络。[3] 定位法则通过测量个体社会网络中的个人的职业声望来衡量个体的社会网络。

社会网络分析方法特别适合社会群体和小型社区内部社会关系网络与关系结构的分析,能够呈现关系网络的结构性和网络内部成员的关系结构。如果说社会网络理论为微观行为和宏观行为搭建了桥梁[4],那么,社会网络分析方法在社会关系的层次上将微观社会网和宏观的社会结构联结起来[5],使之成为中观层面的理论与方法。社会网络分析较为成熟的方法论、模型建构和操作软件为社会网络分析的实践与传播打下了基础。但是社会网络分析存在一些局限,对人和关系的过多关注,使得社会网络分析方法不能将行动及其动机和意义纳入分析框架之中,社会网络分析往往也仅局限于静态层面,缺乏动态的审视。

三、基于社区的参与式研究方法

基于社区的参与式研究(community-based participatory research, CBPR)是近二十年来来才逐渐完善的一种应用协作方法。它是在社区参与研究(community engaged

---

[1] 参见罗家德:《社会网分析讲义》,社会科学文献出版社,2005 年。
[2] 李林艳:《社会空间的另一种想象——社会网络分析的结构视野》,《社会学研究》2004 年第 3 期。
[3] 参见朱慧劼:《社会资本对农村居民精神健康的影响研究——基于安徽省 S 县的调查》,硕士学位论文,南京农业大学,2016 年。
[4] M. S. Granovetter, "The Strength of Weak Ties," *American Journal of Sociology*, 1973, 78(6), pp. 1360-1380.
[5] 汤汇道:《社会网络分析法述评》,《学术界》2009 年第 3 期。

research,CER)的基础上演变而来。基于社区的参与式研究使社区居民能够更积极地参与整个研究范围,其目标是影响社区健康、系统的变化、计划或政策。基于社区的参与式研究指的是,社区成员和研究人员合作将知识和行动结合起来促进社会变革,以解决通常复杂的健康问题并改善社区健康,尤其是在弱势群体中。[1] 学术/研究和社区合作伙伴合作开发建立沟通、信任和能力的模型与方法,最终目标是增加社区对研究过程的参与。

CBPR 是社区研究范围内最全面的方法,它呼吁充分的社区参与和伙伴关系,以促进最大的影响和可持续性。CBPR 越来越被视为一种替代研究范式,它将旨在改善健康的教育和社会行动相结合。[2] 最近的案例研究和评估工作已证明 CBPR 是产生增强健康结果的有效工具,尤其是在健康促进、疾病预防和健康差异研究领域。

基于社区的参与式研究方法执行过程中,参与和研究是同步进行的。第一,社区参与和需求评估。[3] 需求评估包括社区基本情况的了解、主题相关的数据信息和文件以及相关研究文献,也可以通过对知情人士进行深入采访或征求意见来获取信息、在社区咨询委员会会议期间收集反馈或发放调查问卷。研究者通过这些程序要初步了解社区基本情况,以及居民需求,这是制订参与式研究计划的基础。第二,制订社区计划与研究计划。研究者作为参与者,是规划小组的主导者,应积极号召社区成员代表参与社区规划小组,在规划小组积极发表意见,共同参与社区计划的制订。这个过程中,研究者要清晰地了解行动研究过程中研究的主题以及测量方法。第三,执行社区计划。计划小组中的领导者和参与者共同推进社区计划的执行。第四,参与式研究结果评估与形成报告。对研究计划执行情况和伙伴关系建设情况进行评估。

基于社区的参与式研究方法是一项基于社区的行动研究,不仅仅要让研究者积极参与和融入社区中去,而且需要引导社区成员积极参与,形成良好的伙伴关系,从而满足社区需求、改善社区的问题、促进社区的发展。基于社区的参与式研究方法通常被用于应对健康不平等、青少年自杀、种族歧视等社区问题。作为一种新兴的研究方法,基于社区的参与式研究方法面临诸多方面的挑战,会带来社区伙伴关系的维护和冲突管理的问题。另外,研究者的多重身份和角色会带来伦理上的困境,基于社区的参与式研究可能会给社区成员带来一定的影响。目前国内尚未有研究者开展基于社区的参与式研究方法,这表明高度参与的社区工作方法可能面临来自社会工作伦理方面的困境,当然,社区工作也可以提供一定的技术和范式的支撑。

---

[1] Nina B. Wallerstein & Bonnie Duran,"Using community-based participatory research to address health disparities," *Health Promotion Practice*,2006,7(3),pp. 312-323.

[2] Coughlin, Fernández & Smith, *Handbook of community-based participatory research*, Oxford University Press,2017.

[3] Barbara A. Israel, Eugenia Eng, Amy J. Schulz, and Edith A. Parker, *Methods for community-based participatory research for health*, Jossey-Bass,2005.

第五章

农村社区组织

农村居民不但身处村落共同体中,而且以多种身份参与各种农村社会组织的活动,他们以组织化方式进行生产与生活,并在其中进行互动和交往,建立起复杂的社会关系网络。农村社区组织作为农村社区的基本构成要素,在很大程度上发挥着农村社会、经济、政治和文化生活载体的作用。把农民组织起来一直是革命战争和社会主义建设年代中国共产党在农村开展工作所采用的重要方法,发展农村社区组织,在中国特色社会主义新时代对促进农村社区发展、推进农村社区现代化和实现乡村振兴战略有重要意义。本章主要讲述农村社区组织的内涵、功能和特征,并重点分析几种组织类型。

第一节 农村社区组织概述

一、农村社区组织的内涵和功能

人类天然具有合群性,所以人类历史在某种意义上就是组织化和组织发展的历史。人类通过组织获取了更多的力量,拓展了自己的能力,完成了对自然界的征服,建立了文明。进入现代社会,人们的生活更是与各种组织须臾不可分离,人的社会性属性更多地通过在组织中的活动而体现出来。就社会本身而言,其组织化的程度和方式可以成为衡量现代化水平的一个重要标准。组织现象如此重要,引起众多学科研究者的兴趣,但对于组织的定义五花八门,差异巨大。从组织的本质来理解,有的学者把组织当作一种静态的结构,有的学者从行动者的角度解释组织现象,把组织看作一种关系和过程。从组织所涵盖的范围来看,部分学者认为组织就是正式组织,即人们为完成某一共同的目标,设定一系列规则,将群体正式组织起来而形成的共同体;部分学者对组织进行广义的理解,认为组织不但含有正式组织,而且包括家庭、家族、宗族和村落等初级群体。

农村社区组织作为组织的一种类型,沿承着组织的一般定义,既可以从静态的角度解释,也可以从动态的视角理解。关于农村社区组织所涵盖的范围,学者们的定义也分为广义和狭义两种。陆益龙从广义的角度认为,"农村社会中的组织更多的是以社群形式出现的,如今,农村的正式组织也有增多的趋势"[①]。李守经从狭义的角度认为,"农村社会组织通常

[①] 陆益龙:《农村社会学》,中国人民大学出版社,2019年,第128页。

是人们为完成特定目标、执行特定职能,在农村地域范围内依据规定章程从事活动而形成的共同体;它是群体选择的社会生活方式,也是农村社会向有序迈进的状态与过程"[1]。总之,农村社区组织是在农村社区的地域共同体中存在,具有一定的组织结构和清晰可辨的组织形态,为实现一定的功能,并根据一定的制度、约定和程序运行的人群聚合体,它包括传统的家族、宗族和各种政治、经济、文化、宗教类社会团体。与农村社会组织不同,农村社区组织研究对象局限于社区之内,有着明显的地域限制。由于家庭结构小型化和核心化、家庭关系简单化、家庭功能不断弱化,家庭已不适于用研究组织的理论工具来分析;而且由于村落共同体在很大程度上与社区是重叠的,没有紧密的组织结构和清晰的组织形态,更适宜用社区研究方法对待,而非当作组织来研究;因此,家庭和村落共同体未被纳入社区组织范畴。

农村社区组织由各种基础性的要素构成,这些要素使得组织得以成形,同时决定了组织的基本性质。这些构成要素包括以下五个方面:

第一,组织目标。一般认为,组织目标是组织的宗旨和纲领,是组织努力争取实现的目的。组织目标作为组织的灵魂也是组织动力的源泉以及组织存在的理由。正如肯尼斯·博尔丁所认为的,"任何组织都是为实现某种目标而创造出来的。组织常常因无法实现这一目标而难以生存下去"[2]。农村社区组织都有贯穿于其活动的统一的目标。例如,村民自治组织致力于让村民达成享受民主权利,依法处理自己的事务,实现自我教育、自我管理与自我服务的目标;而农民专业合作社的目标则是联合弱势农民,服务成员,谋求全体成员的共同利益;农村宗教组织是通过提供宗教场所,组织宗教活动,达成满足信徒的信仰需求的目标;农民用水者协会的目标是通过自我管理,合理分配水资源,解决农村农田灌溉问题。

第二,组织成员。组织成员作为完成组织目标的主体,是组织计划的承担者。各种组织成员资格的获得有不同的规定,比如村民自治组织的成员资格与户籍和常住人口居住时间相关;而加入共青团组织除了年龄限制外,还要在思想上和行动上符合入团条件;农民专业合作社的入社门槛很低,只要村民认可合作社章程就可以自动成为社员,并且进退自由;宗教信仰组织的成员资格能否获得与是否信教有关;宗族组织成员的共同特点是拥有共同的血缘。

第三,组织规范。组织规范是为维系组织的有序运转、协调成员关系而制定或者形成的,统一制约组织成员行为的准则和规定。农村社区组织的规范有些以国家法律法规形式出现,有一定的强制性,如村民自治组织规范;有些是约定俗成的规则,依靠组织内部的权力和成员的舆论监督,如各种协会和理事会;有些来自传统的伦理纲常和道德要求,如宗族。

第四,组织结构。组织结构指组织内部正式规定的、比较稳定的相互关系形式,它规定了以角色面目出现的成员在组织空间中的位置以及权利和责任,由此形成成员间形式化的关系。农村社区组织生长于乡土社会的土壤中,面对的环境较之城市相对简单、稳定,变化比较缓慢,因此组织复杂性程度低,组织结构相对扁平化。此外,虽然理性化冲击着传统乡土社会结构的"差序格局",但人际关系中特殊主义取向依然发挥重要的影响,这使得基于组

---

[1] 李守经主编:《农村社会学》,高等教育出版社,2000年,第73页。
[2] D.S.皮尤等:《组织管理学名家思想荟萃》,唐亮、浓明明、邝明生译,中国社会科学出版社,1986年,第209页。

织理性设计的成员角色规定和相互关系与现实有着较大差异,导致组织的科层化水平不高。

第五,组织文化。组织文化是组织成员在长期互动和共同行动过程中形成的思想认识、理想信念、情感倾向的总和,它是成员观念长期融合和积淀而形成的价值体系,具有稳定性和延续性,内化到成员的认知系统中,可转化为其广泛而自觉的行动。例如,宗族文化包含父慈子孝、兄友弟恭、长幼有序等观念,对宗族伦理秩序的维持起到了重要作用;"和事佬"协会这种极具中国特色的民间纠纷调解组织之所以能够在促进社区和谐方面发挥重要作用,与当事各方认可调解权威、原则、方式和方法有很大关系,即共享传统的民间调解文化。

农村社区组织是农村社区中的村民进行生产与生活活动的重要载体,通过组织,村民建立起了更为丰富多样的联系,提升了村庄社区的整合度,促进了社区的发展,并在一定程度上塑造了村庄的秩序。具体而言,农村社区组织的功能可以在以下几个方面体现:

一是增进村民联系,促进社区整合。在传统村落中,村民以同宗同祖的血缘关系为纽带建立的宗族组织,涵养着成员间血浓于水的关系;而世代聚居,封闭隔绝,缺少流动性的社区性质,也培育了熟人社会中亲密的邻里关系。但随着现代性对村庄的渗透,村民交往中理性化程度的提升,村庄封闭性的瓦解,宗族观念式微,村民逐渐脱离传统的共同体。在这个背景下,各种组织起到重新联结村民和整合社区的作用。村民在组织中基于各自角色建立起了新的关系,而对多个组织的参与,意味着村民关系更加多维、复杂和紧密。对于个体而言,这种关系连接成一张无形的关系网络,村民据此相互依存,不可分离,通过网络进行信息、情感、资源的交流。对社区来说,村民依赖组织密切互动,增强了村庄社会关联,提升了社会资本,形成了共同利益,进一步增强了村庄的有机化程度,最终促进了社区内部的整合。

二是协调村民利益,增强社区公共性。农村社区中个体因利益、目标、需求的差异容易产生各种矛盾,而农村社区组织能够协调成员间的关系,通过合作,培育成员公共理性精神。当前中国正处于社会转型期,对农村来说,不可避免地经历着经济结构调整、市场经济渗透、农业生产经营方式转换的过程,这些变化不但产生大量新的资源和利益,而且搅动着原有的利益格局和分配方式,村民群体间、村民与村民间的纠纷和冲突有增多趋势。同时,现代性观念的植入与原有的不同时期形成的价值观念抵牾,形成村民在行动中的冲突。调整利益纠纷,协调村民关系有多种手段和方式,既可依靠国家法律,还可以引入行政权威力量。而农村社区组织作为一种共同体,在生产、整合和分配利益上起着基础性的作用,同时组织的权力和权威也能有效促进成员之间关系的协调。在农村社会变迁的过程中,村民从具有同质性的传统共同体中脱域而出,也不再具备基于传统认同的公共精神,一定程度上造成了村庄公共生活的凋敝。各种组织的出现,将村民重新因各种目的,以各种方式联结起来。组织内部成员对各种规则的遵从,成员间频繁的合作与协商,组织文化的积累,共同体意识的生长,都在培养着作为组织成员的村民的公共理性精神,而多种组织对成员的全面而综合的影响,则在培育着作为现代人的普适性公共精神、价值和观念。最终,在整体上增强社区的公共性。

三是整合多方力量,促进社区发展。政社合一的人民公社制度是计划经济时期组织农民、整合资源并促进农村经济社会发展的一种制度尝试,虽然这项制度对改造公共设施、提供公共服务有一定的促进作用,但是因为无法解决集体劳动中的效率问题,而在改革开放后被"双层经营,统分结合"的土地承包制所代替。以家庭为单位进行生产经营,在很短的时间内解决了农民吃饭难的问题,却无法把农民引向富裕,更难进一步促进社区发展。因此,无论是新农村建设的实践,还是乡村振兴战略的实施,在进入21世纪后,都需要从组织农民入手,即重新组织农民,发挥他们的主动性。各种农村社区组织正是将农民组织起来的重要载体,是促进农村政治、经济、文化和社会建设的根本力量与方式。通过组织活动,农民的创造性、主动性被激发,农民的能力、精力和各种资源被集中,弥补了基层政府单向管制的不足,促进了社区全面发展。例如,针对人情风越刮越烈的现象,有些农村成立了红白理事会,运用社会组织的自我协商和约束来治理,取得了比政府直接干预更好的效果。

四是规范成员行为,实现村庄秩序。村庄秩序是村庄生活和谐、稳定、有序的状态,维持村庄持续有多种手段,比如,国家和地方的法律、法规,基层政权的行政性指令,世代积淀而形成的传统文化、习俗,它们分别通过外部的强制性、内化的自觉性制约着村民的行为。此外,组织也是规范村民行为的重要手段。与其他普适性的规范不同,组织规范主要施加于组织内的成员中,对组织外的村民没有影响力。但在当今农村社区,虽然村民参加的组织不同,但几乎所有人都要参加组织,在组织中满足物质生活和精神生活需要,因此都要受到所在组织在权力和规则上的约束,可以说,这种约束具有相当的普遍性。因为村民的生活在相当大程度上与组织生活相重叠,所以,在组织内所实现的秩序对整个村庄秩序有很大影响。有些信仰、文化类的组织本身就面向村庄的业余生活和精神风尚,具有促进村民和谐的直接功能。同时,因为基层权力单位和社会组织有着良好的关系,它们在自身权力和权威不足的情况下,也会借用社会组织的力量做工作,解决村庄中的矛盾和冲突,实现村庄秩序。

二、农村社区组织的形成、发展和现状

自村落形成后,农村社区组织就处于不断发展和变化之中,这由三种基本逻辑所决定。

一是社会发展逻辑。农村社区组织在漫长的中国历史长河中并不是一成不变的,而是与社会的发展同步发生变化。经济社会总体上的进步给组织生存与发展提供了基本的背景。从社会角度来看,中国经历着从简单社会向复杂社会的转变;从国家角度来看,中国正面临着从传统国家向现代国家转型的挑战;从经济角度来看,中国农村经济正从单一的传统农业生产转向现代化农业生产和多种产业经营并存;从人的发展角度来看,村民需求逐渐多样化,需求层次不断提高,从传统的对温饱和安全的追求转向对丰富多彩的物质和精神生活的向往。农村社会组织必须在数量、类型和复杂化程度上发生变化,以适应经济社会这种宏观变迁提出的新要求。

二是国家与社会互动逻辑。村庄的场域自从国家出现后,就始终存在着两种力量的博弈,一种是自上而下的国家政权力量,另一种是自下而上的村落共同体力量。前者是一种以国家为象征的统合性力量,通过它在村落的实施,调整整体与局部、大共同体和小共同体的关系,将村落生活嵌入整个国家运行的逻辑中。具体而言,村落承担赋税、徭役等义务,让渡一定的权力,换取国家提供的安全保护、水患治理、赈济灾荒等公共产品。而自下而上的村落共同体的力量是在自然状态下自发形成的内生性力量。它遵循着村落生存与发展的逻辑,为村落的安全秩序、经济合作、文化娱乐、价值信仰和成员团结等服务。这两种力量既有并行不悖的领域,也有相互博弈的成分。地方共同体的力量有时起到一种保护村落的作用,

避免国家权力无节制地汲取村庄资源。然而,国家力量在国家发展逻辑下必然向下渗透,打破地方的封闭性和独立性,构建大共同体的有机性,否则国将不国。从政治上讲,这两种力量就是费孝通先生所说的"双轨政治";而从组织角度来看,则代表着两种不同类型的组织。在不同的时期,这两种类型的组织有着具体的发展和相互关系。

三是社会形态和制度逻辑。虽然农村社区组织的发展与经济社会的进步、国家的成长密切相关,但并非是一种简单的线性发展过程。生产力和生产关系所构成的社会形态以及具体的社会体制和制度对农村社区组织起到了形塑作用。传统封建社会经济发展的缓慢和社区生活的封闭使农村社区组织相对简单和稳定,而"皇权不下县"的治理传统使得宗族等血缘组织在村庄生活中发挥着根本性的作用。社会主义制度下农村社区组织与新中国成立前有着很大的区别,而改革开放前后因为体制不同,农村社区组织发展同样有着巨大的差异,改革之前表现为人民公社等代表国家政权力量的组织的兴盛,而改革之后,多种性质的社区组织共同发展。

在传统社会,村落场域中存在着两种性质的组织,一种是自然形成的与村落生活紧密相关的组织,另一种是国家意志向乡村渗透而建立的组织。前者体现了村民通过自发组织的方式满足村落生活基本需求的结果。村民在农业社会中生活,首先要解决的是人与自然的关系问题,即如何从土地中获取生存所必需的各种资源,让自己能够生存下去。基于这样的目的,人们世代聚居于一处,形成村落,通过结成具体的生产关系,进行劳作。通过成立各种组织,满足村民生产、金融、安全、交往和信仰等方面的需要。比如,协调用水的水会,满足金融需求的赊会,族人之间相互帮助的宗族,以及村落共同体本身。这些组织将作为孤立个体的村民转化为更大的整体中的一部分,将村民的个人生活联结起来成为村庄的整体生活,将村民个体的一部分利益协调整合,汇聚成每个成员能从中共享的集体利益,将村民间的关系进行调整,确立每个个体在村庄生活中的角色和位置,增进整体的团结和有机化。村落共同体就是这种自下而上组织化的最高形式。当然,因为地理、气候、文化、历史等因素的不同,各个文明的传统社会中村落共同体的形式各不相同,比如西欧是封建庄园,中欧日耳曼人聚居区是马尔克,俄罗斯是农村公社。在中国,宗族是传统村落共同体中最重要的组织,它是基于血缘关系而建立起的组织。宗族组织源源不断地生产着乡土社会人与人之间的关系、交往的原则、社会的基本秩序和规范、被普遍接受的文化。无论是梁漱溟所提出的关于传统中国乡土社会的"伦理本位",还是费孝通所说的关于传统人际关系根本特征的"差序格局",都建立在宗族组织所形成的文化的基础上。

而国家自上而下建立的组织,是国家在农村基层社会行使国家权力的机构,反映了国家政权建设的要求。国家通过下沉到村落的组织汲取资源,整合和控制基层社会,提升国家基本能力,实现社会的稳定。虽然在新石器时代的中国地域内,作为自然聚落的原始村落已经形成,但村是在国家诞生之后才出现行政区划的形式,其在传统社会的历史演变大致经历了邑里时期、村坞时期和里社时期。在西周时期,里已经是一种基层最小的居民组织单位,体现了国家对基层社会的管理。里还设有"里君""里人"一类的主管官员。进入春秋战国后,里之上增设了乡和县等。秦制,约二十五户为一里。汉制,约百户为一里。因早期的中国社会为简单社会,表现为村民同质化和管理简约化,行政组织与乡村血缘和地缘共同体有较大重合性。春秋时期,诸侯国变法,初步形成户籍管理体制,到了秦汉,尤其是汉代武帝时期,为确保兵员数量以加强对匈奴的作战,完成了编户齐民的户籍管理制度。编户齐民,既是行政管理制度,又是赋税制度,这意味着国家对民众控制的加强以及行政组织化程度的提高。

魏晋南北朝时期,连年战乱灾荒,政权频繁更迭,使得老百姓流离失所,编户齐民难以为继,郡县乡里已经无法发挥作用。从汉代开始,官员家庭成员和仆役们拥有的免税和免劳役的特权,使得许多自由农主动把自己的土地"投献"给官员豪强,自愿附庸化,这样做虽然丧失了自由,却减轻了劳役赋税负担。村和在战乱中应运而生的坞、堡、壁、垒等在这些因素的共同作用下逐渐取代里伍。坞壁主或曰"村坞主帅",一般是庄园主或是在乡里有号召力的官吏,同时又是宗族的宗主;依附于他们的既有同族,又有门人奴客,还有乡曲流人。由于他们对依附民有生杀存活权,因而逐渐转变成封建领主,依附民沦为部曲。村坞主帅不真正接受朝廷的调遣,大多只接受朝廷封号。村坞兴盛意味着国家权力在基层的收缩,国家权力组织在乡村的阙如,这客观上破坏了国家行政系统的完整性。对封建中央集权政府来说,始终存在着与村坞势力争夺农民,重新"编户齐民"的动力。隋唐统一后,乡里制度重建,但没有改变贵族豪门占有大量丁口的基层社会结构。直到唐代后期和五代十国时期,长期的战乱和动荡摧毁了士族豪强的根基,中央才重新获得对乡村和农民的控制权。

村政在隋唐尤其是宋代以后被称为里社时期,里代表朝廷官治延伸到村,社代表村内民间组织,里社并存是这一时期的主要特征,里制变更乃至萎缩是这一时期的基本趋势。在这一时期,双轨政治的逻辑逐渐清晰。根据宋朝制度,里正规定以第一等户充之。明初实行里甲制,由于里长之役十分繁重,因此规定了轮流充任的制度。清代乡村中,行政组织的名称虽然五花八门,极其繁杂,但其实质相同,村级组织无非有两个主要责任:为官府催办差钱和维持地方治安。支更巡夜、催撑差银,均是出力不讨好的事情,所以很少有人自愿充当牌头、甲长,故甲长一职除个别村庄由中下户之人长期充任外,多由各户轮流充当,有的村庄甚至无人承充。可以说牌头和甲长主要用来应付官府,他们不是领袖也不能领导全村公共事务,属于被动性组织。从村庄自生力量和组织的角度看,进入宋代,随着科举制度逐渐成为主导型的人才选拔制度,由此而产生的乡绅阶层取代世家大族成为乡土社会中的权威力量。他们中有人将儒家的生活伦理与乡村自治相结合,建立理想类型的乡村自治方案。蓝田乡约由北宋吕大临、吕大防兄弟创制,开后世乡约之先河。此后,宋代理学家朱熹对吕氏乡约加以改造,形成"德业相劝,礼俗相交,患难相恤,过失相规"四大纲,设有役员、簿籍、读约、宴集等项规定。但在实践中,很难做到全面持久地实行乡约的各项规定,乡约在中国农村的普及程度也有限。宗族组织是一种更为普遍存在的基层自治力量,并且越往近代,越是在村庄治理中发挥着基础性的作用。作为血缘和地缘关系的综合体,宗族组织很大程度上构成了村民的生活世界,也成为保护村民,避免外部力量伤害的屏障。[①]

晚清时期,中国随着西方国家的入侵,进入半封建半殖民地社会,中华历史的自我演进被中断。中国卷入了沃勒斯坦所说的"世界体系"中,面对着民族国家间的竞争压力,古老的中华帝国必须实现从传统国家向近代化国家的转变。在国家制度建设层面就是要加强国家能力:一方面通过权力向基层社会渗透,增强资源汲取能力;另一方面,利用资源推进整个国家的近代化进程。但事实上,这种权力下沉反而带来了杜赞奇所说的"政权内卷化",也破坏

---

① 沈延生:《村政的兴衰与重建》,《战略与管理》1998年第6期。

了乡绅治理的传统,想要达到预期效果任重而道远。国家资源汲取压力的逐渐增强,破坏了原有的国家与基层社会组织之间的平衡,原有的赋税汲取系统失灵,国家转而采取"包税制"的方式解决农民的抗税,这样一来,传统的对乡土社会具有保护性的乡绅退出了国家与民众的中介角色,权力结构中大量进入乡村中基层社会的边缘人物,土豪劣绅,这就是所谓的"赢利型经纪"取代"保护型经纪"。代表国家的权力组织与传统乡村自治性组织处于严重的对立中。

中华人民共和国成立后,土豪劣绅和传统的封建势力以及他们所依附的组织退出了乡村社会的历史舞台,但发展工业,建立现代国家的逻辑没有变。为完成工业化所必需的原始积累,国家依旧采取向农村汲取资源进行国家建设的基本方式。同时,社会主义改造的落实使得农村实现生产资料的公有制并进行社会化的集体劳动。人民公社体制、二元户籍管理制度和"统购统销"的流通体制之后也随之建立起来。农村资源通过这一系列制度安排得以源源不断地支持城市工业发展。在这一时期,人民公社成为动员和安排社员进行生产与生活的最基础性的组织。此外,贫农协会、民兵组织、共青团、妇联等群众组织作为新生政权进行政权建设的工具,对基层社会发挥着整合作用。客观来看,这样的组织化过程,一方面巩固了新生政权,实现了中国的重工业化;另一方面也造成了农民生产积极性的不足,使得农村基层社会缺乏活力。家庭联产承包责任制在十一届三中全会后取代原有的"三级所有,队为基础"的制度安排,并成为农村一项基本经济制度,人民公社体制逐渐瓦解。随着乡镇体制的建立,人民公社组织彻底走进历史。1998年,农村社区组织建设因《社会团体登记管理条例》的颁布而具备了法律依据。1999年颁布的《中共中央办公厅国务院办公厅关于进一步加强民间组织管理工作的通知》,进一步明确组织在基层政府与村民间的桥梁作用。在政策和法规的指引下,农村社区除村民委员会和村党支部等政治组织之外,传统血缘性组织、宗教组织和民间信仰组织出现了某种程度的复苏;此外,农民专业合作社、农业龙头企业、家庭农场等新型经济组织因经济合作的需要也纷纷出现;现代社会的结社理念也在影响农村社区的生活习惯,村民因共同的生活、兴趣和娱乐需要而结成各种各样的草根组织。

三、农村社区组织的类型

农村社区组织可以依据不同的标准,从不同的角度进行分类。农村社区组织从社会变迁视角来看,可以分为传统型组织和现代型组织;从生成动力视角出发,分为外生型组织和内生型组织;从形式化程度来看,分为正式组织和草根组织;从组织权力类型和成员服从方式来看,分为管理型组织和参与型组织;从组织功能和目标来看,分为生产和经济组织、模式维持组织、适应性组织、管理或政治性组织;从组织受惠者来看,分为服务组织、互惠组织、经营性组织和大众福利组织。农村社区组织可以以组织活动发生的领域为基础,将组织分为政治与管理类组织、经济类组织、血缘类组织、宗教与民间信仰类组织和公益服务类组织等五种。

(一)政治与管理类组织

政治与管理类的组织是政权下乡与地方权威资源有效结合的载体,包括村庄党组织、村民委员会等农村社区正式权力组织以及团组织、妇联等受党领导的人民团体在基层的组织。这类组织具有国家性和乡土性两重性。从国家性上讲，它们在农村基层社会实现现代国家建构的重要内容，代表着国家意志，或者承担着履行国家政策的责任。它们进行政治和管理活动的重要价值之一是将局部的基层社区转化为国家整体的一部分，提升整个国家的有机化程度，建立起利益紧密的命运共同体。它们在取消农业税之前承担着从农村汲取资源的责任，之后更多地承担着如何将国家资源投放到农村基层以及响应国家新农村建设和乡村振兴战略，推动农村经济社会发展的重任。乡土性是对地方利益的代表和维护。这种属性一方面是这类组织的成员绝大多数来自本乡本土，维护地方的利益，就是维护自己和亲戚熟人的利益；另一方面，只有照顾到地方利益，才能在乡民间获得权威，权力的行使才能得到广泛的认可，而这反过来可以更好地行使国家赋予的职能。国家性和乡土性在具体问题上会产生冲突，但具有本质上的一致性，这既给组织工作提出挑战，又为最终问题的解决提供了基础。

（二）经济类组织

农村社区的经济类组织是在农村社区中从事生产经营的组织化群体。在经济生活中将农村组织起来能提高生产中的效率，节约生产和经营中的成本，提供更多进入市场的机会，降低个体从事农业生产和经营的风险。农村社区合作经济组织、村办企业、农业龙头企业、农民专业合作社、家庭农场等是这类组织目前的主要形式。国家始终把组织农民从事生产经营活动当作发展农村经济、实现农村现代化的重要手段。家庭联产承包责任制从政策设计的初衷来看，属于统分结合、双层经营，这种设计既回应了农业生产效率问题，又实现了个体农民与大市场的联结。1984年中央一号文件明确了以土地共有为前提的社区合作经济组织的重要性。这一组织在整合每家每户力量的基础上实现家庭生产、市场和社区发展的有效连接，还以土地等基本生产资料所有者的身份代管农村经济；为此当时农民一度将村委会与社区合作经济组织画等号。直至21世纪初，各种合作社兴起，农村社区合作经济组织逐渐被区分与发展。[1] 近些年来政府为改变小农进入市场的弱势地位而大力培育和扶持包括农村龙头企业、农民专业合作社、家庭农场等在内的新型农业经营主体。这些经济组织并无绝对优劣之分，各具优势和特点，在具体的乡村生产经营条件下都有其存在和发展的基础。在大多数情况下，它们与小农、中坚农民等经营主体相结合，形成一种均衡状态，共同构成了农村生产与经营的生态系统。

（三）血缘类组织

血缘类组织的代表是家族组织和宗族组织。何谓家族？何谓宗族？家族和宗族是什么关系？关于这些问题，大致有三种说法。第一种认为家族和宗族是同义语。例如，有学者认为家族是家庭概念的延伸，因此它又有宗族之称，一类家庭组织的形成以血缘关系为基础。[2] 第二种认为宗族包括家族。从家庭到家族再到宗族，体现了组织规模的不断扩大。

---

[1] 罗兴佐：《农村社区组织的功能与建设》，《长白学刊》2014年第5期。
[2] 钟涨宝主编：《农村社会学》，高等教育出版社，2019年，第106页。

宗族除了比家族更大以外，还体现在它是一种包含着明确的规范、秩序以及特定活动和仪式的组织。第三种认为家族包含宗族。这里的家族是按照《辞海》中"以婚姻和血缘关系结成的社会单位"的解释来定义。而宗族仅指以血缘为基础的组织，所以家族包括宗族。虽然在不同文明中都存在着血缘类组织，但在传统中国，血缘类组织对中国社会的基本构成、伦理秩序起到关键性的作用。血缘类组织不但是基层社会中最重要的组织，而且是基本的行动单位，同时在很大程度上决定了人际关系的原则和内容。到今天，血缘类组织虽然不像传统时代那么具有正式性，但是其所具有的文化和认同影响着社会生活的方方面面，甚至渗透到其他的政治和经济类组织中。比如，政治组织中的派性斗争，有些是以家族和宗族认同观念为基础。而一些市场条件下形成的经济组织，最初也是利用血缘带来的亲密关系，比如家族企业。

（四）宗教与民间信仰类组织

信仰以超越性的价值为追求，属于自发对某种思想、宗教或某人某物的信奉敬仰。传统村民的信仰首先是祖先崇拜，供奉和祭拜祖先不但演化成重视血缘关系的宗法礼制，而且把祖先置于类似神明的地位。其次是宗教组织，比如基督教组织、道教组织、佛教组织等。此外，还有大量的民间信仰组织。新中国成立后的政权下乡是对原有基层社会结构和组织的彻底改造，原有的宗教组织要么转入地下，要么处于停止状态。改革开放后，宗教组织的外在环境发生变化，宗教自由政策为宗教组织提供了制度保障，使宗教组织的自主性增强，市场经济的发展与信仰的多元化为宗教传播创造了条件。这些变化促使了宗教组织在民间的复苏。民间信仰是在特定的社会文化背景下产生的以鬼神敬畏为中心的文化现象。与宗教不同，它不具备宗教所拥有的完整的理论体系。在中国传统信仰文化中，给民间信仰巨大的发展空间源于宗教信仰的不足。近些年来，一些村庄重修村庙，以村庙为基础的庙会和祭拜活动恢复和兴盛，民间信仰组织再次活跃。这类组织不但对庙产、信徒的捐献和民间信仰公共活动有管理功能，而且有限度地参与到村庄的治理之中，对村民间纠纷调解、公共产品的供给、公共舆论的形成、村庄价值的生产、乡村秩序的形成都起到一定的作用。同时，吸纳众多民众参与的庙会活动超出了信仰的范围，还起到了文化娱乐和经济交往的作用。

（五）公益服务类组织

公益服务类的组织是指那些不以营利为目的，能够使村民生产生活中的具体问题得到解决，满足其需要的组织，涉及教育、科技、文化、卫生、体育、娱乐等众多领域。它们中有些在上级要求下建立，属于乡村建设的一部分，经费由国家、地方财政拨款或其他渠道筹措，服务的对象有相当的广泛性。比如，乡村的学校、医院等。国家通过基层大力发展此类组织来提升农村地区的公共服务水平，实现城乡的基本公共服务均等化。此外，还有大量群众自发兴办的，以特定人群或特定事项为活动对象的草根组织。比如，为满足健身需要而成立的广场舞组织，为规范人情往来而成立的红白理事会，为调解民间纠纷而成立的"和事佬"协会，都是因具体事项而成立的。有些组织是面向特定人群的，比如，为解决农村老年人精神生活匮乏问题，增加老年人的社会交往，让老年人心情愉快地安度晚年，促进老年人在家庭和村庄中的地位去边缘化，有些村庄成立了老年人协会。

第二节　村民自治组织

村民自治一般而言是村民对自身事务进行处理并对其行为负责的一种治理行为。而作为发端于1980年代且得到国家宪法确认的制度,村民自治是我国农村现阶段实行的基本社区政治制度,村民依法民主选举、管理、监督和决策,对各项事务进行自我管理、教育和服务,进而保证农村社会有序运行、发展与进步。① 这项制度是改革开放时期中国农民的伟大创举,也是中国特色社会主义的基层民主政治策略。村民实现自我管理、自我教育和自我服务的基层群众性自治组织村委会是村民自治的重要体现。村民自治组织作为一种实践基层民主的组织至今已有40余年,虽然它开辟了农民直接参与民主的通道,提升了农村基层民主化的水平,但在具体的实践中,村民自治组织经历了一个复杂曲折的发展过程,在不同的发展阶段面临着不同的问题和困境,也进行着相应的探索和创新。

一、村民自治组织的萌生和发展

自治与他治的概念相对立,自治是指是在一定的治理单元中,其成员以及由成员形成的组织在一定的范围内拥有自身事务的管理权、决定权。自治作为治理方式的一种,并非一种抽象的权力,它包括自治区域、自治组织、自治成员、自治事权等构件。在我国,政治生活存在四种主要的自治类型:一是地方自治。所谓地方自治,是指在国家主权允许的范围内,基于地区居民的意愿,由作为法人而独立于国家的地域性公共团体的自治机关自主处理一定的地方性事务。② 在西方,地方自治往往要早于民族国家的诞生,历史悠久。而在传统中国,正式权力机构的下沉需要付出成本,所以国家权力与基层社会力量在县一级达到了平衡,这给以乡绅治理为特征的地方自治创造了条件。二是民族区域自治。1949年,《中国人民政治协商会议共同纲领》颁布,要求"在少数民族聚居地区推行民族区域自治,依据民族聚居的人口和区域,建立民族自治机关"。后来,民族区域自治载入历次宪法,成为我国重要政治制度。三是特别行政区的高度自治。中央在处理香港和澳门的回归问题时在要维护国家领土主权的完整的同时,也要实现港澳的繁荣和稳定。在尊重历史和现实的基础上,设立了特别行政区制度。四是基层社区的群众自治。它属于国家与社会的分权,通过群众自我管理,行使直接民主,激发基层社会活力,高效开发社会资源,节约科层管理成本。

关于中国村民自治的起源,有些学者认为其理论与实践的历史源远流长。从历史上看,大致分为两个阶段:第一是乡绅自治阶段。乡绅自治始于乡官制向职役制的转换,即从主要依靠乡官对乡土社会实行全面控制转向朝廷在乡间的代理人职役化,国家也放松对基层社会的管控。这个阶段的自治,乃是乡村社会以乡绅为主导的各种力量,采用各种方式处理生产与生活中遇到的生计、安全、合作和文化生活问题,获取资源,维持乡村社会的秩序。这种

---

① 刘友田:《村民自治——中国基层民主建设的实践与探索》,人民出版社,2010年,第12页。
② 沈延生:《村政的兴衰与重建》,《战略与管理》1998年第6期。

自治不是村民平等、民主地参与乡村事务，操办乡村自治，而是被以乡绅面目出现的各种形式的地方豪强势力所控制。第二是清末和民国时期的乡村自治阶段。这一阶段乡村自治的理论资源源自西方，自治实践的推动力源自向西方学习。比如，梁启超等人以西方自治思想为基础，提出"地方自治政体"的理念，建议"秉西法，重乡权"来实现强国目的。[①] 孙中山秉持地方自治应以县为基层单位的理念，通过中央和地方关系的"均权主义"，实现"移官治为民治"。从晚清到民国，乡村自治都是作为现代化的方案由执政者主动提出并加以推行的。但是，在执行的过程中，强调"控制"，注重"行政"，所以得不到村民的普遍支持。而且，由于许多地方由土豪劣绅掌握了自治的主导权，因此"自治"有名无实，"政治下层，实由官治而为半官式之绅治。所谓地方政治者，不操于官，即操于绅，甚或操于地痞恶棍，生杀予夺，为所欲为，民之所能自存、自立、自治者，亦几希矣"[②]。

另一些学者认为村民自治是一种群众性自治，包含着平等、自由的价值要素，也意味着村民的广泛参与，而传统的乡村自治实质上是由少数权威人士掌控的地方自治，所以，古代中国的乡村自治并不能当作村民自治的起源。他们认为，真正的村民自治和村民自治组织起始于20世纪80年代。它的出现有三个方面的推动力：一是自治的内在价值。作为人类社会治理的一种形式，自治具有它独特的优势和内在价值。人是社会活动的主体，而自治可以激发人的主动性，调动潜在的社会力量，产生自我约束，促进内部和谐稳定，降低外部管制产生的成本。当然，国家作为一种外部性治理，对维护整个社会的利益和团结发挥着基础性作用。所以，村民自治的出现可以说实现了国家治理价值和自治价值之间平衡。二是社会主义民主政治。从时代背景来看，"文革"严重破坏了社会主义民主。改革开放开启了民主政治领域的拨乱反正。《关于建国以来若干历史问题的决议》于1981年发布，对人民在基层政权和基层社会生活中的直接民主提出要求，同时要加强劳动群众对企业事务的自主管理。这给基层民主的实践提供了政治保障。三是农村家庭联产承包责任制。家庭联产承包责任制提高了农民生产积极性，实现了制度对农民生产劳动的激励作用，促进了基层经济发展，但也从根基上动摇了人民公社体制，农民自主经营权的获得使这一体制逐渐瓦解。农民在获得经济自主后，主体意识和自由意识逐渐增强，需要新的民主政治机制适应这种政治意识的变化。人民公社在此过程中处于半瘫痪状态，无人操办公益事业，社会混乱失序。基层社会需要新的治理主体填补人民公社权力的回缩造成的治理真空。

对此，广西罗城县和宜山县一带的农村划破如磐铁幕，建立了村民委员会。宜山县的三岔公社合寨大队果作村生产队是我国第一个选举产生了村民委员会的生产队。村委会选举产生后，经村民讨论并按上手印或个人名戳，制定并确认了《村规民约》和《封山公约》，这是保存下来的第一份村民自治文献。果作村村民委员会的成立带动了其他村庄成立自治组织的热情。自治组织有的叫"村治安领导小组"，有的叫"村管委会"，有的叫"村治安联防小组"，虽然名称不一，但发展势头很快，宜山全县截至1981年10月，约有150个村建立了村委会。基层农民自发成立村委会，很快引起当地党委和政府的重视，随后也引起了中央的关注，最终这种基层民主创新的方式得到了中央的肯定。1982年12月，新宪法的第一百一十

---

① 梁启超：《饮冰室合集》（第6册），中华书局，1989年，第130—133页。
② 黄强编：《中国保甲实验新编》，台北正中书局，1935年，第184页。

一条第一次明确了"村委会是基层群众性自治组织,委员会的相关负责人均由居民选举产生,委员会具有依法处理村内公共事务和公益事业的责任"。从1982年至1984年,在国家政策推动下,全国村民委员会普遍建立。

村民自治从部分农村地区自发的创新转变为宪法明确规定的基层民主制度,随后的发展受到国家对基层治理思路和对村委会定位的影响。到底是把村委会当作一个具有理想色彩的自治组织,还是充分发挥其在乡镇体制下的行政功能,以填补乡镇以下的行政空白?这两种观点逐渐集中于在乡村自治规模选择上是"便于自治",还是"便于行政"。这两种力量此消彼长影响着不同时期的国家政策,使得制度创新显现出"摸着石头过河"的特征,并最终在实践检验下做出了最终选择。"便于自治"的推动力量来自在革命和建设过程中怀有基层群众自治理想的老一辈革命家,他们因基层自治经验的鼓舞而更加坚信村民自治是实现基层民主的完美形式。"便于行政"的倡导者是各级政府行政系统中的官员,他们担心过多的自治影响着基层政府行政职能的发挥,希望利用村委会的组织力量推进基层的行政工作。1982年宪法中,虽然村委会的性质被规定为是"群众性自治组织",但是村民自治的规模与建制并未明确。1983年中央颁布了两个指导性文件,对村委会设在哪一级有不同的指向性。从实践来看,乡镇政府取代了原有的人民公社,按"便于行政"的逻辑,村委会设在生产大队一级更为合适。因为经过二十多年的运行,与小队的"生产"功能相对应,大队更多体现出"行政"功能,所以多数村委会都在"动体制不动建制"的原则下设置在了原生产大队。然而,关于自治规模的讨论一直没有停息,以彭真为首的一批领导同志以及民政部基层政权司始终坚持自然村规模的村民自治。村委会一般设在自然村的原则在1987年颁布的《中华人民共和国村委会组织法(试行)》中得到了确认。但因为该法处于试行阶段,所以给地方的贯彻执行留下了一定的自主空间。各省随后颁布的《实施办法》大都强调"便于行政"的原则,将村委会的设立在生产大队层次上。随着支持"便于自治"的老领导们的离岗离世,"便于行政"成为主流认识。因此,1998年公布的《中华人民共和国村民委员会组织法》意味着《试行法》中强调的村委会"一般应设在自然村"的说法被取消,延续十余年的争论告一段落。然而近些年来,因为村委会在实践中过分地偏向"行政化",学界重新响起"找回自治"的呼声,并且积极总结各个地方在基层自治上的创新经验。在这个背景下,2014年、2015年的中央一号文件均要求地方创新村民自治的实践形式,鼓励村民小组为单位进行自治试点。

二、村民自治的组织结构和职责

村民自治的组织结构包括村民委员会、村民会议、村民代表会议和村民小组。其中,村民委员会包括主任、副主任和委员共3—7人,属于执行机构。委员由民主选举产生,每五年选举一次,委员会成员不得随意指定、委派或者撤换。村民委员会还可根据情况设立包括人民调解、治安保卫、公共卫生等下属委员会。村民委员会承担本村生产、服务与协调工作,保持农村生产经济发展。村民委员会依法管理村集体土地和其他财产,支持村内组织依法从事经济活动,保障村民、组织及其他成员的合法权益,督促村民履行相关法律规定,用各种方式加强社区建设,保证村社内社会和谐与经济稳步发展。村民会议由成年村民构成,属于村治的最高决策机构。村民会议监督村民委员会工作,审议村民委员会年度报告,决定涉及村民利益事项,有权制定或修改村规民约或自治章程。村民代表会议通常设置在人数较多或者居住集中的村,对村民会议授权事项有决定权。村民代表会议对会议成员有较高要求,村民代表占会议组成成员的 4/5 以上,妇女代表 1/3 以上,任期内接受村民监督。村民代表会议对村内集体土地、企业和其他财产经营管理以及公益事项办理有重要影响。

三、村民自治的主要成绩和现阶段的问题

村民自治经过了四十多年的实践和探索,已经成为农村基层社会农民参与政治生活、管理公共事务的最重要方式,它是我国农民在自发探索基层民主实现方式上的伟大创举。村民践行民主也以村民自治组织为最重要的组织载体。当然,自村民自治出现之日起,对其质疑的言论就一直没有停息过,大致有三种声音:一是认为村民自治"是一种理论上的怪胎"。如沈延生断言"村民自治作为一种'基层群众自治组织',无论是在马恩列斯著作中,还是在政治学理论中,均找不到它的理论源头"[①]。二是认为村民自治只是个别领导人和个别部门的异想天开,只是因为外国人的重视才"时来运转"。三是认为村民自治没有社会根基,是由外而内,从国家外部嵌入乡村的。事实上,村民自治能够在特定时期自发产生恰恰是由于在现实中具备了一些基础性的条件:村庄共同体所具有的共同产权、利益、设施和共同享有的环境是前提;共处一个地理和社会空间,彼此熟悉、密切的交往互动构成空间基础;共同历史和记忆、共同信奉的价值观、共同遵从的习俗和规范构成了文化条件;适度的人口和地域范围是规模基础。此外,在实践过程中,村民自治取得的重要成绩也可以作为对质疑的回应。

一是村民自治组织在基层农村社会的普遍建立,健全了村级规章制度。在人民公社体制瓦解后,村民自治组织在乡镇体制之下协助乡镇政府行使行政职权,迅速填补了基层社会治理上的空白,避免了基层政权的"悬置"。此外,村民自治组织建立了统一的组织结构、运行机制和规章制度,自治制度化程度逐步提高,更好地管理了村庄公共事务。

二是通过直接民主的实践,培育了村民的民主观念,推动了基层民主的发展。为中国农民民主参与通过选举、决策、管理和监督的民主化设计提供了制度保障,使广大村民在历史上第一次拥有了充分直接行使自己民主权利的可能。通过对各个民主过程的参与,对民主程序的理解,村民们形成了基本的民主观念和权利意识。有些村庄选举竞争异常激烈,遇到选举舞弊,村民可以依照程序推翻选举结果。这些实践活动提升了村民的民主素养,培育了民主文化,有效推动了基层民主的发展。

三是激发了村民参与村庄事务的活力,推动了农村经济社会全面进步。民主自治培养了村民自主性、自力性和自律性,让村民愿为自己的事务负责,依靠自身力量,通过自我决策、协商和监督进行村庄治理。自己选举产生的委员会,有治理上的合法性、权威性和凝聚力,节省了自上而下的管控成本。由群众依法决定要办什么,不办什么,先办什么,后办什么。自治所具有的内在价值激发了村民参与村庄公共事务的潜力,提供了自我服务的动能。

在社会主义新时代,村民自治不断发展的同时也存在着一些突出的问题:

第一,部分村庄的选举竞争受到派性斗争的影响。民主选举应该包含两方面的内容,一

[①] 沈延生:《村政的兴衰与重建》,《战略与管理》1998 年第 6 期。

方面是竞选者通过宣示施政纲领,展现自己的能力,获取选民的支持;另一方面是选民出于对竞选者选举宣言的价值判断,结合自己的阶层利益做出理性选择。但是在村庄选举中,村民往往从派性出发在选举中站队,把健康的民主选举变成了激烈的派性斗争。在宗族势力依旧存在的村庄,受到宗法观念的影响,村民往往从本宗族的整体利益出发,做出选举判断,用血缘上的认同代替执政理念和能力的认同。这样的选举不但不利于真正有能力者胜出,而且撕裂了村庄各宗族的关系,不利于村庄内部的团结。另外,村庄中新兴势力的崛起也带来了新的派性斗争,比如"富人治村"现象的出现。富人参与村庄竞选,无可非议,而且其展现出的致富能力的确是一种竞选优势。但是,在村庄选举的社会基础薄弱的背景下,富人为竞选需要,可能会与其他宗派势力相结合,甚至联合灰黑势力控制选举,形成垄断性权力。

第二,村委会和党支部、乡镇关系没有理顺。村委会和村党支部的职责各自有明确的规定,本来不存在冲突,但是在实践中,村党支部在职能上与村民委员会高度重合。村"两委"的矛盾因为权威来源不同而往往体现在自上而下的权力和村民"自治权"的冲突。此外,村委会和乡镇关系也并不稳固,除了正常的关系模式外,还有过分强调自治的强村委弱乡镇模式和过分强调行政性的强乡镇弱村委模式。

第三,村民自治的制度文本没有落实到民主实践中。虽然经过多年的建设,村民自治已经实现了制度化,各个村庄都制定了村民的自治章程,村民代表会议、民主评议村干部、村民档案管理、村委会任期目标责任等村级规章制度得以建立健全,但村务的决策和管理更多是少数人,甚至是一个人说了算。有些村庄的村民会议或者村民代表会议长年不开。村务的公开、民主的监督更是流于形式。

第四,人口流动加大了村庄自治的难度。大量流出的人口使村民无法实现对村庄民主的日常参与,而留下的人口文化素质较低,行使民主权利的观念和能力都较弱。此外,村委会因大量村内"精英"的流失面临人才缺乏的困境。对那些容纳了大量外来人口的城郊村和城中村来说,缺少所居住村落的集体产权资格,所以行使民主权利受到了较多的限制。

第五,集体经济薄弱对村庄自治的不利影响。共同利益,尤其是集体经济是村民自治的重要基础,是共同利益的重要内容。一些村庄集体经济薄弱使农村参与民主缺乏积极性,乃至出现"村庄无政治"。缺少集体资产,使村庄无力进行公共事业建设,村委会自治功能无法发挥。

四、推进村民自治组织更好发展的路径

虽然村民自治在实践中出现了种种问题,但就本质属性来看,它是能够满足新时代农民民主政治参与、农村基层治理和村庄经济社会发展需要的制度安排。因此,可以结合当前村民自治运行的宏观背景,总结各地的经验做法,从创新的角度出发,探寻村民自治更好的实现方式以及村民自治组织更好发挥作用的路径。

一是扩大集体经济,增强村民自治的经济基础。集体经济是村民自治有效实现的物质前提,缺少集体经济的村庄,不但村庄凋敝,而且自治流于形式。各个地方为改变这种状况,都应积极探索发展壮大村级集体经济的有效途径。比如,出台具有正向激励机制的扶持政策,构建村级集体经济发展载体;探索村级集体经济的创新形式;提高干部经营管理能力。

二是理顺关系,解决村民自治实践中权力紊乱的问题。村"两委"的矛盾根本上是因为

权力来源不同,权力运行机制的差异以及具体目标的差异而导致的不协调,从承担的角色来看,"两委"矛盾更多以"代理人"和"当家人"之间的冲突来体现。目前,党支部书记和村委会主任一肩挑,"两委"委员交叉任职是解决这个问题的通行做法。这的确化解了权力主体间的外部冲突,但无法彻底解决行为主体扮演不同角色而产生的内部冲突。所以,从根本上讲,还应该厘清具体的职责,让权力在明确的制度环境中规范运行。要将镇党委政府与村"两委"的权责与关系明确化,认识到村委会不是一级政府,也非政府的派出机构,而是基层群众性自治组织,村委会在工作中不能按上下级政府关系运行,要尊重其作为自治组织的主体性。

三是建规立制,实现规则型自治。中国乡村基层社会缺乏民主自治的传统,即使具备了自治的条件,有《村组法》的制度保障,农民也不是必然能把村庄自治搞好,这就需要根据实际情况制定更为细致的自治规则。各地涌现出一批规则创新的典型,比如,广东蕉岭县的"蕉岭规则"、河南邓州的"42"工作法、四川成都的村民议事规则、安徽天长的"22步工作法"等等。这些创新意味着村民自治从"价值型""条件型"向"规则型"转型。[①]

四是因地制宜,选择合适的自治单元。把村庄自治放在行政村一级是经过实践形成的一般性共识,但中国地域广阔,各地地理和人文环境有着极大的差异,有些行政村并不能构成有效的治理单元。从本质上讲,群众自治组织应以方便实现群众自治为前提。近些年来,各地出现了一批行政村之下重新进行基层组织划分的实践。比如,广东清远叶屋村因行政村层级的村民难以自治而在自然村基础上设立村民委员会、四川都江堰院落的创建、湖北秭归将行政村划分为若干"村落"、湖北恩施赋予村民小组自治责任等等。这些以便于自治为原则而进行的自治单元选择都取得了比较好的自治效果。因此,今后村民自治创新要更加强调灵活地进行自治层次的选择,以更好地实现自治的目标。

第三节 宗族组织

宗族属于血缘群体,是由同宗同族的人所构成的,属于父系单系亲属组织。对传统中国人而言,宗族是重要的共同体层级,不但满足人们在亲情交往上的需要,而且承载着许多社会性的功能,是村民生活世界的重要构成。宗族也是传统社会中不可小觑的把成员组织起来进行集体行动的单位和力量,它不但会因利益纠葛而引起宗族之间的冲突,而且强大的宗族势力在一些历史时段也引起了皇权的警觉。同时,宗族活动也形塑着基层社会结构,生产着伦理、规范和价值,这些影响扩大到社会的各个层面,成为中国社会性质的重要内容。宗族是传统中国基层社会的重要构成,在历史上经历了不同的发展阶段,直至今日,仍旧对村庄的社会、政治、经济和文化发挥着重要的影响。

一、宗族组织的历史流变

宗族最早表现的表现形式是"无国家社会"中的血缘地缘组织,以宗族和地域性的社会

---

① 邓大才:《规则型自治:迈向2.0版本的中国农村村民自治》,《社会科学研究》2019年第3期。

合一为特征。宗族组织与国家政权在夏商时期合而为一。西周时期建立了宗法制度,"一个基本特征,是原始巫术礼仪基础上的晚期士族统治体系的规范化和系统化。作为早期奴隶制的殷周体制,仍包裹在士族学院的层层衣装之中,它的上层建筑和意识形态直接从原始文化延续下来"[1]。秦汉魏晋至隋唐,上层社会维持着宗法制宗族形态。民间宗族此时受国家乡里制度和传统宗族文化的双重影响,表现出与上层社会不同的宗族形态。宋代以后,民间在国家意识形态引导下,形成类似上层的庶民化宗族形态,包括族谱、族田、祠堂、族长、族规、族训等构成要素。[2]

明代初年,政府为加强中央集权化,对强宗大族采取打击政策。但明中期以后,宗族势力作为自治组织逐渐走上历史的舞台。保甲法和乡约制度结合乡村宗族制度,增强了宗族的自治化和政治化。此外,嘉靖年间宗族开始借助皇权对宗族成员进行控制和教化,发起了请政府批准族规家训活动,结果是宗族司法权和族长权威被形塑。[3] 清代继承了明朝的宗族治理体制,并将其治理权发展到了顶峰。晚清至民国,宗族的发展受到国家政权建设的影响,国家权力向基层的渗透,对原有的乡村自治造成破坏,而国家在乡间的代理人与传统士绅的冲突更是带来了乡村社会权力结构的紊乱。但宗族在乡村治理中依然发挥着程度不等的重要作用。

中华人民共和国成立后,新生政权对乡村社会再整合的第一步就是消灭旧社会遗留下来的各种政治、社会、文化和宗教类的组织,而宗族组织作为封建压迫的重要象征首当其冲。除了从正面打击宗族势力之外,土地改革对宗族组织的经济基础起到了釜底抽薪的作用,而宗族伦理、规范和仪式被当作封建主义的旧文化彻底批判,基于血缘关系建立起来的远近亲疏为阶级关系所取代,族长权威为基层政权权威所替代。在巨大的社会变迁影响下,正式的宗族组织不复存在。改革开放后,农村自主社会空间随着人民公社体制的瓦解而形成,宗族势力出现了复苏。首先,重新建立了宗族组织。在南方宗族文化根深蒂固的地方,宗族组织完整地再现,而在华北和华东的许多地方,建制化的宗族组织已无法恢复,出现了以血缘认同为基础的小亲族势力。其次,宗族象征物的重建和恢复。许多地方开始重新建祠堂,修族谱,开展祭拜活动。此外,作为一个行动单位,宗族在村庄生活中重新发挥影响。以宗族为单位的经济合作组织出现,宗族作为一种派性力量,也介入村庄选举和村庄政治中。

二、宗族组织的功能

宗族作为拥有漫长历史的基层社会血缘和地缘组织,承载着多种功能。它既有团结族人、提供公共物品、维持社会基本秩序的正功能,也有压制和迫害成员、制造族际冲突的负功能。此外,在不同的时期宗族功能的体现有不同的重点和特点。一般来说,生长于乡村社会的宗族组织具有以下功能:

第一,社会功能。这是宗族在农村社区中所具备的最核心的功能。宗族组织给族内成

---

[1] 李泽厚:《中国古代思想史论》,人民出版社,1986年,第8页。
[2] 朱炳祥:《村民自治与宗族关系研究》,武汉大学出版社,2007年,第8页。
[3] 肖唐镖:《宗族政治——村治权力网络的分析》,商务印书馆,2010年,第51页。

员之间关系的协调和他们的日常生活提供了一整套伦理规范,同时宗族审判制度和族长所拥有的权力给规范的实施提供了保障,这些客观上促进了宗族内部的和谐,给社区生活提供了秩序。宗族组织还有社会管理职能,实现了宗族内部事务的自我治理。比如,登记族人的户口、编修族谱、组织祭祖活动、管理族产等。宗族还有社会福利和社会救济功能,比如利用义田收入和族人捐赠开办学堂、扶危救困等。

第二,文化功能。宗族是族人生活世界的重要组成部分,长期的共同生活和彼此互动使宗族内部产生了共同的习俗、习惯、传统、记忆、信仰和价值,同时产生了众多公共性的文化活动。这些文化是把族人凝聚在一起的情感性力量,是团结族人,并且把宗族组织延续下去的黏合剂。在现代社会,宗族的其他功能都在弱化甚至消失,唯独文化功能尚在延续和发展,现在的宗族组织更"礼俗性"。为弘扬农村文化,由宗族组织和承办的文化活动成为传统文化的重要组成部分,其在延续传统之时又为现代社会的人际认同提供了文化基础。

第三,经济功能。宗族的经济功能主要表现为基于血缘情感和信任而形成的经济合作。在传统社会,宗族的经济功能主要体现在对农业生产的公共设施进行改造和维护,此外,成员在生产生活中对资金的需求很大程度上通过族内的借贷得到满足。进入近代,东南部的一些宗族出现了对族产进行公司化管理的倾向,突破了宗族的传统经济功能。土地承包制实行后,为应对市场竞争,个体小农产生了合作需要,而宗族认同就是这种合作的观念基础。例如,皖北萧县李家楼村,出现了家族内部合作的"合犋互助小组",所谓"合犋",就是合并人力和畜力,这在农忙季节是一种非常有效的合作方式。[①] 在社会主义市场经济发展的过程中,家族企业作为一种主要的经济主体,获得快速发展之时同样折射出宗族和家族组织所具有的经济功能。由亲密的血缘关系而形成的关系信任是家族企业组织治理的基础。杨光飞基于对家族企业的考察得出,亲缘共同体背景下的关系信任,既是复杂社会下简化资源获取方式的理性手段,也是华人经济组织治理的重要准则。[②]

第四,政治功能。在传统社会,宗族本身就是一个有着相当独立性的治理单元,家法族规可以提供基本的规范,解决绝大多数成员间的冲突,实现内部有效治理。宗族在村庄政治中的作用在村民自治制度确立后重新发挥。当前,对宗族组织政治功能的评价可以从正反两个方面来理解:从正向看,村民自治兴起之初,面对着全能主义国家建设造成的"有国家无社会"的时代背景,复兴后的宗族组织恰恰意味着民间社会的萌生与成长,它是农民与基层政府谈判时的组织化力量,也是农民参与村庄选举、管理和监督的有效载体,有了宗族势力的介入,村庄政治中农民组织化程度获得提高,政治生活中的竞争性和制衡性增强;从反向看,用宗族认同替代对村庄共同体的认同,容易产生狭隘的派性观念,而在多宗族的村庄中,宗族介入选举导致小宗族成员游离于当选和参政的可能性之外。村庄人口的流动性差,使得作为选民的村民无法实现"用脚投票",客观上造成村庄政治生活的扭曲和冲突的加剧。

---

① 韩敏:《回应革命与改革:皖北李村的社会变迁与延续》,江苏人民出版社,2007年,第166页。
② 杨光飞:《华人家族企业的关系信任、利益互惠和差序式治理》,《学术交流》2009年第11期。

三、宗族组织发展的前景

毫无疑问,宗族组织是血缘性和地域性相结合的初级群体或初级组织,它繁荣于农耕文明的土壤中,属于传统的一部分。那么在现代社会,当现代化的要素无孔不入地渗透到农村,以至于乡村也终将实现现代化的背景下,宗族组织将向何处去?一些学者把传统与现代当作一种对立,视为非此即彼的选择,在他们看来,传统的组织架构最终将因现代化的变迁而失去其存在的正当性。正如孟德拉斯所言,蒸汽机在很大程度上将其逻辑强加给工业,工业再将此逻辑延展到整个社会。"农民精神"已然消逝,但在此基础上形成的家族制和家长制,可能是传统文明的最后剩余。[1] 然而,随着对后发国家现代化过程的审视,学者们逐渐放弃传统与现代对立的观点,而转入对传统与现代展现出的复杂关系的探讨。正如萨林斯指出的,"非西方民族在现代性文化发展过程中,摧毁了被西方人普遍认可的传统与发展对立观念"[2]。近代以来,整个华人世界的宗族组织都不同程度地受到了现代化的冲击,但都延续了下来。对我国来说,社会变迁对宗族组织的影响更为复杂,先是新中国成立初期对正式宗族组织的摧毁,后是改革开放年代由于国家控制方式的转变,宗族组织又出现了与现代化过程相悖的"复兴"。总之,作为传统组织部分的宗族在现代化的社会中仍有其生存空间,或者说能够通过适时地改变,实现"传统的现代转换"。当然,也应该看到宗族势力再怎么"复兴"和"繁荣",与传统时代已不可同日而语。面向未来,宗族组织将逐渐转化为一种"礼俗性组织",它既没有经济基础,也不会对政治发挥多大影响,它的功能更多体现在文化上,即塑造社区文化,传承社区的共同记忆,增强成员间的凝聚力,为农村现代化做出贡献。

第四节 农民专业合作社

改革开放后,以家庭承包经营为核心、统分结合为策略的双层经营模式在农村开始实行。"双层经营"包含了两个层次:一是家庭分散经营;二是集体统一经营。但在实践中,家庭经营得到了很好的贯彻,而如何"统",发挥集体经营的优势,却一直在探索中。后人民公社时期的集体统一经营既要避免集体劳动的强制性,又要把农民"合"起来;既要能发挥农民的积极主动性,又要能够避免利益向少数人倾斜,西方合作经济组织恰好符合这种要求。自20世纪80年代开始,我国农村开始出现农民专业合作社,主要向农民提供信息、技术、销售、供应、加工等方面的服务。进入21世纪后,培育农民专业合作社等新型农业经营主体随着我国农业现代化进程的加快,成为中央农村工作的一个重要目标。农民专业合作社在《中华人民共和国农民专业合作社法》等政策的推动下得到了较快发展。

---

[1] H.孟德拉斯:《农民的终结》,李培林译,社会科学文献出版社,2005年,第9—14页。
[2] 马歇尔·萨林斯:《甜蜜的悲哀》,王铭铭、胡宗泽译,生活·读书·新知三联书店,2000年,第123、125页。

一、合作经济组织的定义及其基本原则

因为合作运动在全球范围内有不同的实践和不同的理论流派,所以国际社会对合作社的界定说法不一。合作社被国际合作社联盟定义为以自愿为前提、自治为基础、由共同所有和民主控制的企业来运营、满足成员多元需求与渴望的协会。

合作社的基本原则可以从以下几个方面体现:一是自愿和开放的成员资格。自愿和开放意味着成员加入和退出合作社较为自由,离开时可以带走属于自己的组织资源。这个原则使组织门槛得以消除,更多成员被吸引加入,合作社的发展也得到推动。二是民主的成员控制。合作社的成员拥有平等权利,通过民主的方式解决内部的问题,具体体现为"一人一票"。这个原则极大调动了成员参与合作社的主动性。三是成员经济参与。成员的经济参与是为了避免合作社转向资本主导,确定合作社的活动在于满足成员的需求。为了增强市场竞争力,引入一定资本,但对资本参与盈余分配做了一定的限制。四是自治与独立。合作社内部事务的管理是独立自主进行的,不依赖政府和其他社会组织。五是教育培训与信息咨询。合作社为成员提供的教育与培训使成员更有能力为合作社发展贡献力量。六是合作社之间的合作。在条件适当的时候,将合作社与合作社联合起来,这样能够更好地发展合作社的整体性优势。联合的层次根据经营的情况可以被不断提高,从地区性合作社到全国性合作社,甚至国际性合作社。七是关心社区。这个原则表明了合作社在所处社区中的社会责任,为增进社区的福利和社区成员的利益做出贡献。

农民专业合作社在我国有不同的定义,农业部认为其是以社会主义市场经济条件为背景的,广大农民在家庭经营基础上,按自愿、民主的原则而结成的经济组织,旨在共同解决生产经营过程中产生的关于信息、资金、技术或供销等方面的实际问题。2006年发布的《中华人民共和国农民专业合作社法》明确了农民专业合作社的法律地位和权责内容。

二、合作社价值的变迁及其核心价值

合作社汇聚社员的基础性力量是共同的价值观,如果这种共同价值观不存在,那么合作社"或是解散,或是变异为一般性的市场经济组织"[①]。因此,合作社与其他经济组织可以以价值性为标志来相互区别,价值性也是合作社在经济竞争中能存活下去的前提。正如原国际合作社联盟主席马卡斯曾在报告中所说,"经验告诉我们,合作社经常失败在初期可能归结于无知和经验不足;而现在许多失败,都是由于对合作社思想的背叛"[②]。虽然合作社价值具有稳固性,但也会随着时代条件的变化而调整,同时,在不同的文化下,这些共同价值观也有一定的特殊性。西方传统合作社的价值观包括平等、民主、自由、团结、政治和宗教中立等内容,反映了资本主义上升时代反对剥削、反对政治压迫,要求宗教宽容的诉求。当代中

---

① 张晓山:《关于中国农民合作社可持续发展的几个问题》,《中国合作经济》2014年第10期。
② 郭翔宇:《论合作社的定义、价值与原则》,《东北农业大学学报(社会科学版)》2003年第1期。

国的合作社在现实发展中也偏离"国际标准",体现出了"本土特色"和"变通"[①],一些学者对中国农民合作社价值观问题进行了讨论。例如,张艳芳认为合作社存在着伦理价值和经济价值,认为合作社在经济价值超越伦理价值的背景下可以通过对我国合作社制度的制度构建,实现经济价值与伦理价值的协调;[②]任大鹏和李琳琳认为我国合作社的核心价值依据相关法律,可以被界定为联合弱势群体,实现与其他市场主体的公平竞争。[③] 综合来看,当代中国农民专业合作社的核心价值突出地体现在公正、参与、益贫和民主四个方面。

三、农民合作社的发展现状和前景

2007年颁布的《中华人民共和国农民专业合作社法》具有重大意义:一是农民专业合作社作为新型市场主体的法律地位得以明确;二是农村基本经营制度被创新和完善;三是发展了国家扶持农业的新载体;四是农村和谐社会的组织基础得以巩固。[④] 法规实施以来,农民专业合作社在涉农部门和基层政府的政策推动下,在全国范围内迅速发展。尤其是近几年,随着中央多次提出要打造新型农业经营主体以解决小农户面对大市场的弱势地位,合作社更是成为广大农村进行组织化生产与经营的主要方式。然而,在"外发促内生"实现数字和规模不断膨胀的同时,合作社的"应然"与"实然"、价值理念和实践逻辑、制度文本与现实形态之间出现了程度不等的背离。这种现象在合作社发展之初就引起了学者们的关注。部分学者创设相关概念和理论,力图从宏观上解释这种现象。熊万胜用"名实分离"来概括具有中国特色的合作社发展,认为专业合作经济组织对自主性空间的建构行动也是制度化进程的形式之一,结果出现了"名实分离"的"意外后果"。[⑤] 应瑞瑶认为农民专业协会和农民专业合作社这些组织更多是异化后的合作组织,实际上违背了合作社的基本原则。[⑥] 仝志辉、温铁军用"大农吃小农"来描述合作社的剩余分配机制。[⑦] 梁剑峰、李静则用"精英俘获"来描述精英领办主体控制合作社,这种情况侵害了大多数社员的合法权益,致使合作社利益结构固化现象。[⑧]

在未来的发展过程中,我们一方面要看到合作社"名实分离""异化"的不可避免性。因为任何生产经营主体的出现都反映特定历史时期经济、政治、社会和文化的总体性要求,这些社会要素构成结构性力量,形塑了生产经营主体的性质、价值、特征与具体的外在形态。

---

① 曹阳:《当代中国农业生产组织现代化研究》,中国社会科学出版社,2015年,第310—313页。
② 张艳芳:《论合作社价值追求的传承与超越》,《企业经济》2011年第4期。
③ 任大鹏、李琳琳:《农民专业合作社核心价值的实现》,《中国农民合作社》2013年第1期。
④ 郑文凯:《充分认识〈农民专业合作社法〉的立法背景和重大意义》,《农村经济管理》2007年第4期。
⑤ 熊万胜:《合作社:作为制度化进程的意外后果》,《社会学研究》2009年第5期。
⑥ 应瑞瑶:《合作社的异化与异化的合作社——兼论中国农业合作社的定位》,《江海学刊》2002年第2期。
⑦ 仝志辉、温铁军:《资本和部门下乡与小农户经济的组织化道路——兼对专业合作社道路提出质疑》,《开放时代》2009年第4期。
⑧ 梁剑峰、李静:《"精英俘获":农民专业合作社成长之困》,《宏观经济研究》2015年第3期。

就中国而言,古老悠久的文化传统和特色鲜明的治理体系规约下的新乡土社会是合作社成长的现实土壤。在适应性发展过程中,合作社受到农村基层社会各种结构性要素和逻辑的影响,必然呈现出偏离理想类型合作社的现象。另一方面,规范合作社要通过适合中国农民专业合作社发展的基本原则和价值要求来进行。在乡村振兴的大战略背景下,坚守基本原则,不背离价值底线,让合作社能更好地联合弱势农民,实现共同富裕,促进农村经济和社会更好地发展。

第六章

农村社区人口

人口是复杂的社会关系综合体,也是开展社会生产活动的重要主体。作为我国人口的主要组成部分,农村社区人口不断推动我国经济社会的发展。本章将从农村社区人口概述、农村社区人口结构、农村社区人口过程及农村社区人口发展的问题、成因及对策等方面展开分析。

第一节 农村社区人口概述

一、农村社区人口的界定

农村社区人口是一个综合性的概念,剖析其所包含的"人口""农村人口""农村社区"三个要素,利于全面理解其内涵。

人口的内涵具有复杂性,包括自然属性和社会属性。就自然属性来讲,人口是生物物种在特定范围内全部个体的总和,其个体与生物个体一样,生、老、病、死的生命过程均被规定于自然的生物过程中,具有遗传变异及全部的生理机能。在联合国国际人口学会编著的《人口学词典》中,人口是具有某种特征的群体。[1] 肖月华等指出,人口是具备新陈代谢机能的生物体,会经历怀孕、出生、发展、老化、衰亡等一系列的生理变化过程。[2] 自然属性是人口的固有属性,是人类生存与不断发展的自然基础。就社会属性来讲,人口是复杂的社会关系综合体,包含社会生产、生活过程等在内的一切社会因素作用于人口发展所产生的特性。马克思、恩格斯认为,人口是蕴含诸多规定和关系的丰富总体,既是社会生活的主体,又是社会最基本的结构性力量。[3] 佟新指出,人口生活在特定的地域与社会制度中,是特定数量和质量的人的总称。人口有自身的变化规律,是社会文化、经济和政治活动的基础,又与社会、文化、经济、政治等诸因素相互作用。[4] 人口的社会属性是人口在不断变迁中所产生的特性,是人口最根本的属性。

在人口元素的基础上,对农村人口的界定更强调维持人口生存、生产及生活的地理区域

---

[1] 联合国国际人口学会编著:《人口学词典》,杨魁信、邵宁译,商务印书馆,1992年,第7页。
[2] 肖月华:《人口与性健康教育》,湖南大学出版社,2001年,第150页。
[3] 《马克思恩格斯选集》(第二卷),人民出版社,1972年,第103页。
[4] 佟新:《人口社会学(第4版)》,北京大学出版社,2010年,第3页。

的作用。鲁尔认为,农村人口是指生活居住在农村地区的人口的总称,包括农民、学龄前儿童、学生、超出生产年龄的人口及从事其他产业活动的人口。① 谷中原认为,农村人口是生活在农村地区的特定数量和质量的人的总称,包括农村人口数量、人口质量、人口构成、人口繁衍、人口负担率、人口分布与人口流动等内容。② 朱启臻认为,与城镇人口相对,农村人口分为广义的农业人口和狭义的与农村关联的非农业人口。③

作为农村人口生产生活的社区,农村社区的内涵强调自然生成属性与共同体价值。前者从农村社区的自然发展来界定农村社区。麦基文将农村社区界定为自然发展的社区,社区内的社会关系拥有相互熟悉、彼此信任、互相依赖、社会黏着和富有同情心等特点。④ 张友琴等指出,农村社区是人类最早的社区形式之一,是伴随狩猎经济逐渐向畜牧业和农业转化而形成的。⑤ 后者则从共同体的角度来定义农村社区。风笑天认为,农村社区是由从事农业生产劳动的人口为主体构成的区域性生活共同体。⑥ 张艳国、聂平平强调,农村社区是指占据特定的农村地域,地域内人口密度低、人口规模相对较小,社区成员靠农业生产谋生、人际关系比较密切且生活受传统习惯影响较大的人们生活共同体。⑦ 可见,农村社区除具有一般社区的地域因素和生活共同体的特点外,更强调大部分社区成员依靠农业生产劳动谋生。

综合"人口""农村人口""农村社区"三个要素的内涵,"人口"为农村社区人口核心要素,"农村人口"限定了核心要素的地域属性,"农村社区"又限定了地域属性的范围与边界。因此,农村社区人口,是指特定时间生活居住在农村区域内,按照农村的社会生产方式,从事一切农业与非农业活动,具有特定数量、质量与结构的人口的总称。

二、新中国农村社区人口的历史沿革

为更好地认识我国农村社区人口的问题,精准寻找人口问题的解决对策,需要对新中国农村社区人口的发展历史进行简要介绍。因不同时期迥异的经济环境、政策特征及气候条件,新中国农村社区人口的数量、分布及变化呈阶段性发展。

(一) 1949 年至 1961 年:实施鼓励生育政策,农村社区人口大幅增长

新中国的成立深刻地改变了我国的经济社会基础,促使我国农村社区人口在 1949—1961 年呈现出先大幅增长、后小幅增长的变化特点。1949 年我国农村社区人口数为 48 402 万,1952 年时增至 50 319 万,增幅为 3.96%,为大幅增长阶段。此后直到 1961 年,我国农村社区人口开始小幅增长。1953—1958 年是新中国第一个五年计划时期,其间我国农村社

---

① 鲁尔:《"农民"与"农村人口"不能混同》,《中国卫生经济杂志》1987 年第 6 期。
② 谷中原:《农村社会学新论》,武汉大学出版社,2010 年,第 76 页。
③ 朱启臻主编:《农村社会学(第二版)》,中国农业出版社,2007 年,第 248 页。
④ 娄成武、孙萍主编:《社区管理》,高等教育出版社,2003 年,第 3 页。
⑤ 张友琴、童敏、欧阳马田编著:《社会学概论(第二版)》,科学出版社,2014 年,第 146 页。
⑥ 风笑天主编:《社会学导论(第二版)》,华中科技大学出版社,2008 年,第 124 页。
⑦ 张艳国、聂平平主编:《社区管理》,武汉大学出版社,2013 年,第 8 页。

区人口的年均增长率为 1.04%,1958 年末我国农村人口数已经达到 55 273 万。① 随后,我国农村人口增长速度变缓,总人口数略有下降。1959 年我国农村人口数为 54 836 万,1961 年为 53 152 万。

此时我国农村社区人口的发展,是新中国成立初期恢复生产、发展经济对人口的高需求,我国社会"多生多育"的文化传统及政府出台的系统鼓励性生育政策综合作用的结果,尤其深受国家生育政策的影响。比如,1950 年,我国出台了《中华人民共和国婚姻法》,明确限制打胎、限制节育;1952 年,政务院颁布《限制节育及人工流产暂行办法》,强调凡私自绝育或人工流产者,以非法堕胎罪论处,执行手术的医师也予以行政处分。② 1954 年,卫生部公布《关于改进避孕及人工流产问题的通报》,要求一律不限制避孕节育。③ 1959 年,受到自然灾害等因素的影响,国民经济遭受打击,农村人口数量出现波动,并于 1961 年恢复正常水平。综合而言,在经济增长与政策倡导的双重影响下,农村社区人口数量上涨明显,其间虽有波动,但并未影响人口增长的总趋势。

(二) 1962 年至 1980 年:计划生育政策提出,农村社区人口持续增加

随着自然灾害的结束,1962 年我国农村社区人口出现补偿性生育的现象,当年农村社区人口数量达到 55 636 万。④ 至此直到"文化大革命"结束,我国农村社区人口净增长数持续居高不下。1965 年我国农村社区人口数量为 59 493 万,1970 年为 68 568 万,1980 年达到 79 565 万。⑤

由于农村社区人口大幅增加导致人民生活水平提升受限,国家开始提出计划生育的人口政策。1962 年,党中央和国务院共同出台《关于认真提倡计划生育的指示》,规定:在城市和人口稠密的农村提倡计划生育,适当控制人口增长率,使生育逐渐走向计划状态。⑥ 1965 年,党中央将计划生育的工作重点落到农村。⑦ 当年,全国有 400 个左右的县实施了计划生育工作,成效显著的有几十个县,这意味着农村的计划生育工作在 1965 年已初显效果。⑧ 然而,随之而来的"文化大革命",虽未改变节制生育人口政策,但实施这种人口政策的社会环境与外部条件已不复存在,使得管控生育的工作受到重创。⑨ 1973 年的第一次全国计划生育工作汇报会,明确了"晚、稀、少"的计划生育政策。其中"晚"是指女性 24 周岁以后生育、"稀"是指生育间隔为三年以上、"少"是指一对夫妻生育不超过两个孩子。⑩ 随后,全国

---

① 国家统计局编:《中国统计年鉴 1986》,中国统计出版社,1986 年,第 91 页。
② 汤兆云:《新中国农村人口政策及其演变》,社会科学文献出版社,2019 年,第 113 页。
③ 《邓小平文集(1949—1979)》,人民出版社,2014 年,第 171 页。
④ 国家统计局编:《中国统计年鉴 1986》,中国统计出版社,1986 年,第 81 页。
⑤ 中国社会科学院人口研究所编:《中国人口年鉴 1999》,中国社会科学出版社,1999 年,第 344 页。
⑥ 《中共中央、国务院关于认真提倡计划生育的指示》,中发[62]698 号,杨魁孚、梁济民、张凡编写:《中国人口与计划生育大事要览》,中国人口出版社,2001 年,第 27 页。
⑦ 杨魁孚、梁济民、张凡编写:《中国人口与计划生育大事要览》,中国人口出版社,2001 年,第 39 页。
⑧ 国家人口和计划生育委员会编:《中国人口和计划生育史》,中国人口出版社,2007 年,第 70 页。
⑨ 汤兆云:《新中国农村人口政策及其演变》,社会科学文献出版社,2019 年,第 162 页。
⑩ 《全国计划生育工作汇报会》,彭珮云主编:《中国计划生育全书》,中国人口出版社,1997 年,第 182 页。

各地区落实中央政策,出台"晚、稀、少"的地方性政策规定。1980年党中央、国务院发表了《关于控制我国人口增长问题致全体党员、共青团员的公开信》。尽管国家提出计划生育的政策倡导,但是过大的人口基数及"文革"局势使得节育为主的人口政策效果有限。可见,该阶段我国注意到农村社区人口持续增加的负面效应,并尝试提出以节育为主的社会政策,但该时期人口基数大及特殊的时代背景导致我国农村社区人口增长率仍然很高。

(三) 1980年至2009年:严格执行计划生育政策,农村社区人口减少

由于强大的人口惯性[①],此时农村社区人口的数量变化呈现出先升后降的发展特点。从1980年开始,我国农村人口数量仍在上升,并于1995年达到新中国成立以来的最大值,为85 947万。随后农村人口数量开始下降,2000年我国农村社区人口数量降至80 837万,并在2009年首次跌落至70 000万以下。[②]

沿袭"晚、稀、少"的计划生育政策,我国提出更为严格的控制人口增长的"独生子女"政策,而后政策有松动迹象。1980年,中共中央发布《关于控制我国人口增长问题致全体党员、共青团员的公开信》,明确提倡一对夫妻只生一个孩子,争取在20世纪末把人口总数控制在12亿以内[③],这标志着我国正式实施独生子女生育政策。但汤兆云指出,受农村传统文化的深厚烙印和落后的社会经济条件所限,我国农村地区实际上并不具备实施独生子女政策的可操作性条件。[④] 由于独生子女政策在农村实施受阻,1984年国家计生委要求,从实际出发,认真研究有效控制人口增长的工作方法,有计划地放松农村地区的二胎政策。[⑤] 随后一直到20世纪90年代末期,我国独生子女政策进入相对稳定的时期,而农村人口生育率也逐年下降。同时,农村地区总人口数也随着城市化的推进、农村地区人口的外流而日益下降。2001年,我国颁布了《中华人民共和国人口与计划生育法》,提倡一对夫妻只生一个孩子,符合条件的,按要求生育第二个子女。[⑥] 虽然人口政策在该时期有松动迹象,但实际上,独生子女政策在实施过程中依然十分严苛。可见,该阶段计划生育政策要求严格,但受人口基数大与有限的政策影响力,政策前期农村人口数量仍持续上升,但随着政策影响力的扩大,我国农村社区人口数量开始下降。

(四) 2010年以来:逐渐放松生育政策,农村社区人口持续减少

2010年开始,我国农村社区人口的一大特点就是农村社区人口的数量骤减,占总人口的比重不断下降。2009年,我国农村社区人口数量跌破70 000万,2010为67 113万,2015

---

① 人口惯性是指达到生育更替水平后人口继续增长的趋势。因为过去的高生育率,低龄组人口较多,达到或低于生育更替水平后人口还会继续增长数十年。

② 早于1990年的数据来自国家统计局编:《中国统计年鉴1993》,中国统计出版社,1993年,第81页。1991—2006年数据来自国家统计局编:《中国统计年鉴2007》,中国统计出版社,2007年,第105页。晚于2010年的数据来自《中国统计年鉴》(网络版)。

③ 《党中央号召党团员带头只生一个孩子》,《人民日报》1980年9月26日。

④ 汤兆云:《新中国农村人口政策及其演变》,社会科学文献出版社,2019年,第190页。

⑤ 杨魁孚、梁济民、张凡编写:《中国人口与计划生育大事要览》,中国人口出版社,2001年,第119—120页。

⑥ 参见《中华人民共和国人口与计划生育法》。

年为60 346万。2020年底,有50 979万人生活在农村,仅占总人口的36.11%。[①]

2010年,中国人口的生育率为1.59,远低于日本、新加坡等人口老龄化较高的国家,人口红利大幅下降。对此,我国开始反思调整"独生子女"政策。2013年,十八届三中全会颁布《中共中央关于全面深化改革若干重大问题的决定》,提出坚持计划生育的基本国策,同时,逐步调整完善生育政策,启动实施一方是独生子女的夫妇可生育两个孩子的政策,促进人口长期均衡发展。[②]截至2014年6月,全国绝大多数省(市、区)已开始实行单独二孩生育政策。2015年12月,全国人大常委会审议通过《人口与计划生育修正案》,提出于2016年1月1日开始实施全面"开放生育二孩"政策。自此,我国进入"全面开放二孩"阶段。但是,"全面开放二孩"政策未能从根本上缓解人口增长疲软的问题。2021年5月31日,中共中央政治局通过《关于优化生育政策促进人口长期均衡发展的决定》,实施一对夫妻可以生育三个子女政策及配套支持措施。[③]"三孩"政策的推出,表明我国的人口政策发生转型。可见,本阶段我国逐渐放开人口政策,但由于新时代人们生活方式、价值观念等的变化,这些政策并未扭转我国农村人口持续减少的趋势。

三、农村社区人口的特征

我国农村社区人口具有自然与社会的双重属性,须从自然特征与社会特征进行考察。

(一) 自然特征

从数量、性别、地域等自然属性分析农村社区人口的情况,它具有以下特征:

1. 农村社区人口基数大,但占全国人口比重降幅明显

根据全国第七次人口普查数据,我国农村社区人口基数仍然庞大,但占全国人口的比重降幅明显。1953年,我国农村社区人口数达50 534万,占全国总人口的86.74%;1964年,我国农村社区人口数达56 748万,占全国总人口的比重为81.7%;1982年,我国农村社区人口数达79 736万,占全国总人口的比重为79.09%;1990年,我国农村社区人口数达83 397万,占全国总人口的比重为73.56%;2000年,我国农村社区人口数达80 739万,占全国总人口的比重为63.78%;2010年,我国农村社区人口数达67 415万,占全国总人口的比重为50.52%。2020年,我国农村社区人口数达50 979万,占全国总人口的比重为36.17%。总体来看,我国农村社区人口数量均在50 000万以上,占我国总人口的比重始终高于35%,人口基数依然庞大。但伴随城镇化政策的推进与人口的快速流动,我国农村社区人口数量大幅下降。2000年至今,户口由农村转为城镇的人口比例增加了27.61%。

---

① 国家统计局:《第七次全国人口普查主要数据情况》,2021年5月11日,http://www.stats.gov.cn/tjsj/zxfb/202105/t20210510_1817176.html。
② 《〈中共中央关于全面深化改革若干重大问题的决定〉解读》,《四川档案》2013年第6期。
③ 《"三孩"配套政策从何处入手?》,2021年6月7日,http://www.hn.xinhuanet.com/2021-06/07/c_1127536738.htm。

2. 农村社区人口性别比的总体平衡与局部失衡

我国农村社区人口在全国总人口中的基数较大,性别比呈现总体平衡与局部失衡的特点。21 世纪以来,我国农村社区人口性别比总体平衡。2000 年,我国农村社区人口的性别比为 105.63,2009 年农村社区人口的性别比为 105.01,2018 年农村社区人口的性别比为 105.10,2020 年农村社区人口的性别比为 107.91。在农村社区人口性别比总体均衡的背景下,低年龄段和高年龄段性别比失衡现象突出。《中国统计年鉴 2021》数据显示,从农村社区人口的年龄分组来看,2020 年我国 0—44 岁农村社区人口的性别比在 110.92—126.2 的范围内,平均达到 117,远高于性别比的正常值范围 103—107。45 岁—64 岁农村社区人口的性别比在 105.6—106.36 范围内,平均值为 104.34,均在人口性别比的正常值范围内。64 岁以上农村社区人口的性别比在 72.66—100.7 范围内,平均达到 91.1。[1] 由此可见,我国农村地区人口性别比在总体平衡中夹杂着局部失衡。

3. 农村社区人口的地区分布不均衡

农村社区人口的地区分布状况,与社会经济制度及自然环境条件密切相关。我国地域广阔,各地域的自然环境、经济水平及社会文化水平差异较大,致使我国农村社区人口的地区分布不均衡。我国东部沿海省份的土地面积占全国土地总面积的 40%,人口却占全国总人口的 90% 以上;西北、西南地区的土地面积占全国土地总面积 60%,人口仅占全国总人口的 10% 以下。[2] 据统计,我国东部农村平均每平方千米约有几百人,而西部地区尤其是西藏自治区每平方千米不到 1 人。[3] 可见,我国农村社区人口的区域分布不均衡,而这与东中部地区自然环境优越、经济发展的拉力和西部大多数地区环境不宜居、经济发展落后的阻力密切相关。

(二) 社会特征

下面将从科学文化素质、职业素质和生活方式三个角度,来剖析农村社区人口的社会特征。

1. 科学文化素质明显提升

教育是提升农村社区人口科学文化素养的根本路径。为提高我国农村社区人口的科学文化素质,几十年来我国各级政府通过多种手段加大教育投入,有效地推进了教育事业的发展。同时,我国各地区一直严格落实九年义务教育政策,扫除了大量的农村文盲,有效改善了农村社区人口教育落后的问题,直接提升了我国农村社区人口的科学文化素质。与此同时,与高等教育的发展并驾齐驱,国家不断加大对各种职业技术教育的投入与政策支持,为农村社区的发展培育了大量技术性人才。在此基础上,与我国的社会经济背景相结合,我国农村社区人口的价值观念也发生相应变化。农村社区人口一改往日重农轻商的社会风气和"安土重迁"的价值观念,开始投身到商品经济的大潮之中。在改革发展的过程中,农村社区人

---

[1] 参见国家统计局编:《中国统计年鉴 2021》,中国统计出版社,2021 年。
[2] 杨德清、王洒琮、徐叔赓等:《人口概论》,河北人民出版社,1979 年,第 141 页。
[3] 谷中原:《农村社会学新论》,武汉大学出版社,2010 年,第 79 页。

口主体性意识不断增强,各种素质显著提升,从而在一定程度上促进了我国经济社会的发展。

2. 职业素质有待提高

职业素质是人口从事一定的职业活动所需拥有的基本素质。改革开放后,随着经济的飞速发展,我国农村社区人口的职业发生较大变化。在国家政策、农村经济、产业结构及思想观念转变的影响下,很多农村社区人口从农田、农业中走出来,不再是单纯的农业劳动者,而是去从事商业、工业、服务、运输及其他新业态行业的工作,也有不少城市人口进入农村成为兼职农民。① 这体现了农村社区人口职业构成的多元化。但是,由于各行各业对职业素质要求的差异化,导致农村社区人口的职业素质还存在较多不适应职业发展的地方。例如,技术能力不强、文化素质不高、服务能力待提升及故步自封等。这些问题需要在技术强国、新型农民的要求下进一步改善,以提高农村社区人口的职业素质。

3. 生活方式日益多元化

社会生产力的发展、经济水平的提高及科学技术的变革,不断改变着农村社区人口的生活方式。尤其在科学技术日新月异的背景下,农村社区人口的生活方式日益多元。除传统的农业生产生活外,当代农村社区人口深植数字化与互联网的发展大潮,充分利用互联网技术,通过经营网店、网络直播卖货、在线购物、在线娱乐等多种方式,满足自身的生产生活需求。同时,在乡村振兴的推动下,广大农村社区人口积极响应乡村旅游的发展政策,通过经营民宿、售卖农产品、开发农村传统文化及经营文创产品等多种方式,全方位地改变生产生活方式。另外,伴随城镇化进程的推进,部分农村社区人口从农村流动到城市,也有部分农村社区转化成村改居社区,致使这部分农村社区人口的生活方式日益城市化。近年来,互联网、乡村振兴战略和城镇化政策,深刻地改变了农村社区人口的生产生活方式,也促使其生活方式日益多元化。

第二节 农村社区人口结构

人口结构表征特定地区和时间点内人口总体内部不同质的数量比例状况。② 农村社区人口结构反映了在特定时间和地点,农村社区人口的内部组合状态。为了解农村社区人口结构,将从其经济结构、婚姻家庭结构及文化结构展开分析。

一、农村社区人口的经济结构

经济基础在社会中处于支配性地位,农村社区人口的经济结构决定其他结构类型。从20世纪70年代末家庭联产承包责任制的实行开始,我国农村社区人口的经济结构便不断调整。下面将从收入与消费两个方面来分析农村社区人口的经济结构。

---

① 李守经、钟涨宝:《农村社会学》,高等教育出版社,2006年,第37页。
② 姜又鸣:《人口学》,河北大学出版社,2012年,第129页。

(一) 农村社区人口的收入

国家统计局用工资性收入、经营净收入、转移性收入和财产性收入四个指标统计农村居民的收入来源。[①] 参照此,将从农村居民人均可支配收入及增速、农村社区人口的收入来源及农村家庭的收入状况来分析农村社区人口的收入。

1. 农村社区人口的人均收入不断增长,但增速放缓

十八大以来,我国农村社区人口的人均收入不断上涨,且年均涨幅在1 000元左右。如表6-1所示,我国农村人均可支配收入在2013年为9 429.6元、2014年为10 488.9元、2015年为11 421.7元、2016年为12 363.4元、2017年为13 432.4元、2018年为14 617.0元、2019年为16 021.0元、2020年为17 131.0元。从增速看,近几年我国农村社区人口的人均收入增速略有放缓。其中,2013年、2014年的增速接近10%,分别为9.3%和9.2%;自2015年起,增速逐渐放缓,保持在6%—8%之间。受新冠肺炎疫情影响,2020年农村社区人口收入增速较往年相对较低,仅为3.8%。

表6-1 2013—2020年我国农村居民收入及其增速状况

收入与增速	2013年	2014年	2015年	2016年	2017年	2018年	2019年	2020年
农村人均收入/元	9 429.6	10 488.9	11 421.7	12 363.4	13 432.4	14 617.0	16 021.0	17 131.0
农村收入增速/%	9.3	9.2	7.5	6.2	7.3	6.6	6.2	3.8

资料来源:国家统计局编:《中国统计年鉴2021》,中国统计出版社,2021年。

2. 农村社区人口的收入构成不断优化

2013年以来,我国农村社区人口不仅人均收入实现快速增长,收入构成也明显优化。根据2013—2020年农村居民可支配收入来源数据(如表6-2所示),农村居民收入优化主要体现在以下三方面:

(1) 工资性收入大幅增长与经营性收入缩减。随着农村经济结构优化和城乡户籍壁垒逐步消除,越来越多的农村社区人口选择到乡镇企业工作或者外出打工,工资性收入逐渐成为其收入的重要来源。2013年,农村社区人口的工资性收入为3 652.5元。到2020年,该数值增至6 973.9元,增长了3 321.4元。工资性收入在总收入中的占比增长2.3%。随着大量农民从事非农产业,其农业经营性收入由2013年的41.7%下降到2020年的35.5%,

---

[①] 工资性收入是就业人员通过所从事的主要职业、第二职业、其他兼职等各种途径得到的全部劳动报酬;经营净收入是指家庭成员从事生产经营活动所获得的全部收入扣除税金和生产成本后所得的收入净值;转移性收入是居民家庭获得的来自国家、单位、社会团体的各种转移支付和居民家庭间的收入转移;财产性收入既包括利息、租金、专利收入等出让财产使用权所获得的收入,又包括红利收入、财产增值收益等财产营运所获得的收入。参见聂海峰、刘怡:《增值税的负担分布和累进性演变研究》,《经济科学》2010年第3期。

降幅明显。

(2) 财产净收入增加。十八大报告强调多渠道提高农村社区人口的财产性收入,各地政府通过加快土地流转为农村社区人口增收。在政策的推动下,农村社区人口的财产净收入,由 2013 年的 194.7 元增加至 2020 年的 418.8 元,增长 0.3 个百分点。

(3) 转移性收入上涨。2013 年,农村社区人口的转移性收入为 1 647.5 元,此后持续上涨,到 2020 年,该数值上涨至 3 661.3 元。相应的构成比例也由 2013 年的 17.5% 上升到 2020 年的 21.4%,增速较快。这受益于提高农村居民最低生活保障标准、提升基础养老金最低标准等形式多样的财政惠农政策。

表 6-2 2013—2020 年农村居民人均可支配收入来源

年份	工资性收入/元	经营性收入/元	财产性收入/元	转移性收入/元	工资性收入构成/%	经营性收入构成/%	财产性收入构成/%	转移性收入构成/%
2013 年	3 652.5	3 934.9	194.7	1 647.5	38.7	41.7	2.1	17.5
2014 年	4 152.5	4 237.4	222.1	1 877.2	39.6	40.4	2.1	17.9
2015 年	4 600.3	4 503.6	251.5	2 066.3	40.3	39.4	2.2	18.1
2016 年	5 021.8	4 741.3	272.1	2 328.2	40.6	38.3	2.2	18.8
2017 年	5 498.4	5 027.8	303.0	2 603.2	40.9	37.4	2.3	19.4
2018 年	5 996.1	5 358.4	342.1	2 920.5	41.0	36.7	2.3	20.0
2019 年	6 583.5	5 762.2	377.3	3 297.8	41.1	36.0	2.4	20.6
2020 年	6 973.9	6 077.4	418.8	3 661.3	41.0	35.5	2.4	21.4

资料来源:国家统计局编:《中国统计年鉴 2021》,中国统计出版社,2021 年。

3. 农村家庭收入的两极分化

根据 2015—2020 年农村家庭收入的五等份人均可支配收入水平比较数据(如表 6-3 所示),20% 最低收入家庭的人均可支配收入在 2015 年至 2020 年增长了 1 595.9 元。与此同时,我们发现农村家庭收入水平与其人均可支配收入的增幅成正比,20% 的最高收入家庭的人均可支配收入在 5 年内增长了 12 506.4 元。这说明,农村家庭越富有,其收入增长幅度也越大。可见,农村家庭在经济收入方面的分化日益显著,人均可支配收入的差距逐渐拉大,呈现出更明显的两极分化特征。

表 6-3 2015 以来农村家庭收入五等份的人均可支配收入比较 (单位:元/人)

组别	2015 年	2016 年	2017 年	2018 年	2019 年	2020 年	增长总数
20%低收入家庭	3 085.6	3 006.5	3 301.9	3 666.2	4 262.6	4 681.5	1 595.9
20%中间偏下收入组家庭	7 220.9	7 827.7	8 348.6	8 508.5	9 754.1	10 391.6	3 170.7
20%中间收入组家庭	10 310.6	11 159.1	11 978.0	12 530.2	13 984.2	14 711.7	44 01.1

(续表)

组　别	2015年	2016年	2017年	2018年	2019年	2020年	增长总数
20%中间偏上收入组家庭	14 537.3	15 727.4	16 943.6	18 051.5	19 732.4	20 884.5	6 347.2
20%高收入组家庭	26 013.9	28 448.0	31 299.3	34 042.6	36 049.4	38 520.3	12 506.4

资料来源：国家统计局编：《中国统计年鉴2021》，中国统计出版社，2021年。

（二）农村社区人口的消费

根据消费支出的种类，消费可分为实物消费和服务消费。根据消费的不同阶段，可将消费分为生存性消费、发展性消费、享受性消费。[①] 恩格尔系数是与消费结构密切相关的重要指标。通过测量居民家庭食品消费支出在居民家庭总支出中所占有的比例，恩格尔系数能够衡量一个家庭和国家的富裕程度。对农村社区人口消费结构讨论的重点，在于恩格尔系数的演变，生存性消费、发展性消费及享受性消费的结构性变化。

1. 农村社区人口的恩格尔系数不断降低

我国农村社区人口的恩格尔系数自20世纪末以来不断降低。如表6-4所示，从20世纪末到21世纪初，我国农村居民的恩格尔系数经历了一个由快速下降到缓慢下降的过程。具体来看，我国农村社区人口的恩格尔系数在1990年为58.8%，2005年为44.1%，2012年为39.3%，而在2017年为31.2%。按照国际通用的标准，恩格尔系数在30%至40%之间为富裕，40%至50%之间为小康，50%至59%之间为温饱。可见，我国农村社区人口的生活水平在20世纪末为温饱水平，21世纪初为小康水平，近年来则不断趋于富裕水平。

表6-4　20世纪末以来农村居民不同年份的恩格尔系数

项　目	1990年	2005年	2012年	2017年
人均消费支出/元	584.6	3 025	5 908.2	10 954.5
食品消费支出/元	343.8	1 310	2 323.9	3 415.4
恩格尔系数/%	58.8	44.1	39.3	31.2

资料来源：国家统计局编：《中国统计年鉴2019》，中国统计出版社，2019年。

2. 农村社区人口的消费构成不断优化

与恩格尔系数的变化相对应，我国农村社区人口的消费构成也发生了较大变化。根据不同年段农村居民消费数据（如表6-5所示），农村社区人口的生存性消费在消费总支出的占比不断下降，发展性消费的占比不断上升，享受性消费的比重也呈上升趋势。生存性消费占比的降低表明农村居民物质生活水平的提高。但是，生存性消费自20世纪末以来，其绝对占比始终高于50%。这说明农村社区人口在衣、食、住、行等方面的基本消费需求仍是消费支出的重点。

---

① 李翔、朱玉春：《农村居民收入与消费结构的灰色关联分析》，《统计研究》2013年第1期。

物质生活水平的提高也催生农村社区人口对精神生活的高需求,其发展性消费呈现上升趋势,享受性消费也有提升。但鉴于目前我国仍是发展中国家,享受性消费所占比例一直较小,截至2017年,享受性消费在消费总支出中的占比均未超过10%。

表6-5 1990—2017年部分年段农村居民不同年份的各项消费占比 （单位:%）

项 目	1990年	2005年	2012年	2017年
生存性消费	83.9	75.2	64.4	58.68
发展性消费	10.1	18.7	27.3	31.4
享受性消费	6	7.1	8.3	9.8

资料来源:国家统计局编:《中国统计年鉴2019》,中国统计出版社,2019年。

二、农村社区人口的婚姻家庭结构

婚姻是人类自身生产的社会形式,规定了合法生育行为。家庭是人口再生产的基本单位,构成社会发展的最基本细胞。人口的婚姻家庭结构是指人口群体在婚姻家庭中的状况。农村社区人口的婚姻家庭结构包括婚姻与家庭两个部分。

（一）农村社区人口的婚姻

费孝通认为,婚姻为社会中的孩子们确定了父母,确定了双系抚育的婚姻意义。在中国社会几千年的传承中,婚姻的本质从未改变,都是通过男性与女性结成的特定社会关系,以实现人类的再生产与代际传递。为此,可从初婚年龄、通婚圈、离婚率等角度理解我国农村社区人口的婚姻。

1. 农村社区人口的婚龄较小

据史料记载,自秦汉以来,我国的法定婚龄均在20岁以内[1],这导致近代以来我国农村社区人口的婚龄普遍较小。根据1928—1933年全国人口平均婚龄数据(如表6-6所示),民国时期农村地区人口的婚龄普遍较早,男子均在20岁左右,而女子均在18岁左右,甚至在陕西、山西等地区女子的结婚年龄只有15岁左右。据统计,我国农村人口结婚年龄不满18周岁的情况,由1949年的51.5%下降到1952年的44.1%。[2] 在当代,虽然我国城市地区已形成"晚婚晚育"的风气,但农村地区人口的婚龄仍然较早。例如,2003年6月至8月间,安徽省枞阳县63件农村婚姻案件中有8件为无效婚姻案件,均是男女双方或单方结婚年龄达不到法定结婚年龄要求。当前我国农村人口婚龄出现推迟的趋势,2020年我国结婚登记数量为813.1万对,比2019年减少了112.9万对,创下17年来的历史新低。这说明,我国人口总体婚龄随着社会进步而向后推迟,农村人口婚龄也随之推迟。

---

[1] 姜涛:《人口与历史——中国传统人口结构研究》,中国人口出版社,1998年,第276页。
[2] 国家统计局社会统计司编:《中国社会统计资料》,中国统计出版社,1985年,第31页。

表 6-6 1928—1933 年全国农村人口平均婚龄及人口出生率

地区	被调查的农村数量/个	平均结婚年龄/岁 男性	平均结婚年龄/岁 女性	人口出生率/‰
全国	101	20.0	17.7	38.9
华北	44	19.7	16.8	38.1
河北、陕西、山西、山东、河南、安徽	37	19.8	17.4	38.9
绥远、山西、陕西	7	19.5	15.3	31.2
华南	57	20.2	18.7	39.8
福建、广东	6	20.4	17.0	37.8
浙江、江西	4	20.4	17.2	38.5
云南、贵州	3	20.3	18.3	53.4
四川	15	19.1	17.4	44.1
江苏、湖北	27	20.3	18.5	37.8
四川、云南	2	20.6	19.3	38.3

资料来源:实业部中国经济年鉴编纂委员会编:《中国经济年鉴 1934—1936》,商务印书馆,1936 年,第 3 篇(B)。

2. 农村社区人口的通婚圈较小

"通婚圈"是人们择偶来源与婚配对象的稳定的空间范围,反映的是一个家族、村落或地区与其他地区间社会经济交往的状况。① 根据北京大学社会学系的调查,在我国大部分地区,农村人口的择偶距离都小于 5 千米。如表 6-7 所示,不论是北京、上海等一线城市,还是较为落后的河南、黑龙江等地区,择偶距离在 5 千米以内的个案比例均在 50%以上。

表 6-7 不同省市 18—35 岁农村人口的通婚距离

通婚距离\地区	上海	黑龙江	北京	河南	四川	广东
0—0.5 千米	18.6	26.8	16.2	14.8	21.5	17.8
0.5—2.5 千米	56.9	17.9	28.2	34.1	24.3	47.9
2.5—5 千米	16.7	8.9	21.1	27.3	14.6	13.7
5 千米以上	7.8	46.4	34.5	23.8	39.6	20.6
个案总数	102	56	142	176	144	73

资料来源:雷洁琼:《改革开放以来中国农村婚姻家庭的新变化》,北京大学出版社,1994 年,第 429 页。

已有研究通常认为,农村地区人口呈现婚姻圈较小的特点,但近年来有学者发现,同村

---

① 周皓、李丁:《我国不同省份通婚圈概况及其历史变化》,《开放时代》2009 年第 7 期。

内部通婚现象增多的迹象在局部地区开始出现。卢春梅和高发元发现,即使是现代社会,群内婚制规则在贵州省威宁县的彝族"果"支系仍然普遍实行,而且在外界社会不断开放的背景下,他们的通婚范围半径居然呈现缩小化趋势。[①] 吴重庆在福建莆田孙村的调查也发现,该村通婚圈呈明显的缩小趋势。1949年至1982年,该阶段的通婚平均距离比新中国前递减32%,1982年至1999年,通婚平均距离进一步递减40%,且通婚距离的中位值递减50%,呈明显递减趋势。[②] 韦美神对瑶族外出务工人口婚姻的研究中发现,自改革开放以来,瑶族外出务工人员的通婚圈严重"内卷化",导致其通婚圈几乎未变化。[③]

不论上述研究的结论是农村地区通婚圈不变还是在逐渐变小,都反映出农村人口在择偶距离方面呈现择偶距离近的特点。造成这种现象的原因较多,主要有以下三方面:第一,社会流动因素。费孝通认为我国农村社会最显著的特点之一就是社会流动较小,在传统的农村社会中,人们秉持"守望相助、出入相友"的价值理念,如今的农村社区沿袭了这种价值理念,这种理念下的农村人口,其居住距离较近、社会网络较狭窄,致使人们的社交圈较小,择偶距离受到了限制。第二,社会经济因素。在城乡二元经济结构的影响下,我国农村地区的经济发展始终远远落后于城市,这严重影响了农村地区人口素质、文化风俗的改善,使得农村与城市的发展相割裂而非统一,农村和城市的人口也在此背景下难以互融,进而导致其人口的通婚圈始终较小。第三,地理环境因素。我国西部地区以广阔的山地为主,而东部地区以水网密布的平原为主,当代农村地区一般地处偏僻且交通不便,加之西部的高山和东部的河流,使得农村人口社会交往的范围有限,最终影响了农村人口的择偶距离。

3. 农村社区人口的离婚率逐年上升

离婚率反映了离婚人口占总人口的比例,是指某一时期(通常为一年)每1 000名15岁及以上人口中离婚事件的发生数,即全年离婚对数。通常用千分比来表示。其计算公式为:

$$离婚率 = \frac{全年离婚事件发生数}{年平均人口数(\geq 15岁)} \times 1\,000‰$$

改革开放以来,我国人口的离婚率正逐步上升。民政部《社会服务发展统计公报》显示,我国的离婚数量从2001年的125万对增长到2019年的470.1万对,离婚率由2001年的1.96‰增长到2019年的3.4‰。在全国离婚率逐步上升的背景下,过去10年中,我国农村人口的离婚率也大幅提升。如表6-8所示,2011年,我国农村人口的离婚数为4 505,离婚率为10.03‰。2012年,离婚数为4 715,离婚率也升至11.03‰。近年来,我国农村社区人口的离婚数与离婚率均呈现上升趋势。到2019年,我国农村社区人口的离婚数达到6 486,离婚率也达到18.68‰。

---

① 卢春梅、高发元:《贵州威宁彝族"果"支系通婚圈变迁趋势研究》,《思想战线》2012年第4期。
② 吴重庆:《社会变迁与通婚地域的伸缩——莆田孙村通婚地域调查》,《开放时代》1999年第4期。
③ 韦美神:《改革开放以来瑶族通婚圈的变迁研究——以广西田东县陇任屯为例》,硕士学位论文,广西民族大学,2008年。

表6-8 2012年以来我国部分年份农村人口的离婚数与离婚率

离婚数据	2011年	2012年	2013年	2014年	2015年	2016年	2017年	2018年	2019年
离婚数/对	4 505	4 715	5 204	5 604	/	6 224	6 460	6 568	6 486
农村15岁以上的人口/人	448 997	427 556	415 559	407 349	/	398 692	382 931	372 487	347 154
离婚率/‰	10.03	11.03	12.52	13.76	/	15.61	16.87	17.63	18.68

资料来源：1. 国家统计局编：2012—2020年的《中国人口和就业统计年鉴》，中国统计出版社。
2. 国家统计局编：2012—2014年和2016—2020年的《中国统计年鉴》。（因年鉴中2015年数据的统计口径与其他年份不同，故不予采纳）

（二）农村社区人口的家庭

费孝通认为，家庭是指由亲子所构成的生育社群。刘铮指出，家庭是由夫妻、父母子女、兄弟姊妹和其他近亲属组成的一种社会生活共同体，是基于婚姻、血缘与收养等关系而形成的。[①] 家庭结构是家庭的组织形式，反映的是家庭成员间组合的关系及组合状态。根据家庭结构的特征，可将家庭分为核心家庭、主干家庭、联合家庭、残缺家庭等类型。[②] 在描述农村社区人口家庭时，将考察农村社区人口的家庭类型与规模、家庭社会分化两方面的内容。

1. 以核心家庭为主，且规模逐渐小型化

传统农村社会，家庭的主要模式是联合家庭。这种联合家庭往往以父系一脉的血缘为纽带，彼此间强调血缘关系，家庭成员跨越三代及以上。但近年来随着农村青年大量向城市流动，不可避免地与留守在农村的老年人分开居住，根本上瓦解了传统的农村联合家庭模式，不仅使进入城市的农村青年开始建立核心家庭，当前农村中以老年夫妇为主体的核心家庭也越来越多。此外，"分家"也是致使当前农村社会核心家庭增多的重要原因之一，分家使得传统农村社会中原本以血缘为纽带的联合家庭分为核心家庭，直接导致核心家庭增多。阎云翔对新中国成立后农村社会的"分家"现象做了详细研究，强调"新中国成立后农村中的分家时间不断提前，这加速了传统社会中的大家庭向核心家庭的转变，而造成分家时间不断提前的最主要原因则是改革开放后中国农村社会出现的以'净身出户'为特点的分家模式"[③]。这种分家模式不仅加速中国农村社会的人口流动，也使得当下中国农村社会中的核心家庭越来越多。王跃生对改革开放后农村社会在不同年代的不同家庭结构比例做了梳理（如表6-9所示）。[④]

[①] 刘铮：《人口学词典》，人民出版社，1986年，第324页。
[②] 曾文星：《家庭的关系与家庭治疗》，北京医科大学出版社，2002年，第7页。
[③] 阎云翔：《私人生活的变革：一个中国村庄的爱情、家庭和亲密关系（1949—1999）》，上海书店出版社，2006年，第159—168页。
[④] 王跃生：《改革开放以来中国农村家庭结构变动分析》，《社会科学研究》2019年第4期。

表6-9 改革开放后农村社会不同年代、不同家庭结构的比例梳理　　（单位:%）

家庭结构占比	1982年	1990年	2000年	2010年
核心家庭	67.95	69.88	66.27	57.02
主干家庭	22.82	22.46	24.83	25.52
联合家庭	0.84	0.95	0.51	0.67
单人户	7.47	6.09	7.52	11.79
残缺家庭	0.71	0.56	0.74	1.18
其他	0.21	0.06	0.13	0.81

资料来源:王跃生:《改革开放以来中国农村家庭结构变动分析》,《社会科学研究》2019年第4期。

从表6-9中可以看出,从改革开放至今,核心家庭一直是我国农村社会最主要的家庭结构类型。1982年,核心家庭的比例占农村社会的67.95%。1990年,核心家庭的比例为69.88%。2000年,核心家庭的比例为66.27%。2010年,核心家庭的比例为57.02%。虽然2010年的比例较之前有所减小,但仍然不改变其核心地位。与此同时,我国农村地区联合家庭的比例较20世纪末有所减少,而主干家庭及单人户有逐渐增多的趋势。与此同时,我国农村社区人口的家庭规模也随家庭结构类型的变动而逐渐缩小。由上述研究得知,目前我国农村人口家庭结构类型中核心家庭仍占主流、主干家庭越来越多、单人户家庭持续增长、联合家庭越来越少。可以看出,当代我国农村家庭的规模持续缩减。

2. 家庭社会分化明显

改革开放以来,在农村社会日益开放及乡镇企业迅速发展的背景下,农村的所有制结构发生变动。同时,快速的农村社会流动使得传统农村社会中高度同质化的特征日益式微,农村社区人口的家庭社会分化明显,具体体现在农村人口及家庭被分化为从事不同职业、具有不同利益及不同社会地位的多个阶层。总的来说,可以从血缘、地缘及业缘的角度来说明农村社区人口的家庭社会分化。

从农村社区人口的家庭社会分化的角度,杨华认为可以从三个角度来理解农村家庭的分化。首先,是"熟人社会"的分化。传统农村家庭处于熟人社会中,农村家庭成员根据血缘地缘的亲疏远近亦即"差序格局"进行交往,但是当这种熟人社会分化后,农村家庭的"差序格局"便有了圈层特征,这种圈层特征使得农村人口的社会交往和利益范围超出"村庄"的范围,使其在心理及生活方式上均发生了改变,村庄内部的交往减弱,农村家庭之间的"熟悉"程度降低。其次,是"自己人"的分化。"自己人"的分化主要表现在两个方面:一是血缘关系的淡化,作为约束农村人口个体行为的宗亲观念被削弱,导致农村家庭越来越原子化和核心化。二是地缘关系的淡化,虽然人情还是连接农村人口之间的重要纽带,但是在市场化的大背景下,农村人口越来越被人情所累,导致农村家庭之间出现了更多的攀比关系,加剧了农村家庭之间经济的纵向分化。最后,是"共同体"的分化。当农村统一的共同体价值标准削弱时,农村人口的自我价值就需要在与身边其他人的比较中获得。于是村庄里对成功家庭的标准就成为"经济上的富裕",反之,就会被贬低为失败的家庭。①

三、农村社区人口的文化结构

西汉的《说苑·指武》中记载了我国对于"文化"的最早的理解。"圣人之治天下也,先文德而后武力。凡武之兴,为不服也。文化不改,然后加诛","文化内辑,武功外悠"。② 在当代,文化这一概念与政治、经济等相对应,是指人类全部精神活动及其活动产品。作为上层建筑之一的农村人口文化结构,受到农村人口经济结构的支配,并通过农村教育、文化素质等元素体现出来。

(一) 农村社区人口的教育

改革开放后,我国农村教育迎来新的局面。1985 年颁布的《中共中央关于教育体制改革的决定》及 1986 年实施的《义务教育法》,大幅推动我国农村教育事业的发展。此后,我国农村教育体系日益完善,成人教育与技术教育日益优化,我国农村教育逐渐进入高水平、高效益的新阶段。

1. 教育体系日益完善

随着社会环境的优化,目前我国的农村教育进入高水平、高效益的新发展阶段。近年来,我国农村教育结构进一步优化,小学、初中、高中三阶段的教育体系随人口的变化不断调整。我国农村社区人口从 2014 年的 61 866 万人降低至 2019 年的 55 162 万人,必然导致农村地区各个年龄段人口数量的下降。如表 6-10 所示,2014 年至 2019 年,我国农村地区小学及初中的学校数和专任教师数都随在校生数的减少而减少,这种变化顺应了我国近年来大量农村人口流失的现状,避免了教育资源在农村地区的重复使用和浪费。但由于严苛的户籍制度的限制,我国农村户籍的高中生不得跨地区参加高考,这使得我国农村地区高中学校数、高中在校生数以及高中专任教师等均在 2014 年至 2019 年内逐渐增长。

表 6-10 近年来我国农村地区小学、初中、高中教育的基本情况

指　标	2014 年	2015 年	2016 年	2017 年	2018 年	2019 年
一、高　中						
学校数/所	667	668	652	675	710	740
在校生数/万人	78.6	77.0	75.7	77.9	82.1	82.9
专任教师/万人	5.5	5.5	5.5	5.7	6.1	6.4
二、初　中						
学校数/所	17 707	16 991	16 171	15 288	14 792	14 477
在校生数/万人	748.5	702.5	667.0	643.4	648.4	650.4

---

① 杨华:《时空压缩下的农民分化》,《求索》2019 年第 5 期。
② 汤兆云:《新中国农村人口政策及其演变》,社会科学文献出版社,2019 年,第 95 页。

(续表)

指　　标	2014 年	2015 年	2016 年	2017 年	2018 年	2019 年
专任教师/万人	68.5	64.5	60.8	57.5	56.3	55.8
三、小　　学						
学校数/万所	12.9	11.8	10.6	9.6	9.1	8.9
在校生数/万人	3 049.9	2 965.9	2 891.7	2 775.4	2 666.4	2 557.5
专任教师/万人	211.6	203.6	197.5	177.2	171.7	182.6

资料来源：国家统计局编：《中国农村统计年鉴 2020》，中国统计出版社，2020 年。

2. 成人教育与技术教育日益优化

除学校教育外，我国农村成人教育及技术教育也在改革开放后进一步优化。1982 年，在全国成人教育工作会议通过了《关于改革和发展成人教育的决定》后，我国农村地区开始兴起成人教育及技术教育。会议指出，随着农业生产的发展，农民迫切需要有文化科学知识，应科学种田、科学经商、科学致富、科学发展乡镇企业等。同时会议还指出，应以青壮年农民为主，以在乡知识青年为重点，大力发展农村成人教育，不仅发挥普通中小学、职业中学和农技人员、管理人员、农业户以及能工巧匠的作用，也要对农民进行实用技术培训。农村成人教育及技术教育经过三十多年的发展，目前我国农村技术教育地位已初步确立，农村技术教育结构趋于合理。[1] 近年来，乡村振兴战略的提出对我国农村教育提出了新的要求。2018 年，在《中共中央国务院关于实施乡村振兴战略的意见》中，提出要优先发展农村教育事业，振兴农村教育是乡村振兴的重要部分，其关键是振兴农村职业教育。

(二) 农村社区人口的文化素质

文化素质是文化结构中的一个非常重要的概念，对于"文化素质"的界定，许多学者都有过探讨。张东华等认为，农村人口的文化素质表征农村人口接受文化教育的程度和掌握文化知识的数量与质量状况。[2] 下面将从文盲率与学历的角度考察当代农村社区人口的文化素质。

1. 文盲率逐渐降低

我国农村人口的文盲率在改革开放后大幅降低。如表 6-11 所示，从我国历次人口普查的数据中可以发现，改革开放至今将近 40 年的时间内，我国的文盲率迅速下降，改革开放初期的文盲率为 22.81%，在 2020 年则降至 2.67%。因城乡二元结构导致文盲大多集中在农村，所以全国总体文盲率大幅下降，一定程度上能够反映当前农村文盲率的大幅降低。

---

[1] 朱启臻主编：《农村社会学》，中国农业出版社，2002 年，第 336 页。
[2] 张东华、郑威：《我国农民文化素质面临的问题与对策》，《华中农业大学学报(社会科学版)》2006 年第 5 期。

表 6-11 我国历次人口普查的文盲率统计 （单位：%）

指 标	1964 年	1982 年	1990 年	2000 年	2010 年	2020 年
文盲率	33.58	22.81	15.88	6.72	4.08	2.67

资料来源：我国历次人口普查中关于文盲率的统计。

进入 21 世纪以来，我国农村社区人口的文盲率在逐渐降低中趋于稳定。如表 6-12 所示，2000 年我国农村人口的文盲率超过 10%，为 11.55%。之后文盲率逐渐降至 10% 以下，2009 年为 9.79%，2014 年为 7.88%，此后文盲率均在 8% 附近，并持续至今。2019 年我国 15 岁以上的农村人口文盲率为 21 世纪以来的最低，仅为 7.63%。

表 6-12 21 世纪以来不同年份中国农村 15 岁以上人口的文盲率 （单位：%）

指 标	2000 年	2009 年	2014 年	2015 年	2016 年	2017 年	2018 年	2019 年
文盲率	11.55	9.79	7.88	8.57	8.58	7.96	8.07	7.63

资料来源：国家统计局编：2000—2019 年的《中国人口和就业统计年鉴》，中国统计出版社。

2. 农村人口户主的文化程度显著提高

近年来，我国农村家庭户主的文化程度有了显著提高。如表 6-13 所示，从 2013 年到 2019 年，其中农村家庭户主未上过学的比例从 4.7% 下降至 3.6%，高中程度百分比上升了 0.5 个百分点，大学专科程度的百分比上升了 0.5 个百分点，大学本科及以上的比例稳中上升，在 6 年内上升了 0.1 个百分点。这说明在农村家庭户主中，低学历人口比例近年来逐步下降而高学历人口比例近年来逐步上升。农村家庭户的学历变化能明显反映出农村人口文化素质的变化，即随着经济的不断发展，我国农村人口的文化素质在近年来得到了显著提高。

表 6-13 2013—2019 年农村居民家庭户主文化程度的基本情况 （单位：%）

指 标	2013 年	2014 年	2015 年	2016 年	2017 年	2018 年	2019 年
未上过学	4.7	4.4	3.8	3.3	3.2	3.9	3.6
小学程度	32.3	31.8	30.7	29.9	29.8	32.8	32.5
初中程度	51.0	51.5	53.1	54.6	54.7	50.3	50.8
高中程度	10.7	10.9	11.1	10.7	10.8	11.1	11.2
大学专科程度	1.2	1.2	1.2	1.2	1.3	1.6	1.7
大学本科及以上	0.2	0.2	0.2	0.2	0.2	0.3	0.3

资料来源：国家统计局编：《中国农村统计年鉴 2020》，中国统计出版社，2020 年。

第三节 农村社区人口过程

人口过程是指人口的生育过程、迁移过程和死亡过程,三者协同形构人口的结构。[①] 为更好地认识我国农村社区人口的自然变动与社会变动过程,本节将从农村社区人口的生育过程、迁移过程及死亡过程对农村社区人口的过程进行分析。

一、农村社区人口的生育过程

人口的生育过程是最基本的人口过程之一,对于个人、家庭与社会的发展具有重要意义。对于生育过程的理解,通常从表征人口生育能力或潜力的生育力与实际生育水平的生育率两方面进行阐述。

(一) 农村社区人口的生育力

1. 生育力的概念

生育力是生育潜力与能力的生物学呈现。具体来说,生育力是指不设置任何限制的情况下,妇女一生中生育子女的能力或生殖潜力。通常来说,女性的育龄期大致是从 15 岁到 49 岁,育龄期间,一个妇女能生多少小孩,或者说一个妇女能怀孕多少次,是由其生理规律所决定的。古特马赫根据理论推断认为,一个妇女一生最多可以生养 15—20 个孩子。古特马赫推断的依据是,采用生母母乳喂养的妇女每两年生育一胎,不采用生母母乳喂养的则 19 个月即可生育一胎。依据推算,不限制妇女生育且所生孩子全部生母母乳喂养,则在 30 年左右的实际生育期(15—44 岁)内最多可生育 15 胎,若按更为通用的 35 年(15—49 岁)理论生育年龄期间,则最多可生育 17 胎以上。假设所生育的部分子女不由生母母乳喂养,则 35 年的育龄期中妇女可最多生 20 胎抑或更多。[②] 这种生育潜能最大化的理论创设了人口生育的可能性,但在绝大多数人群中均无法实现。

2. 我国农村社区人口的生育力

21 世纪以来,随着时代的发展,我国农村地区的平均育龄妇女人数与生育人数总体呈现出下降趋势(如表 6-14 所示)。2000 年,我国农村地区平均育龄妇女人数约 2.2 亿,生育人数约 1 120 万。2005 年,我国农村地区平均育龄妇女人数下降到约 2 亿,生育人数下降到约 886 万。2010 年,我国农村地区平均育龄妇女人数再次下降到约 1.8 亿,生育人数下降到约 742 万。2015 年,我国农村地区平均育龄妇女人数显著下降到约 1.5 亿,生育人数陡降到约 688 万。到 2020 年,我国农村地区平均育龄妇女人数已经下降到约 1.1 亿,生育人数陡降到约 559 万,降幅明显。影响我国农村地区育龄妇女人数及生育人数下降的因素

---

① 佟新:《人口社会学(第 4 版)》,北京大学出版社,2010 年,第 49 页。
② 魏津生:《现代人口学》,重庆出版社,1992 年,第 54—55 页。

很多,既有人口数量、年龄、生育能力等自然因素的作用,也受到经济、社会及文化等社会因素的影响,特别是在时代不断发展的情况下,生育意愿的降低、养育成本的提升及生育政策的限制等社会因素作用明显。可见,农村地区人口的生育力,不仅受到自身生育力的影响,还受到所嵌入的经济结构、制度环境及社会文化等元素的制约。

表 6-14　2000—2020 年农村平均育龄妇女人数与生育人数　　　　（单位:人）

年　份	平均育龄妇女人数	生育人数
2000 年	220 543 032	11 234 631
2001 年	/	/
2002 年	209 175 493	9 685 358
2003 年	205 936 234	9 301 619
2004 年	199 543 788	8 836 048
2005 年	203 485 507	8 863 354
2006 年	181 553 283	7 247 396
2007 年	192 977 949	7 803 748
2008 年	187 800 000	7 953 333
2009 年	184 382 187	7 945 885
2010 年	183 699 885	7 422 680
2011 年	/	/
2012 年	169 735 294	6 248 235
2013 年	164 114 320	7 206 979
2014 年	156 148 418	6 928 223
2015 年	150 204 379	6 879 562
2016 年	144 394 645	5 051 354
2017 年	142 922 341	5 499 402
2018 年	130 904 126	6 270 631
2019 年	125 636 585	5 878 049
2020 年	119 008 974	5 591 025

资料来源:国家统计局编:2000—2020 年的《中国人口和就业统计年鉴》,中国统计出版社。

注:2001 年与 2011 年为全国人口普查数据,仅包含基本的人口数据,无农村平均育龄妇女人数与生育人数数据。

(二) 农村社区人口的生育率

1. 生育率的概念

相比生育力,生育率更多是人口社会属性在生育行为上的折射。生育率是指不同区域与时段的妇女或育龄妇女的实际生育水平或所生子女的数目。生育率反映了一个国家或地域的整体生育水平,包括一般出生率、一般生育率、总和生育率、终身生育率、已婚妇女生育率等测量指标体系。

2. 我国农村社区人口的生育率

21世纪以来,我国农村育龄妇女的生育率略微下降,但依然维持在较高水平(如表6-15所示)。2000年,我国农村地区育龄妇女的生育率为50.9‰,随后在2005年跌落至43.56‰,此后又进一步下降,在2016年达到21世纪以来的最低值,降为34.98‰。自2010年以来,中国农村育龄妇女的生育率呈波动状态,维持在34.98‰到47.9‰之间,但均低于2000年时所达到的生育率数值,这表明中国农村育龄妇女的生育率呈下降趋势。在农村地区育龄妇女生育率不断下滑的状态下,生育率在2018年至2020年期间略有上升,分别达到47.90‰、46.79‰和46.98‰,但相比全国育龄妇女的生育率,城市育龄妇女的生育率低于农村育龄妇女的生育率。

表6-15　2000—2020年农村与全国育龄妇女生育率　　　　　　(单位:‰)

年　　份	农村育龄妇女生育率	全国育龄妇女生育率
2000年	50.9	46.1
2001年	/	/
2002年	46.30	40.97
2003年	45.17	39.08
2004年	/	38.01
2005年	43.56	38.29
2006年	39.92	34.44
2007年	40.44	34.99
2008年	42.35	37.46
2009年	43.10	38.83
2010年	40.41	36.14
2011年	/	/
2012年	36.81	29.75
2013年	43.91	35.89
2014年	44.37	35.68
2015年	45.80	37.33
2016年	34.98	30.93
2017年	38.48	36.17
2018年	47.90	47.03
2019年	46.79	44.01
2020年	46.98	42.80

资料来源:国家统计局编:2000—2020年的《中国人口和就业统计年鉴》,中国统计出版社。

注:2001年与2011年为全国人口普查数据,仅包含基本的人口数据,无农村与全国育龄妇女的生育率数据。

二、农村社区人口的迁移过程

(一) 人口迁移的概念

迁移是一个综合性概念,分为长距离迁移和短距离迁移。人口迁移是人口在时空上移动的一种主要运行形式,主要有空间及时空结合两种界定视角。空间视角更强调人口空间位置的调整。王建英认为,人口迁移指人口在空间上的流动。① 张远广等认为,人口迁移是指人的居住地在地域空间中的转移。② 时空结合视角更关注人口迁移的时长与人口空间位置的变动。在《多种语言人口学辞典》中,国际人口科学联盟将人口迁移界定为,人口在两个地区间的地理流动或者空间流动,这种流动与其他形式的人口流动不同,不包括居住地的永久性改变,包括居住地从移出地到移入地的调整。国际上惯常从时空结合的角度定义人口迁移,无论是空间视角,还是时空结合视角,理解人口迁移概念的关键在于抓住空间移动(行政区划的变化)、时间长度(一定的迁移时长)、住所的改变等人口迁移的三个关键特征。空间移动、住所的改变是比较明显的改变,而时间长度则不好把握,因为迁移时间太短或太长,都不利于准确反映人口迁移的影响和作用。③ 综合来看,人口迁移侧重人口分布在空间位置上一定时长的变动,即人们在一定时长内定居地变更的空间流动行为。

作为人类重要的活动形式之一,人口迁移如何分类有许多标准。有的选取人口迁移的地理范围为标准,分成国际迁移与国内迁移;有的依据人口迁移的方向不同,分成农村—农村、农村—城市、城市—农村和城市—城市等四种迁移类型。通常来说,农村—城市的迁移是我国的主要迁移类型。不同类型的人口迁移,主要由人口迁移率、人口流入率和人口流出率等指标进行衡量。人口的迁移会影响劳动力的分布,利于文化交流与传播,也利于带动地区的经济发展。④

(二) 我国农村社区人口的迁移

1. 农村社区人口迁移的数量及比率

改革开放后,我国实施了经济体制改革、就业制度改革、户籍制度调整及劳动力流动改革等一系列社会变革,掀起了农村人口向城市大量迁移的流动浪潮,农村人口大规模迁移到城市是主要流动类型。20世纪的后二十年,农村社区人口大规模向城市迁移,从1982年到2000年,共有9 477.22万农村社区人口从农村迁入城市。进入21世纪后,从农村流向城市的人口大量增加,并有逐年上升的趋势,且未来还要持续相当长的一段时间。

自2000年到2010年,农村社区人口的迁出比例均超过80%,共有20 177.53万农村社区人口从农村迁入城市。农村社区人口所迁向城市具有一定的集群性,他们主要选择向京

---

① 王建英:《新型城镇化发展中的金融支持效应研究》,中国经济出版社,2019年,第29页。
② 张远广主编:《中国地学通鉴》(人口卷),陕西师范大学出版总社,2019年,第109页。
③ 张桂蓉:《人口社会性》,武汉大学出版社,2009年,第114页。
④ 佟新:《人口社会学》,北京大学出版社,2000年,第104页。

津冀、长三角、珠三角等三大城市群集中。① 综合来看，改革开放至今，我国农村社区人口的迁出率和迁出人数均高于迁入率和迁入人数，整体呈现出向外流动的情形。

表 6-16　1982—2010 年中国城乡人口迁移情况

期间	农村/县 万人	农村/县 %	市、镇 万人	市、镇 %	农村迁向城市人口 万人	农村迁向城市人口 %
1982—1987 年						
迁出	2 076.02	67.99	977.24	32.00	1 545.19	74.43
迁入	721.50	23.63	2 331.69	76.37	/	/
1985—1990 年						
迁出	2 130.11	62.48	1 279.00	37.52	1 671.82	78.48
迁入	590.47	17.30	2 822.29	82.70	/	/
1990—1995 年						
迁出	1 985.55	59.75	1 337.43	40.25	1 194.71	60.17
迁入	948.96	28.56	2 374.02	71.44	/	/
1995—2000 年						
迁出	7 316.24	58.70	5 148.17	41.30	5 065.50	68.96
迁入	1 710.94	11.85	12 728.14	88.15	/	/
2000—2005 年						
迁出	9 143.59	61.32	5 767.47	38.68	7 337.34	80.25
迁入	2 328.41	15.62	12 582.65	84.38	/	/
2005—2010 年						
迁出	15 339.69	62.98	9 015.68	37.02	12 840.19	83.71
迁入	3 130.02	12.85	20 225.36	87.15	/	/

资料来源：王桂新：《新中国人口迁移70年：机制、过程与发展》，《中国人口科学》2019年第5期。

2. 农村社区人口迁移的年龄构成

从人口迁移群体的年龄结构来看，我国迁移人口日渐以年轻人为主。根据 2000—2015 年我国迁移人口年龄构成的统计数据（如表 6-17 所示），一方面，我国迁移人口的年龄层集中在 16—44 岁这一中间年龄段，2000 年到 2015 年的占比均在 70% 左右，老少年龄段人口占比较低。与该年龄段迁移占比上升相对，儿童在迁移人口中的占比越来越小，从 2000 年的占比 14.9% 下降至 2015 年的 10.6%。老年人在迁移人口中的占比始终最小，自 2000 年以来均在 5% 左右。同时，根据国家统计局的数据，2000 年农村社区人口流出 8 840 万，有

---

① 王桂新：《新中国人口迁移70年：机制、过程与发展》，《中国人口科学》2019年第5期。

94.43%的为60岁以下人口,其中60岁以下人口中15—49岁的占比为69.91%。[1] 根据《中国流动人口发展报告2017》的相关数据,2016年新生代流动人口占流动人口的比重达到64.7%,16—59岁流动人口中80后占比56.5%、90后占比18.7%。另一方面,我国迁移人口的平均年龄和中位年龄呈上升趋势,平均年龄由2000年的29岁增长到2015年的31岁,年龄中位数由2000年的27岁增长到2015年的31岁。根据国家统计局的数据,2000年农村社区人口共流出8840万,流动人口的平均年龄为33.6岁,年龄中位数是32.8岁。[2]

表6-17 2000—2015年我国迁移人口的年龄构成 （单位:%）

年龄构成	2000年	2005年	2010年	2015年
0—15岁	14.9	13.5	11.6	10.6
16—44岁	70.2	71.1	71.1	68.5
45—59岁	9.7	10.0	12.5	15.6
60岁及以上	5.3	5.4	4.8	5.3
平均年龄/岁	29.0	30.4	30.8	31.0
年龄中位数/岁	27	29	29	31

资料来源:国家统计局2000—2015年历次全国人口普查和人口抽样调查数据。

3. 农村社区人口迁移的趋向

在城镇化政策的不断推动下,人口迁移也呈现出相应的特点。当前我国城乡人口的迁移有两股趋势:一是农村社区人口迁往城镇,农民成为市民,推进城镇化发展的人口迁移趋势;二是东部沿海地区城市人口,从城市中心迁往城郊或乡村,出现明显的中心城市人口郊区化扩散的趋势。[3] 这两种趋势体现了城乡人口的交融变动发展。根据2000—2015年中国城、乡四类流动人口的相关数据(如表6-18所示),流动人口中乡城流动始终占据主要地位,但不同时期略有变化。2000年到2010年,乡城流动人口绝对规模快速增加,在流动类型中的占比由52.2%提升至63.3%。2010年后,乡城流动人口份额快速下降至2015年的48.9%。城城流动人口所占份额在2010—2015年间有较大幅度增长,这与近几年我国快速城镇化有关系,部分乡城流动人口转化为城城流动人口。乡乡流动人口所占比重一直在下降,由2000年的18.8%下降到2015年的7.1%。而由城市迁移到农村地区的城乡流动人口所占比例在2010年后迎来反弹,这与快速城镇化背景下村转居密切相关。在此趋势影响下,政府应通过制度创新等手段,合理引导人口的平稳有序迁移秩序,促进人口与社会全面发展相协调。

---

[1] 杨清哲:《老龄化背景下中国农村养老保障问题研究》,吉林人民出版社,2018年,第60页。
[2] 杨清哲:《老龄化背景下中国农村养老保障问题研究》,吉林人民出版社,2018年,第60页。
[3] 白雪秋、聂志红、黄俊立等:《乡村振兴与中国特色城乡融合发展》,国家行政学院出版社,2018年,第66页。

表 6-18　2000—2015 年中国城、乡间四类流动人口占比　　　（单位：%）

流动类型	2000 年	2005 年	2010 年	2015 年
乡城流动	52.2	61.4	63.3	48.9
城城流动	20.9	21.2	21.2	37.9
乡乡流动	18.8	13.7	12.7	7.1
城乡流动	8.2	3.7	2.9	6.1

资料来源：国家统计局、联合国儿童基金会和联合国人口基金的联合数据项目《中国的流动人口(2018)：发展趋势、面临问题及对策建议》。

三、农村社区人口的死亡过程

死亡兼具生物现象和社会现象的双重属性，生物因素与非生物因素都可能导致个体生命的结束。生物意义上的死亡，是指心脏停止跳动且停止自主性的呼吸运动。通常来说，死亡人数是评估人口死亡状况的最基本数据。

（一）农村社区人口的死亡人数

死亡人数是指在特定时期内永久丧失生命特征的人数总和。死亡人数是一个时期性指标，一般情况下，以年度为单位定期统计死亡人数。目前世界上有两种死亡申报制度：一种是属地原则，即凡是某一行政区管辖范围内的死亡人口均被算入该区域的死亡人口数，欧美等国家多数采用该原则；另一种是属人（或属籍）原则，即无论一个人的死亡地点如何，均被统计在此人常住地（或户籍所在地）的死亡人口数。我国采用的是属人原则。[①]

21 世纪以来，我国农村社区人口的死亡数总体不断下降。根据全国人口变动情况抽样数据（如表 6-19 所示）预估，21 世纪的前五年，我国农村社区人口的死亡人数均高于 500 万，2000 年农村社区人口的死亡人数约为 546 万，2005 年农村社区人口的死亡人数约为 524 万。但由于近年来我国社会地域流动显著，农村社区人口大量涌入城市，并且伴随农村医疗条件逐步改善，人口平均寿命总体延长。因此，近年来我国农村社区人口的死亡人数总体呈下降趋势。2010 年，我国农村社区人口的死亡人数低于 500 万，约为 456 万。2015 年同样低于 500 万，约为 499 万。到了 2020 年，我国农村社区死亡人口数量进一步降至约488 万。21 世纪的前 20 年中，2018 年农村社区人口的死亡数量最少，约为 408 万。

表 6-19　2000—2020 年农村人口的死亡人数　　　　　　　（单位：人）

年　份	农村人口死亡人数	镇死亡人数	城市死亡人数
2000 年	5 463 115	665 983	1 473 360
2001 年	/	/	/

---

① 张蕾、单小波编著：《人口学理论与方法》，经济科学出版社，2018 年，第 116 页。

(续表)

年 份	农村人口死亡人数	镇死亡人数	城市死亡人数
2002 年	5 239 875	741 433	1 408 100
2003 年	5 670 040	775 304	1 435 223
2004 年	5 232 179	918 534	1 569 246
2005 年	5 240 166	919 255	1 453 416
2006 年	5 064 830	1 084 151	1 529 434
2007 年	4 753 032	1 102 536	1 184 123
2008 年	4 903 333	1 335 556	1 201 111
2009 年	4 941 375	1 334 837	1 343 856
2010 年	4 564 719	1 389 462	1 264 605
2011 年	/	/	/
2012 年	5 189 412	1 312 951	1 344 706
2013 年	4 965 102	1 506 619	1 477 738
2014 年	4 990 268	1 513 382	1 458 637
2015 年	4 986 618	1 587 591	1 687 348
2016 年	3 865 419	1 366 000	1 408 129
2017 年	4 369 176	1 471 924	1 540 024
2018 年	4 076 456	1 491 505	1 394 417
2019 年	4 506 098	1 785 366	1 889 024
2020 年	4 882 051	1 692 308	1 958 974

资料来源:国家统计局编:2000—2020年的《中国人口和就业统计年鉴》,中国统计出版社。

注:2001年与2011年为全国人口普查数据,仅包含基本的人口数据,无农村与全国人口死亡人数数据。

(二) 农村社区人口的死亡率

死亡率是指人口死亡的频率或强度,是反映特定时期、特定地区内人口死亡强度的统计指标,客观地表明总人口中平均每一千人的死亡人数比率。死亡率的高低反映人口总体的死亡水平,体现了社会经济因素对死亡水平的影响程度。

由全国人口变动情况抽样调查数据(如表6-20所示)可知,进入21世纪后,我国农村社区人口的死亡率总体呈上升趋势。在21世纪的前十年,农村人口的死亡率基本保持在7‰以下,其中2003年和2006年农村死亡率较高,分别为7.3‰和7.18‰。2010年以来,除2016年农村死亡率为6.41‰,其他年份农村人口的死亡率均超过7‰。截至2020年,农村死亡率达到了8.86‰。农村死亡率上升的主要原因是农村社区人口大量外流,许多年轻人进入城市工作和生活,不少农村老龄化问题突出,农村社区人口中老年人的比重上升,而老年人的死亡率比较高,进而导致农村社区人口的总体死亡率呈上升趋势。

具体来说,2000年,我国农村社区人口的死亡率为6.57‰;2005年,我国农村社区人口的死亡率为6.91‰;2010年,我国农村社区人口的死亡率为6.47‰;2015年,我国农村社区人口的死亡率为8.18‰;2020年,我国农村社区人口的死亡率为8.86‰。农村人口的死亡率和人口结构存在较大联系,在此背景下,城市人口死亡率总体上呈逐年递减的趋势,从2007年开始,城市人口死亡率就保持在4‰以下,低于农村人口死亡率一倍多。

表6-20 2000—2020年农村人口的死亡率　　　　　　　　　　　(单位:‰)

年　份	农村死亡率	镇死亡率	城市死亡率
2000年	6.57	5.18	5.26
2001年	/	/	/
2002年	6.64	4.54	4.61
2003年	7.3	4.87	4.32
2004年	6.98	4.73	4.72
2005年	6.91	4.64	4.36
2006年	7.18	4.95	4.31
2007年	6.40	4.4	3.71
2008年	6.72	5.01	3.72
2009年	6.79	5.16	3.96
2010年	6.47	4.84	3.73
2011年	/	/	/
2012年	7.99	4.43	3.37
2013年	7.85	5.00	3.55
2014年	8.02	4.9	3.41
2015年	8.18	5.05	3.83
2016年	6.41	4.25	3.14
2017年	7.41	4.66	3.24
2018年	7.08	4.72	2.93
2019年	7.99	5.25	3.86
2020年	8.86	5.01	3.86

资料来源:国家统计局编:2000—2020年的《中国人口和就业统计年鉴》,中国统计出版社。

注:2001年与2011年为全国人口普查数据,仅包含基本的人口数据,无农村与全国人口死亡率数据。

根据国际公认的划分人口年龄结构的标准,0—14岁为少儿人口,15—64岁为劳动人口,65岁及以上为老年人口。与21世纪初相比,我国农村各年龄段人口的死亡率均有所下降,在少年儿童组中较为明显的是0—4岁年龄段人口的死亡率,由2000年的8.28‰大幅下降至2020年的1.60‰(如表6-21所示)。联合国跨机构统计数据显示,从1990到2007年,中国5岁以下儿童的死亡率降低了51%。以白喉、百日咳和破伤风三联疫苗为衡量标准,约有94%的婴儿接受定期的免疫接种。[①] 因此,医疗卫生条件的改善是降低5岁以下农村儿童死亡率的主要原因。劳动年龄组的死亡率也在这20年中有所下降,但该年龄段人口死亡率下降较为明显的阶段是21世纪前十年,即2000—2010年。自2010年后,劳动年龄人口的死亡率在起伏中逐渐趋于稳定。2000—2020年,农村老年人口组的死亡下降率基本稳定在10‰以上,其中,90岁以上的农村老年人口死亡率下降最为明显,由2000年的246.02‰降至2020年的222.22‰,下降率超过20‰,农村老年人口死亡率的大幅下降离不开农村医疗条件的改善。

表6-21　21世纪以来不同年份农村人口的分年龄死亡率　　　　(单位:‰)

年龄段	2000年	2005年	2010年	2015年	2020年
0—4岁	8.28	4.48	2.04	1.53	1.60
5—9岁	0.44	0.44	0.38	0.34	0.332
10—14岁	0.29	0.54	0.37	0.38	0.59
15—19岁	0.93	0.88	0.46	0.59	0.78
20—24岁	1.54	0.81	0.84	0.76	1.07
25—29岁	1.77	1.52	1.22	0.64	1.04
30—34岁	1.76	1.74	1.59	1.16	0.89
35—39岁	1.58	1.80	1.62	1.97	1.75
40—44岁	3.13	2.39	2.07	2.50	2.30
45—49岁	3.93	3.64	2.70	3.23	2.65
50—54岁	5.28	5.81	5.05	5.79	4.96
55—59岁	9.52	9.94	6.41	8.52	6.18
60—64岁	16.11	15.86	10.88	12.44	11.15
65—69岁	26.79	22.85	17.61	20.81	16.79
70—74岁	42.28	40.06	31.40	34.61	30.14
75—79岁	64.29	65.04	48.95	60.52	45.6
80—84岁	109.84	109.70	83.98	86.96	92.14
85—89岁	136.93	151.89	114.66	143.71	133.2
90岁以上	246.02	228.03	172.18	219.20	222.22

资料来源:国家统计局编:2000—2020年的《中国人口和就业统计年鉴》,中国统计出版社。

(三) 农村社区人口死亡原因分析

根据《2019中国卫生健康统计年鉴》的数据,我国农村社区人口的死亡原因有三大特

[①] 联合国儿童基金会、新华社:《世界儿童状况(中文版)》,《中国妇女报》2009年11月21日。

点:(1)退行性死因占多数。如表6-22所示,导致农村社区人口死亡的前10位疾病中,由退行性疾病引发的死亡已占到总死亡人数致死原因的70%以上,显示出退行性死因是主要死因。这说明,我国农村社会正向着人类正常的死亡方向发展。(2)传染性致死的比重较高。中国农村地区传染性疾病引发的死亡比例较高,其中由呼吸系统疾病和消化系统疾病引发的死亡分别占到总死亡人口的11.24%和2.11%,说明社会卫生和医疗状况还需提升。(3)社会性死因值得关注。目前中国农村地区由外部原因和神经系统疾病引发的死亡已经占到总死亡人口的7.45%和1.21%,这很大程度是因为目前我国社会正处于快速转型期,但城乡二元发展的现状使得我国部分农村人口很难适应这种变化,因此政策制定者应特别关注此种现象。

表6-22 中国农村前十位疾病死亡原因及比重(2018)

疾病名称	构成/%	总死亡率/(1/10万)	疾病分类
心脏病	23.47	162.12	退行性
脑血管病	23.19	160.19	退行性
恶性肿瘤	22.96	158.61	退行性
呼吸系统疾病	11.24	77.67	传染性
损伤和中毒外部原因	7.45	51.48	社会性
内分泌营养和代谢疾病	2.46	17.01	退行性
消化系统疾病	2.11	14.57	退行或传染性
神经系统疾病	1.21	8.39	社会性
泌尿生殖系统疾病	1.08	7.44	退行性
传染病(含呼吸道结核)	1.05	7.26	传染性

资料来源:国家卫生健康委员会编:《2019中国卫生健康统计年鉴》,中国协和医科大学出版社,2019年。

第四节 农村社区人口问题、成因及对策

人口问题是国家或地区的人口发展过程中,出现人口结构、人口过程与经济社会发展不相适应的情况。[1] 虽然过去的几十年,农村社区人口的结构与人口过程均有改善,但其中的问题及潜藏的风险仍严重制约农村社区人口的发展。为此,需要剖析我国农村社区人口的问题、成因及提出改善对策。

---

[1] 汤兆云:《人口社会学》,华中科技大学出版社,2010年,第201页。

一、农村社区人口的问题

（一）农村社区人口的基本问题

农村社区人口的基本问题可以从数量与变迁、生育与死亡等方面来分析。就农村社区人口的数量与变迁而言，我国农村社区人口的数量和比例，远高于其他国家，世界范围内少有。[①] 同时，受经济与社会转型影响，大量农村社区人口转化为城镇人口。根据《中国统计年鉴2020》的数据，1949—2019年，农村社区人口占全国总人口的比重由89.36%下降到39.4%。农村社区人口大量外流到城市成为城镇人口，导致农村日益空心化。就农村社区人口的生育与死亡而言，我国农村社区人口的生育力、生育率均有降低趋势。2020年，我国农村平均育龄妇女人数及生育人数均为2000年的一半左右。2000年，我国农村育龄妇女生育率为50.9%，2020年降至46.98%。同时，我国农村社区人口的死亡率逐渐增高、社会性死因值得关注。21世纪以来，我国农村社区人口的死亡率已从6.57‰逐渐上升至8.86‰。近年来，随着新冠肺炎疫情在全球的发生，应特别注意我国医疗卫生水平较为薄弱的农村地区的疫情防控工作，警惕在农村社区人口中因疫情产生的社会性死亡事件。

（二）农村社区人口的经济问题

农村社区人口的经济问题可以从收入、消费与相对贫困三方面来分析。从收入看，收入构成相对单一，收入的绝对水平较低。我国农村社区人口主要的收入来源于农业经营性收入，其他经济来源较少。而且，目前农村社区人口的人均可支配收入虽有增加，但距全国平均水平仍有差距。大部分农村社区人口的收入来自农业，受自然环境、农业机械水平提高及农产品价格不稳定等因素影响，农村社区人口经济收入的绝对水平相对较低。从消费上看，消费构成有待优化。虽然自21世纪以来，农村社区人口的生存性消费比例下降，但目前仍在60%附近。同时，发展性消费比例逐渐高于30%，娱乐性消费比例仍低于10%。当前农村社区人口的消费以基本生存为主要考量，在休闲等方面支出相对较少，其结构有待优化。从相对贫困上看，农村社区人口的贫富差距也在扩大，尤其在电商、旅游等新经济领域涌现的背景下，拥有资源的农村社区人口经济增长迅速，缺乏资源的农村社区人口经济增长乏力。

（三）农村社区人口的婚姻家庭问题

农村社区人口的婚姻家庭，既残留了部分婚姻陋习，又随时代发展产生较多新的问题。一是结婚方面的问题。农村社区人口的结婚率近年来逐渐降低，这其中不仅有农村地区彩礼高、农村人口收入低的原因，也有部分农村青年的恐婚恐育问题。二是离婚方面的问题。农村社区人口的离婚数和离婚率均持续增长。三是家庭暴力问题。农村家庭中大男子主义盛行，夫妻双方文化水平较低，且农村女性受传统观念影响较深，缺乏维护自身权益的意识

[①] 叶文虎、宁淼：《中国农村人口问题与中国可持续发展》，《中国人口·资源与环境》2005年第3期。

与途径,因此,农村家庭的家暴率较高,且女性在其中常常处于弱势地位。在当代,农村的家暴问题出现了新的形式,如女性地位提高带来的女性家暴男性问题、家庭冷暴力问题等。四是家庭分化问题。包括农村家庭经济差异扩大、夫妻双方在劳动分工中的职业分化等,这些都在一定程度上弱化了家庭成员间的联结纽带,成员关系的亲密度下降,反过来又扩大了这种家庭分化。

(四)农村社区人口的文化结构问题

农村社区人口文化结构的突出问题是文化水平较低、职业技术能力差和基础教育体系亟待完善。第一,文化素质水平较低。受农村社区教育资源不足、农村社区人口对知识学习的重要性认识不足等因素影响,出现农村户主的文化程度仍以中小学为主,平均受教育水平低下,文化素质不高等问题。同时,农村地区仍有一部分文盲及衍生的相关问题,短时期内难以消除。[1] 第二,农村文化科技落后,经济社会条件差,职业教育普及程度较低,农村人口的科技文化素质差,职业技术能力弱。第三,目前农村地区中小学的学校数、学生数及专任教师人数均逐年减少,人才培养体系以中小学为主,成人教育与技能教育严重匮乏,人才培养目标偏应试教育轻应用实践,教育资源严重短缺,基础教育体系亟待完善。

二、农村社区人口问题的成因

(一)经济结构的制约

农村的经济结构是农村社区人口系列问题的根源。虽然自2003年以来,我国提出了工业反哺农业的战略,但我国农村地区的经济结构仍以第一产业为主,即以农、林、牧、副、渔五种产业为主。与以第二、三产业为主的城市相比,第一产业的产值较低。尤其在我国地形山地广布、农民精耕细作的背景下,第一产业所需人力成本较高,且受气候等自然因素影响较大,农业的稳定性较差,收入较低。农村地区的经济结构,导致我国农村社区人口收入构成的单一化及收入水平较低。农民收入的不稳定性,影响了农村社区人口的消费心理,导致农村地区人口的发展性消费和娱乐性消费比例不高。受经济所限,农村社区人口在教育、基建等方面的资金不足,致使农村整体发展受限。

(二)生育政策制度的限制

我国农村地区生育政策的制定和执行尚有不足,产生大量阻碍农村社会经济发展的人口问题。新中国成立初期,鼓励生育的人口政策推动我国人口在短短的30年内翻了一番,过多的人口数量、失衡的人口结构给我国经济发展和社会生活造成巨大压力。[2] 在鼓励生育政策大力实施的过程中,马寅初在《新人口论》中提出要注意我国人口过快增长的问题,但未得到社会认同反而遭受反驳和批判。[3] 为减缓人口过快增长的压力,国家实施了计划生

---

[1] 赵桂兰:《农村人口素质与农村社会问题》,《中州学刊》2000年第5期。
[2] 程贵铭编著:《农村社会学》,知识产权出版社,2006年,第287页。
[3] 李守经主编:《农村社会学》,高等教育出版社,2000年,第163页。

育政策。计划生育政策降低了人口的数量与增速,但受农村地区人口"重男轻女""养儿防老"等思想影响,部分农村地区出现溺死女婴、性别筛查及贩卖男婴等行为,导致农村地区人口男女性别比失衡。同时,也出现失独家庭,导致部分农村地区人口的养老问题无法得到有效保障。进入 21 世纪后,人口红利减少,人口老龄化严重,国家开始逐渐放开二孩、三孩政策,但农村地区人口受生活压力大、社会保障不健全、社会福利水平无法满足发展需求等因素影响,生育意愿普遍降低,农村社区人口增长放缓。短期内,因为农村社区人口减少而导致的农村空心化问题、经济社会发展问题仍然无法解决。

（三）资源环境的约束

一是地理环境方面的约束。我国的贫困农村大多分布在地理位置偏僻、自然资源短缺、气候条件恶劣、交通设施落后的中西部偏远地区。受资源条件所限,这些地区与外界沟通不充分,现代化的技术、商品、资金、信息、人才及教育等要素在这些地区难以集聚,使得其与东部沿海经济发达地区的差距扩大,不仅难以获得较好的经济发展机会,也难以获得良好的教育资源,进而导致其经济可持续发展动力不足,农村人口的文化素质难以提高。同时,教育发展与经济发展相挂钩,无论是人力还是物力,经济越发达则资源越丰富,人口文化素质的提升便愈发明显,由此形成良性循环。反之,则是恶性循环。二是社会环境方面的约束。由于我国长期实行城乡二元分割的户籍制度,使得许多福利难以流入农村,于是大量青年劳动力人口流入城市打工、生活甚至落户,导致农村地区人才流失严重,造成农村地区产生因劳动力缺失难以发展经济、离婚率升高、老人无人赡养等社会问题。现如今,国家正加大对农村地区的社会资源倾斜,但农村地区的发展仍然需要诸多探索。

（四）文化意识观念落后

文化意识观念落后导致农村社区人口的经济贫困、文化水平不高及婚姻家庭的多维矛盾。第一,在中国漫长的发展历史中,农村社区人口受安土重迁思想、重农抑商思想及小农经济意识等传统文化观点影响,使得他们不愿接受和尝试新鲜事物,缺乏创业和创新精神,导致失去发展机会,严重影响其经济收入。第二,尽管新中国成立后国家高度重视教育,加大对农村的教育投入力度,但在市场经济的冲击下,"读书无用论"的观点在农村地区依然盛行,严重影响农村社区人口受教育的积极性。同时,与城市相比,农村地区教育资源相对短缺,导致我国农村社区人口的人均受教育水平低、文化素质依然很低。第三,农村社区人口深受"传宗接代"观念、"多子多福"生育观、"重男轻女"的育儿观、"男主外女主内"的分工观、"男尊女卑"的性别观以及"养儿防老"的孝老观等思想影响,产生了诸如人口性别比失衡、多子女抚育负担、家庭暴力高发、农村女性地位低下等诸多社会问题。可见,文化意识观念落后,对农村社区人口的经济收入、教育水平及婚姻家庭发展均产生不利影响。

三、农村社区人口问题的对策

（一）推动城乡经济一体化发展

针对城乡经济发展的二元分割现象,应对我国城乡二元的户籍制度进行改革,推动城乡户籍一体化,逐步破除对农村人口流动的诸多限制,实现城乡信息、物流、贸易及环境等基本公共服务的均等化。就城乡二元的户籍制度改革而言,可通过户籍认定个体的贡献进而再确定其享受的福利,实现个体贡献地与福利享受地的统一。[①] 城乡信息一体化方面,要将农村人口的经济收入增加与互联网信息平台相结合,通过城乡信息一体化促进城乡居民收入的一体化发展目标。物流一体化方面,合理配置城乡的物流网络、人员及相关服务,要将农村人口就业、农村经济发展与物流发展相结合,通过物联网带动城乡网络一体化。贸易一体化方面,均衡配置城乡的贸易资源、贸易人员及贸易制度,将农村人口消费、发展与贸易网络相结合,通过贸易网促进城乡经济发展。环境一体化方面,城乡的自然环境与社会环境均衡发展,将农村人口的自然环境、社会环境与高质量发展相结合,通过环境网络促进城乡自然环境与社会环境的协调发展。

(二)建立健全农村的政策制度保障体系

首先,针对农村社区人口的数量结构问题,应实施积极的人口政策,解决长期以来人口资源单向由农村流入城市,造成农村劳动力缺失、人才流失的问题,可尝试在农村实施宽松的生育政策、完善的生育保障措施和吸引外部人才流入的人才政策,积极改变农村地区现有的人口结构。其次,关于农村地区经济发展的问题,我国应在完成脱贫攻坚目标的基础上不断完善和实施乡村振兴的相关政策措施,为农村产业赋能,着力发展农村经济。再次,对于农村地区的生育、家庭暴力以及养老等婚姻家庭问题,我国应加强对农村地区生育保障制度、反家庭暴力法的落地制度的建设,确保生育有保障、家庭暴力被处置。同时,探索建立覆盖全民、公平统一、可持续的多层制度保障体系,解决农村地区养老保障制度不健全的问题;扩大养老政策覆盖面,结合政府、家庭、社区及社会等多元化的力量开展农村助老服务,提升农村老年人的养老质量。最后,针对农村地区的文化结构问题,我国应不断落实九年义务教育制度和科教兴农政策,从而提高农村地区人口的文化素质水平。还可根据农村地区的情况进行针对性的课程改革,增加养殖、栽培及其他技能培训课程,从而使农村教育从培养单一的应试人才向培养全面人才的方向转变。

(三)增加对农村地区的资源投入

资源在农村发展过程中扮演着重要的角色,是制约农村经济、产业与教育发展的重要影响因素。第一,针对中西部偏远地区的农村,我国应采取易地扶贫搬迁的措施,改善其居住的自然生活条件与物质资源匮乏的现状,并辅之以大型开发项目资源的投入,从而带动当地人口就业,实现脱贫致富。第二,我国应加大对农村地区的资金投入和社会资源投入,科学做好农村基础设施建设的相关规划,支持和发展原有的农村产业经济,引进优质的企业资源入驻乡村,打造具有农村特色的产业体系和业务体系。第三,应加大对农村地区的教育资源投入,不断完善教育基础设施建设,壮大师资力量,提高农村教师的待遇和地位,从而提升农村社区人口的基本文化素质,改善其经济观念和就业能力,进而带动其增产增收。

---

① 樊明、王权堂、张晶等:《户籍制度改革的经济学分析及路径探索》,《中国劳动关系学院学报》2021年第2期。

（四）大力推动农村文化治理

文化治理作为凝聚乡土精神文明、优化乡村社会系统的重要治理方式，对解决农村社区人口的各项问题有重要的作用。一方面，应进行文化改革，加强农村地区的文化宣传和建设。利用大众传媒宣传男女平等、优生优育、知识改变命运等思想，科普杜绝家庭暴力、打击买卖婚姻、离婚权益处置等相关法律知识，从而解决历史文化残留的"后遗症"，破除农村社区人口的封建传统文化和低俗文化思想，促使农村社区人口形成正确、科学、合理的婚育观与教育观，并意识到科学文化的重要性与长远影响。另一方面，政府保护和发展农村优秀的戏剧文化、节日文化与习俗文化，将乡村的优秀传统文化与现代文明进行重组，形成农村特有的文化旅游产业项目，不断创新乡村的文化产业发展路径，进而带动农村社区人口的经济、文化及教育的多维发展。

第七章

农村社区管理

第一节 农村社区管理概述

一、农村社区管理的含义

(一) 社区管理的不同认知

"社区"最早出现于德国著名社会学家滕尼斯1887年出版的《共同体与社会》一书中,是社会学的基础概念之一。滕尼斯将社区阐述为具有相同价值观、差异性极小的社会共同体,人们在此共同体中以一种亲密无间的状态存在,互帮互助以维护共同利益,且具有共同的传统文化信仰和约定俗成的伦理秩序。这种社会共同体并非源于社会分工,而是在血缘、地缘、文化等基础上发展起来的,而上述这类共同体的延伸大多被限制在传统的农村社区。[1]就滕尼斯所界定的"社区"这一概念的内涵和外延,社会学界一直存在着争议,迄今为止也没有形成一个统一的认知。下面将对社会学界内相对具有代表性的观点进行简要陈述:

国外学者的主要观点。美国学者R. E. 帕克认为:"社区是一种人群共同体,他们聚集在一起,并都处于一个具有明确限制的区域。"强调"社区并不只是简单地人的聚集,也包括组织制度的聚集"[2]。美国社会学界的著名学者B. 菲利浦斯将社区界定为:"将区域限定在特定空间,社区成员在其中过着完整社会生活,并一同为多元目标的实现而努力奋斗。"[3]

国内学者的主要观点。我国知名社会学家郑杭生认为社区是保持某种联动关系、塑造区域文化形态及采取一定社会活动的人群所处的地域。[4] 戚学森认为农村社区管理是指发生在限定农村社区范围内,在党组织的指导和村民委员会的主导作用下,社区居民、自治组织以及社区内的各单位共同参与到农村社区的地区性广泛的自我服务、自我教育和自我管理的活动之中。[5] 谷中原教授认为:"农村社区管理是农村社区成员遵循党和政府的领导,

---

[1] 韩芳:《新型农村社区建设与管理研究》,知识产权出版社,2017年,第1页。
[2] 娄成武、孙萍主编:《社区管理学(第三版)》,高等教育出版社,2012年,第3页。
[3] 方明、王颖:《观察社会的视角——社会新论》,知识出版社,1991年,第4—5页。
[4] 参见郑杭生主编:《社会学概论新修(第五版)》,中国人民大学出版社,2019年。
[5] 戚学森:《农村社区建设理论与实务》,中国社会出版社,2008年,第67—68页。

并在乡村社区各类主体的协助下,共同对农村地域范围内的公共事务进行管理的过程。"①另外,陈强运用卢曼的社会系统理论探讨中国的农村社区管理问题时主张在农村社区管理中将农村社区看作客观存在的实体,注重以多种方式、灵活多变地进行社区管理,并注重对社区成员的引导与交流,推动社区内部要素的新发展。②

由此,农村社区管理是指在限定的农村社区范围内,各社区居民之间互动交往、共同生活,遵循着共同的原则对涉及公共利益的事务进行共同管理。

(二) 农村社区的类型

从不同的视角对农村社区进行归类,将会获得多种类型,考虑到农村社区分类的现实性,现从社区形态维度对农村社区进行分类,将农村社区划分为散村社区、集村社区以及集镇社区等三种社区类型。③

散村社区。散村社区主要是指受特殊地理区域影响而形成的分散程度较高且发展较为落后的传统小村落。其基本上都是以三五家、七八家为单位形成。此外,此类农村社区居民的收入来源较为单一,一般为种植业和养殖业,且产业规模较小。定居在此类社区的居民数量较少,但村民之间的交往却相对比较频繁,彼此之间的关系也较为亲密。需要强调的是,此类社区由于居住分散,且处于特殊的地理环境之中,所以居住在此的居民大多呈现出思想保守的倾向,不易接受新信息,社区与外部的交流较少④,这些因素的存在会导致此类社区成长较慢。

集村社区。集村社区一般是在散村社区的基础上过渡而来,此类社区居民较多,且已经达到一定规模,人口聚居程度相对较高,这种社区一般是在比较适于居住、便于生产生活的平原、三角洲地带或者交通要道附近,由几十户或几百户聚居而形成。相比散村社区,集村社区居民之间的关系较为松散,传统血缘关系在此类村庄已逐渐淡化,居民大多为一个或者多个大姓宗族,其间夹杂着许多外来户,共同定居于此。其在社区组织及制度建设方面也较完善。集村社区大多都有服务中心,有的集村甚至出现"期集"或"集市"。⑤

集镇社区。主要指在一些集镇地区,由从事副业、农业的居民聚集而成的社区。此类社区一般都具备一定数量的基础设施,但这些设施往往不能完全满足居民的需求。费孝通曾指出:"集镇社区主要是以不从事农业生产劳动的人为主要构成体,它是比农村社区高一层次的客观存在的一种社会实体。"⑥此类社区并非传统意义上的农村社区,但在人口、地域、经济、环境等方面与周边的乡村社区又有着各种各样的联系。

(三) 农村社区管理的基本要素

农村社区管理主要指为提高农民生活质量,构建具备良好秩序的农村社区,社区内的各

---

① 谷中原、吴晓林:《农村社区建设与管理》,北京大学出版社,2012年,第46页。
② 陈强、林杭锋:《社会系统理论视角的农村社区管理》,《重庆社会科学》2017年第7期。
③ 杨爱琴:《多中心治理理论下的农村社区管理实践及创新研究》,西南政法大学,2015年。
④ 耿文博:《新型农村社区建设研究》,山东农业大学,2015年。
⑤ 龙巨泉:《新津县安西集村社区治理问题及对策研究》,四川师范大学,2020年。
⑥ 王金霞:《集镇社区的可持续发展研究》,华中师范大学,2007年。

类主体,如基层乡镇政府、村民委员会、其他农村社区组织等,采取多样的手段,对社区内的公共事务依法进行综合性管理的过程。

一般来讲,农村社区管理主要包含以下要素:

1. 农村社区管理的基本单位是社区

农村社区不仅是农业生产和农民生活的基本场所,还是开展农村社区管理的基本单元。社区作为宏观社会的一个缩影,能够反映社会的基本形态,农村社区管理以社区为单位推进各项工作。需要强调的是,因社区定位的层次不同,分为行政村和自然村,因而产生了分别以自然村和行政村为单位的社区管理。

2. 农村社区管理的领导者是社区党组织

在进行社区管理时,更多地需要党组织发挥领导核心作用,主要表现为对其他农村社区组织的领导,其他农村社区组织主要包括村自治组织、村级非营利组织、农村合作社等,这些组织在党组织的领导下开展工作。

3. 农村社区管理的主导者是村民委员会

每个村民都需要发挥自己的自治权利,都有参与农村社区建设的需要,村民委员会就是村民参与社区管理的重要载体,因此,村民委员会要充分发挥自身的主导作用,在党组织的领导下,对农村社区建设的开展和民主管理工作进行指导。

4. 农村社区管理的主体是社区居民

农村社区管理是限定在一定地域范围内的民主管理过程,主要涉及农村社区居民、社会组织、机构的自我服务和管理,但就目前我国农村社区建设现状而言,农村社区管理多以社区管理者为主,而没有做到以社区居民为主体。社区居民是社区管理的主体,因此,必须要以居民为主,再联合其他团体,一起参与到社区事务的管理之中。

5. 农村社区管理的基本内容是自我服务

社区管理就是指围绕解决社区问题、满足居民的各种需要而进行的自我服务及自我管理。所以,社区管理应以发现并满足社区居民的需要为主,遵循互相尊重和人人平等的原则,与社区居民进行沟通交流,协商讨论社区的重大行动,并最终达成共识,以实现农村社区居民的自我服务与自我管理。

二、农村社区管理的基本特征

农村社区管理的基本特征主要体现为以下四个特征:

(一) 区域性

所谓农村社区管理,就是指在特定的农村社区内开展工作,具有特定的范围,正因如此,社区管理的主要内容多为社区内的公共事务,社区管理主要依靠社区内部的各类组织进行自我服务、自我管理和自我教育,社区管理的服务对象也以社区居民为主,不断提升居民对社区的满意度,以提升居民对社区的认同感和归属感。

(二) 群众性

农村社区管理应以人为本位[①],切实保障社区居民的利益,把提高社区居民的生活质量,提升社区居民对社区管理工作的满意度,增强社区居民的认同感作为主要目标。因此,农村社区管理必须在平时的工作中坚持群众工作的理念和方法,做到从群众中来到群众中去,充分尊重社区居民的意见和需求,调动居民参与社区管理的积极性和主动性,将居民的力量凝聚在一起共同致力于社区管理,助推社区工作的顺利开展。

(三) 层次性

农村社区管理是具有多层次的管理系统,其中各个层次都承担着不同的职能,从而保障农村社区管理系统的正常运转。但是,由于我国目前社会管理体制的特殊性,现阶段的农村社区管理具有较强的行政化倾向,自治能力尚未得到很好的发挥。

(四) 互助性

农村社区管理所包含的内容涵盖广泛,一般来说它包含农村社区服务管理、治安管理和卫生管理等方面,管理内容较为复杂和宽泛,具有多样性和综合性。但在管理的过程中应该坚持互助共济和共同协商的原则,在社区管理实践中协调各类组织,发挥合作精神,实现协同治理。

三、农村社区管理的内容

(一) 社区组织管理

农村社区组织作为农村广大群众开展农村社区管理的组织基础,在农村社区管理中发挥着至关重要的作用。首先,社区是治理的基本单位,在国家对农村进行治理时,农村社区组织作为重要的组织载体,在农村治理的过程中十分重要,它能够连接国家与农民,以确保政府和农民间的有效沟通;其次,政府提供农村社区公共资源的能力有限,而农村社区组织恰好可弥补这一缺陷,向农民提供相关的公共物品,解决社区公共资源供给不足问题;最后,村民委员会、村民小组等自治组织可将农民组织起来,调动农民参与社区公共事务和基层民主建设的积极性,提高村民的自治程度。

(二) 社区服务管理

社区服务管理的水平一定程度上反映着社区管理的水平,它是农村社区管理的一个重要方面,主要包括社区基本公共服务、居民生产性服务、居民生活便利性服务和社区志愿者服务等多个方面。目前,我国基本公共服务还存在着较大的城乡差异,而要缩小这一差距,实现共同富裕,就需要将社区公共服务资源向农村倾斜,满足农村居民对公共产品的需求,

---

① 杨爱琴:《多中心治理理论下的农村社区管理实践及创新研究》,西南政法大学,2015年。

不断地提高农村社区公共服务水平,以此来缩小城乡差距,从而打破我国长期存在的城乡二元体制。因此,农村社区要从农民的需要出发,提供能够最大限度满足农村居民需求的基本公共服务。①

(三) 社区文化管理

社区文化管理是一种为了创建出各式各样的社区文化活动、丰富社区文化生活,以满足社区居民对文化的需求而对社区内的文化基础设施进行规划和管理的活动。② 农村社区文化是聚居在特定社区范围内的人类群体,因血缘、地缘等联系而形成的价值取向、生活方式和情感认同,由此在社区文化管理的过程中,要根据当地居民不同的价值取向、生活方式、传统风俗习惯和宗族文化等开展能够为居民所接受的、具有当地特色的文化管理。从政治文化、文体文化和饮食文化等多个方面努力提高现阶段农民生活水平,以满足农民精神层面的需求。

(四) 社区经济管理

在我国,社区经济管理出现时间较晚,目前仍处于初期发展阶段。③ 农村社区管理并不是单一的,它是多方面的,是包括经济与政治在内的一种综合性管理,其中,经济管理在农村社区管理中的作用不容忽视。具体来说,社区经济管理主要包括两个方面:一是管理农村社区公共资产,即管理村庄原有资产,主要通过有效率的经营赢得收益,以保障农民的发展权益;二是农村社区的经济发展。要学会利用当地的自然资源、劳动力资源,并借助外部资金、技术和人才来带动农村经济全面发展。通过推动农村产业的发展,带动农村剩余劳动力人口的"就业难"问题的解决,促进农民增产增收,加快推进农民生活方式实现现代化转型④,不断加快社区公共基础设施的完善和综合服务水平的提高。

(五) 社区政治管理

政治管理主要指的是管理主体针对广大人民群众政治生活的需要而提供的一系列服务⑤,农村社区是进行政治管理的重要场域和载体,政治管理通过发挥其功能促进农村社会秩序的稳定,保障农村社区获得可持续发展。农村社区政治管理的功能主要表现在贯彻实施法律和政策,进行社区建设和开展基层民主管理等方面,其主要目的在于构建一个民主管理和高度自治的农村社区,稳步推进农村政治文明建设进程。

(六) 社区环境管理

农村社区是对农村生态资源进行有效管理的主体,在环境管理领域,政府和市场均存在

---

① 王金荣:《中国农村社区新型管理模式研究》,中国海洋大学,2012年。
② 王伟:《新型农村社区建设及管理服务创新问题研究》,山东大学,2013年。
③ 张会霞:《我国农村经济合作的发展与农村社区互助养老模式的形成及其优化》,《农业经济》2018年第5期。
④ 王金荣:《中国农村社区新型管理模式研究》,中国海洋大学,2012年。
⑤ 李景鹏:《政治管理学概论》,高校教育出版社,1991年,第26页。

失灵现象,社区在其中可以有所作为。农村社区参与环境管理的优势体现在:社区可以充分利用自身的信息优势,以达到节约交易成本的目的;社区作为连接政府和农民的纽带,能够促进民政沟通,发挥协调作用,可以有效解决政府失灵和市场失灵的问题。因此,农村社区环境管理应该在政府的引导下,重视农村家庭和农村组织、农村社区居民及团体组织的作用,充分发挥农村家庭、农村组织的力量,积极动员农村各居民、团体,提高农民的环保意识,激发责任意识,汇集多方力量共同参与到环境治理之中[1],因为农村社区是农民进行农业生产和居家生活的空间,进行农村环境治理必须有社区民众的广泛参与。

四、农村社区管理的功能

农村社区管理最重要的作用在于促进农村社会的全面发展。农村社区管理对促进"三农"问题的有效解决发挥重要作用,农村社区管理必须遵循国家政策的具体要求,全方位、全角度和深层次开展农村社区管理工作,以最终实现农村的全面发展。总体来看,农村社区管理的功能主要可以归纳为以下四个方面:

(一)改善农村公共服务

农村公共服务以农村社区为服务中心,合理高效地整合社区内外的资源,为社区居民提供了公共事务、文化娱乐和卫生保健等一系列服务。在农村公共服务管理中,由于城乡公共服务的差距较大,因此要不断提高农村公共服务水平,以缩小城乡间公共服务的差距、促进城乡基本公共服务均等化[2],逐步解决农村社区公共服务边缘化问题。

(二)推动基层民主发展

基层治理现代化水平与国家治理现代化水平密切相关,是影响国家治理现代化大局的重要一环,是国家治理现代化发展的重要任务之一。要完善基层民主政治建设,健全和完善基层群众自治体制,切实保障人民群众享有更广泛的民主权利。根据党中央的重要指示和社会的现实需要,我们应该不断优化村民自治组织的职能,充分发挥其组织角色[3],全面动员广大居民共同参与到社区管理中,推动村民自治,促进基层民主政治进步。

(三)提升社区管理水平

农村社区管理主体主要包括基层乡镇政府、村民委员会和村民等,通过农村社区管理,可以促进各主体各司其职,厘清职能,提高工作效率。另外,还可弱化农村社区管理主体的行政化倾向,提升农村社区综合管理水平。[4]

---

[1] 刘雄锋:《论农村环境问题的社区管理》,长沙理工大学,2009年。
[2] 许经勇:《国家治理现代化与农村社区建设》,《湖南师范大学社会科学学报》2014年第5期。
[3] 高灵芝:《农村社区建设与村民自治》,《山东社会科学》2010年第6期。
[4] 宋少燕:《城市化进程中的农村新型社区管理》,《农村经济与科技》2021年第2期。

（四）改善农民生活环境

目前我国社会经济处于高速发展向高质量发展转型阶段，人民生活水平持续提高，农村社区居民对所处的农村社区生活环境提出了更高要求。农村社区管理过程中应该更加重视农村社区生态文明建设，秉持绿色发展理念，加强对农村社区环境的保护，改善农村人居环境，从而有效促进农村社会的和谐稳定。

第二节　农村社区民主决策

一、农村社区民主决策的含义

民主决策主要指的是在特定组织内，组织内各成员一同参与组织范围内公共事务的决策过程，各成员一致遵循少数服从多数的原则进行科学决策。[1] 村级民主决策一般指的是村基层党组织和村民委员会依照法律规定，对农村社区中涉及农民切身利益的事务提交村民代表大会商议，通过广泛征求村民意见，在经过充分协商的基础上，按照少数服从多数的原则对公共事务进行决议的过程。[2] 社区民主决策是按照国家相关法律规定，由广大人民群众凭借村级自治组织，充分行使自身决策权、监督权和知情权，它是实现基层自治的重要举措，也是推进农村基层民主政治建设的重要体现。

农村社区民主决策主要是将事关农民核心利益的公共事务提交村民会议，由村民会议对该事务进行决策，村中的重大事务由村民民主决策。[3] 不同于其他组织，村民民主决策是村民自治组织的核心和标志。

具体来看，社区民主决策主要包括以下几个事项：与社区居民的切身利益密切相关的经济发展事项，例如集体经济收益以及使用渠道等；关系整个社区长远发展的社会发展事项，如通路的建设和费用收缴、自治章程的制定与修改等通常性事项、邻里纠纷处理等非通常性事项等。[4]

二、农村社区民主决策的基本原则

（一）坚持党的领导

农村社区民主决策要坚持党的领导。在农村社区工作中，要想保证社区工作始终沿着正确的方向发展，就要在进行社区民主决策时坚持党组织的领导，并将党组织的领导放在核

---

[1] 参见赵秀玲：《村民自治通论》，中国社科出版社，2004年。
[2] 高姗姗：《新形势下村级民主决策研究》，曲阜师范大学，2014年。
[3] 张广春：《构建社会主义新农村的村民自治研究》，合肥工业大学，2007年。
[4] 周君：《"村改居"社区民主决策》，《法制与社会》2010年第5期。

心位置，坚持党管"三农"的工作方针。村基层党组织要定期组织开展"村两委"会议，就农村社区内的重大事项进行沟通交流，并形成相关的意见提交村民会议进一步研讨，最终通过投票表决的形式决定重大事务。同时，要定期将重大事项的落实进程、具体情况和后续结果等公示于众，实现决策过程的公开化和透明化。同时，建立健全农村社区管理的监督机制，保证村民代表大会决议得到有效落实。

（二）坚持村民主体性

中国作为一个人民民主专政的社会主义国家，始终以人民当家作主作为基本原则。农民是农村社区的主体，因此在村级民主决策的过程中必须充分尊重农民群体的意见，坚持农民的主体性。坚持农民的主体性原则一般要求事关农民自身利益和社区可持续发展的重大事务，都需要坚持村民主体性原则，如村集体的短期和长期规划、村民公约、村集体资产的经营管理、社区非营利组织的维持、社会福利保障、农村合作医疗和重大灾害防治等。在进行村级民主决策时，要切实保障村民的四项基本权利，即知情权、决策权、表达权和监督权，只有充分保证农民的权利，坚持村民的主体性，村级决策过程才能体现出民主原则，推进农村基层民主政治建设。

（三）依法办事

公民的行为受到国家法律法规的严格约束，无论是村级党组织成员，还是普通社区居民，都要严格遵守法律法规。村民代表大会、村民大会和其他村级组织的会议所通过的决议也都必须符合法律的规定，不能与法律规定相违背，不得侵犯社区居民的合法权益。另外，村干部及全体党员在日常工作和生活中要发挥模范带头作用，将依法办事和依规办事的原则贯穿在社区治理的过程中。村民在享有民主权利的同时，也要严格遵守法律规定，规范自身行为，履行应尽义务。

（四）少数服从多数

民主集中制是我国一项重要的制度安排，是我党的根本组织原则和领导制度，其中少数服从多数就是民主集中制的重要体现。村级党组织、村委会和村两委联席会议在对重大事项进行决议时，必须经过集体充分讨论，经多数人同意后方可通过。当决策时出现村级干部的意见与大多数村民的意见不一致时，决议不应只是干部意见的反映，应按少数服从多数原则，充分尊重村民意见进行决策。同时，决策还应满足"在法律所允许的范围内"这一必要条件。在面对复杂的利益关系时，要统筹兼顾不同主体的利益，既要考虑个人利益，也要顾全集体利益。

三、农村社区民主决策的组织形式

农村社区民主决策的组织形式主要以村民会议为主。村民会议是由村民委员会组织召开的，且每年至少召开一次。除此之外，也有社区居民共同提议召开的情况发生，当提议居民达到社区居民的十分之一时，村民会议应按照规定程序召开。村民会议参加人数按要求应达到社区内18周岁以上居民人数的二分之一,或者达到本社区居民代表人数的三分之二,村民会议做出的决议必须获得参会者半数以上同意方可通过。

村民会议的职权。村民会议法定权限较大,是村级社区的最高权力机构和决策组织。村民会议的主要职权包括:就关系农民切身利益的事务进行探讨,研究制定村级管理制度;研究村委会的成立、裁撤、职能领域调整和村委会成员管理;评估村委会成员的日常工作情况,审议村委会提交的工作报告,决定村委会成员的任免;重新裁定村委会、村民代表会议、村民小组会议所做的决定。以上重大事项必须经由村民会议进行村民民主决策,并接受相关部门和人民群众的依法质询。

村民代表会议作为一个"常设"机构,是为了在不便于组织召开村民大会的情况下,提供的一种暂代村民大会职能进行民主决策的补充形式。这一常设机构的主要职权是:审议涉及农村社区长远发展和与农民切身利益相关的乡村规划;对村民委员会的日常工作和职能行使进行实时监督,保证村委会职权的合理行使和工作效率;审议村庄财务收支报告,促进村庄收支更加科学合理;选聘村务监督小组成员,监督村干部的日常行为和工作业绩;保证乡村公共事务是经过民主讨论而决定的,提高村务的公开度和透明度;就村民自治章程、村规民约的制定、修订进行讨论,提出相关的试行方案,并对后续的实施情况进行监督落实。

四、农村社区民主决策的程序

严格按照民主决策的程序进行决策是民主决策科学性的一种体现。科学的决策程序要求按照先后顺序,遵从相关的规则办事,以保证决策行为更加规范、条理和科学。社区民主决策作为一种高级的决策形式[①],对决策程序和决策方式的科学性、规范性有比较高的要求。

1998年4月中共中央办公厅和国务院办公厅联合印发《关于农村普遍实行村务公开和民主管理制度的通知》(下文简称为《通知》)中最早对民主决策程序做出规定。《通知》指出:"凡是涉及村民利益的重大事项,以及农民关心的重点问题,首先及时召开党员大会研讨,将相关材料提交村民会议或村民代表会议进一步探讨,广泛征求全体人民群众的意见,按照少数服从多数人的原则进行决议,实施社区民主决策。"该文件颁布之后,全国各地结合当地的实际情况积极进行探索,涌现了一批具有代表性的社区民主决策模式,如浙江省天台县社区民主决策"五步法"、河南省邓州市的社区民主决策"4+2工作法"。这些决策模式都极具地方特色,但也有共同之处,它们都主张调动农民参与社区民主决策的积极性,保障村民在重大决策中的参与权。伴随着城镇化和工业化进程的加快,农村社区的形态和村民多元化的需求对社区民主决策提出了更多更高的要求。

另外,为了促进农村政治、经济和文化的全面、均衡发展,中央办公厅和国务院于2004年6月联合印发《关于健全和完善村务公开和民主管理制度的意见》对民主决策的具体步骤做了进一步规定,主要包括以下几个方面:

第一,提出议案。一般情况下,议案可以由基层党组织、村委会、村级经济组织、社区居民的十分之一以上或户代表的五分之一以上联名提出。

---

① 何欢:《民主决策在村民自治中的作用研究》,四川农业大学,2012年。

第二,提出意见或建议。村党总支综合各方的提议,召开村两委联席会议,结合事项的可行性,对条件成熟的项目提出具体的审议意见或建议。

第三,广泛征求意见。将提交村民会议或村民代表会议的议案进行公示,使广大村民了解议案的内容并广泛征求全体村民的意见。

第四,会议讨论决定。由村委会召开村民会议或村民代表会议,让村民充分发表意见,并采用投票的方式使村民对相关的议案行使表决权。

第五,公布表决结果。表决结束后,及时将村民会议或村民代表会议的决策结果向全体村民进行公示,并接受村民的监督。

第六,公布实施情况。公开整个事项过程,并从群众中推选出代表进行监督,对涉及的资金、质量等进行全程把关。

第三节　农村社区民主管理

进入21世纪以来,我国逐步加快社会主义新农村建设的速度。2006年,我国开始加大对农村社区的改革力度,将农村社区界定为一种社会生活共同体,这种共同体具有广泛的功能,集管理、服务与精神文明建设为一体。2008年,党的十七届三中全会中通过《中共中央关于推动农村改革发展若干重大问题的决定》,进一步指出:"完善农村社会管理体制机制,加强农村社区建设,在统筹城乡融合发展背景下,对村庄进行合理布局,通过适度集约化的方式组建农民生产生活共同体,从而找寻农村发展新方向。"总而言之,不管时代背景如何发生变化,社区民主管理始终是社区管理的内在要求,牢牢把握农村社区民主管理的内涵和原则,有助于我们更好地理解农村社区治理的全过程。

一、农村社区民主管理的含义

社区管理体制并非一成不变,而是随着不同的社会发展阶段的变化而变迁,不断地进行体制的转变。"建国以来,我国农村基层组织管理体制经历了不断发展,最终从强调集体化的社队主导发展到了双层管理型的'乡政村治'体制"[1],就社会发展阶段而言,"社队制"适应了计划经济体制下国家发展的需要,但也造成了城乡发展的过大差异,而后实施的"乡政村治"制度在一定程度上弥合了上述缺陷,但这种制度的"封闭化"缺陷也制约着农村社会的进步。伴随着缩小城乡差距、城乡融合发展的步伐持续加快,农村对外开放的深度和广度也进一步加大,新时期的社会发展矛盾倒逼农村管理向集约型、民主型、开放型转变。新时期的农村社区民主管理主要是指农村社区基层组织和农村社区居民依据国家相关法律要求,运用社区制度规范参与农村社区建设与管理的活动。具体体现在以下几个方面:

---

[1] 项继权:《从"社队"到"社区":我国农村基层组织与管理体制的三次变革》,《理论学刊》2007年第11期。

(一) 多元主体参与

首先,伴随着社会经济不断发展和人民民主观念意识不断觉醒,社区民主管理越来越注重村民民主参与。村民参与社区管理强调村民在相关法律法规和政策规定的框架下,依据自身利益参与村庄民主管理的过程。[1] 在我国村民自治过程中,民主参与是促进居民基本权利实现的基本保障,而实现民主参与则要求各级政府将社区管理的部分权利下放到社区。同时,社区居民要根据自身实际情况,选择合理方式参与。

其次,村委会作为农村社区治理的主体力量,虽然按照国家的制度安排,未将其纳入行政体系,但从职能发挥方面来看,村级组织已经逐渐呈现出行政化倾向,并主要承担着乡镇政府工作在农村社区落地的职能。村级组织中的人员在社会事务管理中具备一定权威,是社区管理的主导者。

最后,市场经济组织也参与社区治理,在城市社区中以物业管理公司的形式存在,而在农村社区中则表现为各种介入农村社区管理的社会力量,与村民委员会拥有明确组织体系不同,这类组织更有灵活性。

在农村社区管理中,拥有三大主体力量,即社区居民、居民委员会和介入农村社区的各种社会力量,他们在农村社区事务的治理过程中都发挥着必不可少的作用。总体而言,不论是农村社区,还是城市社区,有效激发社区居民的主体力量,是深化社区管理模式改革的重要因素和必然要求。

(二) 制度化的保障

民主选举制度是农村社区居民参与民主管理的制度保障,新时期的农村社区民主选举要求选举过程透明化,主体参与范围扩大化和技术手段信息化。目前在我国,"两推一选"和"公推直选"两种村级党组织的选举形式逐渐在全国范围内推广,村民委员会的选举流程也逐渐向制度化和规范化的方向迈进。民主决策也向着更加程序化和规范化的方向发展,如河北的"一制三化"、辽宁的"村务议事制度"等,都体现出民主决策不断创新的趋势。另外,民主监督也应常态化和大众化,将监督权利赋予每一位社区居民,并为他们提供监督的平台,从而提高农村社区公共事务治理的透明度。

(三) 自治、法治与德治相融合

党的十九大报告提出要"健全自治、法治、德治相结合的乡村治理体系",持续促进基层社会治理体系的革新。实际上,地方政府在治理中已经探索出了一套新的"三治融合"治理模式。如浙江桐乡在2013年开展"三治融合"治理实践,有效调动了社区居民积极性,促使居民积极投身于社区治理之中,产生了"1+1+1>3"[2]的良好效果,使"三治融合"的村级治理模式得以在全国范围内推广。"三治融合"这一治理模式是广大人民在农村实践中总结出来的,是广大人民共同的经验结晶,随着农村社区治理实践的不断推进,"三治融合"的内涵

---

[1] 吴爱萍:《村庄社区化管理与村民民主参与》,《江西社会科学》2013年第9期。
[2] 钟海、任育瑶:《"三治融合"乡村治理体系研究回顾与展望》,《西安财经大学学报》2020年第4期。

也得到不断地深化和充盈。"自治"的核心在于民主权利的发挥,是相对于"他治"而言的一个概念,是农村社区治理的基础;"法治"则强调村级事务要依据法律规章办事,是对各个参与主体的强力约束,是社区治理的制度保障;"德治"强调在农村社区内部通过榜样示范、礼仪教化等方式形成崇德向善和诚信友爱的社区氛围,是农村社区发展的内核所在。新时期的农村社区治理,要基于民主实践的一般性原则,充分挖掘地方特色,在村庄治理中自觉将自治、法治和德治融入社区治理的全过程。

(四)技术手段的应用

伴随着信息技术的发展,数字化时代已经来临。与传统农村社区治理强调民主权利的发挥不同,现代农村社区更加强调社区治理的社会化、技术化和专业化,因此现代农村社区治理正面临着转型的挑战,传统的治理手段已经难以满足社区治理的需求,治理手段越来越趋向智能化,在社区治理中主张采用数字化手段,利用网络、电视、新媒体和大数据等数字化工具进行社区治理,以应对人们由于时代发展而产生的更加多样化的需求,不断推动农村社区治理朝着社会化、法治化、智能化和专业化的方向发展。

二、农村社区民主管理的原则

伴随着农村社区的发展,人们越来越意识到多主体治理的益处,治理理念逐渐由"管理"转向"治理",改变以往对于"全能政府的认知,向着治理主体多元化、治理过程协商化、治理关系合作化和治理体系网络化"[①]方向转变,逐渐形成党委领导、政府负责、社会协同、公众参与和法治保障的农村社区治理新格局。

(一)党委领导

坚持党的领导是开展农村工作的根本原则。农村社区管理是在党的领导下开展工作的,依托党委的领导,主持协调其他部门开展工作。在农村社区管理过程中,党组织发挥着领导核心的作用,因此要注重加强村级党组织的建设,充分发挥党组织在农村经济和社会发展全局中的统领作用,对社会建设、社会服务与安全稳定工作进行统筹协调,以推进社区管理工作稳步推进。伴随着城镇化进程的加快,新型农村社区管理应该发挥好党组织在农村社区管理事务中的引领、组织、协调和服务作用,为农村社区发展创造良好的外部环境。

(二)政府负责

党委领导下的行政负责制是我国一项独具特色的行政体制,国家的各项事务管理有序,稳定发展主要得益于这一领导体制。在农村社区纷繁复杂的治理环境中,需要管理主体从法律和职级上发挥作用,将农村社区管理的责任落实到人,村民委员会作为村一级的管理组织"集自治管理、行政管理、社会服务、经营管理于一身,成为一个职能繁多、功能混杂的全能

[①] 姚茂华、舒晓虎:《技术理性与治理逻辑:社区治理技术运用反思及其跨越》,《吉首大学学报(社会科学版)》2019年第6期。

型组织"①。在新型农村社区治理过程中,要充分发挥居民委员会在政府与居民之间的联结作用,促使农村社区管理向"善治"方向不断迈进。

(三) 社会协同

农村社区的社会协同强调以农村社区居民为主体力量,并不断培育和壮大这一力量,依托社区群众形成多种社区组织,包括各类文体协会和艺术团体等具有公共组织性质的团体。这些团体大都是由农村居民自发组织形成,具有自发性与公益性。同时,相关基层组织在此期间也应指派专业人员对集体活动进行规划和指导,最终借助各方的力量,共同推进社区发展。

(四) 公众参与

公众参与是农村社区管理的重要原则,强调农村居民的主体性,激发广大群众积极参与村庄民主的热情。早在20世纪初期,以梁漱溟、晏阳初为代表的一批乡村建设者就在积极探索村民参与乡村治理的路径。他们均认识到作为农村主体的农民对于村庄治理的重要作用和价值,他们通过多种方式调动农民参与社区事务治理的积极性。新中国成立以来,我国一直在探索将公众参与融入社区治理的新路径,通过动员社区居民广泛参与,拓宽了问题的解决思路和路径,促进社区治安、社区环境卫生和社区志愿服务等公共事务的有效开展。无论是过去乡村建设的实验,还是新时期农村社区治理的探索,公众参与社区治理一直都是实现社区善治的关键举措,只有充分激发社区居民的主体性,推动他们主动参与农村社区建设与管理事务,才能推动社区治理不断迈向新的阶段。

(五) 法治保障

推动农村法治化建设是实现农村社区治理走向法治化的保障。在推进法治化的背景下,农村社区管理事务要做到有法可依和有法必依,办事有章可循。在一切农村社区治理的行动中,都有一个重要的前提,即所有行为主体的一切行为都必须在法律允许的范围内开展,其相关权益也应受到法律保护。通过法律的强制性约束,可以有效化解农村社区管理中因不同价值观和社会心理产生的社会矛盾,从而塑造公平公正的农村社区治理环境,实现社区的健康稳定发展。

三、农村社区民主管理的组织形式

随着社会经济的不断发展,基层治理能力创新越来越受到大众关注。在进一步创新社区民主管理制度的同时,应该最大限度地调动农村居民的积极性,促使他们参与到农村社区事务治理之中,这是新时期农村社区治理创新的必然要求。具体组织形式如下:

第一,政府应加强顶层设计,制定出科学有效的社区治理方针。通过鼓励居民参与社区治理实践,开展社区结对帮扶活动,培育各类农村社会组织,开展试点工作,总结典型案例和

---

① 潘小娟:《中国基层社会重构——社区治理研究》,中国法制出版社,2004年,第93页。

重要经验,将村民自治纳入"三治融合"的治理实践中,实现社区发展规划与国家发展战略的同频共振。

第二,构建多元主体参与的农村社区治理体制。在农村社区治理实践中积极探索政府与基层衔接的方式,明确政府职权的边界,强化村民的主人翁意识以及居民在社区治理中的主体意识,为实现农村社区的善治创建有利的内外部环境。同时,重塑社区治理的结构,促进社区形成扁平化和网格化的自治治理结构,实现农村社区管理与服务的制度化和规范化。此外,还要积极开展典型地区的试点活动,以点连线,以线带面,不断扩大治理范围。

第三,形成多元投入的农村社区建设机制。通过建立健全财政支持机制,实现财政集约和合理运用,提升公共资源的利用效率。同时,激发社会各单位、个人积极投入农村社区公益事业,促进社会资源向农村社区流动,形成政府、市场和社会资源在农村社区的良好互动。

第四,构建畅通的农村居民意愿表达渠道。要实现民主管理,就要保证农村社区居民拥有畅通的诉求表达渠道,使社区居民的合法诉求得到及时和有效回应。这便要求进一步提升上级政府决策效率,扩大党政代表在基层政府中的比例,拓宽农村社区居民表达自身诉求的渠道。同时,可在社区内设置村情民意收集箱,倾听村民的意见,提升村级事务管理的制度化和规范化水平。

四、农村社区民主管理的程序

新型农村社区民主管理不同于传统农村的管理,更加强调"民主"在社区建设中的作用,民主实践也呈现出多样化的趋势,既包括传统意义上的居民自治章程的制定,也包括更具现代意义的"四议两公开"和"一事一议"工作制度,不同的民主实施程序也不相同。

（一）村民自治章程的制定程序

村民自治章程是对农村社区居民生产生活的保障,社区居民可以依据自治章程的相关规定约束自身行为。同时,通过此章程的合理运用,社区居民可以监督社区内与自身切实利益相关的事项,以保证自身民主权利有章可循、有理可依。新型农村社区自治章程的制定必须适应时代发展,在满足法律规范的要求下充分发扬民主。具体程序如下：

1. 前期宣传动员。社区基层组织应在充分了解国家法律规范的要求下,对社区居民进行组织动员,使社区居民了解自治章程的性质、作用及其特点。

2. 提出章程要点。基层组织管理者在充分掌握民意的基础上对自治章程的重点事项进行梳理,并结合社区特色,将相关事项进行大致分类,列出自治章程的框架。

3. 召集专门会议,并拟出草案。社区管理者就梳理出来的社区重大事项,召开村民会议或者村民代表大会,在充分结合民意的基础上形成自治章程初稿,并交由相关法律部门审阅,严格按照法定程序修正自治章程的具体条例。

4. 提交会议表决通过。将形成的居民自治章程初稿交由村民审阅,可通过村民会议、村民代表会议和村民小组会议等形式,及时依据反馈意见对相关内容进行修正,并将最终形成的终稿提交至村民代表大会进行充分讨论,表决通过。

5. 村民自治章程的执行和监督。在村民自治章程制定完成后,应及时上报上级机关备案,并及时向全体村民公布,供社区居民学习,使社区居民能够及时了解制度内容,在生产生活中约束自身。同时,社区居民也可以依据居民自治章程的相关规定,对影响社区发展的各个组织和个人进行监督,充分发挥居民自治章程对全体社区居民的约束力。

(二)"一事一议"程序

"一事一议"制度是指在国家推行农村税费改革以后,原本乡统筹和村提留两部分中所包含的道路建设和农业推广等村级治理活动所需要的资金或农村社区居民认为提升村级治理所需要的其他公益性资金,不再固定向农民收税,而是村民根据自身实际情况量力而行、遵循群众自愿、农户权利义务一致和义务分担等议事原则采取"一事一议"的筹集办法。

实行"一事一议"制度需要遵循特定的程序:

1. 议题梳理。会议发起人通过深入基层民众,搜集整理群众反映最强烈的问题作为会议讨论的重点。

2. 征求群众意见。通过广泛与群众交流,整理群众关于此问题的意见和建议,让广大群众参与社区民主管理事务。

3. 开展议事会议。在会议开始前,发起人针对本次会议的内容进行梳理,并把会议的目的、地点和时间通知到相关农户。

4. 决议讨论。参会人员对会议内容进行充分讨论,当会议内容较简单时,可通过举手表决的方式发表意见,形成最终决议。比较复杂的社区事务要在形成具体的决议后,由所有参会人员进行签字确认,然后再按此决议执行。

5. 决议执行。上述议事程序完成后,相关的事项要做进一步的细化处理,保证责任落实到人。

五、农村社区民主管理的内容

不同的农村社区可以结合本社区发展的实际情况和具体的事务开展民主管理,但农村社区民主管理仍存在共性,根据农村社区民主管理的相关规定,社区内部管理事项主要包括村级事务的民主管理、村务工作移交制度的民主管理和村庄财务制度的民主管理。

(一)村级事务的民主管理

村级事务的民主管理涉及不同的管理主体,不仅包括村级党组织、村民委员会等组织,还包括农村社区居民自发形成的文化组织、经济组织等以及村庄内部的全体居民。上述村庄治理主体均在村党组织的领导下开展活动,通过村民自治章程实现对村级政治、经济、文化和社会生活的管理。

(二)村务工作移交制度的民主管理

根据我国相关法律要求,村民委员会每届任期为5年,任期届满后应及时举行换届选举,产生新一届村民委员会。在换届选举过程中,上一届村民委员会成员应根据相关要求,及时向新当选的成员交接相关工作,如债权债务、固定资产等,整个过程由乡镇人民政府监督进行。对于拒不移交或者无故拖延移交期限,甚至在移交过程中出现重大违纪问题的相关责任人,村民有权向纪律检查部门实名反映,对于不合理、不合法行为要依法进行惩处。

(三) 村庄财务制度的民主管理

村级社区财务管理的内容主要包括村级财务计划的制订、资金使用流向的监管和村级财务审批、监管等,这些职能的主要行使主体是自村民会议或者村民代表会议选举产生的村民财务管理小组。社区居民、村级组织和村干部对村级财务监管过程中发现问题的,可以直接上报村级财务管理小组,由其负责对相关财务工作进行监管。建立村庄财务管理制度,对于确保集体资产的高效运用,防止集体资产流失具有显著意义。同时,村级财务管理小组在处理问题过程中,也应及时将相关意见按照相关程序进行公示,自觉接受群众监督。

第四节　农村社区民主监督

随着农村社会的不断发展,农民需求也日益多样化,农村社区治理改革的步伐也在不断加快。同时,村民的民主意识得到进一步激发,越来越强调民主化的监督机制在村民自治中的作用。基层民主监督不再强调在特定领域发挥作用,而是贯穿在农村社区管理与建设的全过程。

一、农村社区民主监督的含义

农村社区民主监督着重强调"监督主体间的协同合作、监督要素的系统整合、监督制度的规范性保障以及监督结构的复合型调试"[1]等方面的共同作用,是深化民主管理最有力的方式,强调治理效果、效率和效应在农村社区治理上的高度融合。在农村社区管理中,社区的民主监督就是指社区居民通过社区居民会议、居民代表会议和社区事务公开等途径,在一个特定的社区范围内,对社区管理组织所办理的各种事务、社区组织活动及成员履行职责情况进行监督,其目的在于通过督促社区管理组织和社区组织成员认真履行职能任务,保证社区管理和社区自治正向发展,加快农村基层民主政治建设的步伐。

伴随着农村社会的变迁,农村社区民主监督不断被赋予新的时代内涵。

(一) 村务监督

要求农村社区工作者要对社区发展事务进行精准定位,明确民主监督行为"对事不对人"的原则,实现科学化监督,将监督、决策与管理三者相分离。首先,厘清不同发展阶段,不同地区的发展现状,因地制宜实现不同社区的差异化监督;其次,通过展开专业化培训与指导,提高村务监督的专业化水平;最后,通过简化监督流程,增设智能化的监督形式,提升农

---

[1] 沈费伟、卢福营:《乡村振兴背景下村务监督有效性研究——基于浙江省武义县村务监督委员会的调查分析》,《治理研究》2020年第5期。

村社区民主监督的高效化与集约化水平。

(二) 民主监督

民主监督强调多主体参与，既包括社区居民，又包括社会组织和政府派出单位。其中，农村社区居民既是社区服务的对象，又是参与社区监督的主体性力量，他们内生于农村社区，与农村社区有着斩不断的血缘和地缘联系，对于社区治理，他们最具发言权，应充分发挥他们的民主监督主体性。

(三) 监督对象

居民最关注的事情往往最易被监督，农村社区居民监督的对象为社区治理的各级组织、社区各项经费的筹集与支出等。通过民主监督，使农村社区治理的各项活动能够依法和依规完成。同时，这也符合农村社区居民对于自身利益的诉求。

(四) 监督保障

法律法规和制度规范对参与社区民主监督的各级主体监督权利进行了明确规定，明确监督程序要符合法律规范要求，被监督的主体要有明确的责任导向，所有监督流程都要在法律的框架下良好的运行。

二、农村社区民主监督的基本原则

(一) 公开性原则

农村社区管理事务的公开化是进行民主监督的前提条件。它强调农村社区管理机构能够及时将社区事务向社区居民公示，为社区居民了解社区相关事务搭建一个高效的平台，为居民了解事项关键环节提供便利，进而调动农村居民参与社区民主监督的积极性。农村社区事务的公开性原则要求制度制定过程的公开化、社区人事管理的公开化和相关事务程序过程的公开化。同时，不断在公共事务监督的过程中总结经验教训，不断创新监督的方式方法，使农村社区各项事务有序推进。

(二) 客观性原则

客观性原则强调在进行农村社区公共事务监督过程中要从农村实际出发，坚持实事求是的基本原则，对监督的事务做出客观、准确的评价。坚持客观性原则，强调各监督主体的监督行为要受到法律的约束，确保在监督事项的全流程中依法依规对相关组织单位和个人提出质询，只有保持客观，我们才能冷静、正确地分析治理工作中所存在的具体问题和需要改进的工作，达到监督的目的。

(三) 独立性原则

独立性原则要求社区民主监督的组织和个体，要依法依规独立行使监督职权，不受其他利益主体影响。民主监督实践奉行独立性原则,要求各相关利益主体在法律框架下明晰自身权限,在相应的治理空间中独立履行职能,构建社区事务治理的新格局。

(四)法制性原则

法制性原则强调民主监督的各个环节和各监督主体的作用发挥都要依法进行,要求监督主体和被监督的客体要秉持法制观念,严禁任何组织和个人以监督的名义实行任何形式的超越法律限制或不符合法律规范的行为。在农村社区建设和管理事务中要时刻遵守有法可依、有法必依、执法必严、违法必究的法制原则,这不仅能使得农村社区治理措施更加权威,同时也能够提升农村社区治理效能。

三、农村社区民主监督的形式

社区民主监督是我国农村社区居民依法享有的一项权利,农村社区民主监督的形式多样,主要包括以下几个方面:

(一)党内监督

党内监督是社区民主监督的主要形式,它强调社区内的党组织和广大党员同志必须依照党章、党纪和国家法律,对社区内的党员干部进行的监督,特别是对党内领导干部进行监督。在农村社区建设过程中,农村基层党组织应该时刻代表农民的利益,是农民利益重要的代表及表达主体,但对于其他社区组织而言是监督与被监督的关系。[①] 因此,在进行农村社区管理时,推动党内监督常态化是实现社区民主监督的保障。

(二)社区居民代表会议监督

社区居民代表会议作为农村社区自治体系的重要组成部分,是实现农村社区民主监督最普遍和最广泛的形式。通过定期召开会议,向社区居民汇报社区公共事务的推进情况,并及时接受社区居民的监督,有助于促进社区居民充分参与社区自治,树立主人翁意识,发挥主体作用,持续推进农村社区治理效能提升。

(三)社区监督委员会

农村社区监督委员会是村级一个重要的监督机构,具备公益性和非营利性特点。在2010年修订的《中华人民共和国村民委员会组织法》和2017年颁布的《关于建立健全村务监督委员会的指导意见》中,都详细提到要充分发挥村务监督委员会的作用,且对社区监督委员会的人员构成、具体的监督职能以及工作方式等进行了明确阐述:"村务监督委员会一般由3—5人组成,设有主任1名,鼓励党组织班子成员中的非村民委员会成员担任监委会主任,原则上村党组织书记不得兼任主任。"同时,为了保障农村居民民主监督的权利,要求任何组织和个人均不得指定村务监督委员会成员。另外,详细规定了村务监督委员的职责,

---

① 王洪彬:《新型农村社区民主监督社会化的生成机理》,《社会主义研究》2014年第2期。

即监督社区日常事务,社区财务使用状况,受理和收集村民的相关意见。

表7-1 村务监督委员会的权利解读

具体权利	表现形式	监督内容
知情权	了解掌握村务会议的情况。	村务决策和公开情况:主要就决策程序以及村务实行规范情况进行监督。 村级财产管理情况:主要针对村民委员会、村民小组以及村级其他财务管理等涉及集体资金管理情况进行监督。 村工程项目建设情况:涉及监督村级基础设施和公共服务建设等工程项目的全生命周期式监督。 惠农政策措施落实情况:主要就各项扶农惠农资金的申领、发放以及使用进行监督。 农村精神文明建设:涉及社区环境卫生整治,居民自治章程以及村规民约执行情况的监督。
质询权	对村民反映强烈的村务、财务问题进行质询,并请有关方面给予村民答复。	
审核权	对民主理财和村务公开等情况进行审核监督。	
建议权	村务监督委员会不直接参与村庄事务管理决策,但他们具备向村"两委"甚至乡镇党委和政府就村务管理提出建议的权利。	

注:依据《关于建立健全村务监督委员会的指导意见》整理而成。

(四)舆论监督

舆论监督是社区民主监督的另一种形式,在促进社区民主治理和提升社区治理效能方面发挥着重要作用。随着数字化时代的到来,舆论监督的方式也日趋向着信息化和数字化发展。在数字化驱动下具备更高的灵活性、参与的广泛性和决策的高效性,相关政府部门可以随时随地通过信息平台了解居民舆论风向,并及时调查,利用数字技术手段迅速获取调查数据,极大提升监督质量和监督效率,真正实现"让权力在阳光下运行",保证村级事务治理的公开透明。

总体来看,无论采用何种监督形式,在民主监督中都要依法进行,遵守实事求是的原则,以此增强民主监督的权威性、公开性与透明性。

四、农村社区民主监督的功能

在农村社区管理中,社区民主监督居于重要地位。建立健全民主监督制度,保障基层组织和群众的民主监督权利,对促进农村社区治理具有重要意义。具体表现在以下几个方面:

(一)激发农村社区居民的民主参与意识

最新人口调查数据显示,现存农村人口超过5亿,占全国总人口的36.11%,相比城市市民而言,他们的生活空间有所差异,但实现社区秩序的稳定和谐却是生活在城乡社区中每一个成员的共同追求。农村社区的主体是农民,农民共同的家园是农村,因此维护农村社区的和谐,每一位社区成员都有义务和责任,需要所有成员的共同努力。在村民自治的基础上,加强民主监督,可以保证党的政策落到实处,既维护农村居民的根本利益,又促进农村社区和谐稳定,从而充分调动村民参与农村社区治理的积极性和主动性,促进农村社区治理效能的提升。

(二)深化村民自治在农村社区治理中的作用

村民自治是我国农村社区多年来的实践经验,是农村社区居民发挥民主权利的重要载体,而民主监督是深化村民自治最有力的手段。在我国基层民主实践过程中,民主选举是保障村民自治的前提,民主决策和民主管理强调农村基层民众参与农村治理,民主监督是确保民主确立落实的制度保障。因此,在农村社区管理中特别强调民主监督的作用,号召全体社区居民共同参与,可以进一步深化村民自治在社区治理中的作用。

(三)营造风清民正的社区治理环境

有权力的地方可能会滋生出腐败,而监督是防止腐败的有力措施。参与农村社区管理的相关组织和个人作为农村社区管理的主体,掌握着一定的资源,如何确保将这些资源合理运用于农村社区发展,这些资源能否公平、公正、公开地分配给社区广大群众,并接受社区居民的监督,是社区发展关注的重点问题。一方面,社区管理主体要合理发挥社区管理职权,及时将社区资源分配情况公开,在社区管理事务的全生命周期中随时接受群众监督;另一方面,社区居民也要以主人翁的身份行使好监督职权,将村庄微腐败扼杀在萌芽状态。

总而言之,农村社区民主监督贯穿在社区治理的全生命周期,强调社区成员要积极发挥民主监督职能,对社区公共事务、财政支配和权力运行等进行全方位监督,推动社区治理在阳光下运行。

第八章

农村社区环境

第一节　农村社区环境概述

一、农村社区环境的内涵

农村社区是指一定地域范围内的人们基于共同的利益与需求,密切的交往而形成的具有较强认同的社会生活共同体,因此一个真正意义上的农村社区离不开一定的地域、一定的人口、共同的纽带和社区的认同。农村社区环境由农村社区自然环境、人工环境与人文环境构成,三者密不可分,且都与农村居民有着千丝万缕的联系。其中,农村社区人工环境由于为村民开展各项生产活动、交往活动以及其他日常活动提供了基本的场所,与村民的联系更为紧密。[1]

二、农村社区环境的构成

农村社区自然环境是由大气、水、土壤等各种自然因素所构成的总体,它们围绕在生物周围,为生物的生存与繁衍提供了基本的保障。农村社区自然环境的特殊之处在于由于与人类长期接触与共存,必定会受到人类的干预。因此,农村社区自然环境其实是一个半自然半人工的生态系统,兼具自然与人工的双重特点。其中森林、草地、水文等自然要素构成了农村社区自然环境的主要部分,而农田、人工林、园地等半自然要素则是其次要构成部分。农村社区自然环境是农村社区环境的重要组成部分,关系着是否能实现自然环境良性循环,要改善自然环境问题,必须形成合理的农村社区自然环境系统。

农村社区人工环境是在自然环境的基础上,经由人类的加工改造所形成的环境体系。因此,它的最终形态既与原始的自然要素有关,也与人类的改造活动息息相关,受到了来自自然和社会的双重影响和制约,主要包括居住环境和基础设施两个部分。农村社区居住环境包括住房条件、公共空间、环境卫生和村容村貌等内容,农村社区基础设施是社区道路、通讯、卫生等设施的总称。农村社区基础设施根据用途和职能,可以分为两类:一类是生产性

---

[1] 于显洋:《社区概论(第二版)》,中国人民大学出版社,2015年,第169页。

基础设施,为农村居民生产活动提供保障;另外一类是生活性的基础设施,主要服务于农村居民的生活需要。

农村社区人文环境,主要受人为因素影响,是人类长期改造自然和利用自然过程中演变而来的文化,如思想观念、风俗习惯等。农村社区人文环境系统从狭义上看便是农村地域范围内的精神文化环境,从广义看是指除了自然环境以外其他人为的社会环境,有着历史传承性、多样性、相对独立性和民族性等特点。

第二节　农村社区环境治理

一、环境治理的含义

(一) 环境治理的内涵

从社会学的角度来看,"环境治理"这一概念是随着现代环境问题的产生与恶化,以及人们环境意识的觉醒而逐渐衍生出来的建构性词语,其具体内涵也随着环境治理的具体实践而不断深化与完善。从环境治理概念的发展历程来看,早期的环境治理主要由自然科学主导,强调的是运用自然科学技术对环境污染进行控制和处理。但在后来的环境治理过程中,人们逐渐发现,环境治理不仅仅是对已经产生的环境问题进行治理,在治理的过程中还涉及社会结构中的政治、经济、法律等一系列问题。因此学者不得不对环境治理的概念进行进一步的完善,开始重视社会科学的研究,将社会结构、法律规范、权力分配、环境传播、环境正义与话语分析等都纳入研究范畴。与西方工业化国家相比,我国学界对环境治理问题的关注开始于20世纪80年代,以费孝通先生所写的《及早重视小城镇的环境问题》为代表。进入21世纪以来,在国家的高度重视下,尤其是党的十六大报告中提出要坚持科学发展观,我国的环境治理研究进入了繁荣阶段。党的十八大报告提出将生态文明建设纳入"五位一体"格局,则推动我国的环境治理研究迈入了新的发展阶段,进一步推动了社会科学融入环境治理研究的进程。与自然科学研究相比,社会科学研究更加强调从整体性、系统性的角度出发,研究社会结构、社会制度与环境治理之间的关系。[1]

从当前学界对环境治理的研究状况来看,对环境治理概念的描述并不统一。首先,环境的内涵有广义和狭义之分。广义的环境将人类置于中心,凡是人类之外的自然与人文环境都称为环境。而狭义的环境则是指所有自然环境因素的总和,它为生物提供了栖息地以及其他生存和发展所需要的因素,为人类的生命提供了基本的支持。[2] 简而言之,相比于狭义的环境,广义的环境不仅包括了自然环境,也包含了人们所创造的人文环境。因此,根据"环境"内涵的不同,广义的环境治理,既包含对自然环境污染的治理,也包含对人为环境的治

---

[1] 洪大用主编:《环境社会学》,中国人民大学出版社,2021年,第258页。
[2] 任建兰、王亚平等:《从生态环境保护到生态文明建设》,《山东大学学报(哲学社会科学版)》2018年第6期。

理,狭义的环境治理则主要是指对自然环境污染的治理。

其次,从环境治理的具体过程来看,当前学界对环境治理的研究主要集中在生态环境治理、生态治理和环境治理三个方面。第一,生态环境治理因其复杂性,很难通过单一主体完成,需要包括政府、社会以及市场在内的多个主体的共同合作与努力,才能取得良好的治理效果。其本质在于处理好环境与社会、经济、技术、国际治理体系等多元客体之间的关系。第二,生态治理同样是一种需要政府、非政府组织、社会公众、企业等多元主体共同参与的体现良性互动的善治类型,但与生态环境治理不同的是,生态治理的研究范围更加广泛,侧重全社会的生态文明建设,强调坚持社会公正的目标。第三,环境治理的内容则既包含生态环境治理,也包含生态治理,是外延更为广泛的环境治理。关于环境治理的具体内涵,王曦在构建中国环境治理概念模型时指出,环境治理是指各方主体为了绿色发展目标而在环保问题上的互动,具体而言,各方主体是指企业、地方党政和第三方主体;洪大用等人从环境治理的现代性议题出发,认为环境治理的本质是一项社会行动,"是为了解决已经出现的环境问题、预防潜在的环境风险,以及协调经济与环境关系而开展的社会行动的总和"。

综上所述,环境治理是应对现代化发展过程中的环境问题而产生的重要议题。从最开始的重视技术型治理,到后来的重视包括经济、社会、法律、制度等一系列要素在内的整体性治理,可以看出环境治理的内涵在不断完善。除此之外,经过近几十年来的环境治理历程,环境治理的对象和治理主体也日渐多样化。由此,我们认为,环境治理是指在特定主体的主导下,通过建立多元主体共同参与的协商机制,以整合全社会的力量共同应对因现代化的发展而带来的现实的和潜在的环境问题,既注重对自然环境污染的治理和生态环境的恢复,也注重在经济社会发展和生态环境保护之间保持平衡,最终实现人与自然的和谐发展。具体而言,环境治理主要包括三方面的议题:第一,对当前已经发生的环境污染进行重点治理,调整经济生产结构,恢复当地的生态平衡;第二,注重对社会制度的研究,根据经济社会发展的不同状况,制定合适的社会制度,预防潜在的环境风险;第三,注重环境治理体系的构建,完善环境治理中多元主体协商合作的机制,打通当前环境治理体系的梗阻,真正实现社会力量的整合。

(二) 环境治理的类型

根据不同的标准,环境治理可划分为不同的治理类型。从环境治理的主体来看,可分为政府主导型治理、市场主导型治理、社会主导型治理和多元主体合作型治理。政府主导型的环境治理指的是政府在环境治理中起主要作用,负责环境治理的制度设计、方案规划和监督实施。更多是一种国家自上而下开展的带有行政色彩的环境治理,社会力量参与较少,以项目式治理和运动型治理为主,如近年来开展的"蓝天保卫战"行动,以水污染防治、空气质量提升、土壤污染防治为主要内容的"三大行动"。市场主导型的环境治理是指以企业为代表的市场主体在当前环境治理的需求下,通过主动改进企业生产结构、提升科技创新能力、研发清洁能源产品,最终开拓出新的市场领域,如近年来广泛兴起的环保公司。社会主导型环境治理是指以民间组织或个人为代表的社会主体,针对当前的环境问题自主发起的环境治理行动,以公益性环境治理行动为主,如地球村环保公益组织。多元主体合作型的环境治理是指包括政府、企业、社会公众等多个主体在环境治理中为实现共同的目标,相互磋商,建立共识,进而共同解决环境问题。在合作型的环境治理中,环境问题的决策制定权以问题为导向在利益相关者中重新分配。

根据环境治理的目标这一标准,环境治理可分为区域性环境治理和整体性环境治理。区域性环境治理是指针对某一区域突出的环境问题下达专项政策,从而开展的专项行动,如太湖区域的环境治理、长江禁渔政策等。整体性环境治理是指国家从战略层面出发,制定总体性的环境治理政策,要求全国各地共同履行的环境治理行动,如近年来开展的生态文明建设行动、农村人居环境三年整治行动。

根据环境治理的方式这一标准,环境治理可分为常规型环境治理和运动式环境治理。常规型环境治理是指将环境治理作为各级政府部门、机关事业单位、企业等的常规工作内容之一,是必须要完成的工作。运动式环境治理是指国家在某一时期,针对特定的环境问题,打破常规,通过资源动员的方式开展的专项行动。

根据环境治理的地域范围这一标准,可将环境治理分为农村环境治理和城市环境治理。农村环境治理主要指的是对农村地区的生态环境污染、人居环境问题、农业污染和工业污染等环境问题进行区域性治理。城市环境治理主要指的是对城市地区的环境问题进行治理,主要治理城市区域的工业污染、噪声污染、水污染和大气污染等。

(三) 环境治理的政策工具

1. 管制性环境政策

管制性环境政策主要是指政府通过行政命令、法律法规以及环境标准等手段进行环境治理的环境政策,这种政策的最大特点在于设置标准的单一化,所有企业均要满足相同的一套管制标准,而未能考虑到各个企业的实际情况具有差异性。从管制性环境政策的产生背景来看,主要是基于市场化时代背景下,企业生产行为难以有效自我约束和他方监控带来的区域性和跨界性的环境污染,这类环境污染对生态系统的循环带来了严重破坏。面对企业的生产行为,强化环境管制便成为减少污染物排放的主要途径。管制性环境政策一般是由中央统一制定环境政策,再由地方政府分级落实。不过,随着我国环境治理的发展,管制性的环境政策内容也发生了转变,由早期的直接管制,强调污染的末端治理和对污染的浓度进行限制,转变为当前的间接管制。这要求政府与企业积极转变自身的角色,政府更多地起到引导的作用,而企业则应从单纯被动地接受政策到主动参与到政策的施行中。整体上看,管制性环境政策的依赖机制主要是行政命令和法律惩处,其优势是约束力强,能够在短期内对企业排污现象产生约束效应,推动环境质量改善。但是,这种政策工具也具有以下几点缺陷:一是灵活性不足,常常存在"一刀切"现象;二是管制成本较高,需要付出大量的管理人员费用;三是监督制度不够完善,仍然存在诸多监管漏洞,难以对所有的企业生产行为进行有效监督;四是增加企业治污成本,不利于中小企业的发展壮大。[1]

2. 市场性环境政策

市场性环境政策指的是通过收费、收税、市场交易以及经济补偿等手段进行环境治理的

---

[1] 洪大用主编:《环境社会学》,中国人民大学出版社,2021年,第260页。

环境政策,又称为经济激励性环境治理政策,它的理论依据是"庇古理论"和"科斯定理"。市场性环境政策通过市场信号而非政府的强制命令为企业的环保行为提供动力,也即依靠市场的运行原则来激励企业参与环境治理。国外对这一政策工具的应用主要集中在工业污染物排放总量、市场机制分配等方面。具体到中国来看,我国最早的市场性环境政策是排污收费制度,顾名思义,该项制度规定凡是向环境中排污的经营者都应该按照规定缴纳相应额度的费用。遵循的是"污染者付费"原则,我国的市场性环境政策最早出现于1978年提出的施行排放污染物收费制度。但是直到1993年我国颁布了《中共中央关于建立社会主义市场经济体制若干问题的决定》,市场性经济政策才真正在中国得以成形。2005年以来,国家陆续出台的一系列环境经济政策更是集中体现了市场经济手段在环境治理中的应用。与管制性环境政策相比,市场性环境政策以市场为中介,使污染者从政府手中接过了保护环境的重担,不仅降低了环境治理的成本,提高了灵活性,也大大提高了污染者减排与技术创新的积极性。但是,这一政策工具也在一定程度上给企业污染环境的生产行为提供了一条合法的渠道,也即企业可以在治污成本低于效益收益时,选择支付环境污染费用继续生产,间接鼓励了企业通过排放污染物获取高额经济利润的行为。此外,这种政策工具同样面临着外部条件不足和内部约束性不足的困境。

3. 自愿性环境政策

自愿性环境政策主要是指在政策法规要求之外,由各类国际组织和工业协会发起的,旨在推动排污企业改进环境行为的各种自愿性环境保护协议、环境行为准则和环境管理标准。这类环境政策起源于日本,是一种在政府、企业和民众间签署的系列协议,需要注意的是,这类协议的性质决定了其并不具备法律上的约束效力。20世纪90年代之后,随着清洁生产、ISO14001环境管理体系、环境标志等政策的兴起,自愿性环境政策逐渐在我国占据了一席之地。从该政策工具产生的过程来看,它既是企业与管制机构博弈的结果,也是政府、企业、公众共同作用的结果。值得注意的是,虽然该环境政策强调各主体的合作,但是管制压力仍然不可或缺,它在很大程度上决定了政策能否成功制定以及最终施行的效果。这种政策工具一般采用合作的方式,通过污染主体的自我调节提高其灵活性。其最显著的特点是管理主体主要为参与行动的排污企业和工业协会。在某种程度上,这一政策工具的目的是使企业基于生态利益自觉原则,主动强化清洁生产,发展循环经济,同时以此树立企业的社会形象,赢得更广阔的发展空间,主要的治理方式是主动公开企业信息,接受公众监督。该政策的优点是能在较低的环境管制成本之下保证较好的效果,为参与企业提供动力、技术与信息支持。但是,如何规避企业的机会主义行为等问题,依然需要政策设计层面的完善与优化。[1]

二、农村社区环境治理的含义

农村社区环境治理是政府、农村居民、社会组织和企业等利益相关者为实现农村社区环

---

[1] 洪大用主编:《环境社会学》,中国人民大学出版社,2021年,第261页。

境的可持续发展,互相协调,运用资源、权力,实现农村社区环境的整洁美好,最终实现社会和谐的管理过程。农村社区环境治理的一大鲜明特点就是多元主体的共同参与,一般而言,其参与主体涵盖了政府、居民、农村社区、企业以及社会组织。政府尤其是乡镇基层政府在政策制定、监督管理等方面仍然发挥着重要作用。尤其是在当下,农村社区中其他主体力量还相对薄弱,社区环境治理仍然离不开政府的有效引导。农村居民的数量众多,且是农村社区环境治理的最终受益者,如果能够自觉参与到环境治理的各项行动中,真正实现从被领导者到主动参与者的转变,将会大大提升治理的效果。因此,不管是在政策、方案的制定上还是在后续实施与监管中,都必须充分发挥农村居民的主体作用,使农村社区环境治理与农村社区的实际情况以及农村居民的日常生活紧密结合。农村社区居委会或村民委员作为农村自治组织,充当着政府与农村居民之间的桥梁,在向农村居民传达各项政策、调动农村居民的积极性等方面发挥着重要的作用。企业作为经济利益的追求者,常常为了获利而不惜损害生态环境,因此,提升企业的社会责任感,引导其进行环保化改造,对于农村社区环境的改善至关重要。同时,在农村社区环境治理的过程中,企业也能够凭借其资金、技术等优势为环境治理提供支持。环保社会组织作为社会的重要力量,因其服务性与公益性的性质与政府和企业相区分,拥有二者所不具备的功能。比如社会组织能够通过举办各种活动逐渐提高农民的环保意识,从而潜移默化地改变农民的行为。[1]

三、农村社区环境治理主要举措

(一)注重系统治理

农村社区环境建设是一项复杂的系统工程,必须加强顶层设计,注重系统谋划,加强工作衔接,把握乡村生态振兴的总要求,突出农业农村农民"三农"融合,强化生产生活生态"三生"融合,持续建设生态宜居的美丽乡村。在农村社区环境建设过程中,应综合考虑当地的产业发展与生态系统保护,通过环境建设推动二者的良性发展。同时,应充分考虑各整治任务之间的相关性与衔接性,通过对各个任务的合理安排取得事半功倍的效果。[2]

(二)注重规划引领

科学绘制农村社区环境建设蓝图,根据规划稳步实施,脚踏实地,最终实现量变向质变的转变,充分发挥规划在引领农村社区发展、指导农村社区环境建设、优化空间布局和合理配置资源等方面的重要作用。结合镇村布局规划实施安排,因地制宜编制村庄建设规划,在村域内形成"一张蓝图、一本规划",为农村社区环境建设奠定坚实的基础。

(三)注重分类指导

在农村社区环境建设过程中,要因地制宜、分类施策,针对不同村庄情况开展相应的整

---

[1] 吕建华、林琪:《我国农村人居环境治理:构念、特征及路径》,《环境保护》2019年第9期。
[2] 周力编:《江苏农村发展报告2021》,社会科学文献出版社,2021年,第209页。

治任务,避免千村一面、一刀切。对于重点村、特色村等规划发展村,由于其基础较好,应进一步提升要求,在基础设施与公共服务上更上一层楼。对于一般村,应进一步加大村庄环境整治力度,使村庄脏乱差的现状得到改变。

(四)拓宽资金筹措渠道

健全农村社区环境建设多元化投入机制,加大各级财政投入的力度,发挥财政"四两拨千斤"的作用。以乡村公共空间治理为切入点,从整治公共资源流失入手,加强公有资产的权属管理,建立产权交易平台,为农村集体资产资源的交易提供场所。注重发挥社会组织和乡贤的作用,积极引导其参加农村社区环境建设。

(五)发挥居民主体作用

农村居民既是农村社区环境建设的主体,也是农村社区环境建设成效的主要受益者。应转变农民对农村社区环境建设的主体认知,让农民意识到自己在农村社区环境建设中应当承担的责任,提高农村居民的参与意识,更好地实施农村社区环境建设,推动美丽宜居乡村建设。

四、农村社区环境治理现状

(一)农村建设投入概况

优化农村社区环境是建设生态宜居乡村的重要内容,开展农村污水处理、垃圾处理和厕所改造等需要政府的财力支持。为促进农村基础设施建设和城乡基本公共服务均等化,2019 年建制镇建设投入合计 8 357.270 8 亿元,其中房屋方面 6 572.548 3 亿元,供水 156.108 5 亿元,燃气 75.587 5 亿元,集中供热 47.759 5 亿元,道路桥梁 578.976 3 亿元,排水 386.972 7 亿元,园林绿化 199.765 8 亿元,环境卫生 200.609 3 亿元及其他。乡建设投入 664.597 1 亿元,其中房屋方面 486.720 7 亿元,供水 21.953 1 亿元,燃气 4.430 6 亿元,集中供热 4.898 0 亿元,道路桥梁 57.041 0 亿元,排水 40.795 8 亿元,园林绿化 17.383 8 亿元,环境卫生 20.981 2 亿元及其他。村庄建设投入 10 167.495 2 亿元,包括房屋方面 7 067.274 3 亿元,供水 468.022 5 亿元,燃气 142.257 1 亿元,集中供热 41.349 1 亿元,道路桥梁 1 264.659 3 亿元,排水 461.398 1 亿元,园林绿化 209.485 1 亿元,环境卫生 343.129 0 亿元及其他。[①]

(二)农村供水和用水情况

截至 2019 年年末,全国有 18 267 个建制镇集中供水,占全部建制镇的 97.44%,年供水总量为 142.621 208 亿立方米,供水普及率达 88.98%,比 2018 年增加了 0.87%;建制镇有近 1.65 亿用水人口,年生活用水量 61.68 亿立方米,年生产用水量 68.39 亿立方米。全国

---

① 详见中华人民共和国住房和城乡建设部编:《中国城乡建设统计年鉴》,中国统计出版社,2019 年。

集中供水的乡8 544个,占全部乡的90.15%,公共水源综合生产能力1 174.47万立方米/日,自备水源综合生产能力388.24万立方米/日,年供水总量12.94亿立方米;全国乡用水人口有1 932.31万人,年生活用水量是6.58亿立方米,年生产用水量5.03亿立方米。全国集中供水的行政村达到370 971个,占全部行政村的78.29%,供水管道2019年新增14.51万公里,总长度达183.63万公里,供水普及率为80.98%;村庄年生活用水量是185.01亿立方米,人均日生活用水量91.19升,比2018年略有上升。在2018年第8届"基于全球水文实验与观测数据的水流情势研究"国际会议的开幕式上,中国水利部副部长叶建春表示,我国提前实现了联合国水与卫生千年发展目标,已经累计解决了5亿多农村人口的饮水安全问题。2019年全国贫困人口饮水安全问题全面解决,八成以上贫困地区的农村人口能够喝上自来水,未来将在国家水利部门重点关注下,全面解决农村贫困地区的安全供水问题。

(三)污水和垃圾处理现状

2019年,我国县城的污水处理率为93.55%,山东、重庆的处理率都超过了97%;县城生活垃圾处理率达96.11%,其中江苏、浙江和江西达100%。有11 186个建制镇对生活污水进行处理,建制镇污水处理厂10 650个,比2018年新增了2 963个,污水处理能力达到1 874.88万立方米/日,建制镇污水处理率为54.43%。建制镇共有28 246座生活垃圾处理站,121 043台环卫专用车辆设备,生活垃圾处理率为88.09%。

2019年,对生活污水进行处理的乡是3 156个,增加了39个乡,但总体比例还是较小,为33.30%,污水处理厂有1 830个,每日能处理108.57万立方米。乡生活垃圾中转站9 917座,环卫专用车辆设备29 272辆,生活垃圾处理率为73.87%。

(四)建筑和基础设施建设情况

我国2019年年末建制镇、乡及村庄的实有住宅建筑面积分别为60.45亿平方米、8.26亿平方米及255.35亿平方米;人均住宅建筑面积分别为36.55平方米、33.87平方米及32.90平方米;公共建筑面积分别为14.65亿平方米、1.94亿平方米及14.97亿平方米;生产性建筑面积分别为19.87亿平方米、1.47亿平方米及21.78亿平方米。[①]

基础设施目前是农村的短板,是乡村振兴的重要发力点,建立农村基础设施服务网络势在必行。2019年,建制镇当年新增2.67万公里道路,更新改造2.22万公里道路,道路总长度为40.95万公里,其中安装了路灯的道路长度为12.97万公里;道路总面积为27.84亿平方米,人均道路面积15.23平方米,桥梁共83 953座。乡道路长度87 165.55公里,道路面积48 398.37万平方米,桥梁18 217座。全国村庄内道路长度320.58万公里,道路面积235.76亿平方米。2019年全国建制镇用气人口为9 951.22万人,燃气普及率54.45%,集中供热面积40 714.95万平方米。乡用气人口643.50万,燃气普及率26.81%,集中供热面积2 630.97万平方米。村庄用气人口有21 524.024 8万,燃气普及率31.36%,集中供热面积28 598.38万平方米。2019年农村发电量为2 533.150 9亿千瓦时,用电量为9 482.87

---

① 详见中华人民共和国住房和城乡建设部编:《中国城乡建设统计年鉴》,中国统计出版社,2019年。

亿千瓦时。

(五) 园林绿化和环境卫生情况

2019年全国农村生态环境继续改善,全国建制镇绿化覆盖面积达到71.76万公顷,绿化覆盖率为16.97%,绿地面积45.42万公顷,绿地率10.74%,公园绿地面积达到4.96万公顷,人均达到2.71平方米。乡绿化覆盖面积达到9.26万公顷,绿化覆盖率为14.71%,绿地面积5.11万公顷,绿地率8.12%,公园绿地总面积为3 827.77公顷,人均为1.59平方米。

2019年,我国基层医疗卫生机构情况为:基层社区卫生服务中心(站)35 013个,乡镇卫生院36 112个,诊所和医务室240 993个,村卫生室616 094个。基层医疗卫生机构医疗床位163.1万张,占全国医疗床位总数的18.5%。乡镇诊疗人次为11.7亿,入院人数3 909万人,比上年减少75万人。①

第三节 农村社区环境治理存在的问题

一、农村社区环境状况不容乐观

随着社会经济的发展,农村社区早已今非昔比,农民生活水平不断提高,居住条件大大改善。经过不懈的努力,我国脱贫攻坚战取得了全面的胜利,但是,由于农业发展方式的局限、乡镇企业的发展、城市污染下乡等因素的影响,农村社区环境面临新的难题,包括农业、工业与生活污染在内的各种污染在农村社区不断蔓延,不仅阻碍了农村社区经济的发展,还使得农民的正常生活受到困扰。②

(一) 农业污染

作为世界人口大国,我国的人均耕地面积低于世界平均水平,农业发展面临较大的产量压力。为了保证产量,政府长期对化肥等农业生产资料进行补贴。同时,由于农业的经济效益偏低,大量农村人口外出务工,农业劳动力流失严重。为了弥补耕地、劳动力等资源的不足,许多农户会选择投入大量的化肥、农药等生产资料。我国的化肥农药使用量长期位居世界第一,并且有效利用率低下,造成资源浪费的同时,也对土壤、水体造成了污染,使得农业面源污染较为严重。农业生产中对塑料薄膜的需求量较大,但是大多数塑料薄膜在使用后并未得到有效回收,造成了严重的白色污染,使土壤性能下降,影响农业的可持续发展。2006年至2019年间,我国化肥施用量从4 927.7万吨上升到5 403.6万吨,增长率接近10%。农用塑料薄膜使用量从184.5万吨增加到240.8万吨,增长率更是超过30%。2015

---

① 详见中华人民共和国住房和城乡建设部编:《中国城乡建设统计年鉴》,中国统计出版社,2019年。
② 廖年忠:《乡村振兴背景下新农村社区建设与治理研究》,重庆出版社,2019年,第98页。

年,农业部发布《关于打好农业面源污染防治攻坚战的实施意见》。意见发布之后,化肥农药施用量以及农用塑料薄膜使用量都有所下降,但绝对数量仍然十分庞大。

作为农业生产的副产品,作物秸秆的不当处理也会对环境产生危害。为了方便,农户往往将秸秆就地焚烧,在这个过程中会产生大量的二氧化硫、二氧化氮、可吸入颗粒物等物质,造成空气污染。除此之外,随着我国畜禽养殖不断向集约化、规模化的方向发展,畜禽养殖污染也日益严重。根据《畜禽养殖业污染防治技术规范》,养殖场的选址布局与污染物的处理等都需要遵守相应的规范。但是,在现实中不少畜禽养殖场不仅选址不规范,也缺乏相应的处理设备与工艺技术,致使大量未经合格处理的废气、废水进入环境中,造成环境污染,影响人们的正常生活与身体健康。

(二)工业污染

改革开放以来,在国家政策的支持下,乡镇工业飞速发展起来,企业数量快速增加的同时,规模也不断扩大。乡镇工业的发展,不仅推动了农村经济的发展,改善了城乡分割的局面,也带动了农村人口的就业。但是乡镇工业也因为其生产设备与技术工艺的落后,对环境造成了较为严重的污染,并且因其布局分散杂乱,缺乏统一,使得集中的污染治理变得困难重重。

农村社区的工业污染除了来自乡镇工业的发展外,也与城市污染向农村的转移密切相关。城市污染向农村的转移主要通过两种方式,一种是城市高污染企业向农村的转移,另一种是城市污染物直接向农村倾倒和排放。由于国家之间以及同一国家不同地区之间的经济发展水平、劳动力等生产资料价格等方面的差异,经济发达地区淘汰的落后产业往往会向经济落后地区进行转移。随着牺牲环境换取经济发展的模式恶果逐渐显露,不少城市逐步清退高污染、高耗能企业。早在2007年,北京市就出台了《关于加快退出高污染、高耗能、高耗水工业企业的意见》,引导环保不达标的企业逐步退出。这些被城市所淘汰的企业,由于农村地区自身经济发展的需要、地方政府的政绩需求、农民的抗争意识较为薄弱等多重因素往往能够轻易转移至农村,从而对农村社区环境造成污染。另外,由于农村地区监管不严,部分城市还将污染物非法转移至农村地区。城市不仅享受了发展的成果,还通过这种方式规避了环境污染的风险,进一步拉开与农村的差距。

(三)生活污染

农村社区虽然人口密度较小,但因为人口分布零星且分散、居民环保意识不足以及环保基础设施的缺乏,生活污染也较为严重。随着经济的发展,农村居民生活水平不断提高,消费水平也随之上升。2014到2019年,我国农村居民的人均可支配收入从10 488.9元增加到16 020.7元,增长率为52.7%。与此同时,农村居民的人均消费支出从8 382.6元增加到13 327.7元,增长率高达59%。消费水平的快速上升,不仅意味着商品消费量的增加,也意味着商品种类的丰富,其中包含了大量电子产品、塑料制品等。这使得农村生活垃圾不仅在数量上大幅增加,组成成分上也越发复杂,致使处理难度大大增加。农村社区本土生活垃圾产生量大幅增长的同时,迫于垃圾围城的压力,不少城市选择将农村地区作为天然的垃圾填埋场,将生活垃圾大量运输到农村。在内外因素的共同作用下,垃圾围村现象也不再鲜见。

除了生活垃圾以外,由于环保意识淡薄、污水处理以及卫生厕所等基础设施的缺乏,农村居民往往将日常生活中洗衣、洗浴、洗菜、房间清洗、牲畜养殖产生的污水以及厕所粪污随意排放,未经处理的生活污水对水体、土壤都会造成严重危害。另外,2019 年我国城市地区燃气普及率已经达到 97.29%,但是农村地区的燃气普及率仅为 31.36%,这使得部分农村地区特别是北方农村地区居民仍然采用煤炭作为日常主要的能源,煤炭在燃烧的过程中产生二氧化硫、一氧化碳等物质,对农村社区的空气造成污染。

二、农村社区环境治理缺乏有力的物质支撑

目前,农村社区环境治理的资金来源渠道较为单一,主要依靠政府财政投入、农村居民自筹资金等方式。但是除少数经济较为发达的社区以外,大多数的农村社区受制于自身的经济发展水平,地方政府财政收入以及当地居民收入都比较有限。更何况,对于大多数农村社区来说,居民就业、教育、医疗、养老这些现实问题往往比环境问题更容易得到重视,也成为政府财政支出优先考虑的方向。在这样的情况下,社区环境建设投入不足已经成为常态。外部来看,农村社区环境建设投入远低于城镇。从内部来看,环境建设投入的比重也远不及其他投入。以生活污水处理为例,2019 年,我国乡建设投入中用于污水处理的资金不足 30 亿元,同期县城用于污水处理及其再生利用的市政公用设施建设固定资产投资为 176 亿元,而城市达到了 803.7 亿元。就村庄建设中的资金投入分配来看,2019 年,我国村庄建设投入超过 10 167 亿元,其中,污水处理投入占比不足 3%。在资金投入不足的情况下,我国农村社区的环保基础设施建设较为滞后,环境治理的成效与城市相比具有显著的差距。以生活垃圾处理为例,2019 年我国村庄的环卫专用车辆设备仅 2.93 万台,而城市市容环卫专用车辆设备总数为 28.16 万台,是村庄的 9.6 倍。同期,我国城市的生活垃圾无害化处理率达到 99.2%,而乡一级的生活垃圾无害化处理率仅为 38.27%。这意味着农村社区产生的生活垃圾中,超过六成未经过无害化处理。俗话说"巧妇难为无米之炊",缺乏必要的资金与基础设施的支持,农村社区环境治理难免落入空喊口号而难以实施、难见实效的尴尬境地。[①]

三、农村社区环境建设居民参与较少

农村社区是农村居民的家园,农村社区的环境关乎每一个居民的生活质量与幸福感。社区环境建设本应该做到依靠群众、为了群众,但是现实却是不少农村社区的居民成了社区环境建设与治理的边缘群体,参与度较低。出现这种情况的原因是多样的。[②]

从农村居民主观的角度出发,相比于城市居民,农村居民的文化水平本就相对偏低。2019 年,我国农村居民家庭户主中初中文化及以下的占比高达 86.9%。同时,文化水平相

---

① 廖年忠:《乡村振兴背景下新农村社区建设与治理研究》,重庆出版社,2019 年,第 101—102 页。
② 黄云凌:《农村人居环境整治中的村民参与度研究——基于社区能力视角》,《农村经济》2020 年第 9 期。

对较高的人员大都外出务工,村内留守人员的文化水平更低。较低的文化水平往往使得村民难以意识到环境建设的重要意义,环保意识较为淡薄,严重阻碍了村民的参与。另外,农村社区人员流动变得频繁,村庄由熟人社会向半熟人社会演变,人们在长期共同生活中形成的共同体濒临瓦解。村民对于社区的归属感与责任感减弱,使其对社区公共事务的参与度较低。根据奥尔森的集体行动理论,集体利益是由集体成员所共享的公共物品,这意味着其他成员付出努力所产生的成果能够被另一些成员分享,因此很容易导致"搭便车"现象的出现。这种"搭便车"的心理也限制了村民参与社区环境建设的积极性。

农村居民的参与度较低也与客观条件的限制有关。当前不少农村社区的环境建设仍然以政府为主导,政策的制定、实施、监督、管理以及之后的评估等工作均由政府一手包办。社区内很少针对农民展开相应的教育培训与宣传,在实际调研中发现,不少村民对社区内正在开展的农村人居环境整治竟然表示"从来没有听说过"。除了解程度有限之外,由于参与渠道与平台的限制,村民往往陷入参与无门的困境。作为社区环境建设的内生动力,村民的参与对于农村社区环境的改善具有极其重要的作用。脱离了村民的社区环境治理,往往成为"运动式"治理,推进过程中可能如火如荼,也能取得一定成效,但是缺乏长效的运行机制,很难成为常态化的工作。

四、农村社区环境监管体系存在缺陷

(一) 环境管理机构设置不合理,职能划分不明确

政府是环境管理的主体,起着设置环保机构、制定相应的法律法规与政策制度、开展环境宣传教育等重要作用。但是政府的环境管理也存在着一系列问题。以农村垃圾治理为例。2015年出台的《关于全面推进农村垃圾治理的指导意见》中,仅农村垃圾治理相关工作的推进就涉及住房城乡建设部门、农村工作综合部门、文明办、发展改革部门、财政部门、环境保护部门、农业部门等多个部门与组织。监管主体过多,不仅可能导致权力过于分散,各部门无法较好地履职,还有可能因为权责划分不明确、追责难而产生互相推卸责任的"踢皮球"现象。由于大气、水体等环境介质的独特属性,环境污染的范围往往跨越行政区域。虽然《中华人民共和国环境保护法》中明确规定当出现跨行政区域的环境污染与破坏事件时,应该由相关地方人民政府进行协商解决,或者由上级人民政府协调解决,但是在现实中这种情况的处理往往十分棘手,容易产生管理空白。除此之外,我国基层环境保护机构的设置十分薄弱。目前,我国绝大部分省份在乡镇一级未设专门的环保机构,基层环保机构人员数量较少。除了数量不足以外,基层环保机构由于薪资有限、职员未入编制等因素的影响,对人才的吸引力较低,致使当前人员的专业知识水平、职业素养等都较低。[①]

(二) 环境管理配套机制不健全

1. 农村环境立法较为落后

相比于发达国家,我国环境立法开始的时间较晚,并且最初是围绕城市工业污染建立起

---

① 刘勇:《农村环境污染整治:从政府担责到市场分责》,社会科学文献出版社,2021年,第179页。

来的。长期以来,我国环境立法总体上呈现出重城市、工业而轻农村、农业的特点。这一点从《中华人民共和国环境保护法》的相关条文中可见一斑。1989年通过的《中华人民共和国环境保护法》中与农村环境保护有关的条文仅有两条。2014年《中华人民共和国环境保护法》修订草案通过,新《环境保护法》中农村环境保护的相关条文有所增加,但是由于缺乏基本法律制度的支持,仍不能满足解决农村快速发展的环境问题的现实需要。在农村环境保护方面的专门性法律法规严重缺失的情况下,我国农村环境保护只能参照《中华人民共和国农业法》《中华人民共和国水法》《中华人民共和国固体废弃物污染环境防治法》等法律。由于并非专门性法律,农村环境保护相关的条文仅零星地分布于其中,并且较为笼统,适用性以及可操作性都较为欠缺,在实际工作中难以真正加以应用。同时,农村环境保护的立法存在严重滞后性,难以适应农村环境问题快速发展的态势。[①]

除了相关立法较为落后以外,我国的"部门立法"体制也存在一定的缺陷。各部门由于自身的权责、利益等方面的差异,在环境立法的过程中就相关规定无法达成共识,使得农村社区环境建设过程中难以有统一的法律标准。

2. 各项机制尚不完善

奖惩机制。集体行动理论认为要限制集体成员"搭便车"的行为,需要采取一定的奖惩措施对集体成员的行为进行干预。对于积极参与集体行动、为集体利益做出贡献的成员进行奖励,相应地对造成集体利益受损的成员进行惩罚。然而在大多数农村社区并没有建立起相应的奖惩机制。一方面,保护社区环境不会受到任何奖励;另一方面,由于社区环境的公共物品属性,部分企业以及村民利用社区环境获利,又利用环境污染的负外部性将其转嫁给社区其他成员,这样的行为非但没有受到相应的惩罚,反而使行为主体获取暴利。长此以往,村民参与社区环境维护的积极性将会越来越弱。

监督机制。监督机制的不完善使得农村社区环境长期处于无人监管的状态。在我国,乡镇一级一般没有专门的环保机构,环境监管依靠当地政府进行。然而,基层政府本就面临事务纷杂、人员不足的问题,缺乏足够的精力进行环境监管。并且,基层缺乏专门的环境质量监测机构与设备,难以对农村环境状况进行科学评估。农村居民作为社区环境破坏的直接受害者,本应该成为环境监督的主体。但是,很多时候农民要么缺乏监督举报的渠道,要么举报得不到有效受理,最终白费力气。除了政府与农民之外,农村社区内也缺乏第三方的社会力量对社区环境进行监督。

协调机制。农村社区环境建设涉及多方利益主体,各方的利益相互冲突产生力量博弈,严重阻碍社区的环境建设。企业自然以追求利润为要务,而政府和农村居民的利益诉求则更为复杂。对政府而言,需要完成经济发展与环境保护的双重任务指标。对于农民而言,环境保护自然与自身的利益密切相关,但部分就职于乡镇企业的农民又往往与企业成为利益共同体。如此错综复杂的利益纠葛往往导致环境建设的推进较为困难,有些情况下还可能演化成群体性事件。因此,完善的协调机制至关重要。但是目前很多农村社区既无专门的协调机构,也缺乏专业的程序与法规,协调机制还相当不健全。

[①] 张贵玲、张兆成、马玉祥:《环境法治问题研究》,人民出版社,2015年,第79页。

五、农村社区环境建设绿色科技支撑不够

尽管我国绿色科技的发展已经开始起步,多项指标已经达到世界水平,但整体发展水平仍然不高、发展不太平衡,不能满足农村社区环境建设中清洁能源使用、生态环境改善、景观环境优化、居住环境改善等领域的技术支持需要。绿色科技意识淡薄,科技研发应用中经济效益仍占上风,科技的生态功能、社会功能体现不多。科技研究开发还没有真正树立绿色理念,核心技术方面仍然缺乏有效的竞争力。绿色科技的层次不高,源头控制技术还处于起步阶段,环境应急监测能力不足。绿色科技开发成本较高,应用推广难度较大。

农村社区环境建设技术不太规范且适应性不足。我国幅员辽阔,各地区的资源禀赋、经济社会发展水平等差异较大,决定了如果所有地区使用同样的技术模式,农村社区环境建设效果无法实现最佳,但是当前我国根据不同地区的资源禀赋特点和发展水平选择适合区域特点的技术的目标暂未实现,满足不了区域差异需求。此外,在农村社区环境建设过程中,不少地区关于生活污水、生活垃圾等方面的处理技术缺乏规范性,尚未形成统一的标准和可以复制推广的技术,整体来看农村社区环境建设技术适应性不高。

第四节 农村社区环境治理发展路径

良好的生态环境关系着千百万农民的福祉,是人民美好生活的具体体现,同时也是实现乡村振兴的重要基础,是关乎农村未来发展的重要因素。现阶段,农村社区的环境治理由于物质、人才、制度等的缺失起到的效果比较有限,已经成为限制农村社区进一步发展的主要因素。如何采取有效措施促进农村社区的环境治理,改善农村生态环境,已经成为一项不容忽视的社会议题。

一、转变农业发展方式

2016年,"十三五"规划中,创新、协调、绿色、开放、共享的新发展理念首次亮相。2020年,"十四五"规划中,再次强调要坚定不移贯彻新发展理念,并将其作为"十四五"时期经济社会发展必须遵循的原则。面对严峻的农业面源污染形势,必须转变高投入、高消耗、高污染、低效益的传统农业发展方式,坚定不移地推进农业绿色发展。转变资源利用方式,加强资源保护与高效利用。实施耕地保护与质量提升行动计划,增加有机肥的使用,推动秸秆还田。提高农业生产中水资源的利用效率,推广水肥一体化、滴灌等节水技术,培育节水品种。[1]

加强农业面源污染综合防治。推动化肥与农药减量增效,积极推广测土配方施肥、绿色防控等技术以及低毒、低残留农药、有机肥的使用。推动畜禽粪污及秸秆的资源化利用。积

---

[1] 徐春霞:《环境管理与规划》,中国林业出版社,2020年,第197页。

极推进生态循环农业发展,促进种养循环,提高畜禽养殖废弃物利用率,减少畜禽养殖对农村环境的污染。在有条件的区域探索推进稻鱼共生、林下经济等生态循环农业模式。推动秸秆综合利用,促进秸秆饲料化与燃料化发展。推进农膜及包装废弃物的回收利用,加强白色污染治理力度。

强化绿色农业发展科技支撑。加强农业绿色技术研发力度与科技创新平台建设,鼓励科研院校、企业、社会团体等多方力量参与农业绿色科技研发。构建绿色技术推广体系,尤其是健全基层农技推广服务体系。加强对农民的教育培训,增强他们对新技术的接纳与应用能力。加大对绿色技术的补贴力度,通过经济手段引导农户的技术采纳行为。

二、加大资金投入,补齐基础设施短板

在当前条件下,政府的财政投入依然是农村环境建设最重要的资金来源。农村社区环保基础设施较为薄弱,历史欠债较多,现有财政资金的投入仍然难以满足现实需要。地方政府应充分认识到社区环境对于提升农村居民生活质量与推动农村社区可持续发展的重要作用,加大财政的投入力度,设立农村社区环境整治专项资金,充分发挥财政的保障作用。对于财政较为紧张的地区,应将有限的资金率先投入农村生活垃圾治理、生活污水治理等重点任务中去,实现农村社区环境整治效果的最大化。同时,应该意识到在经济增速放缓以及减税降费等政策实行的背景下,多地财政收入持续低位运行,政府本就面临着较大的财政压力。因此,在发挥财政保障功能的同时,应积极拓宽资金的来源渠道,努力构建政府引导、市场运作、社会参与的多元投入机制。引入市场机制,吸引市场主体参与到农村社区环境建设中来。进一步壮大集体经济,在集体收入中建立专项资金用于社区环境建设。在充分尊重村民意愿的前提下,探索建立环保付费制度。此举不仅能够增加环保经费,还能提升村民的环保意识,使其更加积极地投入到社区环境的保护中去。另外,还可以充分发挥乡贤的作用。不少人从家乡走出去之后事业有成,回报家乡的意愿较为强烈,愿意投入资金支持家乡的环境建设。充分利用这一资源,不仅可以减轻财政压力,也能在社区中树立榜样,让更多村民参与到环境建设中来。

三、提升农村社区能力,增强内生动力

传统村庄中,人们在生活中共同相处,农忙时节互相帮助,对自己所在的社区具有强烈的归属感,邻里之间也拥有深厚的感情。在长期的共同生活中,自发形成了一系列村规民约,出现了社区中的能人领袖。社区情感、村规民约、熟人群体以及社区领袖使得村民能够自发参与到社区公共事务中,也能较好地约束自身的行为。然而,随着农村社区人口尤其是青壮年人口大量外流,社区的空心化日益严重,逐渐失去了活力,社区的能力日趋减弱。村民的社区归属感与社区情感变得淡薄,也失去了传统规则的约束,使得许多村民对于社区公共事务抱着"事不关己,高高挂起"的态度,这也是社区环境建设村民参与度低的重要原因。因此,提升村民的参与度,就必须提升农村社区的能力。具体来说,可以从社区共同体的重

建、社区公共服务能力的提升、社区民主管理体制的构建以及社区文化的建设这四个方面入手。①

第一,重建社区共同体。通过举办修缮祠堂、重阳节敬老等一系列活动加强社区成员之间的交流,增强彼此的信任以及社区的归属感。社区共同体的重建使得社区成员之间信任程度加强,人与人之间的交往更加密切,社会网络的联系更为紧密。同时建立社区成员共同遵守的村规民约,增强了社会规范。这实际上也是一个提升社区内的社会资本水平的过程。

第二,提升社区公共服务能力。和城市社区相比,大多数农村社区提供的公共服务数量和质量都较为有限,难以满足社区居民的需求。农民非但难以在社区中切实感受到获得感与幸福感,很多时候甚至感受到严重的剥夺感,自然对社区的认同感有限。农村社区应清楚地了解居民的真实需求,为其提供优质的公共服务,让农民能够真正感受到社区发展对自身的好处,从而增强农民的社区认同感,提升农民参与农村环境建设的积极性。另外,要重视社会组织在提供多样社会服务、环保宣传与动员、环保监督等方面的重要作用,积极鼓励社会组织参与农村社区环境治理。

第三,加强社区民主管理。建立民主管理制度,使农民能够以主人翁的身份参与社区大事小情,参与到重大事项的决策中。让农民感受到自己是社区不可或缺的一员,这对于社区的发展具有重要意义。在社区环境建设中,应充分尊重村民的意愿,使农民能够自由地表达自己的利益诉求。使社区环境建设真正成为惠及农民的民生工程,而不是应对上级检查的工具。

第四,加强社区文化建设。共同的文化是将社区成员紧密相连的重要纽带,也对社区成员的行为具有规范与指导的作用。应从历史中充分挖掘社区独有的文化意蕴,使居民对自己的身份产生强烈的认同感。同时,应注重农民价值观念的塑造,使其真正认识到环境保护的重要意义,进而自觉地参与到社区环境建设中。②

四、加强宣传教育,提升农村居民环保素养

农村居民的日常行为与农村社区环境息息相关,是建设美丽乡村的重要基础与关键一环。农民的环境行为受到多种因素的共同影响。海因斯(Hines)等人提出的负责任的环境行为模型指出,人们的环境行为受到行动技能、环境问题知识、环境态度、社会压力等因素的影响。因此,培育村民的环保行为也应该从多方面入手。

首先,需要树立农民的环保观念,提升农民的环保意识。如今,随着互联网的普及以及大众传媒的广泛发展,消费主义向农村蔓延,再加上部分农村地区农民的面子观念根深蒂固,铺张浪费现象严重,为农村环境带来了沉重的负担。同时,多数农村居民并没有充分意识到环境问题的严重性。针对这种情况,应该加强农村文化建设,积极营造农村公共文化空间,通过形式多样的宣传教育活动,使农民切实认识到环境保护的重要性。推进移风易俗活

---

① 黄云凌:《农村人居环境整治中的村民参与度研究——基于社区能力视角》,《农村经济》2020年第9期。

② 于水:《从乡村治理到乡村振兴:农村环境治理转型研究》,中国农业出版社,2019年,第83页。

动,倡导理性消费,减少不必要的浪费。

其次,加强环保知识宣传,让老百姓掌握诸如生活垃圾分类等的基本知识。

最后,加强农业技术培训,加快构建完善的农村基层技术服务体系,建立专门的农业技术推广站,引进专业的农技推广人才,为农民提供专业的咨询、指导,逐步转变其不利于生态保护的生产行为。使农民真正掌握科学的施药施肥方法。让测土配方施肥等农业绿色技术真正走进老百姓的生活,使其能够在农业生产中加以运用。加强农民法治教育,提高农民法治素养,使农民在日常生活中遵法守法,让农村环境法律法规真正发挥效用。

五、健全农村社区环境监管体制机制

针对现在我国农村环境立法还较为薄弱的现状,加快推进相关立法工作,建立农村环境保护的专项法律,使农村社区环境建设工作有法可依。由于各地农村社区面临的环境问题存在差异,为了提高法律的适用性,地方政府应该加强农村环境保护的地方性立法。目前,广东省、江苏省、甘肃省、湖北省等省份已经制定了当地的农业环境保护相关条例,地方立法取得初步成效。针对农村社区环境执法人员数量较少,素质较低的情况,还应该通过"三支一扶"等政策,积极引进优秀人才,扩充农村环境执法队伍。加强环境立法执法的同时,完善配套机制建设。建立监督机制与问责机制,明确环境保护的责任主体,对造成环境破坏的行为进行严厉处罚。同时,建立起环境奖励机制,采用多种方法对社区环境建设中做出重要贡献的个体进行奖励。有条件的农村社区可以探索建立积分制,对村民进行一定的物质奖励。同时,充分利用乡土社会的特点,通过"文明户"的评选等方式对村民进行精神上的奖励。[①]

六、优化社区环境建设科技支撑机制

加快绿色科技研究开发,针对农村社区环境建设的现实需求,重点开展自然环境、生态环境、景观环境、居住环境等领域的基础性研究,进一步推动绿色技术向前发展。积聚优势科研力量,针对居住环境、生活垃圾分类治理等重点领域,推进核心技术集成。加强环境标准、环境预警防控、环境政策效应等管理类技术研究,积极探索建立绿色管理体系。充分发挥市场的决定性作用,通过市场的力量推动企业进行技术创新,以绿色发展为导向,选择节能高效的技术路线。

加强绿色科技成果推广,完善产学研结合体系,加大对企业绿色技术创新活动的政策支持,充分发挥高等院校、科研机构、企业等主体的协同作用,建立集绿色科技研发、集成应用、成果产业化于一体的绿色科技产业链,提高产学研结合的组织化程度。针对农村人居环境整治的共性技术问题,加快景观设计技术、新能源技术等在污染治理、环境监测预警等领域的示范应用。培育一批高效、有责任感的成果转化平台,及时将科技创新成果转化为农村地区可资利用的成果。

营造绿色科技创新生态环境,加强绿色科技创新文化培育,搭建研究平台,为人才的发

[①] 张贵玲、张兆成、马玉祥:《环境法治问题研究》,人民出版社,2015年,第86页。

展提供更加优质的环境,大力引进、培养农村人居环境整治急需的各类人才,强化科技工作者的伦理道德意识。建立科技成果绿色评价体系,加强科技与市场对接平台和技术交易市场建设,为绿色科技企业的发展提供良好的环境。给予节能环保产业政策优惠,促进节能环保产业快速发展,加强科技创新企业社会责任感,促进节能环保制造业和服务业互动发展。完善社会各主体参与环境科研机制,放宽社会各主体参与门槛,以科研院所、高等院校和重点治污企业为创新主体,以国家环保服务业试点为载体,以民众需求为着力点,创新多主体共同参与的环境科研管理新模式。

因地制宜确定农村社区环境建设顺序和技术。一方面,要确定农村社区环境建设过程中的重点工作,综合评估各个地区的主要问题、整治进度和发展水平等,因地制宜确定主要任务、整治重点、整治顺序,科学制定农村社区环境建设的规划路线,按照规划好的时间节点保质保量完成工作任务,避免出现脱离地方实际、盲目追赶攀比的情况。对于经济相对落后的地区,农村社区环境建设工作要在保障农民基本生活的基础上进行,随后再根据实际情况确定工作顺序,确保资金精准落地,使用高效。另一方面,因地制宜确定农村社区环境建设技术方案,近年来,生态环境部、住房和城乡建设部、农业农村部等多部门先后制定了《农村生活污水处理工程技术标准(GB/T 51347-2019)》《村庄整治技术标准(GB/T 50445-2019)》《关于推动农村人居环境标准体系建设的指导意见》等技术标准、政策文件,这些技术标准、政策文件明确了开展农村生活污水处理、农村生活垃圾处理、农村厕所革命等的具体要求,提供了技术支持。各地区的技术管理部门应该对当地农村社区环境建设中所使用的技术进行整理,与高校和科研院所深入合作,请相关专家分析所用技术特点和空间适宜性,选用和研发适宜当地的技术、模式和方案,并积极宣传推广,推动农村社区环境建设技术创新和应用。

七、大力推进城乡融合发展

综合来看,不难发现农村社区环境问题产生的根本原因在于我国长期以来的城乡二元体制。在这种体制下,农村一方面遭受着现代化带来的内源污染与城市污染下乡的伤害,另一方面却无法如城市一般获得量多质优的环保资源,使得农村社区环境问题愈演愈烈。因此,农区社区环境问题解决的根本之道在于逐渐破除二元体制,走城乡融合发展之路。政府必须从根本上改变城市中心主义的固有观念,将城乡社区的环境保护放在相同高度。充分发挥政府政策引导与市场资源配置的作用,鼓励环保资金、技术、人才等要素更多地向农村社区流动,促进城乡公共资源的均衡配置。大力推进农村社区生活垃圾与污水处理等基础设施建设,提高环境治理的能力与水平。当前,农村社区环境保护在环保规划的制定、环保机构的设置、环保监测的能力上仍然与城市社区存在显著的差距,应该加快补齐农村社区环境保护在这些方面的短板,真正实现城乡环境保护的一体化发展,使美丽中国的建设成果真正为城市与乡村共享。

第九章

农村社区文化

第一节　农村社区文化的概念及构成要素

一、农村社区文化概念及研究

文化是一个社区共同体得以存续发展的基础,是社区的灵魂与核心,农村社区文化属于文化的一部分。在开展农村社区文化的研究和学习之前,我们首先需要明确文化的具体含义。文化(culture)一词最早是从拉丁文 cultura 演变而来的,主要指的是经过人为加工的而非自然存在的事物,包括经过人类耕作、培养、教育和学习而发展的各种事物或方式。社会各界普遍认为,英国人类学家泰勒(Edward B. Tylor)最早在他的代表作《原始文化》中明确地界定了文化的概念,其在书中开宗明义地指出:"从民族学的视角来看,文化或文明是一种由知识、艺术、法律、信仰、道德、习俗以及社会成员所习得的一切能力或习惯等一系列内容所构成复合性整体。"[1]虽然有人对此表示质疑,但这是目前最常用的定义。

另外,克莱德·克拉克洪与阿尔弗雷德·克洛依伯对文化这一定义的研究在学术界比较著名,二人在《文化:概念与定义的批判性回顾》一书中对学术界提出的 164 种文化概念进行了整理和剖析。克拉克洪认为,文化是"人类创造的一切显型的和隐型的生存方式的总称;它具有社群共享特征,包括整个群体共享、一定时期内特定群体共享或群体的特定部分被共享"。[2] 这一文化定义是说,为了生存,人类会对自然环境进行加工或改造,这种生态或自然环境为文化提供了物质前提。一般来讲,显型文化能够直接地被该文化的局内、局外人观察和表述,而隐型文化则是一种价值体系,往往无法被直接、清晰地表达和描述,只可意会,不可言传,类似于一种集体无意识。

文化研究者需要利用科学的方法去正确认识、了解、描述一种文化。文化研究的理论建构来源于田野工作,研究者通过深入田野中,观察、体验文化形成民族志,最终建构对于文化、社会、人的理论。在研究方法上,也有不遑多让的争辩,即主位法与客位法、当事人观点与研究者观点、现象学取向与行为取向等。对此,克利福德·格尔茨对文化解释提供了一种

---

[1] 夏建中:《文化人类学理论学派——文化研究的历史》,中国人民大学出版社,1997 年,第 200 页。
[2] 克莱德·克鲁克洪等:《文化与个人》,高佳、何红、何维凌译,浙江人民出版社,1986 年,第 6 页。

研究文化的新理论视角。他提出文化是一个象征体系,而这一象征体系可以呈现出组成文化的各要素间的逻辑关系。在象征性表征下,人的行为呈现为文本符号,人类依靠这种象征符号进行交流、沟通、积累与延续,文化研究者的目的就是寻求这种象征行为的意义,去阅读当地人背后的文本——文化。从理论角度来看,泰勒的文化观是属于文化进化论的,是一种历史普遍主义,虽有争议但在文化研究领域沿用至今。而格尔茨所代表的文化研究主张一种历史具体主义的文化观,也拥有了越来越多的支持者。文化研究的两个主要理论流派对农村社区文化研究都有重要启发。

从泰勒的理论视角出发,农村社区文化是被代代相传的、社区成员共享的且包括价值观念、技术、规范以及信仰等生活方式在内的复合整体。具体来讲,农村社区文化包括当地居民维持生计的方式、使用的工具、合作的方式,以及他们如何适应、改变环境,如何建造居所,吃什么、喝什么,有哪些宗教仪式,如何与人交往,在什么时候什么场合下交换什么样的礼物,依照当地居民的价值体系来判断,什么是对与不对,什么是必须的,什么是禁止的,同谁联姻,如何对待祖先,如何养育后代,如何应对生死等等。文化的诸要素是整合在一起发挥作用的,因此,在研究农村社区文化时,研究者不能仅对单一文化特征进行孤立考察,而应该将某一文化特征放在更大的背景中,并细致谨慎地研究它与相关特征的联系。

当研究者试图阐释某一社区文化时,需要注意研究中的主体性和反思性。在研究农村社区时,研究者应克服自身和被研究群体所持有的偏见。研究者不应持高高在上的姿态,先入为主地认为农村文化是落后的、愚昧的,而应尊重当地文化,以客观、中立、理性的态度面对被调查对象。在田野工作中,研究者应认识到被研究对象的主体性,即人们所思所想所述与实际行为之间的不同,即人们思考应如何行动,与实际的行动,以及最终的表述可能大不相同,研究者需要谨慎地考察这些差别,从而提出一套规则来说明文化内部可接受的行为。

另外,我们应该对农村社区文化与农村文化进行一个简单却很重要的区分。国内外学者对农村文化进行了诸多的研究,如罗伯特·雷德菲尔德的"大小传统",费孝通的乡土社会。从概念上来划分,农村文化包含农村社区文化,相较而言,农村文化是一个更加宽泛、一般意义上的概念,而农村社区文化则在此基础上将研究对象限定在某一社区。不同的农村拥有不同的社区文化,文化之间可能存在着千差万别。那么,在人口众多、疆域辽阔的中国,我们不得不考虑通过对部分农村社区文化的研究是否可以窥见中国农村的整体文化生活。中国有无数个农村社区,如何能从个别概括众多,由典型窥视整体。这需要在研究过程中使用类型比较法从部分逐渐发展到总体。"类型(type)"是指所有事物的客观存在都有一个特定的前提,只要前提一致,同样的事物也会就此产生。相同条件形成的相同事物就是同一类型。[①] 如东南沿海经济较发达地区的农村社区、中原地区相对传统保守的农村社区、少数民族的游牧地区,不同地域的农村社区有着鲜明的文化特征。在实地研究中,既要看到农村社区文化的不同,也要能从某一社区逐步接近某一类型的文化,以小见大,更加深刻、全面地了解农村社区文化。

最后,在进行农村社区研究时,应该认识到文化是影响社区社会、政治和经济的一个重要因素,科学认知文化在社区发展中起到的作用,积极探寻文化是如何对农村社区的社会、

---

① 费孝通:《论人类学与文化自觉》,华夏出版社,2004年,第26页。

政治、经济产生影响的。在文化人类学研究界,很多著名学者对文化开展了独到而深刻的研究。塞缪尔·亨廷顿在加纳对文化价值观进行研究时察觉到,在20世纪60年代,加纳和韩国两个国家的经济水平基本持平,但30年以后,韩国发展较快,拥有跨国公司,出口汽车、电子设备及其他高级制成品,加纳却没有这样的变化。塞缪尔·亨廷顿认为,虽然造成两国发展巨大差异的因素很多,但韩国人所持有的朴素节俭、刻苦勤勉、投资理财、重视教育、纪律和组织等价值观在其中发挥了着不可缺少的作用。[①] 同样的,格尔茨也从文化的角度对印尼的经济发展进行了人类学研究,结果发现,在当时世界经济体系影响下,印尼也面临经济增长与人口压力双重问题。一般而言,随着人口的快速增长,土地承受力将降低,经济开发会引发农民与土地的分离。但令人不解的是,在爪哇水稻农业经济中,农民依然居住在原来的土地上,就这样土地承受住了惊人的人口增长,而造成这一结果的重要原因是当地人所共享的"守土"观、亲属观和家庭户主观等。[②] 由此可见,在研究农村社区时,重视文化因素,通过文化来理解社会,分析不同文化差异,进而解释社会经济和政治发展状况,是十分重要的。结合实际的农村社区建设工作,研究好农村社区文化,才能帮助我们做好文化建设,从而助力社区发展,建设出经济发达、社会公正以及政治民主的农村社区。

二、农村社区文化的构成要素

社区文化这一概念有广义与狭义之分,广义是指在一定的场域中社区居民经过长时间的活动而创造出的一切物质与非物质文化的总称,狭义是指在一定的场域中社区居民经过长时间的活动而创造出的一定的群体意识、行为方式、生产生活方式等文化现象的总称。郑杭生认为,社区文化是人类精神与物质文化产物,前者包括价值观、道德、法律等,后者包括衣食住行、消闲娱乐和生活日常等。根据社区文化的相关含义,我们可以将文化区分为物质文化与精神文化两大类。这是最常见的二分法,此外还有"显在文化"和"潜在文化","深层文化"与"表层文化","硬文化"与"软文化"。三分法包括"物质文化、精神文化、制度文化"或"实物文化、行为文化、观念文化"。四分法包括"精神文化、行为文化、制度文化、物质文化"或"智能文化、物质文化、规范文化、精神文化"。纵观整体,在进行农村社区文化研究时,把握好"物质文化、精神文化、制度文化"的三元结构,能够帮助我们高效地剖析文化要素,既不会过分笼统,也不会零乱没有章法。

(一) 物质文化

文化是人类为生存需要而对自然界进行加工改造的结果,所以文化需要有自然供应的物质基础。物质文化是一个民族适应自然环境的生计方式,表现在该民族生产和生活的各个方面,可以直接观察。对农村社区的物质进行文化研究,一方面可将其看作对器物进行识别、描述、比较,另一方面可将其看作是符号和象征物,对器物所涵盖的意义进行理解、分析。

[①] 塞缪尔·亨廷顿、劳伦斯·哈里森:《文化的重要作用:价值观如何影响人类进步》,程克雄译,新华出版社,2010年,第7页。

[②] 夏建中:《文化人类学理论学派——文化研究的历史》,中国人民大学出版社,1997年,第156页。

农村社区物质文化主要包括:第一,建筑与居住方面,如村落形态、房屋类型及建造过程、与居住有关的信仰和禁忌、家具、墓地等。在对居住的研究中,应注意对社区整体形态的研究,包括了解各类住宅和其他各种用途的建筑体在地面上的分布和配置,是圆周式还是排列式。村落形态往往受自然环境的限制,而如今的农村社区形态也受很多政策的影响。因此分析时,可以去探究新的居住点排布是否科学,是否能够满足社区居民的生活需求。

第二,生产工具与生产技术方面,如农器、渔猎牧相关用具、饲养器械、祭祀用品等。传统农业时期刀耕火种,牧民逐水草而居,渔民靠垂钓捕鱼而生,生产工具简单,多为手工制造,食物产量有限。当今社会,大型机械设备的发明令农民们免于劳作之苦,发达的耕种技术提高了粮食产量,科学的养殖方法增加了肉食的产量。生产力提高,大量农民从土地上解脱出来,寻找其他的谋生手段,这也导致了社区人口结构、社会结构和文化的变迁。生产工具与技术的革新不断推动着文化的发展变化。

第三,饮食方面,如食物的构成、饮食方式、宴请等仪式的禁忌与信仰等。在远古社会,人类由于缺乏工具和使用工具的能力还处于生食阶段,随着火的发现与使用,人们开始学会用火来加工食物,进入熟食阶段。熟食是人类的一大进步。农业的出现和迅速发展,使人们饮食结构发生了重大改变,米、麦等谷物成为主食,肉类、蔬菜以及瓜果成为副食。不同社区的食物品种和饮食习惯各有特点。就中国而言,北方的主食以馒头、面条等面点为主,而南方由于适宜种植水稻,更多地将大米作为日常主食。储存食物的方式和手段也因地而异,有晒、腌、烤、冻等方法。如海边的农村社区会晒小鱼干,东北农民会将白菜做成酸菜,南方农村有种类丰富的腊肉、腊肠等。另外酒和茶等饮品,也是重要的物质文化。我国拥有源远流长的酒文化,不同地区的人们就地取材制造佳酿。例如农村地区多产粮食,于是多用谷物酿酒,游牧地区多有马、牛、羊,因此用牛奶或马奶酿酒。由酒衍生出的高雅文化、民俗文化不胜枚举。同理,茶叶不仅是一种饮品,一种文化符号,同时也是一种商品,可以为当地人带来较好的经济收入。

第四,服饰方面,服饰一词包含很广,既包括穿在身上的衣裤帽鞋以及各种饰品,也包括文身、化妆品、涂料,以及发型、眉型、胡子、指甲等。服饰文化包含制作工艺、宗教价值、服饰消费、民族内涵、美学意义等。自古以来服饰的材料就各式各样,而当地服饰材料的选取一般都取决于当地的经济发展水平和自然地理条件。最早人们为了达到驱寒保暖的目的而发明服饰。随着历史的发展,服饰逐渐有了象征意义,不再仅仅是蔽体御寒之物。服饰的材质可能彰显了社会地位,饰品被赋予了某种宗教含义,人们开始追逐时尚等等。

第五,交换与商业方面,如馈赠、贡物、消费、集市等。伴随经济社会的高速发展,也带动了我国农村社区经济的进步。随着脱贫攻坚工作完成,农民收入提高、生活改善,相应的消费习惯和消费行为也会随之改变。传统的农业社会,农民只能在定期开发放的集市上购买生活所需,随着实体店铺和网络购物的发达,农民购物越来越方便。集市不再是消费的唯一渠道。另外,随着文化娱乐生活的丰富,农村社区的休闲娱乐场所也在发展,农民们有了更多精力和经济能力进行娱乐消费。因此,商业文化的变迁是农村社区研究值得关注的重要话题。

第六,交通方面,如交通工具、交通线路、社区布局、地理历史等。人类历史初期,只能依靠双脚徒步行走,靠肩扛手提搬运重物。当前,技术的不断发展和完善使得我们对出行工具的选择越来越多样,丰富便利的交通将地球变成了一个"村",人们只要耗费少量的时间就能够抵达目的地。原本封闭的农村社区,随着交通的发展逐渐开放,人口的流动成为可能,外界社会的文化、政治、经济因素也随之传播到农村社区。国家大力建设交通、通路架桥、发展水路,诸多大型工程不仅影响了农民出行,甚至生活、居住等方面也产生了根本性变化。这些都值得纳入农村社区的物质文化中进行研究。总之,物质文化不仅包括客观存在的物质本身,更重要的是其体现出来的人的行为、关系、认知等。

(二) 精神文化

农村社区精神文化是建立在物质基础上的意识形态总和,包括农民思想观念、文化水平以及长期积累形成的深层次心理结构的反映,如认知方式、思维模式、处事态度、价值观念、情感状态、人生追求等,是农民的内心世界、人格特点以及文明程度的一种外在反映。这些精神文化对农民行为、农村社区发展起着至关重要的作用。在物质基础支撑下,任何一个农村社区,均由共享的认同感和世界观结合在一起,这些信念、信仰和准则使得社区成员为所处的世界赋予意义并理解他们在其中的位置,这些抽象的集合组成了人们对自身的认识和与之有关的一切,也为他们的生活提供了意义和指导。

研究农村社区精神文化,可以关注语言文化、民间信仰、人生仪礼、礼物流动、乡约礼俗等,去探究农村社区居民是如何认识和看待这个世界,即他们如何判断是非善恶,有着怎样的世界观和人生观。农村社区的精神文化可以具体细分为以下几类:

第一,思维、语言和民族心理。人类通过漫长的发展,拥有了理性认识,这是认识上的飞跃,是人类学会用概念、判断和逻辑等形式反映客观事物的过程。随着思维发展,人类发明了语言,通过语言表达,达到协调行动、彼此呼应、互相帮助、团结一致的目的。思维和语言是精神文化的基础。如何应对社会的快速变迁,如何处理突然涌入的海量信息,原有的认知与新获取的知识如何融合,这些都是当今社会每个农村社区的个体都会遇到的问题。

第二,教育、道德和法律。教育、道德和法律在不同的层面对社区成员的行为进行指导、规范和约束,彼此互为补充。教育的过程赋予个体以社会性,个体在受到思维、技能、体质等培训后成长为拥有社会属性的人。教育的主体比较广泛,并不单指学校教育,它还包括家庭教育和社会教育。道德,是重要的社会意识形态之一,能够帮助人们来衡量行为的好与坏、美与丑、是与非。农村社区相对城市而言具有人口密度低、流动率小、同质性强等特点,属于典型的熟人社会,在这样的社会中道德对于个体的约束力度往往更强。人们会在意旁人的目光、邻里的评价。孝顺是一种美好的道德,在农村社区,不孝顺父母、不尊重长辈会被人们议论、指责。因此不论是出于自愿或是迫于压力,子女们都会尽可能塑造自己是孝子贤孙的形象。比如,在父母生前履行赡养义务,逢节假日或父母亲过寿都认真操办。父母百年之后,更是要办一场体面的葬礼,这在众人眼里才是符合孝道的子女。道德具有鲜明的时代性,并不是一成不变的,在农村社区的变迁过程中,道德也产生了相应的变化,同时,道德的约束力也发生了改变。约束个体的规则除了道德和法律,还有习惯法。习惯法不同于现代明文规定、有章可循的法律,它没有按照特定的立法程序通过国家制定和认可,不能依靠国家的强制推行,它主要依靠本地的某些社会力量保障施行。相对于道德约束,由于习惯法还有一定的主体保证实行,因此习惯法的约束力相对更强,再加上习惯法是在人们的日常生产生活中形成并代代相传下来的不成文规定,实际上是成员共同意愿的呈现,因此相比国家法律更贴近民众的生活。由于习惯法特殊的形成方式和价值反映,因此它容易被人们接受并自觉遵守。在农村社区中,习惯法往往存在于集体生活的习惯、婚俗习惯、冲突争斗、管理治理等方方面面。

第三,民俗习惯。这是人类在历史长河中积累形成并世代相传下来的,具有很强的历史承继性,是历史遗传的结果。风俗习惯中有精华也有糟粕,应该以辩证的眼光去看待,取精弃粕。对农村社区中的那些好的风俗习惯,应该保留并发扬光大。对这些文化中的精华进行传承有利于弘扬社区优秀文化,对居民而言,能够提高社区成员的自豪感和自信心,增强社区成员的认同感和归属感,加强居民群体的凝聚力。如一些北方地区在新生儿满百天的仪式上会制作、摆放很多象征吉祥的花馍。这些花馍蕴含着对新生儿的美好祝愿,同时它们本身也是一门技艺,有很强的民间艺术性。

第四,宗教与民间信仰。宗教属于一种世界观和意识形态,是一个包括信仰、教义、教律、仪式、组织、情感体验、神话传说、心理状态等多元内容的综合体。宗教不仅仅是一个客观存在的意识形态,对其成员来说更是他们进行日常生产生活的指引,同时,宗教作为一个组织也是一种社会力量。在我国,儒释道三教融合而成了中国文化,随着世界各民族、文化的接触,西方宗教在我国的土壤上也有所发展。在农村社区,除了常见的几大宗教,我们见到的更多的是民间信仰。民间信仰是一种实用主义的智慧,人们将自己所期待而又左右不了的事情寄托于神灵,希望通过祈祷、祭拜,保佑家宅平安、儿孙满堂、财源滚滚等等。这些都是社区成员个人生活中最朴实的愿望。民间信仰中的禁忌也约束着个体的行为,人们在某些方面谨言慎行以免激怒神灵,降罪于自己。人类学家对原始宗教、图腾崇拜独到的理论见解有助于我们理解当今农村社区的一些民间信仰。涂尔干认为,宗教是与神相关的一系列信念、宗教行为或仪式活动。没有什么宗教是虚假的,信仰者提出的理由可能是错的,但是,一切宗教都表现了产生这种宗教的社会现实的状况。用一个古老的原始部族的宗教中的图腾来开展研究,并不能说明图腾的这个物体本身有着神性,而是在图腾中彰显出来的人们的信仰使它变成了神圣的东西。也就是说,事实上图腾只是对宗教信念真实的符号象征物,它代表着某种现实,对于宗教信仰,我们不能只停留在对源头的研究剖析,而应当去追求这些信仰和宗教符号所象征的现实。在涂尔干看来,社会能够催生宗教,而非相反,因此对神圣事物和仪式进行的研究正是在研究社会力量的象征。对农村社区中存在的民间信仰,应秉持着同样的研究理念,去探寻这一信仰背后所反映出的社区现状。当对农村社区常见的庙会、社火、祭祀等信仰活动进行调查时,应探寻为什么这一仪式依然能够留存、它有哪些文化功能、反映了社区成员什么样的心理、对当地的政治经济生活有哪些影响?除此之外,宗教有重要的解释功能,探寻、研究和解释自然现象是人类文明进步的重要的任务,当一个客观存在无法用科学的手段进行理性合理的阐释时,宗教就可以根据其宗教理念进行直接的预设和假想,以填补这个"真空"。[①]

第五,口头文学与艺术。农村社区中拥有大量的口头文学与艺术资源,这些文学和艺术分散且众多,是重要的文化艺术宝库。神话故事和传说是人类口头文学最初的展现形式,这

---

① 林耀华:《民族学通论》,中央民族大学出版社,2003年,第465页。

些口耳相传的神话故事以生动传神的语言展现了人类在自然世界中不断挑战、征服和奋斗的故事。民间艺术是劳动人民在日常生产生活中创造的,它承载着社会成员的思想、情感、意志、追求和审美情趣。民间艺术有着强烈的乡土风格,它们往往是朴素的、清新的、生动的,文学作品往往朗朗上口、词句凝练、合辙押韵。相较于高雅晦涩的主流文化,民间艺术更加通俗易懂,易于传播。我国农村社区中仍然留存丰富的民间文学、表演艺术、雕刻器皿、人体装饰等多样化的文化遗产。很多艺术形式被纳入非物质文化遗产保护目录之中,由政府、学者和民间力量共同保护。在挖掘、研究传统的民间艺术的同时,应看到互联网的发展、信息的加速传播、城市化与全球化令农村社区文化有同质化的趋势。社交媒体、网络平台上的视频通过移动终端迅速在各个农村社区传播,天南海北的村头巷尾大妈们跳起了广场舞,大爷们扯开嗓子唱起了流行歌曲,微信群里转发着宣扬孝道、养生、鸡汤励志的配乐朗诵。社会变迁背景下农村社区的艺术文化有着更多值得研究的现象。

(三) 制度文化

农村社区制度文化是农村社会结构的呈现,包括亲属制度、宗教制度、政治制度、经济制度,这四个制度可独立研究,但彼此又相互关联。其中,亲属制度与宗教制度象征着符号关系,是根植于人的心灵深处的制度,人们认为孝敬父母、关爱子孙、侍奉祖先、尊敬神灵是理所当然的,无须掺杂任何功利的考虑;经济制度与政治制度,按照马克思主义的观点来看,是难以分开的,经济关系本质上是一种权力关系或政治关系。[1] 亲属制度又叫"亲属称谓制度"或"亲属名称制度",在现实生活中具体表现为亲属关系以及亲属之间相应的称呼规范。这种称谓即亲属之间的相互称呼,不仅体现着亲属双方的血缘联系,也反映着社会权利与义务关系。特别是当出现亲属称谓用于非亲属双方的情况时,则进一步反映了其社会意涵。亲属称谓不是孤立存在的,而是有一个体系。与一个人不能构成社会的道理类似,亲属称呼的规则形构了亲属称谓制。[2] 亲属制度体现了人与人之间的相互联系,体现了社区内人们彼此之间所承担的责任,这些责任和义务的总和构成了这些社区制度文化中的实质部分。农村社区中的亲属关系往往可能是一个社区中政治组织的基本单元,如在宗族观念较强的南方农村,族长及其所在的家庭分支往往在社区管理中起到重要的政治作用。

在针对农村社区的政治体制文化开展研究时,首先要了解乡村社会内部的权力关系,如宗教或庇护如何影响乡村公共权力的施展。这种公共权力包含了对村民的权利与义务的界定、对农村公共资源的配置和使用情况的确定。[3] 在针对农村社区的政治制度开展研究时,若要明确权力关系的改变,还需要掌握更大历史阶段内的变迁。制度文化的背后有着一套行为规范或准则,指导着生活在其中的每个人如何规矩地生活。同时,制度还是能够解决个体文化需要,以及能够解决其基础性和衍生性需要的系统。"制度"是被公认的规则、规范或行为模式,影响着个体生活和人际关系等,如农村社区中的礼物流动,便遵循着一种规范,逢年过节时应该走哪些亲戚,送哪些礼物,亲人邻里的人生仪礼应该送多大礼,随多少份子钱,

---

[1] 参见夏建中:《文化人类学理论学派——文化研究的历史》,中国人民大学出版社,1997年。
[2] 庄孔韶:《人类学通论》,中国人民大学出版社,2015年,第189页。
[3] 庄孔韶:《人类学通论》,中国人民大学出版社,2015年,第226页。

近亲如何送礼,远亲如何送礼,都有一套约定俗成的规范一代传给一代,让每个生活在其中的人"不要乱了规矩",这些原则是群体形成的基础。另外,制度是相对稳定的,虽然人际关系会有变动,但是这些制度文化不会轻易变化。

第二节 农村社区文化的特点与功能

一、农村社区文化的特点

在开展农村社区文化特点的学习研究之前,首先要掌握农村文化的特点。因为农村社区文化是农村文化的重要组成部分,因此,农村文化的特征也会在农村社区文化中展现出来。我国著名社会学家费孝通认为,从基层看,中国社会是乡土性的,乡土社区的单位是村落,其具体特点是:以家为中心、亲属关系及相关伦理为主要伦理的差序格局,这是农村社区的典型特征;其中,家族是农村社区最基本的群体构成;礼治、人伦、长老、血缘是农村社区常见的社会秩序。雷德菲尔德在农民文化研究中提出了民俗文化(folk culture),他认为民俗文化具有小型、封闭性、未开化、强烈的群体凝聚力、同质性、缺乏立法、生活方式局限于紧密联系的系统中、家庭群体是基本的行为单位、经济仅仅是代表一个地位而不是市场等特点。[①] 在具体的农村社区的文化研究中,应从文化的特性入手去掌握农村社区文化的特点。

（一）农村社区文化的普遍性与特殊性

农村文化、乡土文化,不论是哪个国家或地区的农村,都具有一些共性,如依赖自然环境、封闭不开化、集体意识强、看重血缘关系、流动性小等等。但在不同的生态环境、不同地域、不同国家和民族,所创造出来的农村社区文化又是多元及特殊的。农村社区文化是在一定的情况下形成和传承下来的文化,所谓"五里不同风,十里不同俗"就是文化多样性的具体体现。在农村社区文化研究中应引入空间关系,尤其应在这种空间关系中解析社区文化,进而提高研究的可操作性。

在实际研究中应根据研究需要和既定的理论框架对农村社区空间范围进行限定。如以研究民间信仰为目的,则同一神庙辐射下的聚居村落中的宗教文化都可以作为一个社区文化现象进行研究。如研究农民集中居住后的文化适应情况,则原本属于几个村落而今生活在同一回迁房小区的居民也可以作为一个社区文化现象进行研究。也可以把以小城镇为核心的乡镇商业区作为一个集镇社区来进行研究。农村社区文化并不一定限于行政村落,但也不宜范围过大。

对现代社会进行研究,社区是非常好的研究单位。美国著名人类学家L·沃纳主持的"杨基城"系列研究开创了采用文化人类学的结构功能方法对社区进行文化研究的新路径。该计划之后涌现出了诸多年轻学者,运用结构功能主义理论和参与观察法对小规模社会进

[①] 夏建中:《文化人类学理论学派——文化研究的历史》,中国人民大学出版社,1997年,第154页。

行文化研究。该学派在研究中选取的都是"具有一个在长期发展过程中有着一脉相传的传统,并处于单一集团统治下的社会组织的小型社区"。其中,雷德菲尔德撰写了《农民社会与文化》和《尤卡坦民俗文化》,这是对现代社会的民俗社会、民俗文化开展研究的重要著作。他认为,民俗文化是定居农民文化,即特定区域界限内农民共享文化。[①] 与雷德菲尔德的观点类似,斯图尔德(Julian Haynes Steward)认为文化应从家庭、社区、国家进行阐释,其中,社区在超家庭的组织产生时形成,产生了公认的财产权、集体礼仪、外延亲属关系等文化形态。[②]

我国社会学家费孝通在乡村研究中提出了"类型比较法",有助于更好地在农村社区文化研究中去把握普遍性和特殊性。中国有千千万万个农村社区,这些社区都处于时代变迁的洪流中,这么多的农村社区,研究者不可能一一去调查。幸运的是,这些农村社区的文化虽然不是千篇一律但也不是千变万化无迹可寻的。如果对某一个具体的农村社区,我们弄清楚产生其文化的原因,文化要素之间千丝万缕的关系,这样在遇到和这一社区相似的社区便可归为同一类型,而相去甚远的社区则可另外研究。这样就逐渐梳理出了不同的社区类型或者模式。这就是类型比较法。这一方法所依据的原理便是相同条件下会发生相同的结构,不同的条件下会发生不同的结构,条件是可以比较的,结构因之也是可以比较的。[③] 这样从点到面,从个别到一般的逐步研究,通过把农村社区文化作为客观存在的事物加以科学的观察和分析,形成正确的认识,然后根据这样的认识来推动农村社区文化建设。

(二) 农村社区文化的习得性

文化习得性,就是指文化是通过后天的学习而获得的,并不是在出生时先天拥有的。这就是说,文化是一种"社会遗传",是人类在社会生活中传承下来的,而非生物基因遗传产生的。比如说,在社会中的成员共同拥有的事物,并不一定是从属于文化这个范畴。如吃东西本身是为了满足个体生理需要的本能行为,人类需要吃东西,动物也需要吃东西,但是吃什么、怎么吃,和谁一起吃,这些是后天习得的,是人类特有的;不同民族、不同的群体、不同社区的居民对食物有不同的烹饪和食用方法,这些才属于文化范畴。

文化的习得主要是从周边的社会环境中学习。从咿呀学话的婴幼儿时代,人类便开始不自觉地学习文化。不同的农村社区会为婴幼儿准备不同的辅食,举办形式各异的新生儿礼仪,在孩子的童年时代教给他们生存的技能,在一个人的成长过程中,他所接触的外界社会潜移默化地将文化传递给他。在农村社区成员的社会化过程中,家中长辈是向其传递文化信息的重要角色。传统的农村社区的习得过程与玛格丽特·米德提出的前塑文化很相似,这种文化又称为老年文化,表现为:文化变迁缓慢;文化延续有赖于三代人的存在和扩大家庭形态;前辈尤其是祖父母辈为后辈楷模且在家中有绝对权威;创新行为极少,大部分行为来自习得文化模式;社区活动半径较小,代沟现象不明显。在传统的农村社区,居民进行文化学习的过程中,以上特征尤为凸显。

[①] 夏建中:《文化人类学理论学派——文化研究的历史》,中国人民大学出版社,1997年,第155页。
[②] 夏建中:《文化人类学理论学派——文化研究的历史》,中国人民大学出版社,1997年,第231页。
[③] 参见费孝通:《论人类学与文化自觉》,华夏出版社,2004年。

受到全球化、城市化的影响,农村社区文化产生了翻天覆地的变化,成员社会化过程出现了深刻的变革,多样化的信息来源冲击了年长者的权威地位。在一些农村社区,文化习得的过程已从米德的"前塑文化"向"后塑文化"过渡。"后塑文化"亦称"青年文化",表现为:现代化的通讯传播手段和交通工具使个体获取信息的机会、渠道和内容扩大;文化传承跨越不同时代、不同文化传统、不同社会经济水平且呈现跳跃性与间断性;长辈经验与传承优势丧失。在中国如今的农村社区,虽然家庭教育依旧是个体社会化的重要场所,但是学校、社会在文化传承方面的作用也越来越大,而且随着科学知识普及、互联网发展、信息获取渠道多元化,农村社区文化正在经历所谓的"后塑文化"阶段,传统文化传承遇到了极大的挑战。

(三) 农村社区文化的适应性

文化具有积极的适应性。适应性,不仅是指对自然环境和社会环境的适应,也是指为了达到社会的需要而进行的主动与被动适应的过程。

一方面,我国农村社区文化在对自然环境的适应上有着上千年的经验,祖先为我们留下了很多丰富的遗产,这些都是智慧的结晶。无论在任何时代、任何社会,人类都离不开吃,人类只有摄取食物、汲取营养才能存活下去。我们的农村社区在面对不同的自然生态环境时形成不同的种植系统,产生不同的农业文化。如联合国粮农组织在我国有三个不同的农业试点,包括贵州从江侗乡的稻鱼鸭、浙江青田的稻鱼共生和云南红河哈尼的稻作梯田,这些农耕系统是根据当地的自然环境而生成的,在此基础上而产生的农业文化也是不同的。再如,我国东北气候寒冷,因此东北人住低矮的房屋以便于保存室内热气,冬天会有破冰垂钓的重要经济活动。而在我国陕西地区,气候炎热干燥,当地农村社区的房屋较高,便于通风,春节家宴会摆上九盘讲究的凉菜,而这在东北是无法想象的,一桌热气腾腾的饭菜才是温暖冬日热量的来源。这就是不同的农村社区为了适应自然环境而滋生了不同的社区文化。

另一方面,农村社区文化也会主动或者被动的适应社会环境。在快速变革的社会,农村社区在不断地进行调适。城市化进程加快、人口流动频繁、土地流失严重,乡土社会结构已有深刻的变化,相应的,乡约礼俗、宗教信仰、民间艺术、道德规范也在悄然变化。为适应社会环境的变化,这些传统的农村社区文化因素,有些逐渐消失,成了老人口里的传说与回忆,如一些农村社区的祭祀活动;有些能够原样保留,有着顽强的生命力,如一些传统的节日习俗;有些虽换了形式,但原有的精神内核依然存在,如对亲属关系的看重等。在后面的章节中我们将继续讨论农村社区文化的适应性所带来的文化的传承与变迁。

(四) 农村社区文化的分化与整合

随着社会的发展,文化也处于不断发展变化之中,总体来看,文化的变化分为分化和整合两种现象。文化分化是指从原来的文化体系中分化出一种新的文化体系的过程;文化整合是不同文化之间发生碰撞,从而相互影响、吸收、融化、调和甚至逐渐趋于整合的过程。[①]文化之所以会发生这样两种现象,是因为文化既有排他性,也有融合性。文化的分化与整合可以发生在整个国家、民族和社会,也可以发生在一个社区或群体。不论是国家、民族、社会

[①] 林耀华:《民族学通论》,中央民族大学出版社,2003年,第395页。

还是社区和群体,其文化内部都有很多文化要素,这些文化要素彼此联结、互相依存结合成综合体,同时也可以分离或重新组合,形成新的、独立的、能够自给自足的体系。

文化的分化或整合受到内因和外因的影响,内因如社区内部的政治、经济因素,外因如外来文化传播、人口流动迁徙、生存环境变化等。在内外因刺激下,原有文化体系会发生变化,产生新的需求或价值取向,甚至与原文化产生冲突,当这种冲突到达一个临界点的时候,一个区别于旧文化的体系就生成了。如在农村社区,原本几个村落的人们都世世代代靠种地为生,生活在同一个文化体系中。但随着经济的发展,其中一个村落的年轻人都去大城市打工了,另一个村的年轻人都在附近找活干,还有一个村的人承包了更多的土地发展现代化农业,原本文化相近的三个村落将逐渐分化出不同的文化体系来。

与之相似,文化整合是指当各种不同的文化相遇、碰撞,随着时间的流逝,它们的内容和形式逐渐改变,开始互相接纳、糅合,最终融合形成一个新的文化体系。在农村社区建设过程中,很多地方的农村为提高农民的生活水平,加强了公共设施建设,让农民集中居住起来;还有一些农村受城市扩张影响,失地农民住进了单元楼。在这种社区中,原本可能是几个不同文化的村落或群体聚集到了一起,各自原有的文化因素会互相吸引、调整,最终产生一个新的适合当地居民的农村社区文化。

二、农村社区文化的功能

农村社区文化是一个由多种文化要素组合而成的整合性的系统,有着丰富的人文文化内涵,在这个经整合而成的系统中,文化的每一个元素都扮演特定的角色。它是广大劳动人民在长年累月的辛勤劳动中集体创造出来的,它经过了历史的检验和调整,最终用一种较为固定的方式延续并传承下来,构成了一个规模庞大的文化体系。人类创造了这样一个庞杂的系统来维持生存、开展社会生活,因此,应试图探寻文化在农村社区生活中到底有着怎样的功能。关于文化功能研究,英国功能主义学派有着较为深刻的见解。其中,拉德克利夫·布朗认为,所有文化现象都有特定功能,我们所在社区与社会中的各个部分在协调、配合过程中成为功能统一体,为此应找到各部分的功能,进而了解其意义。马林诺夫斯基把文化看成一个整体,所有文化现象都是整体的一部分,与整体不可分割。涂尔干在宗教研究中指出,宗教的功能分为两个层面,即基于整个社会的功能和基于社会个体的功能。可见,研究农村社区文化的功能,可以尝试拆解文化的各个部分之间的关系,去探讨文化在个体和社会两个层面上的功能。

(一)文化对农村社区个体的功能

文化是人为的,是人类为了生活得更好而创造的,文化涵盖生活的方方面面,不仅满足个体的生理需求,同时也满足成员的心理和情感需求。

第一,文化中的物质文化满足了人们生存、生产和生活的基础需求。有了房屋,人们才能居住,才能抵御野兽和外敌的侵害。有了农具,人们可以耕种土地、收获粮食、捕获猎物、制作食物。有了各种材料、设备和工艺,人们才能织布穿衣、出门远行。

第二,文化让生活在农村社区中的个体实现了交流沟通、合作互惠。人是群体性动物,需要他人的陪伴。有了语言、思维、艺术,人与人之间的沟通成为可能,人不再是孤立的个体。同时,思维促成了人们之间的合作。在传统农业时代,人类需要相互帮助才能在残酷的大自然环境中艰难的生存下来。如今的农村社区依然需要彼此合作共同发展。

第三,文化让社区成员的生活有章可循,让生活在社区中的人们能够对自己的身份、权利、责任有清晰的认识。农村社区文化中的精神文化包括世界观、价值观、是非观,它帮助个体理解自身在世界所处的位置,它告诉了社区成员什么是对的,什么是错的,如何面对生死,如何面对挑战与变故。农村社区文化也包含乡规民约、习俗惯制,它指导成员在什么时候应该做什么事,哪些事情不能做。正是在这些文化要素指引下,人们在生活中的行为才得以规范。"人从出生开始就进入民俗的规范,从诞生礼、语言习得、游戏模仿、交际礼节、婚俗成家到丧葬民俗,人与民俗就像是鱼与水,一样须臾不离。"①

第四,文化慰藉个体的心灵。在农村社区中有着祭拜祖先、神灵崇拜、庙会游行等一些集体性的民俗文化。这些文化源于人们对大自然、神灵、祖先的敬畏,是人们在遭遇困苦时的一种自我救助,是面对未知时的自我安慰,也是沉重的体力劳动之余的休闲放松。农村社区中的民俗文化能够缓解人们在现实生活中的焦虑和不安,调和个人的情感,缓解社会压力,带来精神慰藉,使个人更坚强、更有自信心。

第五,文化帮助个体追求自我价值。在农村社区的文化活动中,有人成了文化遗产传承人,有人以庙会主事者的身份为傲,有人积极组织妇女们跳广场舞。在这些文化活动中,参与其中的个体都寻找到了自身的价值,同时也为生活增添了许多乐趣。

第六,文化提高个人的社区认同感。社区认同是社区成员对共有价值的认同、拥护和珍视,是对社区伦理、社区规范的赞同和遵从。农村社区认同建立在成员之间的互动行为之上。在传统农村,农民社区认同感强烈。他们生活在相对封闭的社区中,个体之间的交往密切且有一定的强制性,社区成员富有责任感,自觉履行对社区的义务。在传统社区中,社区成员互惠合作,有利于实现社区共同利益。然而,随着人口的流动,社区的开放,社区认同有减弱趋势。原本被束缚在土地上从事生产劳作的农民,有了更多的就业选择,他们能够离开土地进城务工,摆脱传统的血缘、地缘等关系对个体的束缚。农民的私人生活领域生长出个体主义和理性意识,而在公共领域尚未出现成熟的公民意识。生产方式的转变从根本上冲击传统的社区认同,传统文化的没落,加速社区认同的衰弱。基于变迁下的新型农村社区,建立与之相应的社区认同,培育成员的社区公共生活参与意识,产生能够维系成员交往关系的社区文化,这是当代农村社区文化需要攻克的重要课题。

(二)文化对农村社区社会的功能

第一,社会整合功能。文化具有唤起集体情感与观念的沟通功能。以仪式文化为例,仪式将社会内聚力、社会感情、社会价值观灌输给人们。在仪式文化中,群体有一种去异求同的倾向,人们会受情境的影响而摒弃世俗的、社会等级的约束,体验到一种群体的团结。在日常生活中存在的地位差距、性别差别、角色差异等在仪式中统统消失。在仪式中,人们之间的关系是平等、同质、简单的。在人类学家看来,人性正是在这样的仪式中得以繁荣发展。

---

① 钟敬文:《民俗学概论》,上海文艺出版社,1998年,第28页。

在农村社区中有很多大型的仪式活动,如民间信仰、宗祠祭拜、传统节日等。乡土社会常见的庙会活动,朝拜的仪式活动超脱于某个单一村落,建立在不同村落群体之间的联系之上。在这个过程中,人们的信仰被唤起,集体意识被保留、传承或复兴。在宗祠祭拜中,限制个人利益、为集体做出牺牲、顺从权威等价值观和行为方式被强化。文化将社会成员牢固地结合在一起,每逢中国传统新春佳节,身处各地的游子纷纷赶回老家,走亲访友、家庭聚会,在这样的节日习俗中,人们通过交往维持群体感情。文化对促进社会团结承担着某种黏合剂的功能。

随着时代发展,城镇化是农村社区建设的一个重要趋势。一些传统的文化现象正在消失,其整合功能也逐渐式微。随着人员流动日益加速、生活环境改变,原本建立在亲缘、地缘上的关系纽带逐步被消解,个体联系变得松散,关系趋于淡漠,熟人社会开始向陌生人社会过渡,原有社区归属感变淡,如何在社区的文化建设中利用文化的整合功能,增进社区成员团结、加强个体认同感、维持农村社区活力,这是重要的研究课题。除了完备的基础设施、日益增长的收入、科学的政治治理,建设让居民自愿参与的文化生活是社区软实力的象征。

第二,社会规范功能。在农村社区中的乡规民约、习俗惯制对民众有很强的约束作用。它们在社会化的过程中逐渐内化为个体无意识的社会行为,保证社会生活能够有规则、有秩序地进行。农村社区的风俗习惯,表现形式丰富多彩。例如,对乡民来说,遇到重要的人生事件,如孩子出生、百天、满岁、成人、上大学、参军,或者老人过寿、过世等,都需要思考是否大摆宴席,邀请哪些人,让哪些人来帮忙,如何安排座席,对于被邀请者来说要掂量是否参加,随多大的礼,是来吃饭就走还是需要提前几天便来帮忙。这些社交生活中的重要事件,背后是一套完整的不成文的社会规则。在农村社区这样以血缘为基础建立起的熟人社会,亲属关系的远近对于个体如何做出决策起着关键作用。

在农村社区,父母重要生辰,子女不用心操办,将被邻里视为不孝。如近亲家的长辈为儿孙出生大摆宴席,社区中每一个成员都根据关系亲疏远近,选择出席方式和礼金多少。费孝通用"差序格局"来解释这种现象,即在亲属、地缘等社会关系中,个体以自己为中心将社会关系像水波纹一样由内向外推出,距中心越远表示关系越远;一般情况下,这种关系由血缘关系向外延展。在农村社区中的个体,都处于这样的差序格局之下。人类学家阎云翔通过下岬村礼物流动的研究,揭示农村礼物流动与关系网络,互惠原则与人情伦理,礼物交换关系中的声望与权力等之间的有机联系。莫斯的礼物交换研究也发现,迫使人们进行礼物交换的主要原因是社会需要这种互惠性制度,进而保证社会活动的规律性运作和社会规范的正常建立。礼物交换是社会网络建立的准则,个体交换活动都按这一社会准则进行,同时交换行为也在强化这些准则,可见,"正是群体而非个人在交换,所以交换行为需要制订契约并受义务约束"[①]。

第三节 农村社区文化的传承与变迁

农村社区文化是社区成员长期积累的生活经验,是智慧的宝库。作为一种重要的文化

---

① 夏建中:《文化人类学理论学派:文化研究的历史》,中国人民大学出版社,1997年,第108页。

积淀,我们有责任研究它,了解其传承与变迁,进而更科学、更理性地进行农村社区文化建设。从文化特性角度来看,文化是通过后天习得的,而非先天遗传的。文化是一种动态系统,系统内部构成要素发生变化时,整个系统均会有所回应,为此,文化应保证足够的灵活度,以适应不稳定或变化的各种情景。① 在当今全球化、现代化的大背景下,农村社区文化一直在与城市文化、工业文化碰撞。随着生计方式、居住环境、生活方式、社会结构的变化,农村社区文化也经历着巨变,但在变迁的过程中,传袭上千年的农村文化、农业文化仍然有着顽强的生命力,在农村社区中得以传承,甚至产生新的表现形态。

一、农村社区文化的传承

文化是一个灵活变化的有机体,有很强的适应性。人类在其生存的漫长历史中,伴随着对各种自然环境的适应,这种适应既包括了生理上的调适也包括了文化上的调适。这就是为什么我们虽然也有和其他生物一样的需求和压力,但人类能够强势生存的原因。文化适应在某种程度上指的是人为更好生存与繁衍而发展的观念、活动或技术等复合体。② 人类通过文化来适应他们的环境,比如,我国是一个农业大国,是什么促使灌溉农业的产生? 除了研究灌溉技术和设备的发明与发展,还需要关注人们是如何被组织在一起进行耕种的,如何决策水源应被分配浇灌哪块土地,而这些便需要研究农村社会的政治、组织结构。

文化随着时间的变化而变化,但变化不同于进步,文化的变化也可能带来严重的不良后果。在农村社区文化变化过程中,一些有利于成员团结,能给整个社区和个体带来信念支撑的文化要素,有必要保留,或者进行再创造。在文化传承的过程中还应看到文化惯性的力量,习惯的力量往往成为接受新鲜的、陌生事物的障碍,人们一般会坚持已经习惯了的事情,而不是接纳一些需要重新适应的新事物。因此,在这种惯性影响下,很多传统的文化元素得以保留。但如果习惯的力量过大,也会影响文化的创新。所以,文化变迁不意味着一定是文化进步,只是文化在变得更复杂,变化的过程有时也会付出代价。

在研究文化传承的过程中,文化遗产保护是重要的研究课题。我国是一个历史悠久的农业国家,乡土社会中存有大量物质、非物质文化遗产,这些祖先传承下来的瑰宝,亟待挖掘、整理、研究与保护。放眼国际,联合国已有自然遗产保护、非物质文化遗产保护、世界遗产保护、全球农业文化遗产保护和世界文化记忆保护等五种遗产保护类型,单独提出农业文化遗产保护恰恰能够反映出农业社区文化传承的重要性。

对农村社区的文化遗产,首先应尊重它、珍视它,这是农业文明衍生出来的人类赖以生存的根基。在文化遗产保护顺序上,应以保留农业文化遗产为首,在此基础上考虑非物质文化遗产。因为农村社区的衣食住行、婚丧嫁娶、民间信仰都是建立在整个农耕文明生计方式上的。在传统农村社区文化的保护上,不是简单粗暴地去保护某个器皿,去挖掘某个舞蹈,去表演某项仪式,而是去挖掘形式背后所隐藏的深层次的农业社会里最高信仰的那些东西,去理解农村社区中的居民内心深处最真挚的愿望。关注传统文化为当地人带来了什么,这

---

① 威廉 A. 哈维兰等:《文化人类学:人类的挑战》,陈相超、冯然等译,机械工业出版社,2014年,第34页。
② 威廉 A. 哈维兰等:《文化人类学:人类的挑战》,陈相超、冯然等译,机械工业出版社,2014年,第36页。

些文化事项如何指引他们寻找人生意义,处理人际关系,维持社区认同,适应社会变迁等等。向我们的祖先学习如何在多变的自然条件下顽强生存,怎样对待大自然,怎样从自然中摄取精华,怎样寻找整个人类的共同利益,这些文化传承和保护的目的是在具体的实践中形成新时代的一种精神动力,促使我们继续奋斗,以此为支撑,更好地生活。

因此,农村社区文化研究,应从文化持有者的角度思考,深刻把握研究主体,而非将研究者的思想强加到研究对象身上。研究者应探寻当地人是怎么想的,为什么这么做。将当地人的感知经验准确地诠释出来,并嵌套进关于社会生活的一般理论中去,是一项精细微妙的工作。

二、农村社区文化的变迁

文化变迁,又被称作文化变异或文化转变。是指由于社会文化内部的发展,或由于不同社会文明间的接触而引起的一个文化系统的内容、风格、模式、结构的变化。雷德菲尔德在对乡村进行研究后指出现代文化中的大传统对小传统的影响,在他的研究中,现代文明中大传统是城市,小传统是农村;随着文明的日益发展,农村被城市"蚕食"与"同化"的趋势不可避免。改革开放以来,中国社会经历着整体性变迁,农村社会也在发生翻天覆地的变化。传统村落共同体正在解体,新型农村社区正在形成,不仅包括村庄形态,更是整个传统村落共同体的总体变革。农村社区文化的变迁伴随着以下三个方面的变迁。

第一,居住方式的变迁。传统村落是村民经过长时间的农业生活自然聚居在一起形成自然村,文化变迁是一个缓慢的过程。如今,在城市化冲击下,在国家城乡统筹建设中,农村社区急速变化。有的社区在原址上进行现代化改造,为农民带来了便利;有的社区出于国家建设、村落发展等考虑,将整个村落或者部分居民迁离原址重新安置;有的社区受到城市扩张的影响,成为城中村;有的社区农民入住回迁房,原有土地成为商业地产项目。居住环境的改变迫使农民要学会城市生活,原本的邻里关系、家庭关系、乡约礼俗都受到了挑战。散落村落变为集中居住社区或拆迁并村,这些变化冲击了村庄自然界限,村民告别了分散式、敞开式居住形式,转为具备相对完善配套设施的"并居"模式。

第二,生计方式的变迁。传统生产方式下的农村社会,农民主要的生计来源是农业和手工业,以生产的自给自足为主。"你耕地来我织布"就是对这样的生活景象的描述。但随着市场化和城市化的影响,农民离开土地,进城务工,做农活不再是农民家庭收入的唯一来源。这种变化加速了农村人口流动速度,单向的农村向城市流动致使农村长期处于人口流失状态。同时,农民的婚姻观、家庭观、道德观、赡养观等重要人生观念都在相应发生着深刻的变化。农民不再完全受到家庭或社区的情感和道德约束,不再被原社区的规范体系所规约。进城务工农民不再受到原有农村社区的制约,行动自由大大增加,但也加剧了行动失范风险。生计方式的改变不仅使农民离开了土地,更是减弱了农村社区文化对农民的制约。

第三,生活方式的变迁。为满足现实生活需求,农村形成了独特的社区文化,这些文化在某种程度上是对生活方式的承载。然而,随着传统乡村的发展与变迁,原本靠着血缘和地缘为纽带连接起来的关系网络正在趋于瓦解。随着城市的大规模扩张,农田被征用,农民住到了单元楼内,原有的村落形态遭到彻底破坏。随着新型农村社区建设的进一步推进,农民迁入新型现代化农村社区居住,传统农耕生活从根本上改变,他们不再"日出而作,日落而息",而是过上类城市生活。伴随新型生活和生产方式的形成,农村社会文化正在被赋予新的内涵。

综上所述,本章系统地介绍了农村社区文化的概念及研究农村社区文化的基本方法;分析了农村社区文化构成要素,指出了物质文化、精神文化和制度文化对理解农村社区文化的重要性;讨论了农村社区文化特点;剖析了农村社区文化对个体和社会的功能;分析了农村社区文化的传承方式和面临的变迁,这为全面理解农村社区文化、推进乡村振兴提供了重要参考。

第十章

农村社区服务

农村社区服务是全面促进乡村振兴的重要内容,是实现城乡融合发展、满足农村居民日益增长的美好生活需要的必要手段。在农村建设、乡村振兴和城乡融合发展实践中,国家高度重视农村社区的公共设施和服务中心建设,农村社区服务水平显著提高。本章内容包括农村社区服务概念、农村社区服务主要内容、农村社区服务变迁、农村社区服务情境、农村社区服务发展问题以及进一步完善农村社区服务路径等。

第一节 农村社区服务的基本概念和主要内容

一、农村社区服务的提出

中国学界对社区服务有不同的解释,不少学者受西方早期福利主义思想影响,认为"社区服务的本质属性是公益性和福利性",社区服务应该是在政府组织下,"调动社区内外的各种资源,进而开展的福利性服务",强调这是"中国内陆发展社区服务的根本所在"[1]。尽管欧美早期社区服务主要由慈善机构或私人发起,以救济贫民的福利、公益活动为主要内容,但自20世纪中叶后这些国家的社区服务已经发生了较大变化:一些国家的政府介入社区服务,社区服务逐渐成为普惠性活动,除了继续为社区弱势群体和困难人群提供福利服务外,还将社区全体居民纳入服务范围,为其提供更广泛的社会服务;社区服务不再是政府单方面的事情,一些国家在福利多元主义指导下,逐步减少政府直接从事社区服务活动,日渐重视与非营利组织、市场组织合作提供社区服务。可见,如今的社区服务不仅仅是慈善等社会组织主导开展的福利性和公益性服务活动,它还是政府和不同社会力量合作开展的为社区全体居民提供广泛服务的过程。

中国政府也从这个含义上界定社区服务。早在2006年,国务院发布了《关于加强和改进社区服务工作的意见》,明确解释了社区服务的供给主体和内容,即社区服务是"政府、社区居委会以及其他力量直接为社区成员提供的公共服务以及其他物质、生活、文化等服务"。同年,《"十一五"社区服务体系发展规划》再作补充,说明社区服务内容包括就业、救助、卫生

---

[1] 关信平:《论我国社区服务的福利性及其资源调动途径》,《中国社会工作》1997年第6期;徐永祥:《论社区服务的本质属性与运行机制》,《华东理工大学学报(哲学社会科学版)》2002年第4期。

和计划生育、文化教育、体育、社会保障、流动人口管理和服务、安全等；开展社区服务，不仅要充分发挥社区居委会的作用，更要培育民间组织进行志愿服务，同时要支持和鼓励组织、企业和个人参与服务。因此，当前开展的农村社区服务不仅要重视为困难或弱势人群提供福利服务，还要多主体合作，共同开展可以满足全体农村社区居民需求的多样化服务活动。

在政府推动基础上，中国社区服务快速发展。城市社区服务设施和服务项目不断增加，社区服务队伍日趋壮大，并且形成了基层政府、居委会、驻区单位、企事业单位、民间组织、居民共同参与社区服务的局面；社区服务对象和服务内容大幅度拓展，服务对象由最初的老弱病残的弱势群体和困难群体扩展到所有社区居民，内容由单纯的救助服务延伸到卫生、健康、就业、治安、文体活动、物业、家政等领域。但是，由于受城乡二元体制的掣肘，我国城乡社区服务发展不平衡，农村社区服务严重滞后于城市。

其实，农村社区服务实践活动由来已久。在传统社会，村民祖辈居住在村庄熟人社会中，地缘关系与血缘关系将全村村民网罗在一起，形成邻里关系圈和亲戚关系圈。这两大关系圈不只是村民之间你来我往的互动网络，还具有你帮我、我帮你的服务功能——包括劳动力、大农具、耕畜及婚丧嫁娶等。尽管这些帮助不是按照现代服务理念进行，但不管怎样，村庄里发生的互帮互助行为有服务性质和服务功能，不仅临时性地帮助困难家庭渡过难关，而且在村庄建立了一张全面且比较坚实的"保障网"，避免困难家庭日子过不下去的事情发生。

在社队集体化时期，尽管以邻里、亲戚为主体的互助服务减少，市场服务也因农村社会高度政治化和组织化而受到严重削弱，但农村社区服务并没有销声匿迹，它以集体化形式为农村社区及其居民提供服务。在农业合作化和人民公社时期，"政社合一"的人民公社和生产大队在农村基层建立了一些集体组织，承担村庄自发服务和市场服务的部分职能，为村民的生产生活提供服务。虽然集体组织为农村居民提供的服务依附于合作化、集体化制度规约，服务内容有限，服务水平也不是很高，但这些服务满足了农村居民的日常服务需求，维系了农村社会正常秩序，对巩固农村基层政权有着积极的作用。社队时期的集体组织服务在农村社区有较强的生命力，尽管家庭联产承包责任制实施、农村基层政权改制和农业税取消等制度安排削弱了这些组织的服务能力，但集体组织提供的服务并没有全部退出农村社会，甚至一些组织的服务功能在新形势下还有所强化，至今仍在广大农村社区发挥着服务功能。

我国农村本就存在社区服务，也有各种各样的服务形式。可遗憾的是，这些服务有其实而无其名，政界和学界一直将社区服务视为农村基层治理范畴，直到21世纪新农村建设开展后，农村社区服务才被国家和农村基层政府作为独立活动正式列入新农村建设中。2007年，党的十七大报告提出，要"将城乡社区建设成服务完善、管理有序、文明祥和的社会生活共同体"；2008年中央1号文件强调，解决"三农"问题和实现城乡统筹，应完善农村社区公共服务体系，同时建议在有条件的地方建立农村社区服务中心；2012年，党的十八大报告指出，加强和创新社会管理的核心在于增强城乡社区服务功能；2017年颁布的《关于加强和完善城乡社区治理的意见》要求，"加快城乡社区公共服务体系建设，健全城乡社区服务机构，编制城乡社区公共服务指导目录，做好与城乡社区居民利益密切相关的公共服务事项"。

二、农村社区服务的基本概念

自2006年党的十六届六中全会要求积极推进农村社区建设以来,各级政府在新农村建设中大力推进村改社区/居工程,农村社区服务、治理活动在各地农村广泛开展起来,并形成了诸如浙江宁波的虚拟社区"联合党委"模式、江苏的"一委一居一站一办"模式、山东诸城的"多村一社区"模式以及舟山的"社区管理委员会"模式等。近年来,我国农村社区服务的研究日渐增多,并且已经积累了不少有价值的理论成果,具体表现如下:

其一,根据研究主题需要,从不同角度阐释农村社区公共服务概念。吕微和唐伟立足于社区公共服务内容,将农村社区公共服务定义为在农村社区范围内为农村居民提供农业生产、农村发展和生活需要等公众利益服务;田华着眼于公共服务性质,指出农村社区公共服务是由政府和社区共同提供的、满足社区居民生产生活需求、具有无偿性和准无偿性的公共物品。学者们在农村社区公共服务的概念阐释上见仁见智,有助于学界更准确地界定农村社区服务的内涵,对全面把握农村社区服务范畴有一定的学理意义。但这些概念的阐释大同小异,都强调了农村社区公共服务的"非排他性、非竞争性(公用性)、福利性、非营利性"和"社区性"等特性。

其二,阐述社区公共服务类别,探讨农村社区公共服务体系的建构。早在2002年,杨团就曾从两个角度对社区公共服务进行分类:从是否独占服务权以及是否依赖市场机制的角度,将社区公共服务划分为"自治型"服务、"专业型"服务、"运营型"服务和"保护型"服务四大类型;从社区服务供给的内源主体和外源主体角度,将社区公共服务划分为"社区本身为满足自己的需求自己安排的共有服务,以及现代社会为了社区的需要而提供的社会公共服务"[①]。此后,有一些学者将农村社区公共服务分类与农村社区公共服务体系建构结合在一起,提出了建构农村社区公共服务体系的多个设想:有学者设想从公共福利服务、公共卫生服务、公共文体服务、公共教育服务、公共安全服务五个方面建构农村社区公共服务体系;有的学者对农村社区公共服务进行更详细、更具体的划分,认为农村社区公共服务体系包括社会保障服务、社会福利服务、社区慈善服务、便民利民服务、社会平安服务、文体教育服务、环境卫生服务、经济发展服务、开展就业服务、为民代理服务、计生服务,以及疾病预防、保健、医疗、计划生育技术服务和康复健康教育等方面。

其三,针对农村社区公共服务存在的问题,提出解决办法。这方面研究一般将研究价值建立在对实践问题的新发现上,从对现实中某一现象或问题的解读出发,提出促进农村社区公共服务发展的新举措、新策略。韩鹏云、刘祖云和李勇华等人在实地调研基础上,根据政府公共服务下乡趋势需要,提出公共服务下农村社区的"农事村办"模式,以及设立"社区联合党委"或"社区管理委员会"承办政府公共服务的模式;卢芳霞将社会管理研究中的"扁平化""网络化"管理经验用于农村社区公共服务研究中,结合浙江枫桥镇完善农村社区公共服务供给机制的实践,提出通过"一网式"服务,实现条块之间无缝对接的"组团式服务"模式;还有一些学者针对农村社区公共服务供给中的政府与市场失灵现象,提出推行农村公共服

[①] 杨团:《社区公共服务论析》,华夏出版社,2002年,第21页。

务社区化,以及内源式的农村公共服务社区化模式和外源式的农村公共服务社区化模式。

虽然以上这些研究不乏创见,问题指向也较明确,但它们基本上都是在农村社区公共服务的主题下指涉社区服务。也就是说,这些研究提及的"共有服务"以及"非排他性、非竞争性和福利性"服务,都是社区的"公共服务",而不是等同于社区服务。严格意义上说,农村社区服务是指农村社区中的组织或成员实施的公共性、交易性、互助性的社会服务,包括基本公共服务、市场化服务、志愿和互助服务等。因此,农村社区服务不同于农村社区公共服务,研究和实践中都不能模糊二者区别,更不能以社区公共服务代替农村社区服务。

三、农村社区服务的发展目标

农村社区服务发展目标对促进农村社区服务发展至关重要,无论出于目标管理、目标激励,还是出于目标量化考核需要,农村社区服务实践活动都离不开目标,它对农村社区服务发展或农村社区服务体系的实践发挥着导向作用。但是,由于各地农村社区服务发展缺乏明确的目标指向,地方政府对发展农村社区服务的财政投入和扶持力度不同,农村社区服务发展水平参差不齐,农村社区服务发展是长期的、艰巨的系统工程,单一的目标指向很难涵盖不同社区和不同服务的全部内容。农村社区服务发展应有多元目标指向,农村社会发展趋势、农村社区建设中心任务、农村社区居民的服务需求等都影响农村社区服务的目标指向。

从农村社会发展趋势看,城乡融合发展要求农村社区服务对接城市社区服务,并与城市社区服务并轨。中国自城乡二元结构形成以来,农村在诸多方面都落后于城市,其中,农村社区服务由于缺乏国家财政投入和政府扶持,与城市社区服务差距更大。虽然改革开放后,我国农村经济得到突飞猛进的发展,地方政府和农村集体组织有条件增加农村社区服务投入,大多数农村社区服务水平都有了一定程度的提高,但相比于城市社区而言,农村社区服务整体水平仍然严重落后于城市社区,甚至在一些边远的农村社区,农村居民最基本的教育服务、医疗服务、养老服务都难以保证。低层次的社区服务还间接掣肘新农村建设和新型城镇化发展进程,不仅使农村社区建设和村镇建设步履艰难,而且还加深了城乡间的沟壑,使农村社区和村镇建设任务更加艰巨。由此,无论是实现乡村振兴,还是推进新型城镇化,除了要特别重视开展农村社区服务活动、建立健全农村社区服务体系外,还要在促进农村社区服务工作中,自觉将现代社区服务理念与城乡融合发展理念结合起来,在实践中要主动与城市社区服务水平看齐,积极消弭城乡社区服务水平差距。

从农村社区建设中心任务看,农村社区服务发展应推动农村社区建设。党的十七大后,各地农村在开展以"生产发展、村容整洁、乡风文明、管理民主、生活富裕"为主题的新农村建设同时,根据民政部建立"管理有序、服务完善、文明祥和的新型农村社区"的统一安排部署,不断完善农村社区基础服务设施,努力提高农村社区服务功能,日趋完善农村社区服务体系,为农村社区居民提供一条龙、一站式服务。毋庸置疑,农村社区服务建设及其发展不是孤立的社会建设行动,它已经并且还将一直依托于新农村建设和农村和谐社会建设。但农村社区服务发展与农村社区建设仍存在不协调现象,一些地方政府高度重视社区硬件建设,将有限资金集中在社区的形象工程和面子工程上,而对社区居民迫切需要的生产生活服务不够重视,致使社区服务发展滞后于社区建设。实际上,农村社区服务发展与农村社区建设是相辅相成的,社区服务及其体系建设要围绕乡村振兴和城乡融合发展进行。

从农村社区服务发展的突出矛盾看,农村社区服务要在实践中认清其内在矛盾并努力予以化解。当前农村社区服务突出矛盾主要体现在三个方面:

其一,农村居民不断提高的服务需求与供给不足之间的矛盾。现代农业发展和乡村振兴战略实施,农村社会正由保守型、封闭型向创新型、开发型转变,农村居民不仅要经营好承包地,满足家庭成员的基本生存需要,还要发展多种经营,不断提高家庭经济收入。随着农村物质水平提高,农民要求增加生产技术、技能培训、就业指导、休闲娱乐、文化教育等方面的服务。然而,无论是经济发达地区的农村,还是经济欠发达的中西部农村,特别是在老少边地区农村,政府的公共服务、社会团体的公益服务和市场各类主体的经营服务都是有限的,难以有效地满足农村社区居民的多种服务需求。

其二,农村社区服务结构滞后与结构升级之间的矛盾。农村社区服务结构在体系上有公共服务、公益服务、经营服务三个方面,而这三种服务在农村社区服务发展过程中是不平衡的。不仅如此,农村社区服务结构固化现象突出,地方政府和农村社区组织为农村社区居民提供的是"农民式"服务,没有与新型城镇化发展、城乡融合发展对接。立足农村实际,按照农村境况提供服务,本无可厚非,或许更有针对性、有效性。但是,新型城镇化、城乡融合发展进程中的农村社区,与城市社区理当为一个整体,不能因为地处农村,也不能因为居民是农民,就心安理得地按照城乡二元体制为农村社区居民提供差别服务。纵然农村社区居民有农村特色的服务需求,但提供服务的质量、水平必须与城市社区一样,唯有如此,才能保障农村社区居民平等、公正地享有各项服务。

其三,农村社区服务发展与经济发展不平衡、管理体制滞后之间的矛盾。经济状况及其发展程度是农村社区服务发展的基础,经济发达或经济发展快的地区,农村社区服务体系建设相对完善,服务水平也较高;而管理能力及其体制对农村社区服务发展具有促进或阻碍作用,经济落后地区的农村社区服务不一定比经济发达地区差,只要政府重视农村社区服务发展,并且完善促进农村社区服务发展的体制机制,经济落后地区的农村社区服务就大有作为,甚至可以赶上或超过经济发展快的农村地区。因此,一方面,发展农村社区服务必须毫不动摇地发展经济,不断壮大地方政府和社区的经济实力,努力使经济发展与社区服务发展同步提高;另一方面,发展农村社区服务,要改进、完善管理体制机制,保障农村社区服务既好又快发展。

综上,农村社区服务发展目标指向在于推进城乡融合发展、促进乡村振兴和化解社区服务发展的突出矛盾,不断满足农村居民日益增长的美好生活需要。尽管这些不是农村社区服务内在目标,但有了这个指向,农村社区建设者就可以根据本社区实际情况和地方经济社会发展需要制定社区服务的远期目标与近期目标、整体目标与阶段目标、基本目标与扩展目标。

四、农村社区服务发展的基本原则

在农村社区服务及相关研究中,已有一些学者结合自己的研究需要提出了发展农村社区服务或建立农村社区服务体系的原则,如统筹兼顾、以人为本、参与性、主导性、节约性、因地制宜等。但总的来看,这些原则比较宽泛、笼统,缺乏操作性,并且,多数研究"原则性"过强,就原则讨论原则,没有很好地在"原则"中体现社区服务的境遇、性质、目标,存在"虚"多"实"少的嫌疑。就学理而言,农村社区服务发展原则不仅要立足于农村社区服务实践活动需要,更需要积极回应国家发展战略,服从于农村社区服务目标指向。由此,无论是发展农村社区服务,还是建立健全农村社区服务体系,其基本原则如下:

(一) 城乡社区服务一体化发展原则

城乡融合发展是消弭城乡二元结构、实现城乡均等化的重要发展战略,它要求农村社区的服务设施、服务项目与城市社区全面对接或并轨。由此,无论农村社区建设实际境况如何,也无论这个社区的服务水平怎样,地方政府和社区建设者都要坚持城乡融合发展理念,努力克服社区服务发展的不利因素,积极创造条件,促进农村社区服务与本地城镇社区服务一体化发展。城乡社区服务一体化发展原则,是对农村社区服务发展的基本要求。

首先,农村社区服务要加快发展,否则农村社区服务不能与城镇社区看齐,农村社区居民也难以享有与城镇社区居民均等化服务。

其次,中国城乡经济社会发展存在巨大差距,试图让农村社区服务单方面突破城乡沟壑是不现实的。况且,农村社区服务嵌入在地方经济社会发展中,城乡社区服务一体化发展要与城乡经济社会发展一体化。

再次,城乡社区服务发展一体化是一个长期过程,它需要经过若干年的实践,要允许不同服务项目发展有先后次序之别,不能采取强制手段,要求每一项服务同步一体化。并且,要正确对待城乡社区特色服务,城乡居民有不同的服务需求,服务的供给不可能完全一样。

最后,中国不同地区的农村社区服务发展水平存在较大差距,城郊或发达地区的农村社区服务水平已经接近城市社区服务水平,但中西部尤其边远地区农村社区服务尚处于起步阶段。由于这些地区经济发展落后,社区服务发展缺乏后劲,因此,在重视城乡社区服务一体化发展的同时还要关注区域一体化发展,防止出现城乡社区服务实现了一体化,而地区间农村社区服务发展差距增大的现象。

(二) 农村社区服务人本化发展原则

人本化原则,即农村社区服务发展要坚持以人为本原则,要求农村基层政府在发展农村社区服务和建设农村社区服务体系中要坚持以人为本的执政理念,"以人为前提、以人为核心、以人为尺度、以人为归宿",想人之所想,急人之所急。农村社区服务内容繁杂,涉及农村社区建设与居民生活各个方面,不仅服务工作难度大、任务重,而且居民的社区服务需求不断提高,充满着无限期待。

坚持以人为本原则发展农村社区服务:一要树立正确的民生观,"关注民生、重视民生、保障民生、改善民生",多谋民生之利,多解民生之忧;二要解决好居民最现实、最直接、最关心的利益问题,为居民"幼有所育、劳有所得、学有所教、病有所医、住有所居、老有所养、弱有所扶"提供服务;三要让服务资源更多地向民生领域倾斜,把农村社区中与居民生产生活密切相关的道路、水电、卫生、教育、休闲、消费等服务设施建设好,切实提高农村居民的生活水平和生活品质；四要创新农村社区服务管理体制，自觉让居民参与到社区服务过程中，保障他们广泛享有服务的知情权、参与权、管理权、监督权，维护他们的权利。

（三）农村社区服务个性化发展原则

中国农村社区情况错综复杂，社区服务的基础设施、服务对象、参与主体、工作方法等也不尽相同，其发展必须坚持个性化原则。农村社区服务个性化发展原则要求如下：

第一，根据社区居民需要提供适当服务。由于农村生产生活条件相对落后，居民在生产生活中遇到的困难与问题比城市居民多，对社区服务的要求更多。然而，农村市场不发达，社会团体少，经营性服务和公益性服务都明显不足，社区服务供需矛盾突出。如今，城乡发展融合发展进程不断加快，农村社区的公共服务、经营服务、公益服务逐渐增多，但农村社区"服务过剩"与"服务缺乏"并存，亟待根据居民需要供给服务，以杜绝盲目上服务项目，避免服务资源浪费。

第二，慎重对待典型模式。一些地方在农村社区服务实践活动中探索、积累了诸多宝贵经验，也相应地形成了典型的、成功的模式。农村社区服务发展无疑可以吸收、借鉴这些成功经验，但不能照搬照套，以免在农村社区服务的建设活动中犯经验主义、教条主义错误。每一个农村社区都需要根据本社区实际情况探究适合本社区的行之有效的服务样式。

第三，重视与城市社区服务对接。强调农村社区服务立足社区特性，因地制宜地发展，不是说农村社区服务发展差距可以继续存在，更不意味着农村社区服务不要对接城市社区服务。发展农村社区服务，不能过分强调自身特殊性，或以本社区服务与所处城镇社区差距巨大为借口，放弃加快发展。这样，不仅不利于提高农村社区居民的服务水平，改善他们的生产生活环境，而且与城乡融合发展趋势相悖，不利于消弭城乡社区服务差距。

（四）农村社区服务多元化发展原则

中国农村社区服务的供给主体较为多元，但一般以某一个主体为主，其他主体的服务供给能力微弱。这种以某一主体承担主要供给责任的体制有利也有弊：利在于服务供给的责任主体明确，居民知道向谁要服务；弊在于主要责任主体往往力不从心，没有办法为居民提供全面的、高水平服务，并且无法与其他供给主体进行协调、配合。农村社区服务"一主多元"的服务供给模式需要改进，要提升多元合作能力。一方面，克服、纠正农村社区服务供给主体的单一化问题。单一依靠农村社区内生力量和政府力量供给服务都可能带来服务低效问题，即政府资源、社会资源、市场资源难以充分利用，导致社区服务中出现政府、市场和社会失灵现象。另一方面，打破政府垄断社区服务，大力推进农村社区服务市场化、民营化，以更多的民间机构和更少的政府来满足公众的需求。当前，由于农村社区成员流动加速，不少农村出现过疏化、空心化，越来越多农民对农村社区建设和社区服务发展缺少信心。但乡村振兴是政府的刚性任务，一些地方政府不得不披挂上阵，亲自进行农村社区服务工作。这既存在政府越位、错位的隐患，又可能造成社会服务、市场服务闲置。

（五）农村社区服务普惠化发展原则

中国农村社区服务最初主要针对生活困难人群开展工作，即由基层政府及其民政部门向社区贫困群体或弱势群体提供社会福利性服务。进入新世纪后,一些地方政府陆续提出"大民政"理念,强调社区服务的"普惠性",不仅重视社区中老、弱、病、残和其他困难群体,强化对民政服务对象的社会救助和保障服务,而且强调在此基础上,拓展社区服务覆盖面,将全体社区成员、社区里的企业、组织机构和社会团体均列为社区服务对象。

第一,社区服务的普惠化发展是社区服务功能进一步完善的表现。在农村社区服务发展的初期阶段,由于服务机构、服务人员、服务能力都有限,选择服务对象并为其提供针对性服务,有助于发挥社区服务的最大功能,解决最困难人群的最迫切需要的服务问题。但随着新农村建设逐步深入,农村社区服务功能和服务水平大幅度提高,有能力为更多人群服务。

第二,转型升级中的农村社区居民都需要服务支持。在农业生产日趋规模化、现代化和农村生活日渐城镇化过程中,农村社区共同体不断弱化,正在沦为"脱域的共同体",熟人社会的人际关系正在被"互不相关的邻里"取代,居民的生产生活困难越来越多,越来越棘手,渴望社区公共服务、市场服务和公益服务为他们排忧解难。

第三,发展普惠性社区服务对发展农村第三产业和拉动地方发展具有积极意义。农村社区居民的家庭生活社会化趋势日趋增强,老人养老、小孩教育、病人照顾、红白喜事操办等都日趋社会化,发展农村第三产业,建立健全农村社区服务体系,不仅能满足农村居民日益增长的服务需求,而且能拉动农村消费,促进地方经济发展。当然,农村社区服务以弱者为导向转变为以全体居民为导向,是社区服务的纵向功能整合,这种农村社区服务依然是单向度的。农村社区服务普惠化发展还需要提高社区服务的横向整合能力,充分调动发挥社区内生资源和服务能力,让更多人群、企业、团体参与社区服务,并为更多的人群提供服务。

第二节 农村社区服务演变

传统农村的家族社会、改革前的社队社会、改革后的家庭社会都有相对应的社区服务样式,虽然它们存在诸多不足,但不同农村社会形态下的社区服务具有各自特色,都曾在一定程度上为农村居民提供了有效服务,其中的一些经验值得传承与弘扬。自20世纪二三十年代乡村建设以来,中国先后经历了乡村建设运动、集体化和改革开放三个重要时期。在这三个时期,中国农村社区服务相应发展了合作社与教育共同驱动、先生产后生活和公共服务下乡三大模式。发展农村社区服务,既需要吸收、借鉴西方国家和我国城市的社区服务经验,也需要扬弃我国农村既往的社区服务经验,将过去的一些社区服务方式移植到新型农村社区服务的建设实践中,进而更好、更有效地为农村居民提供优质服务。

一、历史视角下农村社区服务的演变

(一)传统家族社会形态下村落社区自发式服务

中国传统农村社会是典型的家族社会,代表国家权力的皇权止于县级,乡村社会运行及其秩序维护主要依靠家族力量和乡绅。因此,以国家权力为供给主体的公共服务在农村社

会非常稀缺,村落社区的生产和生活服务更多来自市场购买、亲戚帮扶和邻里互助等。

在传统农村社会中,村落社区生产上的服务部分来自市场购买,其主要形式是雇工。村落社区发生的雇佣关系,并非全部发生在富人与穷人间,普通的小农间因生产需要,也有使用雇工的。一般家庭的农民,既有出卖劳动力的经历,也有因家庭生产需要而雇工的。

传统村落社区的农户除了从市场上获取生产服务外,农户间互助服务更为普遍。这类服务分为有组织的团体服务和无组织的合作服务或互换服务。村落社区中有组织团体服务,有的带有"雇佣性质",如关中地区"唐将班子"提供的纯粹卖工服务,即由十至三四十青壮年人组成的打工群体,在地广人稀、劳动力缺乏、雇工困难的地区从事开荒、锄草、收麦等事务。[①] 有的如华北农民自发组织的"青苗会",在麦子快成熟时为农户提供看麦、护麦服务。相对于传统村落社区有组织的团体服务,无组织的合作服务或互换服务更为普遍。合作服务或互换服务分为人工合作、畜力合作、农具合作以及人力、畜力和农具合伙等形式。在公共服务极度缺乏的传统村落社区,尽管农户间进行的交换、合作服务限于本村庄中的亲戚、邻里,服务资源非常有限,服务方式简单,但毋庸置疑,正是这些民间自发的合作服务,为分散的小农户,尤其为劳动力、畜力和农具不足的农户从事农业生产活动提供了真实、有效的帮助。

村落社区合作服务能够发生并发挥出巨大作用,主要源于农村社会的"地方性知识"背景[②],即生活在农村熟人社会的人们,大家沾亲带故,知根知底,很容易在生产和生活中达成惯习默契,并彼此因熟悉、信任而建立、形成村庄一致的认同感。如果没有这些共同惯习和深厚感情,村庄社区的合作服务就很难开展。除了地方性惯习和认同感外,作为"地方性知识"重要组成部分的家族也直接参与或组织村落社区服务活动。在中国传统农村社会中,很多公益性服务活动都是以家族为主体进行的。正是由于有族田经济上的支持和族规规范的约定,以及家族成员间频繁互动积累的深厚亲情,才使村落社区互帮互助服务活动得以持久。

传统村落社区服务,无论是来自市场的交易性服务,还是来自村落熟人社会的互助合作服务,都属于村民根据生产发展和生活需要而进行的自发式服务。虽然这些服务的规模不是很大,也缺乏严格的组织管理与协调,但村民们能够凭借乡土社会的社会资本获得各自需要的基本服务。村民自发形成的社区服务,由于缺乏国家或行政的统一规约,不同地区的服务内容和样式差异大,服务功能也参差不齐。

(二)社队社会形态下农村集体式服务

中华人民共和国成立后,中央政府为了解放农村生产力和发展农业生产,开展了农村土地所有制革命,亿万农民大众获得了自己的田地。但也有一部分农户因缺少劳动力、农具和耕畜无法营生,只能卖房、卖地、出卖劳动力。对此,中央引领农民群体逐步地组织和发展各种以私有为前提的农业生产互助合作组织,即动员农民加入互助组、初级农业生产合作社或高级农业生产合作社,以改造个体农民、避免农村社会出现两极分化。如此,既有利于合理

---

① 叶扬兵:《中国农业合作社运动研究》,知识出版社,2006年,第45页。
② 克利福德·吉尔兹:《地方性知识:事实与法律的比较透视》,梁治平编:《法律的文化解释》,生活·读书·新知三联书店,1998年,第73页。

统合、协调配置农村生产要素，克服农村社会的公共服务不足，又能提高农业生产效率和农民素质。到人民公社时期，农村社会结构高度政治化、国家化，农户所有的生产活动全部纳入集体化秩序中，由合作社统一安排、调配，不再需要农户间的互助服务，传统农村各式互助服务基本退出生产领域。人民公社"政社合一"，既为行政管理机构，又是农村社会的"准单位"，承办农村社会所有事务，包括指导、管理生产大队和生产小队的农业生产，以及组织发展工、农、兵、学、商等活动。

人民公社的政社合一体制在摧毁村落社区自发形成的交换、互助服务同时，借助集体经济力量，创建了农技站、农机站、水利站、经营管理站、畜牧兽医站、供销合作社、粮管所、卫生院、文化站、广播站、种子站等，为农村社会的生产和生活提供较全面的服务。这些服务站所多数在1958—1962年建立，它一方面迎合了农村集体化生产和社队化生活的需要，有助于消解农业生产和农民日常生活困难；另一方面，这些服务组织是与社队集体体制相关联，体现了农村社会集体化程度，是农村集体化的主要标志。就人民公社这种体制而言，这些服务组织都是农村基层社会正常运行所必需的，诚如徐小青所说，人民公社下的农村公共服务体系，组织基本健全，功能基本完善，在推进农业经济、物质文化、社会福利事业等方面发挥了重要作用。如此，尽管这一体制是理想化模式，它与农村生产力发展实际相脱离，农民社会主义觉悟被高估，以至于因农民"磨洋工""搭便车"泛滥，农业生产力被破坏，但就社会管理与服务看，这种社队高度一体化的社会体制也并非一无是处。一些从社队体制过来的人至今仍留恋社队的集体劳动、平均分配，还有相当一部分人认同社队的服务体制。实事求是地说，合作化和人民公社时期的农村服务水平都较低，并且国家的财政投入也很少，农民得到的服务主要由社队组织运用集体经济力量和向农民收费发展起来——即使像学校、医院等这类公共事业，也基本上靠"社办公助"形式创办，社队集体和农民负担重。尽管如此，农村社区服务并没有因互助、交换服务的减少而减少，甚至还比过去更多、更方便。这表明，虽然社会服务、公共服务等社会事业的发展依赖于一定的经济基础和财政实力，经济发达地区比经济落后地区更容易发展农村社区服务，但这也不是绝对的。社会服务事业发展具有相对独立性，经济落后、生产力水平低的地区可以优先发展社会服务，因为社会服务适度优先发展，不仅不会阻碍经济发展，相反，在生产相对落后的经济状况下，社会服务适度超前发展，更能推进经济发展。

（三）家庭社会形态下农村社区多样化服务

家庭联产承包责任制瓦解政社合一的集体化体制和政社不分的社会结构，单个家庭再度成为农业生产和社会活动的主体。"分田单干"是家庭联产承包责任制最直接的表现形式，虽然它仍保留农村土地集体所有的社会主义性质，但社队集体经济解体，公社社员转化为分散的原子化农民。不但农村集体资产，包括农用机械、大农具、耕牛、农作物种子被分到各家各户，生产大队和生产小队完全失去统一组织农业生产的能力，而且政社合一的人民公社也被国家统一改制为乡镇政府，成为国家权力在农村社会最基层的行政机构，其生产功能和社会管理功能都被严重削弱，没有能力直接承办生产性和经营性活动。

农村基层社会组织及管理体制的变化，对农村生产和生活服务产生深刻的影响。人民公社时期建立起来的服务组织有的解体，有的转包给个人经营，有的成为乡镇政府附属事业单位,它们与村落社区的联系微弱,为农村、农业、农户服务的能力也较大程度地下降。村落社区集体化服务日趋式微,没有能力为农户的生产和生活提供服务支持。相形之下,村落熟人社会中互助、合作服务被家庭化生产和原子化个体活动唤醒,血缘关系和地缘关系中的姑舅、兄弟、叔侄、邻里人群便自发地对接起来,自觉地开展互帮、互助服务活动。尽管这类服务存在参与人数少、服务能力弱等先天性不足,不能完全满足家庭生产经营的多样化需要,但农村市场经济生成起来的市场服务及时填补了熟人服务的不足。尽管市场服务的发展"伤害"了社队集体企业和服务组织,但对农民来说,市场服务的及时、方便、快捷等特性,更能吸引农民。

再者,家庭联产承包责任制后的农村社区服务并不是传统型服务的死灰复燃。在家族社会背景下,传统型村落社区服务的组织者、协调者通常由族长或家族长辈担任。但农村家庭联产承包责任制后的农村社会,社区服务缺乏强有力的组织者:一是多数社队的集体经济在"分田单干"的大潮中被削弱或解散,已经不能为农户提供帮助和服务;二是家族组织在建国初期的社会主义改造中被打碎,即使福建、江西等省有的村庄重建了家族祠堂,重修了族谱,但家族的凝聚力、组织力并没有得到相应的恢复,不能为家族成员提供有效服务;三是改革开放后,农村市场经济获得了突飞猛进的发展,越来越多的服务需求可以通过市场化渠道获得——虽然市场化服务存在难以预测的风险,具有不确定性,但这只无形的手提供的服务在一定程度上弥补了农村社区服务的不足。

尽管如此,社队集体化服务也没有完全退出农村社区场域。人民公社时期的一些集体化组织改头换面,成为乡镇政府附属事业单位,继续在农村社会中行使服务职能。这些乡镇事业单位不再是政社合一体制下社队社会组成部分,它们已经转化为与行政机构联系紧密、而与社会分离的相对独立的部门,即他们一方面吃政府财政饭,另一方面向服务对象收取一定费用。由此来看,农村事业单位提供的服务已转变为农村社会的公共服务,具有代替政府向农民提供公共服务的功能。

因此,农村社区服务已形成以交易型市场服务、政府型公共服务和亲情型社会服务为主体的综合服务体系,只不过这个服务体系尚不完善,每一种服务本身也存在诸多问题。在市场服务上,由于农村市场经济尚不成熟,交易规则普遍不规范,加上家庭经营分散、弱小,以及绝大部分农民不熟悉市场规则,农民在市场竞争中相对弱势,要么高价获取市场服务,要么市场服务将其排斥在外。在公共服务上,由于农村基层管理实行县乡财政包干体制,尤其在取消农业税后,国家不允许政府向农民收取"三提""五统"[①],一些乡镇财政负担沉重,甚至发工资都有困难。基于此,多数农村基层政府将一些附属事业单位从行政管理体制中剥离出去,以减轻本级财政负担,乡镇的一些事业单位便成为挂事业单位名而谋取市场利润的经济实体,完全按照市场交易规律为农民提供有价服务,致使有的服务价格比市场还高。在社会服务上,由于家族凝聚力难以恢复到传统社会水平,家族在社区服务中的作用有限,农村社会进一步碎片化,家庭间的互助服务、合作服务越来越难以开展。

综上,自20世纪八九十年代至21世纪初,农村社区服务不仅有社区范围内自发形成的

---

① "三提""五统"指村级三项提留和乡级五项统筹。"三提"为村提留的公益金、公积金和管理费,"五统"为乡镇政府收取的,用于乡统筹办学、计划生育、优抚、民兵训练、道路建设的费用。

互助与合作服务,也有组织化程度比较高的事业单位提供的服务,还有因农村市场经济发展而不断成长壮大的市场化服务,呈现出多样化特点。换言之,农村的家庭联产承包责任制后,随着农村社会多元化发展,农村社区服务也随之多样化,农民自主选择服务的空间明显增大,但这个时期,农村社区服务体系还不够成熟,提供的服务也欠规范性。此"乱象"造成了农民或寻求不到合适的服务,或需要支付更高的服务成本,亟须转型、升级和完善。

二、农村建设视角下的农村社区服务模式变化

自20世纪80年代中期民政部提出"社区服务"以来,城市社区不断强化社区服务工作。作为正式概念,农村社区服务晚于城市,在新农村建设后才被重视。农村社区服务渗透于农村建设,农村建设需要社区服务支撑。农村建设过程中,社区服务始终呈现相对稳定的模式。回顾农村社区建设中社区服务模式,对当前农村社区服务发展有重要意义。

(一)乡村建设运动时期:合作社与教育共同驱动的服务模式

20世纪二三十年代,战乱、自然灾害频繁,农民流离失所,农村金融枯竭,农业生产条件恶化,大量中小自耕农破产,农村陷入全面危机。对此,大批知识分子深入农村,发起"乡村建设运动",以恢复农村经济,解决民生问题。其中,梁漱溟在山东邹平、晏阳初在河北定州开展的乡村建设运动最为典型,即通过创办合作社和乡村教育的形式为农村居民提供经济、教育、文化和卫生服务。

梁漱溟在山东邹平县乡村建设学院的基础上创办了机织生产、林业生产、蚕业生产、金融信用、棉花运销等合作社,为农业生产提供技术、销售、金融服务,以求"经济上弱者的自卫"[①]。晏阳初在河北定县实验区领导平民教育促进会兴办合作社,包括村级的生产合作社、消费合作社、信用合作社和区级的运销合作社,这些合作社在提高农民文化素质、弘扬互助精神、推动经济发展以及改善农民生活方面起到了积极的作用。除兴办合作社为农业生产、农产品销售提供服务外,梁氏和晏氏还将乡村建设重点放在教育上。梁漱溟创办乡学、村学,为农民读书、识字,以及学习乡政、自卫、农、工、商、贸等知识提供服务,以唤醒农民、指导农民、教育农民。晏阳初认为中国农村问题主要是"愚、穷、弱、私",因此他尝试发展文艺教育、生计教育、卫生教育和公民教育,为农民摆脱"愚、贫、弱、私"提供服务。

20世纪二三十年代,政府与农村社会是弱政府—强社会关系,乡村建设和社区服务主要由社会力量推动。处于内乱与战争状况下的国民政府,鉴于自身管理力量不足和乡村行政建制不健全等方面原因,不能深度介入乡村建设与管理事务,对农村社区服务有心无力。梁漱溟、晏阳初等知识分子以"农民能够自救"为前提,认为只要教育、引导农民加入合作社,就能把农民组织起来,发展农业生产,恢复农村经济,使其摆脱贫困。

尽管民国时期一些地方出现了如邹平、定州的乡村建设典型,但这项运动并没有在全国普遍展开,并且农村社区服务零散,农业生产与农民生活从乡村建设和社区服务中得到的"利好"有限。再者,民国时期各地开展的乡村建设运动主要就农业生产问题而展开,乡村建

---

① 《梁漱溟全集》(第5卷),山东人民出版社,1992年,第238页。

设组织者无暇顾及农民生活上的困难及其需求。尽管一些地方在乡村建设中开展文化、教育、卫生、疾病预防等服务活动，但这些活动基本上围绕合作社的建立和经营活动进行，没有形成服务体系，更缺乏有效的服务手段。并且，当时的农村社区服务仍局限于自我服务、互助服务，政府提供的公共服务、社会团体提供的公益服务和市场提供的经营服务都很欠缺。

（二）集体化农村建设时期：先生产后生活的服务模式

中华人民共和国建立后，尤其在农业社会主义改造完成后，社会主义新农村建设被提上日程。1955年，毛泽东组织制定了《一九五六年到一九六七年全国农业发展纲要（草案）》，成为党中央发展社会主义农业和建设社会主义新农村最早的纲领性文献。《纲要》在总体上明确了集体化时期尤其是人民公社时期农村建设及社区服务走向，即农村建设的主要任务和中心工作是发展农业生产，社区服务活动必须围绕发展农业生产、增加农业产量进行，按"以粮为纲"方针从事农业生产。

人民公社时期，一方面由于政府较少发展农村公共事业和公共服务，最基本的公共服务由农村集体组织——社队完成，国家在特殊情况下给予少量补助，如中小学校、医院、卫生诊所、水利设施、道路交通等；另一方面，由于当时农村所有经济活动都被纳入"计划"，农民缺少独立性、自主权，农户及成员生活方式单调，服务需求基本一致，并被集体化组织取代。由此，除教育服务、合作医疗卫生健康服务外，农村社区及其居民缺少公共服务、公益服务和经营服务，这些服务需求更多依靠熟人社会的邻里和亲戚提供。

集体化时期，政府与农村社会是强政府—弱社会的关系，农村建设与社区服务都由政府统一安排。在"打土豪、分田地"运动下，分散、无组织的农民被组织起来进行社会主义新农村建设。不足在于农民在建设过程中丧失了自我，社会出现了重生产—轻服务、先生产—后生活等现象。如此情况下，农民很少从外界获得自己需要的服务，农村社区服务发展缓慢。

（三）改革开放后及当下：公共服务下乡的服务模式

改革开放后，国家开始推行新一轮农村建设。1981年发布的《关于积极发展农村多种经营的报告》指出，我国要建设"环境优美、生活富裕、文化发达的新农村"。1998年发布的《中共中央关于农业和农村工作若干重大问题的决定》提出，到2010年要"建设有中国特色社会主义新农村"。2005年通过的《中共中央关于制定国民经济和社会发展第十一个五年规划的建议》提出，要"把解决好'三农'问题作为全党工作的重中之重，实行工业反哺农业、城市支持农村，推进社会主义新农村建设，促进城镇化健康发展"；同时，提出了新农村建设的五个思路。2006年《中共中央国务院关于推进社会主义新农村建设的若干意见》再对新农村建设作了全面、系统部署。从历年政策来看，国家从战略高度设计新农村建设，及时调整重城市—轻农村、重工业—轻农业、重市民—轻农民的城乡发展战略，同时制定了一系列优惠政策，旨在推进农村社区建设、促进农业快速发展、保证农业人口顺利转移。

在改革开放新时期，中国社区服务注重政府介入和推动，政府与农村社会关系发生了较大变化。进入新世纪后，尤其在国家取消农业税前后几年中，政府逐渐上收一些行政权力，农村基层出现政府权力暂时弱化现象，政府与农村社会进入弱政府—弱社会关系状态。2006年新农村建设实施后，政府不断强化社会管理与公共服务职能，并将管理与服务送到农村基层，政府权力再次强化。再由于农业税的取消，农民变得轻松散漫，农村社会分散，一些地区农村组织瘫痪，农村社会并没有因为减轻经济负担而变强，仍然处于"散弱"状态。因而，政府与农村社会力量对比再次转变为强政府—弱社会关系。

由于政府强力推进新农村建设的缘故，政府对农村社区服务投入明显增多，农村公共设施、社区服务在短短几年间发生显著变化。新形势下新农村建设在生产、生活、文化、生态和管理等方面取得可喜成就，农村社区中道路、供排水设施等有形服务和社会保障、文化教育、卫生健康等无形服务都有所改善，农村社区的生活水平和服务质量有较大提高。当下的乡村振兴，政府建设农村与提供服务是同步的，政府在规模大的行政村、中心村或集中村建立社区服务中心或社区邻里服务中心，由政府机构和事业单位工作人员为居民提供一站式、一条龙式服务。即使在一些经济落后的、居住分散的老少边农村，缺少建立服务中心的条件，政府也通过代理服务、上门送服务等方式为农村居民提供公共服务。

三、农村社区服务发展趋势

农村社区服务一路走来，无论是互助与合作服务、集体化组织服务，还是多元化服务，都源自农民群众的创造，体现了乡土性和时代性。同时，随着新农村建设、新型城镇化、城乡融合发展、乡村振兴战略的实施，国家将公共事业发展重点转移到农村，加大了农村公共服务供给，显著提高了农村社区服务水平和服务质量。然而，我国农村社区服务的变化、升级与城乡融合发展要求还有较大差距，一些传统的农村社区服务方式正在不断流失，而符合农民需求的新型社区服务尚在实践探索中。当前，国家加快了城乡二元结构向城乡一体化结构转型的进程，各地政府按照城乡融合发展战略部署有序推进村庄的拆、并、合整治工程和村改社区、村改居工程，越来越多的农民到集中居住社区、农村城镇社区、城市郊区居住。如此，农村社区服务的社会环境不再是固化、稳定、封闭的村落社区，农村社会结构的转型、居住空间的变动、服务需求的升级等对农村社区服务提出了更高的要求。

第一，农村社区服务应全面对接城市的社区服务。传统的农村社区和计划经济时代的农村社区是分散、孤立的，明确的地域边界决定其内部自成系统，多数服务源自家族力量或社队集体经济的"自我供给"。而转型期的农村社区，一方面随着城市化程度加深，越来越多的农民离开乡村到城市就业、居住，自然村落社区正在逐渐消失；另一方面一些地方政府根据城镇化建设和城乡一体化发展需要，按照城市社区公共设施和公共服务标准，对农村分散社区进行适度整合，并兴建了大批新型农村社区。由此，整合过的或新建的农村社区，尽管仍属于农村社区，但它们是"升级版"的农村社区，已不再是封闭、同质、以农业为主导产业的熟人社会、伦理社会、礼俗社会，城市性、现代性使这些社区发生了脱胎换骨的变化，它们更加开放、异质，更注重业缘关系、契约关系。并且，农村社区的居住空间拓展、人口规模扩大，以及外来人口的增加和从业的多样化等，使生活在新型农村社区的居民产生了类似于市民的社区服务需求。因此，无论在新农村建设中，还是在新型城镇化建设中，务必要保证农村社区服务与城市的有效、全面对接，既不能按照城乡二元化体制的老路子看待农村社区服务，将其供给责任全部推给农村集体或农村居民，也不能没有长远目标和远期规划，依旧按照农村水平建设农村社区的服务设施，为居民提供城乡有别的服务。

第二，农村社区服务必须最大化发挥政府主体性。农村社区服务体系建设需要兼顾公共服务、市场服务、社会服务三者关系，但鉴于我国农村社区市场经济发展和社会组织发展都不够成熟的现实，以及政府推进乡村振兴和新型城镇化建设的需要，政府应更多承担农村社区服务责任，加大服务供给，保障城乡居民享有均等的公共服务权益，同时要创造条件，引领市场、社会团体或社会组织积极参与。具体地说，发挥政府在农村社区服务中的主体作用既可以避免政府在农村社区服务供给中的缺位现象，保证政府切实履行公共服务职能，又可以减少政府的农村社区服务的错位、越位现象，促使政府按照居民的服务需求供给公共服务，还可以为社会团体或社会组织、市场服务提供肥沃生长土壤和广阔的发展空间，使政府的购买服务、合同服务等成为可能，进而提高政府的公共服务效率。

第三，农村社区服务要化解农村社会发展的棘手问题。转型中的农村社会面临诸多深层次问题，如：实施了三十多年的家庭联产承包责任制，已步入制度低效期，需要进行土地流转、土地集中以及土地股份制改革，进一步解放、发展农业生产力；我国城市化在过去二十多年的快速发展中，拉动了农村经济增长，提高了农民收入水平，但也侵蚀了农村社会，越来越多的农民及其家属、子女正在加快离开农村，农村空心化程度日趋严重，原本充满生机的村庄渐趋寂寞并加速消失；乡镇企业和个体、私营企业的"村村点火、处处冒烟"式发展，破坏了农村粮食生产和社区的人居环境，"无农不稳、无工不富、无商不活"的产业协调模式使一些农村社区发展不可持续；城市向郊区扩张，不断征占农民土地，每年近四百万农民失去土地，而我国土地城市化、空间城市化与人口城市化不同步，庞大的农业人口始终徘徊在城市化入口处等等。这些问题有的是农村经济社会发展到一定阶段出现的，有的是国家推进新农村建设过程中衍生的，但它们已经广泛而深刻地影响着农村居民的生产和生活。因此，农村社区服务不能仅仅局限于社区内部琐事，更需要放眼于社会发展和深化改革的全局，为农村土地流转、人口流动、环境改善、农民市民化等提供优质服务。

第三节 农村社区服务的情境与发展

近年来，我国将乡村振兴和城乡融合上升到战略发展高度，各级政府相继加大了农村社区服务投入力度，农村社区的公共服务、志愿互助服务、商业经营服务水平都有了不同程度的提高。然而，我国农村社区服务发展情境十分复杂，不仅城乡社区服务发展严重失衡，农村社区服务水平大大落后于城市社区，而且我国农村正处于深层次的结构调整期和重大社会变革期，农村社区服务发展面临诸多新问题、新要求、新挑战。正确认识当下农村社区服务发展现状，有助于促进农村社区服务又好又快发展，实现城乡社区服务一体化。

一、农村社区服务的情境

虽然新农村建设、城乡融合发展、乡村振兴战略的实施为农村社区服务发展带来了史无前例的机遇，地方各级政府发展农村社区服务的自觉性大大提高，农村社区服务状况明显改善，服务水平也持续提高。但进入快速发展通道的农村社区服务面临诸多新情境、新问题。

（一）农村社区服务的供给主体：一元与多元

在既往的农村社区服务实践中，农村社区服务的供给主体基本上是一元的。在家族社会的村庄中，国家权力止于县，政府一般不管村庄社区和居民的繁琐事务，加上市场经济不发达，市场也无力为村庄社区提供有效服务。因此，村庄社区服务主要由邻里和亲戚提供，政府、市场、社会组织很少参与农村社区服务活动。在合作化和人民公社时期，村庄社区服务主体也是一元的，但不再是邻里和亲戚，而是社队集体组织。它们根据国家发展需要，通过提供一定的服务协助国家扩大集体化范围。需要指出的是，农村社会集体组织为农村社区和居民提供的服务不完全是政府行为，合作化和人民公社时期的政府对农村社区服务介入较少：其一，社队集体组织主要是农村集体经济组织，一般依靠农村集体经济成长而逐渐发展起来，资金来源于农村社队组织和农民个人摊派，政府给予政策允许和少量的资金支持；其二，合作化和人民公社时期是我国城乡二元经济社会分化形成阶段，国家建设重在城市，农村公共事业发展则主要由农村人自己解决；其三，由于当时国家实行的是计划经济，自由市场被限制，农村社区很少得到市场方面提供的服务，只能"自产自销"。

改革开放后，国家实施了家庭承包责任制以及村民自治制，国家权力部分地从农村基层退出，民间和市场的服务力量随之逐渐成长起来，农村社区服务逐渐增多。虽然在20世纪八九十年代，国家发展农村公共事业的政策没有明显改变，也没有更多地增加财政投入，但国家允许并要求地方政府将"三提""五统"中的部分资金用于发展农村公共事业。此外，计划经济时期成立的一些集体组织仍拥有一定的资金，能继续为农村社区和居民提供服务。新世纪后，国家取消了农业税和"三提""五统"，农村集体组织，尤其是经济欠发达和落后地区的农村集体组织的运行资金被釜底抽薪，生存和发展陷入空前困境，服务功能被严重削弱。好在资金"断供"的时间并不长，党的十六大后政府加大了支农、强农、惠农力度，农村集体组织包括一些事业单位在"城市支持农村、工业反哺农业"的一系列政策安排下重获新生，农村社会公共事业和农村社区服务迎来了发展春天。此后随着政府职能的转变，农村基层政府普遍将发展农村社区公共服务视为主要职能，政府公共服务在农村社区服务中的比重越来越大。如今的农村社区，服务已呈现多元化趋势，既有民间个人服务、市场服务、事业单位和集体组织服务，又有来自政府的公共服务，而且政府为农村社区提供的服务越来越多。不过，虽然当下农村社区服务已经多元化，农村社区居民可以通过不同渠道获取自己所需要的服务，但各服务供给主体间缺乏相互合作，尚未形成服务的整体合力。

（二）农村社区服务的政府角色：掌舵与划船

有学者将农村社区服务体系建设存在的问题归因于"一些地方党政领导不够重视"[①]，认为政府在农村社区建设上将工作重点放在小康示范村建设、文明城镇建设、社会主义新农村建设上，以至于农村社区服务体系建设落后。这一说法不完全符合实际。农村社区服务的推进与分散村落社区的拆、并，以及大村庄或中心（集中）社区建设、小康示范村建设、文明村建设和美丽乡村建设相伴随，政府在调整农村社区的空间布局、建设农村社区的同时，不

---

① 詹成付、王景主编：《中国农村社区服务体系建设研究》，中国社会科学出版社，2008年，第169页。

断发展、完善农村社区服务体系。换言之，政府没有将新农村建设与发展社区服务分开，反而在农村社区建设中投资建设了社区公共服务中心或综合服务中心，并将服务中心、医疗服务站、养老服务站的建设作为农村社区建设最重要组成部分。一些地方的服务中心建设俨然成为评价农村新社区建设好坏的最主要指标。

就此而言，政府推动和实施了农村社区服务体系建设，政府既是设计者、掌舵者，又是实施者、划船人。尽管农村社区服务中心和社区卫生站的建设规模、服务设施和服务项目不尽相同，但总体上都是按照政府规划方案设计建设的，在服务特色、服务内容上几乎没有实质性区别。政府选择行政手段整体推进农村社区服务体系建设，主要基于政府的财政投入和地方的经济实力，它能在较短时间内快速提高农村社区服务水平。但这样做也带来一些问题，如在江苏省，经济发达的苏南农村社区服务水平高，而苏中、苏北一些农村，由于地方政府财政投入有限，农村社区服务发展水平明显低于苏南地区。除少数拥有较强经济实力的农村社区能主动发展社区服务外，大多数农村社区将社区服务建设的重任推给政府，出现了政府给钱就发展、政府给多少钱就提供多少服务的"等待"现象；政府实施的社区服务工程，更多注重"一致性""标准化"，致使提供的服务与需求脱节，并造成政府在农村社区服务供给上的越位、缺位、错位；政府在农村社区服务供给与管理上单打独斗，使民间组织、社会团体、市场主体成为观众，这不利于农村社区的社会资本、民间力量的成长，也不利于整合社会、市场资源发展农村社区服务。

与政府在农村社区服务的高调表现相反，农村社区居民对社区服务越来越没有兴趣。其中原因主要有：一是国家权力逐渐从农村社会基层上收至乡镇政府，尤其在国家取消农村税费后，基层不再热心农村社区事务，更懒得花精力动员村民开展社区公共事业建设活动；二是农村人口流动加快，以及大村庄制和集中社区或中心社区建设，农村社区居民日趋"原子化""陌生化""冷漠化"，日常互动显著减少，家庭信息日渐封闭，民间互助服务难以开展；三是随着城市化进一步推进，家庭成员"离农"日趋常规化，越来越多的农民生活预期已经不在村庄社区，他们更愿意以局外人身份看待政府实施的新农村建设，并顺势将社区服务推给政府，期望政府包揽下所有服务；四是政府出于新农村建设和新型城镇化发展的"政绩"需要，不得不主动承担起农村社区服务的主要责任，不断为农村社区提供各种各样的服务，相形下，农村社区居民愈发依赖政府，不再愿意开展自我互助服务。

（三）农村社区服务发展水平：不平衡与均等化

在城乡二元体制下，国家把公共事业发展重点放在城市，城市社区服务获得较快发展，而国家对农村社区服务投入相对较少，农民的服务需求主要依赖于农民的自我服务和农村集体组织提供服务，这造成了农村社区服务落后的双重叠加：一方面由于改革开放前的中国农村大多数农民尚存在温饱问题，农村经济羸弱不堪，可用于发展农村社区服务的资金捉襟见肘，农村社区服务发展越发落后于城市社区；另一方面，由于农村幅员广阔，各地经济发展参差不齐，地方政府推动发展农村社区服务程度不同，不同地方的农村社区服务水平差距越来越大。新世纪后，尽管农村经济状况有了明显改善，国家对农村发展扶持力度不断增大，用于发展农村社区服务的资金逐年提高，农村社区服务体系日趋完善，但中国农村社区服务总体水平仍比较低，农村社区服务种类偏少，农村社区服务发展不平衡问题仍很严重。

首先,城乡社区服务发展不平衡。自2003年以来,我国城乡居民收入差距一直都在2倍以上,加之我国农村社区的市场服务、社会服务等的状况不比公共服务状况好,我国城乡社区服务水平的差距较大。农村社区服务水平落后,不仅降低了农村社区居民生产生活质量,妨碍农村经济社会进一步发展,而且还可能激化城乡矛盾,阻碍乡村振兴和城乡融合发展。

其次,不同地区的农村社区服务发展不平衡。由于国家对农村社区服务投入有限,农村社区服务发展主要依赖地方经济支持。一般来说,社区服务发展水平与社区所在地的经济状况紧密相关。在全国,经济发达的沿海地区的农村社区服务水平普遍高于经济发展一般的中部地区,中部地区农村社区服务水平一般也高于经济落后的西部地区和边远地区的农村。在一个省内,如江苏省,农村社区服务发展与苏南、苏中和苏北的经济社会发展相对应,苏南好于苏中,苏中好于苏北。

再次,同一地区的农村社区服务水平也有较大差距,城郊农村社区服务水平一般高于普通农村社区。城郊农村社区城市化程度高,社区服务设施和服务水平几乎与城市社区没有多大区别。相比之下,不少远郊农村和偏远农村的社区服务尚处于匮乏状态。一方面,由于地方经济发展落后,政府公共服务供给能力低,无力从事农村社区的公共设施建设,农村道路、水电、照明、通讯,以及文化娱乐设施等几乎陷入停滞状态,农村社区的无形服务,如社会保障、就业指导、卫生健康、治安等服务也严重缺乏,农村社区居民很难得到政府提供的公共服务;另一方面,由于农村经济发展停滞不前,大多数中青年农民离开农村社区,留守在农村社区的老人、妇女、儿童无力从事社区服务活动,致使一些经济发展落后地区农村的社区服务"一年不如一年",一些远郊和偏远的农村社区正处在消失的边缘。

二、促进农村社区服务可持续发展

(一)发挥政府在农村社区服务中的"带头"作用

长期以来,政府在农村社会的存在主要是为了更好治理农村社会。新农村建设后,尤其是"服务型"政府的建设,政府逐步转变了传统的社会治理理念,强化政府公共服务职能。政府从事农村社会治理活动,不再像过去那样将自己置于农村社会之外,反而更主动地参与农村社区服务活动。具有权威性的政府能够表现出比其他个人或者团体更强的能力水平。政府公共服务进社区,并在农村社区建立便民服务中心和社区便民服务站,能更有效地提高农村社区的党务、计生、医疗救助、教育、低保、劳动保障、就业、信访调解以及社会保险等服务水平。当下,政府公共服务下乡有两种形式,一是在有一定规模的农村社区建立了党群服务中心,包括邻里服务站、医疗服务站、养老服务站等,为农村社区居民集中提供服务;二是采用"服务代理"方式为分散且人口少的农村社区提供服务。

政府成为农村社区服务的主要提供者,这是政府职能转变的进步,是有效促进城乡社区服务对接的重要举措,有助于农村居民共享改革开放与经济发展成果。但一些地方政府在农村社区服务中心或服务站建设中追大求全,存在包办农村社区服务倾向。事实上,政府大包大揽农村社区服务存在极大风险,最突出的是政府在农村社区服务供给中角色混乱,即政府既是掌舵者又是划船者,政府不仅做了不该自己做的事情,而且还有可能重蹈西方福利国家高财政负担的覆辙,进而给经济发展造成不利影响。依照新公共管理理论和新公共服务理论,政府在农村社区服务中应该是"带头大哥",一方面利用行政地位,带领社会力量、市场力量参与农村社区服务,另一方面要通过政府购买服务、外包服务等方式,加大农村社区服务间接供应,提高农村社区服务水平。

（二）协调推进多元合作服务

多元供给主体为农村社区提供服务,客观上有助于推动农村社区服务全面发展,但当前农村社区服务主体在服务供给中存在诸多不足。第一,民间互助服务显著减少。不少农村社区在城市化冲击下变得萧条、破败,居民原子化现象严重,邻里和亲戚提供的服务日趋式微,村庄里的互帮互助大幅度减少。第二,市场服务逐利性明显。市场服务具有强烈的谋利特征,它们选择性地介入农村社区服务领域。有利可图的服务,市场会不择手段地深度介入,以掠夺更多利润,而农民真正需要且利润少的服务项目,如农村金融服务、农产品销售服务,以及化解农业生产高风险需要的保险服务等都不太愿意参与。第三,政府及其事业单位服务"寻租"严重。一些地方政府出于财政压力,借口机构改革,将事业单位简单地推向社会、市场,以至于事业单位不得不利用政府招牌公然谋取部门经济利益。

采取多元化方式供给社区服务是充分调动农村社会服务资源、提高农村社区服务水平的有效途径。农村社区服务需要多元主体开展合作,不能因为供给主体在服务供给中存在一些问题,就轻易地限制它发展,而应客观看待服务主体的不足。首先,打造农村社区利益共同体,让每一个参与主体"有利可图"。传统农村社区是农村生产生活的集合体,因为它与每一个居民息息相关,多数居民在"它好我也好"的逻辑下主动为维护村庄共同体尽一份心,献一份力。然而,随着村庄居民不断流出,村庄共同体的凝聚力和服务功能日渐式微,不仅村民对村庄共同体没有信心,不愿意做没有"回报"的事情,而且政府、市场和社会组织也对农村社区共同体心灰意冷,不愿意"亏本赚吆喝"。这恰如亨廷顿所说,在缺乏共同体感的社会中,"每个领袖、每个个人、每个集团皆在追逐或被看作是在追逐眼前的物质目标,而置更广泛的公益于不顾"[1]。因此,为了使政府、市场和社会组织真心实意地参与农村社区服务建设,有必要重建农村社区共同体。唯有农村社区共同体稳定,有发展前途,多元供给主体才会在长期利益与眼前利益的博弈中做出理性选择,愿意为农村社区服务承担"义务"。其次,完善多元合作服务体制。农村社区多元主体合作供给服务是一项复杂的工作,需要有完善的体制机制予以保障。一方面,在利益实现上要尊重多元主体合理权益,赋予它们平等参与农村社区服务的权利,鼓励不同服务主体积极参与农村社区服务活动,并切实保障其正当利益;另一方面,在运行手段上政府要管好自己的手,不能因为农村社区服务是新农村建设的关键任务,就肆意干涉社区具体服务活动。

（三）推进农村社区服务协调发展

社区服务协调发展包括城乡社区服务协调发展和不同农村地区的社区服务协调发展,

---

[1] 亨廷顿:《变化社会中的政治秩序》,王冠华等译,上海人民出版社,2008年,第24页。

因此，发展农村社区服务要坚持协调发展理念，不仅要消弭城乡社区服务发展不均衡，还要重视缩小不同地区的农村社区服务的发展差距。

首先，各级政府要按照城乡融合发展理念促进农村社区服务发展。城乡融合发展是化解我国城乡二元经济社会结构的重要战略举措，它的实施要求各级政府彻底改变重城市社区—轻农村社区的发展观念，将公共事业发展重点转移到农村，进而保障农村社区居民能平等、公正地享有与城镇居民一样的服务权益。虽然我国城乡经济社会发展差距大，农村落后的经济发展会制约着农村社区服务发展，但农村社区服务发展具有一定的独立性，并非经济落后就不能发展社区服务，农村社区服务可以在政府支持下优先发展。优先发展农村社区服务，不仅可以保障农村社区居民真正享有与城市居民均等的服务权益，而且具有拉动内需功能，促进农村经济快速发展，进而使城乡社会经济协调运行。

其次，调整农村空间结构，努力建设好农村社区服务中心。我国各地的农村社区服务水平差异大，各地农民居住的集中程度也有较大差别，企图同步提高所有农村社区服务水平是不现实的。鉴于此，地方政府需要根据本地农村实际情况发展社区服务：第一，政府重点扶持中心社区服务建设，着力提升中心社区服务水平，从而在保障社区居民获得较高水平的服务时，吸引更多的分散居民向中心社区转移；第二，在现有农村居住社区空间不做大调整的前提下，选择一个居中社区作为建设重点，形成如山东诸城市农村的2公里服务圈，为周边社区居民提供便捷服务；第三，在山区和一些边远农村地区，农民集中居住难度大，中心社区的服务也难以覆盖，政府选择代理服务方式，将村民服务需求集中起来、集中替村民办理。

总的来说，由于我国农村地区差异大，社区服务状况复杂，不能借口农村情况复杂，就推脱政府发展农村社区服务和提高服务水平的责任；不能不顾农村社区服务建设艰巨性，期望所有的农村社区服务水平都能快速提高，并能与城市社区服务同一水平；也不能按照一个模式在不同的农村地区推行社区服务，否则，政府将不堪重负，还造成资源的严重浪费。强调城乡社区服务、不同农村地区的社区服务一体化发展，绝不是城乡、不同农村地区的社区服务一样发展，城乡社区服务一体化侧重于按照平等、公平、公正理念对待社区服务建设，追求的是城市和农村，经济发达、欠发达或落后的农村，居民都享有均等化社区服务。

（四）提高农村社区综合服务能力

在农村社区服务体系建设上，不少学者和地方政府官员都将建立健全体系作为发展农村社区服务的目标，并为此进行理论探讨和实践探索。完善的社区服务体系能满足居民的诸多服务需求，对提高农村社区居民服务水平非常重要，但农村社区服务体系建设不可能有统一模式，这是因为：一，我国农村社区除拆迁安置社区、中心社区外，多数社区规模不大，人口一般在几十人至几百人间，上千或更多人口聚集在一起的社区少；二，我国地域广阔，不同地区的生产条件差异大，农业生产各有侧重，有的以水稻种植为主，有的以小麦种植为主，经济作物和养殖业差别更大；三，我国不同地区经济社会发展水平差距大，城郊农村社区、远郊农村社区和偏远农村社区的建设情况、居民流动情况、城镇化发展情况等都不尽相同。所以，农村社区服务体系建设不能脱离社区居民的实际需要，不能不计服务成本，贪大求全。那种期望能满足所有居民所有服务需求的服务体系建设是不现实的，也是农村社区服务资源的浪费。

农村社区服务体系建设重点在优化服务体系与结构上，要在全面了解居民的服务需求并加以评估的基础上，选择性地发展服务项目。选择性发展服务是有效提高农村社区综合服务能力的重要举措。社区居民的服务需求需要重视，困难和问题也需要解决，但社区服务能力不等于有服务，更多体现在服务质量和服务效率上。当下一些地方政府在新农村建设和社区服务发展中没有注意农村社区发展未来走向和居民不断流出村庄的现实，盲目投资建设社区服务中心和服务站，追求提供"一站式""一条龙"服务。从表面上看，农村社区服务有场地、有设施、有工作人员，有门类齐全的服务，服务体系比较健全。然而这类社区服务能力不一定高，如一些社区服务中心有图书室、电脑室、心理咨询室，但由于社区居民有更好方式获取这类服务，进而使这些服务成为摆设。此外，农村社区综合服务能力的提高不能局限于某一社区内部，地方政府在农村社区服务供给上要有大社区、大服务概念。譬如，村庄服务不是十全十美的，不能满足每个村民个性需求，但只要村庄服务环境好，如有便捷交通，村民完全可以到乡镇社区服务中心或县市级服务中心寻求服务。虽然村民不少服务来自乡镇或县市服务中心，但这些服务与村庄服务相互衔接、补充，与村庄社区服务形成一体，能方便、快捷地为村民提供高水平服务，它代表农村社区综合服务能力水平。随着农村社区网络普及与发展，像卫生部门为村民看病提供的远程诊治服务、农技部门为农业生产提供远程技术指导服务等，都是农村社区服务空间的拓展，这些发展能极大地提高农村社区服务综合能力。

第十一章

农村社区经济

农村社区经济建设是社会主义新农村现代化建设的重要支持,是建立新型农村治理体制机制的重要组成部分,是新时代实现乡村振兴的重要措施,是推进新时期新型城镇化发展的核心配套工程,是加强基层政权和党组织建设的重要支撑。本章将对我国农村社区经济的核心内涵、发展模式及一般问题进行阐释,并对数字经济时代农村社区经济发展的新形势进行探讨。

第一节　农村社区经济概述

一、农村社区经济的内涵阐述

农村社区经济是在行政村范围内,围绕农村集体土地和农业生产产生的经济结构。具体来说,农村社区经济的建设、运行、发展,是在中国共产党的领导下,依靠新型农村社区经济共同体,农民主体围绕农村土地和农业生产对农村集体经济发展模式进行革新。因此,农村社区经济内涵主要有以下三层要义:

第一,建设农村社区经济要坚持党的领导。中国特色社会主义农村社区的现代化建设必须在党和政府的领导下实现。改革开放后,在中国共产党的带领下,农村实施了家庭联产承包经营制度,实现了城乡一体化,促进了农村的稳定发展。在实现乡村振兴的新时期,农村面临深化改革的重任,农村经济也迎来新的历史性变革期。农村社区经济和农业产业发展不平衡、不充分特别是在发展中的要素分配不平衡、不充分等问题,迫切需要党和政府统筹谋略,带领广大农民探索出促进平衡,充分发展的新路径。历史经验和现实需求都表明,坚持党和政府的集中统一领导是推动农村社区经济发展稳中向优、实现乡村振兴战略的必然选择。因此,农村社区要坚持党的领导,坚决贯彻党中央、国务院关于发展农业、农村经济的各项重要政策,逐渐缩小城乡经济发展差距。

第二,建设农村社区经济是对以行政村为单位的农村集体经济发展模式的进一步探索。农村社区基于传统乡土社会产生,而又与之有区别,主要体现在"社区"一词对新管理模式和服务内容的强调。农村社区经济实践主要以"行政村"或"新集中居住片区"而非分散的"自然村"为发展对象,本质是对传统乡村集体经济发展内容、模式和路径的探索性实践。农村社区经济是适应社会主义市场经济的发展需要而出现的,它是一种集体化、规模化的改革,一些学者将它称为新中国成立以来农村经济发展中的"第三次革命"[①]。新型农村社区经济以农地产权集体化、集中化为基础,与传统"归大堆"的集中经营不同,该模式通过土地流转发展集体经济,鼓励农民通过合作经济模式提升个人产权收益,最终促进农村社区经济整体发展。

第三,建设农村社区经济离不开农村社区经济共同体。农村社区经济共同体是新型农村社区经济发展的重要支撑,是加强农民主体性建设的重要途径。"共同体"(community)这一词的起源可以追溯到德国社会学家斐迪南·滕尼斯在《共同体与社会》(1887)一书中对社会生活构成及形态的探讨。他认为,共同体是由共同价值取向的、同质人口组成的关系密切、出入相友、守望相助、休戚与共、疾病相抚的具有共同意识与情感的社会生活共同体。后来,英国社会学家齐格蒙·鲍曼(Zygmunt Bauman)在《共同体》(2001)中将共同体"看作供个体通过相互依赖来应对不确定性的场所"[②]。美国社会学家阿米泰·埃兹奥尼(Amitai Etzioni)则强调共同体社群的两个特征是亲密关系网络和共享价值。[③] 总而言之,共同体强调亲密关系、共同认知、共同利益和价值。何为农村社区经济? 其本质是将乡村集体经济内涵提升到"共同体"层面,是乡村经济从"集体"到"共同体"的升华,更看重农民共同体的主体性与能动性。农村社区经济共同体强调农民基于共同利益的联合,通过多样化经济组织综合体的建构打破传统血缘关系网络的掣肘,提升抗风险能力、增强新乡土社区韧性、提升联合体经济效益,实现农村社区经济稳步发展。

二、农村社区经济的基本状况

农村社区经济发展内容既与一般意义上农村经济有相同之处,另一方面也有其特殊关注点。一般意义上的内容包括农产品生产、转化和加工、粮食安全、农产品质量、农产品市场、农业产业化、特色农业发展、农业技术推广、农业发展后劲问题、农民收入及农村社区集体收益、农业效益问题、农业农村经济体制改革等;新时期土地流转后,随着农村农业发展形势复杂化,新的农村社区经济发展任务不断涌现,包括但不局限于现代农业信息体系建设、新型农民合作组织建设与管理、"知识型"农民培养、农业多元产业结构调整、乡镇企业改革等。

作为农业大国的中国,农业生产特别是粮食安全是第一位的。"十三五"时期中国农村经济稳定发展,为农村社区建设提供粮食保障,具体体现在:第一,总量充足。粮食生产再上新台阶,棉花、油料、糖类自给水平和产量得到保障,"菜篮子工程"产品生产稳定且产能提升、供应充足。第二,农业产品结构更加合理。国内市场紧缺的强筋、弱筋优质专用小麦产量快速提高,占比提高到35.8%,并不断走向国际市场;优质、安全、营养的绿色食品标志农

[①] 刘智勇、贾先文:《重塑农村社区经济共同体——基于农村社区社会资本视角》,《湖南社会科学》2018年第6期。
[②] 参见齐格蒙特·鲍曼:《共同体:在一个不确定的世界中寻找安全》,欧阳景根译,江苏人民出版社,2003年。
[③] A. Etzioni, *From empire to community*, Macmillan, 2004.

产品逐步进入高产量发展阶段;各地粮食行业更加重视优质稻谷推广和种植,近五年来大豆种植面积持续扩大;粮食、经济作物和饲料生产"三元一体"的新型种植结构得到统筹发展,粮改饲项目加快实施、种植面积超1500万亩,推动供给侧结构在农业方面的有效改革;牛肉、羊肉等产量快速增长,及时适应了我国不断升级的消费市场结构。第三,农产品的营养与卫生品质得到有效监督管理。随着全国食用农产品生产标准体系与食用农产品合格证制度的不断健全与推进,全国主要农产品质量安全例行的日常监督合格率一直保持在97%以上。①

"十三五"时期,农业产业现代化和农业农村经济体制改革都取得了稳步进展,有效带动农民增收、脱贫,为新时期农村社区经济全面发展奠定基础。相关成效主要表现为以下几方面:

(1)《农村土地承包法》完成修订,农村集体产权制度的顺利改革、集体清产核资(累计核查集体资产6.5万亿元,总土地资源65.5亿亩)和农村社区资产股份制改革(累计43.8万个村完成)的全面推进,都为农村社区经济改革与发展提供重要的现实支持。李竟涵和杨迪2020年对相关数据做出梳理,数据显示我国已经建构出新式农村社区农业经营体系和方式,重点表现在家庭农场培育(累计超百万家)和扶持、农村社区农民合作社组织化建设(累计超220万家、参与集体经济组织的农民超6亿)、农村社区农业各类托管服务机构发展(累计44万个)等,这些因素推动了农村社区现代化与产业化的发展。

(2)耕地保护制度、农产品价格和收储机制及生产者补贴制度不断完善,为农村社区农业发展提供了有力的制度支撑。目前,永久基本农田和产粮功能区为15.5亿亩,重要农产品保护区为10.88亿亩。

(3)"十三五"期间,农村社区各类农需基础设施的投入总额较"十二五"期间增长了近1.7倍,达8.64万亿元。2020年农村农业部在各地推出地方专项债券,为农村社区农业融资提供有力支撑。

(4)产业和科技成为不可忽视的扶贫增收手段。多项研究数据和农村社区扶贫实践表明,产业扶贫与赋能已经取得显著成效,成为提升贫困社区内生力和持续造血力的重要举措。三十多万个扶贫基地、百万个产业扶贫项目创造出巨大效益,推动我国产业扶贫政策不断发展,几乎辐射所有贫困户(约98%)。农业产业化为普通农村社区农户也带来巨大收益,2019年全国农村社区人均可支配收入超过1.6万元,城乡收入差距为2.6∶1。农业科技进步则直接为农村社区产业发展注入保高质、促增收的先进力量,加快绿色、优质农业发展。2020年机械化率得到突飞猛进的增长(超过70%),化肥、农药等使用量多年负增长,科技对农业发展的贡献率不断提升(约为60%)。②

---

① 温靖、郭黎:《有效应对风险挑战 粮食生产再获丰收 城乡差距进一步缩小——中国农业农村发展胜利完成"十三五"各项目标任务》,《农业工程技术》2020年第36期;李竟涵、杨迪:《"十三五"农业农村发展取得历史性成就》,《农民日报》2020年10月28日。
② 李竟涵、杨迪:《"十三五"农业农村发展取得历史性成就》,《农民日报》2020年10月28日。

图 11-1　安徽省阜阳伍明镇书记介绍村级扶贫产业基地(养鸡场)(2018年,作者拍摄)

我国要建设农业强国,农村社区经济发展将迎来更大的挑战。根据2020年10月29日中国共产党第十九届中央委员会第五次全体会议通过的《中共中央关于制定国民经济和社会发展第十四个五年规划和二〇三五年远景目标的建议》,农村社区经济未来发展的重点将体现在以下几方面:

(1) 推进农业生产在农村社区的改革,提高质量以及增加农民收入。农村社会经济发展水平的好坏,主要是由农业生产的发展速度决定的,也是农民增加收入的重要因素。因此,农村社区经济未来发展的第一要务是推进现代化农业生产体系改革,加快构建中国特色社会主义的农村社区农业生产模式。

(2) 构建"保障国家粮食安全"的农村社区农业生产支持保护机制。"粮食稳"是社会稳定发展的重要基础和根本保障,因此农业生产兼具民生性和政治性,农村社区农业发展不仅要重视质量,更要考虑战略需求,继续落实耕地保护制度、推进农业水利基础设施建设和高标准、现代化农田建设。

(3) 加强"智慧+""科技+"农村社区农业生产建设。注重现代科技元素、设备、手段等在农业发展中的嵌入,提升良种化、提高抗疫率。

(4) 促进农村社区绿色农业体系建设。重视质量安全监管和绿色标准把控,强化特色农业区优势,推进优质农村社区农业现代化、粮食优质化进程。

(5) 以县域农村社区经济发展为基本单元,优化农村社区金融和保险服务建设,统筹农村社区区域性调控和利益补偿机制,重视农村社区农民增收。

(6) 深化农村集体土地承包经营体制的改革。要完善城乡统一的建设用地市场,土地征收公共利益用地认定机制得到建立,将土地征收范围缩小。加快农村社区集体产权制度的完善,推动新型农村社区集体经济的建立。加快农民合作社、家庭农场等新型农业经营主体的培育和扶持,完善农业专业型社会化服务体系,大力发展适度规模经营,促进农村社区小农户与现代化农业发展两者的有机结合。

（7）全面践行乡村振兴战略要求，完善对低收入和欠发达区域农村社区的帮扶机制，重视相关财政投入、帮扶资金监管等。尤其重视乡村振兴重点帮扶对象内生力发展，推动特色产业等可持续发展、增强造血能力。健全农村社会保障和救助制度。

三、乡村振兴与农村社区经济发展

（一）乡村振兴战略在新时期的政策背景

以农业、农村、农民在内的"三农"问题事关国计民生，而新时期开展"三农"工作一项首要而艰巨的任务就是促进乡村全面振兴。2017年举行的中央农村工作会议明确指出实施乡村振兴战略是新时代"三农"工作的主要抓手。[①] 中国共产党第十九次全国代表大会将实施和推进乡村振兴战略明确写入党章，竖起了"三农"工作在新时代的里程碑。2018年中央一号文件《中共中央国务院关于实施乡村振兴战略的意见》进一步对实施乡村振兴战略的目标任务做出全面部署：到2020年，乡村振兴取得重要进展，制度框架和政策体系基本形成；到2035年，乡村振兴取得决定性进展，基本实现农业农村现代化；到2050年，乡村振兴全面实现，达到农业强、农村美、农民富目标。[②] 2018年政府工作报告明确指出要加大乡村振兴扶持力度，并将其列为经济社会发展的核心要务之一。报告从发展规划、机制、城乡融合体制和创新改革实践等方面做出了新的要求和部署。

在党和国家"三农"政策的部署和实践中，乡村振兴工作稳步推进，"三农"工作在新时期的阶段性目标业已取得较好成效。特别是全面建成小康社会和脱贫攻坚的目标与任务如期完成，为乡村振兴战略在新发展阶段的进一步实施拉开序幕。中共十九届五中全会通过的《中共中央关于制定国民经济和社会发展第十四个五年规划和二〇三五年远景目标的建议》，明确提出要继续全面推进乡村振兴战略，尤其要加强"工—农""城—乡"之间的互促互补、协同发展和共同繁荣，通过工农城乡新型关系的建构助推农业农村现代化的实现。并指出要将"脱贫攻坚成果巩固拓展，乡村振兴战略全面推进"。结合"三农"工作的核心要求与乡村振兴战略政策发展的沿革，一系列的政策文件和现实需要均对农村建设提出新的目标和要求，而这些新变化均意味着新型农村社区经济发展将迎来新发展阶段的挑战——其中核心挑战在于如何顺应"从脱贫攻坚目标实现顺利转型到全面推进乡村振兴战略"的要求，给实现农业农村社区现代化提供相应支持。

（二）农村社区经济发展在乡村振兴背景下的时代意义

以集体经济为核心的农村社区经济是开展农村经济工作的重要基础，是推进乡村战略

[①] 习近平：《实施乡村振兴战略是新时代做好"三农"工作总抓手》，《光明日报》2017年12月30日。

[②] 刘晓雪：《新时代乡村振兴战略的新要求——2018年中央一号文件解读》，《毛泽东邓小平理论研究》2018年第3期。

实施的"牛鼻子"、是实现乡村全面振兴的关键。[1]

第一,农村社区经济的发展可以为基层政权的构建奠定物质基础。农村社区经济是乡村集体经济在新时期的创新形态和发展模式,其发展将进一步巩固农村公有制的主体地位,坚持农村发展的社会主义航向,通过社区经济增益提升社会福利覆盖面,使更多农民因社会主义优越性而获益、加强对党和国家的政治认同。农村社区经济的壮大和发展,能为基层党组织建设提供更多物质支撑,增强基层政权为人民办实事、办好事的能力,从而增强农村社区的凝聚力,给乡村振兴提供政治保障。

第二,农村社区经济发展是缩小城乡差距、增强乡土社会活力的关键步骤。现如今,随着工业化、城镇化进程的加速,城乡居民收入水平、社会保障水平、教育水平、就业保障水平、医疗条件和基础设施建设水平差距很大,城乡之间、甚至不同区域农村之间资源分配不均衡、不平稳问题逐渐凸显。大量农村青壮劳动力受城镇空间优越性吸引离开故土,进而引发一系列"空心村""三留守""农民荒"等社会问题,使农村地区振兴缺少"内生性"动力。而农村本土社区经济的壮大和发展,可为外流人员创造"就近就业,就地城镇化"的新发展空间。通过提高农民收入、缩小城乡收入差距,进而吸引农民返乡务农、就业和创业,为乡村振兴注入人才动力。

第三,农村社区经济发展是推进乡风文明建设、提升农村人居环境的前提和基础。[2] 农村社区经济发展水平与人居环境建设成效有显著的关系。只有壮大农村社区经济,才能为乡村环境绿化美化和基础设施建设提供更多资金支持,为人居环境改善和美丽乡村建设提供经济保障。同时,农村经济社会发展水平的高低,直接关系到农民的社区认同及乡风文明建设的投资。因此,只有先让农民"口袋富起来",才能提升他们"脑袋富起来"的主体性和能动性;只有乡村地区人们生活质量有保障,才能顺利开展乡风文明教化工作。

第二节 农村社区经济发展的模式探索

2015年国务院政府工作报告明确提出了"三农"发展战略和具体举措,指出要加速农业现代化,为农村发展和"三农"发展提供战略指导。[3] 农村社区经济的发展恰为多元经营模式提供实践场域,主要依托农村集体经济组织,呈现"去小农化""集约化""经营组织化""服务社会化""农业市场化""主体多元化"等特征。结合农村集体产权制度改革实践,全国各地因地制宜,探索出八种农村社区新型经济发展模式:

一、土地托管创新模式

土地托管机制是旨在促使传统农村社区农户加快完成现代型农民身份转型的创新路径

---

[1][2] 白杨:《乡村振兴背景下发展壮大农村集体经济的思考——基于河南省索店村集体经济的调查》,《当代农村财经》2021年第4期。

[3] 《李克强:加快推进农业现代化》,2015年3月5日,http://www.gov.cn/guowuyuan/2015-03/05/content_2826421.htm。

之一。具体而言,土地托管是由农村社区集体经济组织牵头、针对农业生产进行的社会化托管服务。这种模式坚持农户自愿加入、自由退出、自选服务的基本原则,既不变更农村社区原集体土地的所有制性质,也不变更农户对社区农地的承包经营权,鼓励第三方机构为农村社区农民提供托管服务。该类服务模式涵盖范围广,包含耕、种、防、收、销全部或部分作业环节,能够为农地种植、技术嵌入、物资提供、管理经营等提供可定制的"菜单式"服务。目前,农村社区集体土地托管模式可分为全托和半托两种模式,表现为全产业链托管、"菜单式"定制托管、专业化托管、股份合作式分红等多种托管服务模式。其中,"全托管"意味着托管组织全程负责农业生产过程,"半托管"则指农户对托管服务的自选性购买。土地托管机制的运行旨在促进小农户积极参与社会分工、享受规模化社会服务带来的经济收益,从而减小小农生产和现代农业市场的鸿沟,并且增加集体经济收入。①

以山西省为例。该省由中央财政支持于2017年开展农业生产托管试点工作。通过农业生产的行业托管整合模式,农业生产资料和作业经营及粮食销售均交由合作社或企业代管执行。在山西省托管实验中,共探索出五种有效的托管模式,即屯留模式("六核心服务、三环节套餐")、"五位一体"田管家的洪洞模式、"服务组织和对象双向选择,县—乡—村—组四级联动"的寿阳模式、"全程托管与异地服务兼具"的万荣模式和"全域立体式农业社会化服务"的平遥模式。评估显示:公开选择的280个服务组织,累计服务农村社区小农户26万户,托管试点带动农村社区规模经营达到270万亩,辐射带动890万亩,每亩成本降低20%—30%,提升农地种植空间约5%,该区域农村社区粮食增产超过了15%,最终的托管售价比散户高出2%左右,有效解决了"种不了地""种不好地"和"种了不合算"等问题。②

二、土地流转促增收模式

农村土地流转本质是在保留承包权基础上对集约化生产的创新,即在农村社区集体经济组织带领下,把原个体家庭承包土地经营权有偿转让给他人或经济组织(如种植大户或专业合作社等),转让使用权,保留承包权。根据《关于深化改革严格土地管理的决定》指示,可以对农民集体所有建设用地使用权进行依法流转。《关于引导农村土地经营权有序流转发展农业适度规模经营的意见》也指出,要大力推动农村土地流转与适度规模经营进程和改革,五年内完成承包经营权确权。在土地流转过程中,转让土地者一方面可获得一定的土地流转费,另一方面可摆脱土地对农村劳动力的禁锢,推动农村剩余劳动力转移到城市、进而提升他们的工资收入。③对农村社区集体经济而言,土地流转打破农户分散经营困局,有助于提升农业机械化、集约化水平。

---

① 管珊:《社会化服务的双重组织化:小农户与现代农业的衔接机制——基于土地托管模式的分析》,《当代经济管理》2020年第11期;张璐:《邯郸市探索实践九种模式 发展壮大新型农村集体经济》,《河北农业》2021年第2期。

② 段晓康、兰丽君等:《农业生产托管现状、模式、利益相关者分析——以山西省为例》,《农村经营管理》2020年第7期。

③ 代玉萍、尹玲会:《试谈农村土地流转与农民增收的关系》,《现代农业研究》2021年第4期。

目前,出租、转包/让、互换、股份合作等方式是土地流转的主要形式。研究表明,土地流转是提高农户收入和提升农业竞争力的有效途径。以黑龙江五常稻米产业为例,五常市在2004至2017年土地流转期间,随着土地流转加快、水平提升,该市农户人均收入一直处于正增长状态,且高于黑龙江省和哈尔滨市的平均增长率。2009年增长率(15.65%)约为2004年的一倍,2012年高达21.99%,2013至2017年年均增长率为8.72%。对于吸收流转土地的农企而言,也有助于生产规模进一步扩大、规模效益进一步提升,同时还可创造更多农户就业机会,在"公司＋农户"的利益联结机制建构中促进农民增收。此外,土地流转助推传统农产品生产经营方式转型,促进产销一体化,有利于实现对农产品生产的全程监督,进而保障食品安全。①

三、扶贫车间助推模式

扶贫车间模式是"政府＋企业＋村委会＋贫困户"四位一体的合作共治型帮扶行为。企业在地方政府和村委会支持下在农村社区设立生产车间,在享受地方招商引资优惠政策过程中积极承担扶贫的社会责任,招聘非贫困村民和贫困户共同参与生产,为普通农户提供就地就业机会,并帮助贫困户脱贫致富。该模式依托中央和地方农村专项扶贫资金,是我国脱贫攻坚事业中的代表性产业扶贫和项目扶贫创新,是结合产业下乡和创业就业的稳定增收模式,在有效衔接扶贫攻坚和乡村振兴两大战略设计的同时帮扶贫困户个体,并助推农村社区经济发展。目前,扶贫车间助推农村社区经济主要呈现三个特征:首先,工作地点临近且时间灵活。进驻企业以农村社区的行政村为单位设立贫困车间,通过对闲置办公场地、厂房、校舍等进行重新安排和布置,为就业农户提供就近工作机会,以便兼顾家庭和工作。计件付酬是扶贫车间采用的主要方式,工作强度较低、劳动时间较灵活,便于农户自行安排家庭照顾和外出劳务时间。其次,用工条件宽松。扶贫车间对就业者要求较低,不对教育背景、工作年限、年龄、性别等做具体要求,确保有基本劳动能力和一定工作意愿的农户均有就业机会,不会对老人与残障人士有排斥。最后,劳动密集型产业为主。车间生产主要以简单物件生产和加工为主,如简易沙发、服装制作等。

整体而言,扶贫车间生产是对多元合作主体在价值理念、既有资源、信息沟通和利益诉求四方面的有机整合:(1)价值理念整合。扶贫车间建立在政府、企业、村委会、贫困户多方主体平等自愿、合作共治的基础上,在招商引资、车间建设、招聘及生产过程中不主张互相干预或强制行为。(2)既有资源整合。扶贫车间是政府、企业、村委会和贫困户共享和共建经济资源、生产资料、就业资源和劳动力资源的合作场域,在合作中实现互惠互利。(3)信息沟通整合。扶贫车间成功运转取决于政府、企业、村委会和贫困户之间信息沟通机制的建立,包括政府对企业提供贫困户信息、企业把贫困劳工工作及收入情况反馈给农村社区村委会、企业和社区对贫困户特殊问题的及时沟通和处理等。(4)利益诉求整合。扶贫车间长效运转取决于政府、企业、村委会和贫困户之间差异化利益整合,进而促进合作脱贫、农户增

---

① 杜会永、王德章等:《乡村振兴战略下农地流转对增加农民收入的影响——以黑龙江省为例》,《商业经济研究》2019年第24期。

收和政绩提升。①

图 11-2　安徽省阜阳市颍泉区扶贫车间(2018 年,作者拍摄)

2020 年中国人力资源和社会保障部副部长李忠在北京表示,五年间我国建设的扶贫车间累计达 32 688 个,这一"家门口就业"模式共吸纳和辐射贫困人口约 43.7 万,为中国就业扶贫提供有力支撑。② 以常德市桃源县为例。该县共有建档立卡贫困人口 57 339 人、共计 19 444 户,其中贫困劳动力 23 339 人。在该县农村社区推行扶贫车间模式以来,农村社区经济取得突破性发展:建设厂房式车间,金磁电器、骏威鞋厂、杰远科技、双华玩具等三十多个劳动密集型企业进驻农村社区,为本社区提供一千五百多个就业岗位;建立合作社式车间,以"养殖基地+土地流转+贫困户入股+基地务工"的模式来创新扶贫车间;建设居家式车间,在民房、闲置院落内设置车间,帮助农户灵活就业。据统计,该县共有 24 个农村社区建有 42 个扶贫车间,为两千多农户提供就业机会,人均月工资超过 2 000 元。③

四、特色产业推动模式

随着市场化改革的深入,在贸易全球化背景下,传统乡村经济开始进入产业分工时代,原以农业、手工业、农副业等单一产业为主的领域开始融入新兴产业和特色产业,农村社区经济逐渐形成横纵结合的产业体系。在国家乡村振兴政策有力支撑下,特色经济尤其成为农村新型社区经济的核心模块,对农户个体增收、农村社区经济振兴和整体区域经济发展起

---

① 何阳:《扶贫车间模式的运作逻辑与生成机理》,《深圳大学学报(人文社会科学版)》2021 年第 2 期。
② 《中国就业扶贫成效显著 5 年累计建扶贫车间 32 688 个》,《上海农村经济》2020 年第 12 期。
③ 李永祥:《"小车间"撑起脱贫"大梦想"——常德市桃源县积极探索扶贫车间建设模式》,《中国就业》,2021 年第 1 期。

着至关重要的作用。农村社区特色产业建设基于农村社区特色资源比较优势,结合家庭经营和产业经营特点,在发展社区经济同时兼顾脱贫攻坚、传统社区文化传承、生态自然保护等社会功能。其中,特色经济主要是针对农村本土社区的特色农产品、自然资源、特色文化、祖传秘传技能等资源的挖掘,旨在通过特色产业发展开发有比较优势、具有显著竞争力和不可替代性的产品和服务。简而言之,特色产业核心是依赖特殊资源禀赋进行产业化生产、获得社区收益,是现代生产要素与农村社区特色资源优势的有机结合。该产业发展不仅注重经济效益,同时注重城乡统筹、脱贫致富、生态保护、文化传承、发展公平等理念。①

图 11-3 安徽省阜阳市王寨村特色农业基地(2018 年,作者拍摄)

在习近平总书记关于扶贫和脱贫的相关论述中,产业扶贫是打赢脱贫攻坚、增强贫困群众内生力的最有效机制和最直接手段。实践表明,特色产业不仅是农村社区经济发展的有力支撑,更是产业扶贫的有效模式。以广西特色产业扶贫为例。"十三五"期间,作为精准脱贫攻坚主战场之一的广西,有 54 个贫困县、5 000 个贫困村以及 538 万户贫困人口需要脱贫摘帽。从"十二五"到"十三五",广西对产业化扶贫示范工程和"5+2"县级、"3+1"村级精准扶贫规划模式持续推广和发展,尤其借助蚕桑特色产业"造血"为贫困社区发展提供内生动

---

① 杨志良、姜安印:《小农户与乡村特色产业的包容性衔接及其路径研究》,《农林经济管理学报》2021 年第 1 期;马彩虹、赵先贵等:《宁南山区生态建设与特色产业开发研究——以宁夏西吉县为例》,《干旱区资源与环境》2005 年第 4 期;陶武先:《统筹城乡经济发展特色产业——四川丘陵地区经济发展情况调查》,《经济体制改革》2004 年第 1 期。

力,并成为我国 2018 年"产业扶贫十大机制创新典型"榜首。① 广西桑蚕产业扶贫实践探索出园区带动模式、职业农民新模式、"合作社＋"模式和科企社户合作模式四种路径,涌现出宜州、象州、上林等"全国蚕茧产量 10 强县",形成三大蚕桑生产优势产业带②,共计超过 88 万农户在种桑养蚕产业链中获得收益。③ 2012—2017 年,广西贫困群体累计减少 704 万,脱贫摘帽的有 943 个贫困村和 4 个自治区级贫困县,年均减贫超 117 万人。2018 年末,贫困发生率降至 3.3%。

五、龙头企业带动模式

近年来,各个地区在推动农业龙头企业的发展过程中,逐渐深化"农业龙头企业与农村社区利益联结机制"。也就是说在农村社区农业产业化经营过程中,龙头企业根据自身农产品原材料需求,与周边农村社区、农户或农村社区合作社组织等签订产销、种植、订单或集资入股等合同,通过订单农业或股份合作等模式实现共同发展,实现农业产业链的上下游结合。湖北福娃集团有限公司开拓的良种繁育、水稻种植、精深加工、销售物流的全产业链一体化经营模式是典型代表。④

实践表明,农业龙头企业模式不仅是农村社区集体经济区域性综合发展的内生动力,更是"联农带农富农"的保障机制。以安徽省农村社区龙头企业培育为例。一方面,通过加速资源要素整合,安徽省 2019 年共有 16 091 家农业龙头企业,多面促进农村社区茶叶、水产、粮油、中药材、果蔬等传统产业的发展和电子商务、旅游休闲等新型产业的出现。据统计,有 2 812 家企业农产品加工产值超亿元,位居全国第九,有 61 家年销售额为 10 亿元—50 亿元,年销售额为 50 亿元—100 亿元的有 3 家,超过 100 亿的有 4 家。从总体上来看,农业龙头企业助推农村社区农业产业化态势得以形成,是乡村振兴的重要支持。另一方面,农业龙头企业与农户间利益联结互惠机制逐渐得以建构,"联农带农富农"功效不断显现。2019 年,安徽省农村社区常住人口可支配年收入超过 1.5 万元,增长速度高出全国平均水平。据统计,该省构建的农村社区农户、农村合作社与地方龙头企业相联结的利益共同体模式为主流,占比超 50%,其中呈紧密或半紧密状态的近九成,对农村社区居民就业和增收提供有力保障。如安徽益益乳业有限公司的"公司＋农村基地＋农村社区农户"模式,为周边农村社

---

① 该榜单由国家扶贫日产业扶贫论坛发布,由农业农村部联合农村日报社评选。这十大创新典型分别是:广西编制县级"5+2"、村级"3+1"产业精准扶贫规划;河北省探索"新型农业经营主题＋建党立卡扶贫户"产业带动信贷扶贫模式;甘肃省农业保险"两个全覆盖"助力脱贫攻坚;河北省推进"政银企户保"金融扶贫新模式;贵州省"三变"改革优化利益联结分享机制;甘肃陇南电商思维推动产业扶贫;山西省构建贫困村"五有"产业扶贫机制;河南省夏邑构建产业扶贫带头人培养模式;湖北省恩施打造恩施硒茶品牌助力产业扶贫;安徽省砀山县专业合作社多策并施带动脱贫。
② 分别是以南宁和贵港为主的桂南、以河池和百色为主的桂西北和以柳州和来宾为主的桂中。
③ 许忠裕、刘开莉等:《广西特色产业扶贫的实践创新与思考——基于蚕桑产业视角》,《江苏农业科学》2020 年第 1 期。
④ 刘梦云、曾靖:《粮食生产龙头企业与农户利益联结机制研究——以荆州市为例》,《农村经济与科技》2013 年第 12 期。

区提供四万五千多个就业岗位,在基地从事奶牛养殖的农户每年人均纯收入达1.5万元,从事饲草种植的农户每年人均纯收入达0.5万元,农户在合作中获得返还利润462万元。[1]

六、特色文旅开发模式

农村社区特色文旅开发是指将乡村特有人文资源和自然资源进行融合,以"文化"促"旅游经济"、以"旅游"带"文化发展"。其中,"农村社区特色文化"是乡村旅游的灵魂,也是乡村旅游的品位依托。这种模式有利于推动农村经济繁荣和农户的收入增加。农村社区特色文旅产业开发是农村社区农业和非农经济发展的带动性力量,有利于农业生产的市场化转向,能带动文旅相关的非农产业发展(如农副产品产销、传统手工艺品加工、餐饮住宿、交通运输、服务型劳务行业等),最终促进农村剩余劳动力转移到文旅产业,帮助农民增收。另外,特色文旅产业也能助推乡风文明进步,有助于农村社区生态环境建设。城市现代文明在农村社区特色文旅实践中得以传播,助推乡村文明和现代化建设;乡村文旅产业对自然生态的高要求可以提高农村社区本土居民的环保意识和提升资源可持续开发理念。[2]

以贵州省六盘水市六枝特区落别乡农村社区文旅开发为例。该区域农村推行"文化+旅游+扶贫"模式,通过促进城市与乡村融合、大力开发"一村一品"农村社区特色旅游,以产村一体化为抓手,形成了产业和旅游业相结合的路径,将农村社区传统文化特色融入其中,打造出集农耕体验、教育展示、田园观光、文化创意于一体的特色文旅产业链。其中,特色农业产业覆盖为发展"轴线",特色乡村景区建设为发展"支线",传统布依族文化为发展"内核"。以黄果树源区位、黄果树瀑布源国家森林公园为依托,开发了温泉小镇、滴水潭瀑布、螃蟹峡、山泉湿地等旅游景点,带动周边农村发展村舍、村居、农家乐等农村公共服务设施,打造黄果树旅游接待区;同时专门针对农村社区居民独特的民族手艺(包括剪纸、蜡染等)进行培训,旨在将极具地方特色的布依族文化符号和元素嵌入和糅合进地方旅游系列的商品和产品中,在"文化·旅游"互相建构和促进中带动农户创收。该模式有效推进文旅融合,在农村社区旅游开发、地方特色文化产业发展和山地特色产业的多元融合发展中,有效带动两万多农户参与文旅产业脱贫,其中有0.5万贫困户积极参加"三变"改革,是推动此地区在2017年完成脱贫目标的重要保证。[3]

七、科研院校介入模式

科研院校介入农村社区集体经济发展是科教兴国战略的要求,是农技有效推广和壮大农村社区产业的重要载体,是借助农业科技进步实现乡村振兴的重要手段。该模式本质是

---

[1] 秦柳、段金萍:《安徽省农业龙头企业发展现状分析研究》,《安徽科技》2021年第3期。
[2] 宋晓虹:《发展乡村旅游,促进新农村建设——对贵州乡村旅游发展的思考》,《贵州农业科学》2008年第1期。
[3] 李万军:《文旅融合 富美农村——六枝特区落别乡促进文化事业健康有序发展》,《当代贵州》2017年第2期。

"以科研促农业经济",主要指以农业科研院所或高校为现代农业科技的主要供给主体,在农村社区集体经济组织运行中加强与涉农科研院校的合作,通过联合兴建生产试验基地模式,在生产前、中、后全过程均进行人才、技术和信息等资源的共享共用,从而促进高产、高效、安全、优质、生态等农业社区经济综合发展目标的实现。研究表明,涉农科研院校的有效介入能够为农村社区产业和经济发展提供科技支撑,进而起到保障粮食安全、提高农业发展质量、提升农村社区经济组织竞争力的作用,最终推动农民增收与农村社区集体经济发展。如广平县南阳堡镇张桥村加强与中国农业科学院的合作,建立股份合作激励方式邀约专家团队做技术支撑,引进了为数8人的专业博士团队,投资建立高品质的靶向蛋鸡饲料厂,此社区农户获得集体产业收益分红21万元。在中国农业大学支持下,曲周县前衙村合力建设曲周试验站,在农村社区内设立科技小院,为入股的农村社区居民提供系统的农技支撑、指导和服务,该社区每年集体收益达到10万元以上。[1]

这种模式也是脱贫攻坚的重要创新举措,强调了农科教、产学研合作扶贫。以广西农村社区蚕桑产业扶贫中的科企社户合作模式为例。该区域推行"科研单位+地方公司+农村合作社+社区农户"的科企联合经营模式,旨在实现合作社与企业及科研单位多方力量的优势重组,促进多元主体紧密联结,为产业扶贫进村和带动贫困户进产业链打通上下联通机制,进而实现产业效益提升和农户增收。如都安县拉仁乡依托广西蚕业技术推广总站,建立以广发桑蚕种养专业合作社支持的生产经营平台,建立起广西丝绸(集团)有限公司支撑的订产销一体化联结机制,有效打通生产和销售的各个环节与流程,助推地方社区桑蚕产业的高效高质发展,并使其成为帮助山村社区农户摆脱贫困、走向富裕的有效路径。[2]

八、土地入股增收模式

土地流转的一种新方式是土地入股,有利于实现农业产业化。具体来说,土地入股是对农村土地实行股份制改革的一种形式,体现在农业生产合作社或农村土地承包经营权入股公司,指承包人将依法取得的土地承包经营权作为资本,投入公司或合资成立农业生产合作社,并取得股东法律地位的法律行为,它的本质是"土地入股+农业产业化经营"模式。这个模式建立在农户自愿联合的基础上,前提是保证农村社区土地集体所有权不发生变化,农户可以将作为资本的家庭土地承包经营权投入农村社区集体经济组织或企业从而得到股权,农村社区合作社或企业通过产业规模经营模式为农村社区集体和农户盈利。研究表明,该模式具有用活土地经营权、促进农地规模经营、以市场机制解决农业价格扭曲问题、壮大乡村产业振兴基础和促进农户增收等功效。

现如今的农村土地经营权的入股管理模式可以分为三类:农地股份合作社的"内股外租型"模式、农民专业合作社的"自主经营型"模式和"合股共赢型"有限责任公司模式。"内股外租型"依托农村社区集体为中介性公共服务平台,将流转土地统一对外公开出租、转包,农

---

[1] 张璐:《邯郸市探索实践九种模式 发展壮大新型农村集体经济》,《河北农业》2021年第2期。
[2] 许忠裕、刘开莉:《广西特色产业扶贫的实践创新与思考——基于蚕桑产业视角》,《江苏农业科学》2020年第1期。

村社区农户作为合作社股东,在农地流转盈利后可以获得与土地入股额相对应的分红。文龙娇和马昊天对常熟市支塘镇窑镇村的农地股份合作社经营模式进行研究,了解到此农村社区合作社以种植水稻和小麦为主,通过探索于2009年获得了4.6万元净利润的集体收益。"自主经营型"农民专业合作社由农村社区集体经济组织负责成立,由村集体或部分集体成员自发组建,农户自愿将承包土地经营权、劳动力、农业机械等生产资料或资金二次入股到所在农村社区的农民专业合作社中。文龙娇和马昊天对嘉泽镇跃进村西太湖花木专业合作社进行研究,发现社员股东农户可获得"保底+分红"多重收益。其中,土地保底收益为每亩1500元,分红收益来自花木交易销售收益。2016年,该农村社区获得花木收益1.17亿元,入股的该农村社区社员可获得每亩三百多元的股份收益分红。所谓"合资共赢型",就是成立有限责任公司,这是一种将农村生产与市场运作相结合的现代公司制度,通过市场营销和农产品生产、加工、营销的市场化和整合来提高农业收入。[1]

第三节 农村社区经济发展中的一般问题

一、农村社区"三资"管理问题

"资金、资产、资源"是农村集体拥有的"三资"。这一部分主要是针对农村"三资"经营存在的问题及解决办法进行阐述。[2]

现如今,农村社区的"三资"管理的主要问题有:(1)"三资"管理多属于自上而下政策部署要求,政策性较强、内容繁多,而工作经费支持不足且技术化监控和管理手段及信息平台建设不完善。尤其部分县和乡各级财政自身能力有限,资金不充裕,无足够经费来源,在实际管理中难以对"三资"管理和建设给予充足或必要的资金投入和预算划拨。(2)农村社区集体资产管理的法规和政策措施相对滞后,相关资产保障体系尚未建立。整体而言,全国各地农村社区集体资产管理法规建设问题较多,在集体经济制度、资产管理方式、激励措施等方面不足较多,且发展不均衡,容易引发各类问题,如农民利益受到侵害、集体资产流失比较严重、相关税费减免优惠政策不清晰或执行不到位等。(3)县级对农村社区经济的部门建设有待加强、制度有待完善、能力有待提高,管理队伍稳定性亟待加强。从管理层次、服务层次以及机构性质来看,各县级相关农经站、农经审计办公室等职责履行情况参差不齐,且存在职能不对应、权威性不强、工作不匹配以及相关管理监督工作不到位等情况。另外,因为农村社区"三资"管理人员激励措施和收入较低等经济保障不足的原因,致使农村社区"三资"管理专职人员留任难。此外,其他问题还包括:农村集体"三资"权属不明,如部分农村社区集体资产资源未进行规范化产权登记管理,导致长期闲置或无法妥善保管等;审计权威难以维系问题,如部分地区对日常审计违规行为管控不到位、不敢处理或不当处理等;乡镇部

---

[1] 文龙娇、马昊天:《农村土地经营权入股模式比较与路径优化研究》,《农业经济》2020年第11期。
[2] 刘文英:《农村集体经济"三资"管理存在的问题及对策》,《中国农业信息》2014年第11期。

分管理和服务农村社区经济的人员"身兼多职",在职不在岗等现象多发,影响相关基层管理人员对农村社区集体经济工作的精力投入;有一些农村社区在产权制度改革工作上不到位,特别是股份合作社的问题较多。

针对以上问题,农村"三资"管理体系应该重点加强以下几个方面的建设:(1)存在"三资"管理问题的区域,首先应按照中央相关文件要求,加快完善地方性法规、政策、制度、体制及机制建设,使农村社区"三资"的相关政策和措施具有针对性、现实性、有效性和革新性。(2)针对管理机构方面,要在农经管理部门指导下筹备和搭建多个中心组织单位,为农村社区"三资"管理和发展提供正式的组织支撑。加强农经体系的建设,争取加快健全和完善村级管理机构。(3)关于农经专业技术队伍的建设,要严格执行有关规定,落实对相关基层管理人员的薪酬保障和激励制度。要统一思想、加强领导,形成层层机制,切实落实解决离岗、拖欠工资以及审计督查问题;成立多部门工作组,对农村集体"三资"进行定期清查、清产核资和界定登记等工作;推进农村社区"三资"运行的制度化建设,以制度规范行为,强化管理措施,从源头上控制资金违规违纪现象的发生;构建农村社区集体产权与财政预算的关联机制,为相关农村社区经济体制改革提供预算制度支撑。

二、农村社区农地流转问题

实行土地流转本质是促进农业规模化经营,是解决"三农"问题、发展农村社区集体经济、实现农业现代化的重要途径。现阶段,如何合理流转是需要解决的首要问题,而农地流向哪里一直存在较大争议,学者也针对优化农地流转模式进行了探讨。[①]

有学者指出,农村社区土地流转后由少数种植大户、市场化企业或具有一定规模的家庭农场等进行管理有较大风险。风险一是农村社区土地流转过程中易滋生利益纠纷、规模化经营的不安全性和不可持续性较高。农民将土地直接流转给少数种植大户、具有一定规模的家庭农场、非集体所有性质的合作社组织或涉农市场化企业,可能会出现流转纠纷问题。如果土地流转后经营良好,流出户可能会收回土地,自行经营;一旦土地流转后规模化种植、管理和经营不成功,流入农户或企业可能为逃避支付流转费而宣告"破产"或"跑路"。另外,如何将零散、小块的个体农户土地进行整合,降低不愿意参与流转土地群体对大规模成片流转的不利影响,也是需要考虑的一个重要问题。

风险二是农村社区土地流向少数大户、家庭农场或企业后的贫富差距增大风险。流转后的土地实现规模经营,取得规模收益归少数流入户所有,大部分普通农户如何从中获益是个难题。针对上述问题,简新华和王懂礼从四个方面论述了将农村社区土地通过集体组织进行流转的优势,包括对农村社区农户利益的保护、乡村整体空间规划的长远性、基于农村社区土地大规模经营的高收益性以及对农村社区产业发展和农民增收的促进性等。

结合近些年我国农村社区土地流转与管理现状,学者从以下几方面对农地规模化发展提出建议:建立能够保障农村社区土地流转的农户保障与补偿机制,尤其要考虑将土地规模

---

① 简新华、王懂礼:《农地流转、农业规模经营和农村集体经济发展的创新》,《马克思主义研究》2020年第5期。

化经营与农户个体收益分红及补偿进行合理挂钩;构建合理的农村社区土地承包流转、退出和管理机制,综合考虑和照顾农户个体及社区集体的土地流转与规模化经营收益,对如何退、抽回农地的位置和数量,如何进行合理的"二次流转"等均应制定合理规约,以维持规模化经营的稳定,理顺土地经济集体化与非集体性经营的关系,尽可能减少流、退产生的风险与损失;结合农村社区本地特色,在满足基本农业用地基础上,合理合法开发和规划非农空间,大力综合发展各类农副产业、制造业、观光旅游业、休闲农家乐和度假村等,激活产业兴农机制。

三、农村社区集体经济财务管理问题

农村社区集体经济财务管理现有主要问题包括:(1)资金管理规范性不足。农村社区集体经济组织的资金管理中,存在财务收入与支出方面的账务问题、资金管理混乱问题和村级会计对档案管理的不尽心,经常发生断档问题。(2)财务管理透明度低。目前,农村村级集体经济组织的财务管理工作中普遍存在着不透明、不严谨的问题,而且财务管理人员总体素质不高,监督流于形式,监督功能形同虚设。(3)管理主体专业程度不够。农村社区集体经济财务管理主体整体表现出专业知识缺乏、业务能力不足的特点。[①]

针对上述问题,学者对完善农村集体经济财务管理路径进行了几点探讨。第一,完善农村社区集体经济管理权责的职权和边界划分。一方面,推行村账镇管模式,明确国家占用土地补偿款、村级企业资金收入等具体内容范围;另一方面,要加强农村社区资金管理的系统化建设,坚持资金所有权、资金使用权和资金收益权三权不变的工作原则,保证资金的正当与合理使用。第二,要加强农村社区集体经济财务管理的规范化,把收入、支出等财务信息公开。健全农村集体经济财务管理主体的绩效考核制度,科学规划、统一核定村干部的收入标准,对非生产性的经费支出以及村级转移使用的专项支付资金予以严格控制和把关,以防产生乱挪乱用现象。第三,对农村社区集体经济加强集体性监督与管理,提升民主监督水平。首先要成立民主管理小组,规范对农村社区集体经济财务管理的监督与审核工作;完善信息公开机制,确保财务管理工作透明、规范。其次要选出人们满意的农村社区公共事务监督和管理委员会班子和社区纪检委员,完善农村集体财务工作的监督机制。最后要加强对财务管理的审计监督,及时改正错误,严肃处理问题。同时,定期对相关财务管理部门进行检查,保证集体财务工作的科学与高效。第四,完善和拓展信息公开渠道,规范信息公开流程,以满足人民群众的需要。第五,加强农村社区经济管理人员的培训和能力建设,完善薪酬保障机制,使人才留得住、队伍强起来。一方面要严格村级会计队伍的选拔,另一方面要加大农村社区财务和会计管理人员的专业培训力度,完善和健全对相关人员的考评机制、监督管理机制及激励保障机制,在业务管理规范和激励保障提升方面"两手都要抓、两手都要硬"。

[①] 刘秀丽:《浅论农村集体经济财务管理中存在的问题及对策》,《中国集体经济》2019年第4期。

第四节 农村社区数字经济的新业态与新挑战

近些年,随着网络信息技术的发展和移动互联网的普及,数字经济作为一种新的经济形态开始渗透到社会生产和消费中,国家加快推进数字乡村建设步伐。在此背景下,农村社区经济也开始呈现新的发展态势、农民消费结构开始转型,为农村社区经济发展带来新的挑战和机遇。

表11-1 国家有关数字化文件及核心指示

文件名称	相关核心指示
《关于推进农业农村大数据发展的实施意见》(2015.12)	明确农业农村大数据发展和应用的总体要求、夯实农业农村大数据发展和应用的基础、把握农业农村大数据发展和应用的重点领域、明确实施进度安排、加强组织领导和保障
《政府工作报告》(2017.3)	首次提出"促进数字经济加快成长",推动"互联网+"深入发展,让企业广泛受益、群众普遍受惠
《中共中央 国务院关于实施乡村振兴战略的意见》(2018.1)	大力发展数字农业,实施智慧农业林业水利工程,推进物联网试验示范和遥感技术应用
《乡村振兴战略规划(2018—2022年)》(2018.2)	大力发展数字农业,实施智慧农业工程和互联网+现代农业行动,鼓励对农业生产进行数字化改造,加强农业遥感、物联网应用,提高农业精准化水平
《中共中央 国务院关于坚持农业农村优先发展做好"三农"工作的若干意见》(2019.1)	实施数字乡村战略,深入推进"互联网+农业",扩大农业物联网示范应用。推进重要农产品全产业链大数据建设,加强国家数字农业农村系统建设
《数字乡村发展战略纲要》(2019.5)	明确将数字乡村作为乡村振兴的战略方向,分析了数字乡村建设的现状与形势、总体要求、重点任务以及保障措施
《数字农业农村发展规划(2019—2025)(2019.12)》	加快推进农业农村生产经营精准化、管理服务智能化、乡村治理数字化
《中共中央 国务院关于抓好"三农"领域重点工作确保如期实现全面小康的意见》(2020.5)	依托现有资源建设农业农村大数据中心,加快物联网、大数据、区块链、人工智能、第五代移动通信网络、智慧气象等现代信息技术在农业领域应用,开展数字乡村试点
《2020年数字乡村发展工作要点中央网络安全和信息化》(2020.5)	推动乡村数字经济发展,加强数字乡村发展的统筹协调等
《关于开展国家数字乡村试点工作的通知》(2020.7)	以解放和发展数字化生产力、激发乡村振兴内生动力为主攻方向,以弥合城乡数字鸿沟、促进农业农村经济社会数字化转型为重点,积极探索数字乡村发展新模式

资料来源:张晨欣:《数字经济赋能乡村振兴的内在机理与实践》,《安徽商贸职业技术学院学报》2021年第1期。

根据《2020年数字乡村发展报告》(见本章附录部分),农村社区数字经济发展态势良好、成效明显。在我国农村社区数字经济发展现状的基础上,本部分将结合国内外实践探索、我国社区数字经济建设效果等对我国农村社区数字经济发展概况及其对农村消费结构产生的影响进行介绍,并对农村社区数字经济指标建设进行探索。

一、国内外的实践模式[①]

发达国家在提升农业产业水平、农业经济和农民收入过程中,将数字经济嵌入农业农村经济中,以维持两者协同发展为路径,大致呈现出三种模式:第一,以美国为代表的"精准农业"(Precision/Smart Farming)模式。该模式将气候等数据和信息数字化后应用于农业种植和生产过程,提升农业管理精准度和生产质量,这种从传统机械化到信息化规模生产的转型,有效保证美国粮食的本土供给和出口能力。第二,以德国为代表的"政企合作数字农业"模式。该模式以大数据共享为农业经济创新路径,依托"政府财政补贴+大型企业技术开发+政企大数据云端共享",通过构建数据生态系统来提升数据资源的经济价值、促进农业生产智慧升级、提升农民的产业支撑能力。第三,以英国为代表的信息网络订单农业模式。该模式指商业巨头依托互联网技术搭建农超联盟平台,通过契约模式"以销定产"、消除传统农业产供销的信息不对称弊端,降低交易成本、保障农产品供应和采购的有效性。

表 11-2 部分国家和地区推进农业农村数字化的重点领域

国家和地区	推动部门	战略举措	支持重点
美国	美国农业部	农村宽带再连接计划	加大农村宽带方面的投资、贷款规模,改善网络服务,更新连接和接入设备
欧盟	欧盟委员会	智慧乡村行动	持续提供农村服务,应对农村人口减少。强化城乡连接,推动农村的数字化、低碳转型
英国	英国农业、环境和农村事业部	农村白皮书行动计划	提高农村地区高速宽带可达性和可承担性
德国	德联邦食品和农业部	联邦乡村发展计划	扶持基层乡村数字化创新应用项目,利用数字化产品应用来改善乡村的生产生活
日本	日本农林水产省	推进智慧农业	推进自动作业机器人、远程控制等智能装备的市场化应用,建立农业大数据平台(WAGRI)
澳大利亚	澳大利亚农业、水和环境部	农村研发盈利计划	通过机器人、大数据、精准农业等技术的采用,强化食物供应链环节中的生产、过程和应用创新
印度	印度农业与农民福利部	国家农业数字管理计划	推进各类网站、应用程序等的开发,强化信息服务系统在农业价值链中的作用,建立农民服务热线

资料来源:崔凯、冯献:《数字乡村建设视角下乡村数字经济指标体系设计研究》,《农业现代化研究》2020 年第 6 期。

现阶段,我国的农村社区数字经济发展与创新主要呈现四种模式:第一,借助互联网、云

[①] 温涛、陈一明:《数字经济与农业农村经济融合发展:实践模式、现实障碍与突破路径》,《农业经济问题》2020 年第 7 期。

计算、大数据等信息技术,发展数字金融,助推农村社区经济创新突破。这个模式是国家"普惠金融"服务战略的实践探索,用科技创新手段拓展银行的电子交易渠道,打通金融惠农进社区的"最后一公里",使涉农小企业和农户获得更多、更便捷且多样化的服务。在此基础上,针对贫困农村社区进行精准施策、精准扶贫,顺利解决农村社区"融资难、融资贵、融资慢"问题。第二,基于大数据的农业保险决策管理模式。依托互联网、GIS、卫星监测等新型信息技术,构建服务农户和农业产业的"大数据+"信息收集、监测和预警平台;用新的现代信息化保险模式替代传统定损定险的农业保险模式,优化农村社区风险研判和补偿机制。第三,"互联网+"农业全产业链模式。利用互联网信息平台,推动农村社区农业产供销各环节突破时空限制,让农户更好遵循市场规律,更好地从共享合作中获利,最终推动农村社区产业数字化的升级。第四,"云计算+"智慧农业模式。用云计算打造智慧农业,为开发农村社区智慧经济铺路。该模式尤其强调科研院校介入"产、学、研"过程,借助智慧生态监测、农田智能化服务等手段建立多位一体的智慧农业发展模式,助推农村社区智慧产业建设。

二、农村社区数字经济赋能乡村振兴

农村社区数字经济发展的水平和乡村振兴战略实施紧密相关。第一,农村社区数字经济发展是乡村产业兴旺的核心动力机制。数字经济推广能打造农业产业智慧化,在解放农业生产劳动力同时提升农业生产效率和质量;农村社区现代化信息服务平台的搭建,有助于农业产供销信息的流通和共享,进一步完善农业产业链,推动农业生产市场化改革。第二,农村社区数字经济发展为建设良好的乡村生态环境提供技术保证。数字经济以绿色经济为特色,通过精准农作助推绿色农业发展,提升农村资源可持续开发与使用程度和环境保护水平,从而为农村社区创建特色生态旅游打下良好的基础,推动美丽乡村的建设。第三,农村社区数字经济发展能有效推进乡村乡风文明建设。"现代化信息下乡"可打破现代文明传播的时空局限,革新传统农村社区文化治理路径,为其注入新的文化要素和资源;同时,为传统乡土文化传播提供便捷路径,有利于农村社区特色文化营造,增强文化自信、促进城乡社区文化融合。第四,农村社区数字经济发展是实现乡村有效治理的重要途径。互联网、云技术、大数据等现代信息技术下乡促进了农村社区网格化管理,进而构建党和群众双向沟通和政策推广平台,加强农村社区基层党建工作。此外,数字经济推广将创新农村社区资源和集体资产信息化管理模式,助推农村社区集体资产管理的现代化进程。第五,农村社区数字经济发展是乡村生活富裕的坚实保证。数字经济通过创新农业产业发展提升农村社区经济水平,为农民增收提供内生动力。

三、农村社区数字经济指标体系建设

指标体系建设是科学引导农村社区数字经济发展的体系保障。农村社区数字经济指标体系是一系列基于投入与产出关系、综合考虑"三农"数字化发展前景和路径而建构出的新型数字经济指标体系。在借鉴国外经验基础上,崔凯和冯献对农村数字经济综合指标进行系统探讨,以投入产出为整体框架,分为数字投入、数字环境、数字服务及数字效益等四个一级指标(四者关系如图11-4所示)。其中数字投入包括人才、技术、数据及资金等,通过要素投入,推动产业数字化和数字产业化的发展,这正是数字投入的核心内容。乡村产业数字化主要指农业数字化,是通过数字技术科技要素的"三农"嵌入,提升农村社区经济增产增收。乡村数字产业化体现为电商、物联网、大数据等网络及数字化新型产业方式对农村社区经济的助推。数字环境包括网络设施和应用环境,包括互联网、手机、通信网络等基础通信设施的建设、应用、发展和维护。数字服务包括价值、产品与消费。数字效益包含了经济效益与社会效益。

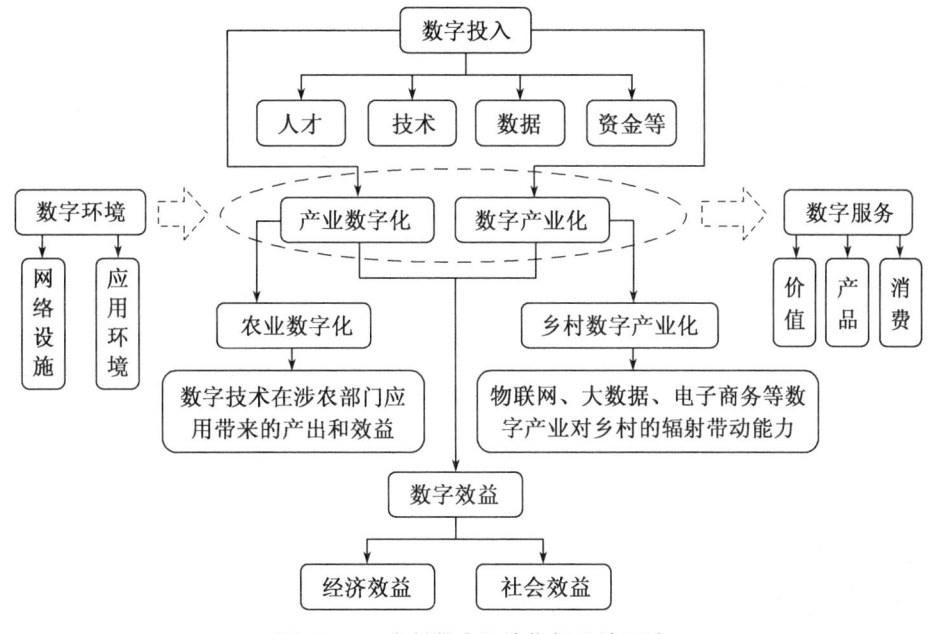

图 11-4 乡村数字经济指标设计思路

崔凯和冯献还指出乡村数字经济指标体系里面涵盖有数字环境、数字投入、数字效益及数字服务等在内的 4 个一级指标,16 项二级指标。① 数字环境主要有网络普及率、智能手机普及率、光纤用户占比和村庄数字化水平等 4 项二级指标,它们是衡量乡村数字经济的基本环境与条件。数字投入则包含生产数字化应用水平、质量安全追溯体系应用、数字化专业人才数量及数字技术的资金投入等 4 项二级指标,主要体现在要素投入对乡村数字经济的支持水平。数字效益包含数字经济比重、数字化从业者劳动生产率、产品零售额比重及数字经济带动就业人员数量等 4 项二级指标,用于衡量数字技术向生产、加工、流通和市场等农业全链条的快速渗透过程中,农业产出、产品销售与就业带动等方面体现的经济社会效益。数字服务包含数字化服务主体增量、乡村服务业的数字经济规模、数字化产品与服务的消费水平等 4 项二级指标,数字产品的在线化为驱动数字经济提供了广大的发展空间,线上多元化、社交化和移动化的消费形态,能有效地满足农村居民个性化需要。具体指标见表11-3。

---

① 崔凯、冯献:《数字乡村建设视角下乡村数字经济指标体系设计研究》,《农业现代化研究》2020 年第 6 期。

表 11-3　乡村数字经济指标体系

一级指标	二级指标	二级指标解释
数字环境	互联网普及率 智能手机普及率 光纤用户占比 村庄数字化水平	农村地区网民数量占地区常住人口百分比 农村地区智能手机使用人数占地区常住人口百分比 农村地区通光纤户数占地区常住总户数的百分比 通过各类平台和站点等开展信息采集和大数据服务的行政村占比
数字投入	生产数字化应用水平 质量安全追溯体系应用 数字化专业人才数量 数字技术的资金投入	种植业、畜牧业、渔业等行业中的数字技术应用规模(以种植面积、养殖头只、水面面积等表示)占比 农产品加工和流通环节实现农产品质量安全追溯的农产品交易额占比 农村地区从事农业物联网、电子商务、大数据等相关数字产业的专业技术人员数量 农村地区涉农经营主体对数字技术研发及产品服务购买等投入占总投资的百分比
数字效益	数字经济比重 数字化从业者劳动生产率 产品网络零售额比重 数字经济带动就业人员数量	农村地区数字经济占地区生产总值的百分比 应用数字技术的单位农业从业人员在单位时间内的劳动产出(农业增加值) 农村地区产品网络零售额占地区产品总交易额的百分比 应用数字技术的农业部门,以及农村电商、农业大数据等新兴数字产业带动的从业人员数量
数字服务	数字化服务主体增量 乡村服务业的数字经济规模 数字化服务产品渗透率 数字化产品与服务的消费水平	农村地区应用数字技术的服务业经营主体(达到一定规模)年均增长率 农村地区应用数字技术的服务业增加值占农村地区全部服务业增加值的比重 农村地区应用在线医疗、教育、保险等数字化服务产品的户数占地区常住总户数的百分比 农村居民家庭每年使用智能设备、软件等各类生活类数字化产品和服务的消费支出占比

资料来源:崔凯、冯献:《数字乡村建设视角下乡村数字经济指标体系设计研究》,《农业现代化研究》2020 年第 6 期。

四、农村社区数字经济发展困境与挑战

数字经济助推农村社区建设虽然已经取得一系列成效,但是依旧存在一些亟待解决的困境。困境一是农村社区信息化基础建设仍然比较弱。根据 2021 年 2 月 3 日,中国互联网络信息中心在京发布的《中国互联网络发展状况统计报告》,农村地区互联网普及率只有 55.9%,而全国互联网普及率为 70.4%。乡镇银行金融服务、电商配送点、物流服务等基础服务与城市有较大落差、未实现全覆盖。这些都限制着信息化和数字经济社区化的进一步推广。困境二是农村社区大数据库还没有建设。现有数据仅是对部分乡村、局部信息的搜集且未进行有效整合、分享及传输,以至于农村社区经济发展仍会因"信息孤岛"和"碎片化

信息"而受制。困境三是农村社区数字经济发展缺乏专业人才的支持。掌握现代化信息技术的人才是发展乡村数字经济的核心力量。然而,现阶段相关技术型人才主要集中在城市,农村社区对涉农专业人员尤其是数字经济人才缺乏足够的吸引力。困境四是农村数字经济法律法规不健全。关于互联网、现代信息服务管理等数字经济方面的法律法规仍不健全,尤其涉及农村地区相关规定更不完备,导致信息共享范围、内容难以受到保障,数据垄断局面时有发生,这些都制约信息技术和数字经济在农村社区的推广。

基于此,为迎接农村社区数字经济发展面对的挑战,需要从以下几方面进行优化:一是进一步加大对信息化基础建设的投入,提高农村社区信息化的覆盖面;二是打造农村社区经济智慧系统,建构系统性大数据平台和分享系统;三是强化人才意识,加强农村数字化人才的培养和引进;四是进一步完善政策设计和优化法律保障机制,保障数字经济在农村社区安全发展。

五、数字经济与农村社区网络消费的新趋势

随着现代信息技术的进步,数字经济不断嵌入农村社区生产与生活各个方面,在淘宝村、微商村、村播、众筹/定制/共享农业、云农场等新的数字乡村业态正在改变着农村社区传统经济产业模式的同时,农村居民消费的网络化、线上化开始成为农村社区经济生活的另一种趋势。学界对数字经济时代农村社区网络消费的发展现状、特征及现实意义进行了探讨。[①]

首先,关于数字经济时代农村社区网络消费的发展现状。一是农村社区居民的消费能力有了显著的提升。农村地区居民收入迅速增长,其消费需求和消费意愿不断增强,为农村社区网购的兴起提供现实基础和经济支撑。二是农村社区居民的网购意识逐渐提升,互联网消费趣旨逐渐形成。随着网络的普及、网上消费便利性提升及物流网络在农村地区的铺开,农村消费者逐渐认识到其区别于传统消费方式的显著优点,并逐渐接受和认同网络消费模式。三是农村电商、数字经济等相关国家政策和文件的发布,直接推动农村社区互联网消费热潮的到来。诸多相关政策的出台,相继为农村社区互联网消费的兴起提供坚实的政策支撑。四是农村社区互联网和物联网技术的进步和普及为网购热潮提供坚实的技术基础。互联网技术在农村地区的普及和完善,直接推动农村网络消费规模的扩大,为农村网络消费的发展提供了有力的技术支撑。五是传统物流、智能物流等现代化货物配送网络在农村地区的全面建立为农村社区居民网购提供了持续化物流服务支持,为农村网络消费的发展发挥了关键作用。

其次,关于数字经济时代农村社区网络消费的新特征。农村社区互联网线上消费和传统线下消费模式有较大不同,前者在消费主体、场域、市场结构等方面均呈现出新特征和新趋势。农村社区互联网线上消费的群体特征表现为:农村社区网络消费群体喜好新鲜事物,强调低价优质的产品服务和便捷多样的消费体验,主体特征更具个性化。农村社区网络消

---

① 张小莉、李玉才:《网络消费:"互联网+"背景下我国农村消费新模式》,《科技促进发展》2016年第4期。

费空间特征表现为：消费市场突破了传统的空间局限，消费过程以及选择范围都不再受限，呈现出无边界性的空间特征。农村社区网络消费行为特征表现为：通过各种社交媒介，使农村居民具有了双重身份，网络消费行为的分享性为市场塑造了新的模式，互联网在传播信息方面的价值也得以体现。农村社区网络消费结构特征表现为：互联网拓宽了农村居民的购物渠道，使购物具有了更多的选择，大大激发和满足了农村社区消费群体的网购能力和消费需求，农村社区互联网空间发展中的新线上消费结构由此而生。

最后，关于农村社区网络消费在数字经济时代下的新价值。农村社区网络消费的主体、空间、关系、行为和结构等特征对农民、农业和农村具有重要价值：第一，有利于刺激内需，优化农村社区居民消费结构，满足不同群体的多元化需求。现代化信息技术所呈现出的特点，能够满足居民在产品和服务方面的消费需求、改善生活质量，带动我国整体的消费市场。第二，有利于扩大农村社区就业、创业模式的本地化，增加就业和增收机会。线上消费模式的兴起极大推动城市和农村互联网消费和就业的发展，为传统农民提供新的就业机会。近些年来，农民从事物流运输与配送、经营淘宝网店和微商等方面工作的人数不断增加。第三，有利于推动城市与农村地区经济一体化发展。农村社区网络消费的发展，加快了"资本下乡"建设农村社区经济的进程，促进了城乡不同区域的互联网线上经济融合。第四，促进农村社区的社会结构转型。互联网线上消费模式的发展壮大促进了农村社会结构的转型，影响着农村社会的产业结构、社会网络、社会资本及社会分层等方面的变迁。

附录：《2020年数字乡村发展报告》节选

第五章 乡村数字经济新业态

推动互联网与乡村特色产业深度融合，发展电子商务、智慧旅游、创新创业等新业态，扩宽电商经营渠道，打造乡村旅游品牌，大力培育乡村创新创业人才，规范有序发展乡村共享经济。

一、农村电子商务

（一）"互联网＋"农产品出村进城工程初见成效

2019年底，经国务院同意，农业农村部、国家发展改革委、财政部、商务部出台《关于实施"互联网＋"农产品出村进城工程的指导意见》后，"互联网＋"农产品出村进城工程进入部署实施阶段，推选了110个县（市）作为试点县。各试点县针对试点的两百余个优质特色农产品，同互联网企业对接协作，充分调动社会各方资金和力量，强化县级产业化运营主体培育，建立完善适应农产品网络销售的供应链体系、运营服务体系和支撑保障体系。工程实施以来，基本形成了政企协作、线上线下融合的农产品电商发展新机制，营造了"一方牵头部署、多方聚力推进"的发展氛围。试点工程各项建设的开展，有助于推动形成"互联网＋"与农村一二三产业深度融合发展的新格局，让农产品出村进城更为便捷、顺畅、高效。

（二）应对新冠疫情冲击方面表现突出

在疫情防控关键时期，电子商务凭借其特有的线上撮合特点和配送渠道优势，在缓解农产品滞销难卖、保障市场供给等方面发挥了重要作用。2019年上半年全国农产品网络零售额3 975亿元，同比增长27%。针对突发疫情和防控需要，电子商务突出展现了创新快、应对及时的特点,推出直播卖货、移动菜篮子、"无接触配送"等新模式。特别是直播电商,由于进入门槛低、传播快、受众广,在后疫情时期继续发挥强大的带货能力,阿里、京东、拼多多等各大平台均开辟了助农直播间,成为引领农产品网络营销的新模式。依托新兴的直播、短视频、流媒体等技术手段,抖音、快手等也进入农产品电商领域,农产品网络销售的渠道、平台和方式更加多元化。

(三)电商扶贫频道助推农产品销售

商务部、财政部、农业农村部、国务院扶贫办等部门协调地方政府和大型电商企业建立公益性电商扶贫频道,通过产品网络销售,促进农民增收。阿里、京东等电商企业通过在手机端和网页端开通了电商扶贫频道,对贫困地区农副产品网络销售给予流量支持、减免费用等优惠措施,打造贫困地区产品网络销售直通车。截至2020年上半年,频道企业发展至21家,与超过600个国家级贫困县对接,销售各类农产品约两百亿元。

(四)邮政在农特产品进城中的渠道作用不断增强

各地邮政管理部门指导邮政企业充分挖掘寄递网络价值,参与到农村电子商务发展中,助力加快发展乡村特色产业。自2017年启动"一市一品"工作以来,通过邮政渠道累计实现农产品交易额191.74亿元,产生农产品包裹业务6.4亿件,帮助48.7万户贫困人口增收20.8亿元。2020年上半年,已培育快递业务量超千万件的"一地一品"项目23个,邮政在农特产品进城中的渠道作用进一步得到强化。

(五)电商进村综合示范项目取得积极进展

商务部会同财政部、国务院扶贫办持续推进电子商务进农村综合示范,支持建设完善农村电商公共服务体系和县乡村三级物流体系,着力补齐农村流通基础设施短板,整合邮政、供销、商贸流通企业等资源开展共同配送。截至2019年底,综合示范对832个国家级贫困县实现全覆盖,全国农村网商超1300万家。截至2020年上半年,综合示范累计支持1466个示范县,在全国支持建设县级电商公共服务和物流配送中心超2000个,乡村电商服务站点超13万个,示范地区快递乡镇覆盖率近100%,培训建档立卡贫困户189万人次。统计数据显示,前六批(2014—2019年)的1180个示范县农产品网络零售额实现725.8亿元,同比增长29.8%;832个国家级贫困县农产品网络零售额达281.1亿元,同比增长28.9%。

(六)村级电商服务能力不断增强

各地供销合作总社积极引入电子商务、大数据等现代信息技术,推进连锁超市、村级便利店、综合服务社等农村实体网点的信息化改造,拓展经营服务功能,提供代购代销、代收代发、物流配送、电子支付等电商服务,推动传统物流业态加快转型升级,形成线上带动线下、线下促进线上的融合发展格局。截至2020年前半年,全国供销合作社系统已通过信息化改造发展村级电商服务站点超过10万个。

二、乡村智慧旅游

(一)乡村旅游智慧化政策环境日趋完善

2020年,农业农村部印发《全国乡村产业发展规划(2020—2025)》,提出了要充分利用互联网及新媒体资源,运用APP小程序开发"想去乡游",为消费者推介适合乡村休闲旅游的景点和线路,推介乡村休闲旅游精品线路130条。文化和旅游部印发《文化和旅游部办公厅关于统筹做好乡村旅游常态化疫情防控和加快市场复苏有关工作的通知》,强调要"注重培育一批本地、本村网络直播带货能人,扩大乡村土特产品的直播销售。拓展乡村物流布点,便利游客乡村购物的邮寄、快递服务,鼓励乡村旅游点、经营户主动向游客提供游后二次消费联络信息"。各地实施文化和旅游创客行动,依托互联网搭建乡村旅游创新创业服务平台。

(二)短视频平台提升乡村旅游重点村知名度

2020年,农业农村部指导各地创新开展乡村休闲旅游"云观赏""云体验""云购物"等线上体验,举行"云主播""云锁客""云认养"等线上活动。文化和旅游部会同国家发展改革委联合启动全国乡村旅游重点村名录建设工作,在2019年第一批320个乡村旅游重点村基础上,2020年继续推出第二批680个乡村旅游重点村,丰富了乡村旅游产品供给。以乡村旅游重点村为节点,文化和旅游部推出了全国300条乡村旅游精品线路,在2020年"中秋""国庆"双节假期前后进行集中宣传推广。指导抖音、快手等新媒体平台上线"乡村旅游"专门话题频道,整合乡村旅游优质短视频内容,集中提供素材,协调流量资源,全站重点推送。截至2020年上半年,"乡村旅游"专门话题累积点击浏览已超过9 000万次。

(三)金融服务支持乡村旅游智慧化建设

文化和旅游部会同中国农业银行印发了《关于金融支持全国乡村旅游重点村建设的通知》,提出在条件成熟地区,会同相关各方共同建设乡村旅游产业数据库,着力推进"数字文旅""智慧旅游"等新型服务模式,推动惠农通服务点互联网化升级,改善乡村旅游金融服务环境,解决乡村旅游融资难的问题。未来五年,中国农业银行将向全国乡村旅游重点村提供1 000亿元意向性信用额度,用于支持乡村文化和旅游产品的建设与推广。截至2020年6月底,中国农业银行对1 000个重点村各项贷款余额149.95亿元,比年初增加21.65亿元,增长16.87%。

(四)乡村旅游人才数字技术培训力度持续加大

2020年,农业农村部开展"云教学""云培训"等线上学习交流活动,组织在线学习乡村休闲旅游政策、规划、创意、管理等业务知识。文化和旅游部连续6年举办36期乡村旅游村干部和带头人培训班,培训超过8 000人次。在培训中特别设置电子商务类课程,着力增强乡村旅游从业者电子商务技能。2020年疫情期间通过开设"乡村旅游面对面"直播课堂,线上讲授专业知识,帮助乡村旅游从业者提升能力、树立信心,为疫情后企业复苏、转型升级做准备。截至2020年上半年,已完成32期直播课程,累计在线学习超过42万人次。全国109个乡村旅游监测点数据显示,截至2020年8月底,乡村旅游点具备无线网络覆盖占比为86.2%,同比增长4.1%;乡村旅游经营户拥有在线支付及预订系统的占比为80.4%,同比增长7.1%。

三、农村创新创业

(一)农村创新创业政策持续完善

国家出台一系列财政税收、金融保险、用地用电、科技创新、人才保障等扶持政策,吸引更多农民工等返乡下乡人员在乡村投资兴业。2019年6月,国务院印发《关于促进乡村产业振兴的指导意见》,提出了一系列用地、信贷、人才等方面的政策,引导各类人才返乡入乡创业。2020年1月,农业农村部、人力资源和社会保障部、财政部出台《关于进一步做好返乡创业工作的意见》,明确提出"对首次创业、正常经营1年以上的返乡入乡创业人员,可给予一次性创业补贴"。会同发展改革委起草,拟以国办名义印发《关于进一步支持农民工等人员返乡创业打造返乡创业升级版的意见》,打造一批具有较强影响力、一二三产业融合发展的返乡入乡创业产业园、示范区(县)。截至2019年,全国返乡入乡创新创业人员达850万人,带动就业约4 000万人,"田秀才""土专家""乡创客"等本乡创业创新人员达3 100多万人次,年均增长均为10%。其中,利用信息技术创业创新人员达54%以上,创办的实体87%在乡镇以下,82%以上发展产业融合项目,成为乡村振兴的重要力量。

(二)农村创新创业平台日趋完善

《国务院关于促进乡村产业振兴的指导意见》提出,建设一批现代农业产业园、农业产业强镇、农村一二三产业融合发展示范园等各类人才返乡入乡创业的重要平台。创建一批具有区域特色的农村创新创业示范园和实训孵化基地,推动技术成果的转化。通过积极搭建返乡入乡创业平台,在全国认定了1 096个各具特色的全国农村创新创业基地(园区)和200个农村创新创业典型县。完善全国农村创新创业园区和孵化实训基地设施条件,为返乡创业人员提供见习、实习、实训、演练场所和机会,提高创业技能。2017年至2019年,连续三年举办全国新农民新技术创新创业博览会,搭建政策宣讲平台、成果展示舞台、励志故事讲台、创意比拼擂台。

(三)农村创新创业带头人队伍不断壮大

农业农村部、国家发展改革委等9部委深入实施农村创新创业带头人培育行动,重点扶持返乡创业农民工、鼓励入乡创业人员、发掘在乡创业能人,壮大农村创新创业人才队伍,提升农村创新创业层次水平。预计到2025年,培育农村创新创业带头人100万以上,基本实现农业重点县的行政村全覆盖。加强创业培训,培训一批农村创新创业导师和领军人物,连续3年举办全国农村创新创业大赛。加强全国农村创新创业导师库建设,开展"一带一""师带徒""一带多"等精准服务。2017年至2019年,连续3年组织开展全国农村创新创业优秀带头人典型案例推介活动,遴选出了338名优秀带头人典型案例。

(四)农村创新创业载体带动作用明显增强

创业孵化载体和科技服务体系建设积极推动,大力培育服务科技型中小企业。通过建设专业化众创空间、科技企业孵化器等创新创业载体,吸纳大学生、返乡农民工、乡土人才和科研人员深入农村创新创业,有效带动农民工就业。截至2020年上半年,全国已建成6 959家众创空间、4 849家科技企业孵化器服务创业团队和62万家企业,参与创业和实现就业人数超过395万人。

第十二章

农村社区社会工作

第一节 农村社区社会工作概述

一、社区工作的含义

社区工作是社会工作在长期发展中衍生出的重要部分,西方以社区为本的社会工作可以追溯到英美19世纪中后期的睦邻运动(Settlement movement),该运动强调社会工作应该致力于社会正义并承担赋权使命。社区工作能够帮助被社会排斥的贫弱社区和居民,维护他们的生存权和发展权。如今,社区工作一般从两个方面理解:

其一,社区工作是社会工作实务领域之一,是由社会工作者在专业价值理念的指导下,运用各种社会工作方法和技巧,如个案工作、小组工作等,满足社区居民的群体性需要,培养社区归属感和认同感,减少社区冲突,促成社区整合。[1]

其二,社区工作是社会工作的一种专业介入方法,和个案工作、小组工作并列为社会工作的三大直接工作方法。[2] 它以社区和社区居民为案主,通过发动和组织社区居民参与集体行动,确定社区的问题与需求,动员社区资源,争取外力协助,有计划、有步骤地解决或预防社会问题,调整或改善社会关系,减少社会冲突,培养自助、互助及自决的精神,加强社区的凝聚力,培养社区居民的民主参与意识和能力,发掘并培养社区的领导人才,以提高社区的社会福利水平,促进社区的进步。[3]

综合以上两种对于社区工作含义的解释,社区工作可理解为:社会工作者在专业价值理念的指导下,运用社会工作的专业方法,评估社区需要,发掘社区资源,改善邻里关系,提高居民集体行动和社会参与的意识和能力,最终解决社区问题,满足社区成员的需求。

二、农村社区工作的含义

在社区工作产生之初,就逐渐衍生出针对各类不同社区而开展的社区工作,其中不乏对

---

[1] 周沛、易艳阳:《社区社会工作》,社会科学文献出版社,2019年。
[2] 周沛、易艳阳:《社区社会工作》,社会科学文献出版社,2019年,第39页。
[3] 王思斌主编:《社会工作概论》,高等教育出版社,2014年,第135—136页。

于农村社区社会工作的探索。西方的社会工作实践中有着丰富的农村社会工作内容,农村社区工作可以追溯至"社区为本的农村社会工作"这一提法。

我国在农村社区工作方面,依照中国的农村特点发展了适合国情的农村社区工作,在社区治理、基层自治、扶贫开发、农村特殊人群服务等方面都进行了一系列本土化探究,"社区为本"这一理念也扎根于农村社区社会工作的理念之中,取得了理论和实务两方面的成就。

虽然在文化与国情上,中西方对于农村社区社会工作的理解有所差异,但是都认可"农村为本""社区为本"的理念。农村社区社会工作可以从以下三个方面理解:

第一,在工作主体方面,社会工作者和村民都是推动社区改变的主体。我国的农村社区社会工作首先是"政策导向"的,即在开展农村社区社会工作时,需要遵循国家政策。不同时期和不同区域关于农村社区发展的政策有所差异,都为当时当地的农村社区指明了发展方向。此外,在具体的工作开展中,参与者包括社会工作者和农村社区居民,二者都是工作开展的主体,社会工作者与居民之间是平等共生的关系,居民在社会工作者的帮助下建设所在的社区,而社会工作者在此过程中精进服务技巧,创新农村社区工作模式,促进农村社区工作的本土化发展。

第二,在工作理念方面,农村社区社会工作是以价值观为主导的专业探索,是社区社会工作理论与实务过程的一部分,适用于社会工作的通用过程模式,也适用于社会工作的普遍价值理念,即以优势视角看待目标社区[①],发掘社区资源,激活社区的内在动力。除了社会工作的普遍价值理念之外,农村社区社会工作也有其独特的价值理念,即结合中国农村特有的文化传统、乡村风貌、优秀习俗等,因地制宜地选择最合适的社区发展方向。

第三,在工作方法方面,根据社区工作的双重内涵,农村社区社会工作不仅是专业实务领域之一,也是社会工作介入方法的体现。农村社区社会工作过程涵盖了社会工作的通用过程模式,也运用社会工作的方法与技巧,无论是"个案工作及其技巧""团体工作及其技巧"还是"社会工作行政"的行政与管理方法都可能运用于农村社区社会工作当中。根据目标社区的特征与需求,社会工作者也需要选择合适的介入模式,而社区的介入模式不局限于"地区发展模式""社会策划模式""社区照顾模式"等,社会工作者可以根据社区的实际情况,创新介入发展模式,并推广到类似的农村社区中。

根据以上内容,农村社区社会工作可以理解为:在社会工作者与农村社区居民建立平等合作关系的基础上,社会工作者因地制宜地运用社区工作介入模式,整合运用个案、小组、社会行政等多种社会工作方法,评估社区的需要及问题,培养居民解决问题与社区参与的意识与能力,与居民、社区工作人员等共同行动,发掘社区内外资源,强化社区优势,解决社区问题,促进农村社区居民福祉,最终实现农村社区秩序稳定与持续发展。

---

① 张和清、杨锡聪等:《优势视角下的农村社会工作——以能力建设和资产建立为核心的农村社会工作实践模式》,《社会学研究》2008年第6期。

三、农村社区社会工作的内容

农村社区社会工作强调社区和社会的发展,而不止于社会服务[①],因此,社会工作进入农村社区,不仅提供社区服务,也包括社区建设、社区治理与社区发展的内容,主要包括以下几个方面:

(一) 政策性社会服务

我国的民政和劳动保障部门是提供农村政策性服务的主要来源,通常由村委会向村民宣传、解释、承办国家社会保障和社会福利政策,为村民办理各种申报审批手续。政策性服务主要涉及以下几个内容:

1. 社会保险

农村社会保险是农村居民社会保障的核心部分,主要以农村养老保险和农村医疗保险为主。社会保险使农村居民即使在失去劳动能力或是工资收入后仍能有所保障,减轻了农村居民的经济生活压力。但相对于城市,农村社会保险水平还相对较低。

2. 社会救助

农村社会救助制度是由国家及社会通过提供资金、实物、服务等手段,向农村社区中无生活来源、丧失劳动能力者等实施帮助的一种社会保障制度,以帮助陷入贫困的农村困难家庭解决基本的生存问题。农村经济困难群体可以使用社会救助所得资金进行自我提升,从而获得就业的能力和机会,对促进减贫、巩固扶贫效果产生有益影响。[②]

3. 优抚安置

农村社区的社会优抚是一项特殊社会保障,目前关于农村社区退伍军人的服务也日渐增加,农村退伍军人不仅物质生活水平获得提高,也得到了精神慰藉,许多地区的农村社区工作者对退伍军人建立档案,并进行日常需求调研和心理关护服务,增加了对退伍军人的社会支持。

(二) 特殊人群服务

1. 农村社区留守儿童的社会服务

由于农村地区存在大量外出务工人员,因此,留守儿童数量庞大,留守儿童现象长期存在。我国十分重视农村地区儿童的身心健康发展,对农村社区儿童的教育、家庭均有相关的保护政策。学者们评估农村留守儿童的各项需求,发现这些儿童存在亲子联结、人身安全与

---

① 古学斌:《农村社会工作:理论与实践》,社会科学文献出版社,2018年,第21—22页。
② 王璇、张俊飚等:《政府救助对农村减贫效应的影响——基于CFPS数据的PSM-DID估计》,《统计与决策》2021年第5期。

健康教育、心理发展、人际互动和完善社会支持网络等方面需求。① 为此,农村社区已经积极开展了有关留守儿童课业辅导、隔代教育家庭帮助、儿童安全教育等方面的服务,保障农村儿童的生命安全与健康,提升其生活水平。②

目前面向农村青少年群体的社会服务已从多方面展开,在教育方面,许多农村社区为适龄青少年提供了正规教育,为辍学青少年筹集资金,帮助其升学③;在心理健康方面,学校和社区通过增加青少年社会行为以防治心理疾病;在犯罪预防方面,社会工作者的介入减少了农村青少年的犯罪风险;在亲子关系方面,学校发挥学校社工的支持和保护作用,促进亲子关系的改善。

2. 农村社区留守老人的社会服务

社会工作在农村社区养老服务方面表现突出,服务方式多样,一些地方通过建立农村老年协会,将老人组织起来,为留守老人开展文化娱乐、上门探访和精神关爱活动。一些地方通过建立互助养老院、家庭养老院,使留守老人互相关照、互相服务,实现互助养老。农村居家养老服务机构的服务内容涉及提供生活照料、医疗保健、精神慰藉、休闲娱乐、社会参与、法律服务、经济救援等多方面内容。④ 除此之外,对农村社区老年人的服务也注重文化内涵,将"孝"文化、社会主义核心价值观等融入养老服务之中,以符合中国传统家庭的文化思想。

3. 农村社区留守妇女的社会服务

伴随年轻男性进城打工的越来越多,留守妇女成为一些农村地区的主要人口,成为照顾老人、子女及从事农业生产的主力,面临较大身心压力。目前,我国大部分农村社区都配备妇联组织,社会工作者通常依托妇联组织为农村社区妇女提供婚姻指导、维权咨询、妇女儿童保护、职业技能培训、文化娱乐活动等服务,提高留守妇女的婚姻家庭质量、个人生活质量和职业素质能力。随着社会工作的逐渐专业化,为农村社区妇女的服务不仅体现在咨询和指导上,更深入于开发潜力层面,利用农村社区中妇女的特有优势,帮助其意识觉醒,实现妇女的性别赋权。⑤

(三) 社区建设与社区治理

1. 提升居民素质

农村社区建设和治理需要居民的积极参与,也需要培养出一批能够了解居民需求、管理

---

① 沈冠辰、陈立行:《社会工作介入我国农村留守儿童的实务模式研究》,《吉林大学社会科学学报》2018年第6期。

② 张帮辉、李为:《农村"留守儿童"问题及其治理对策研究》,《重庆大学学报(社会科学版)》2016年第2期。

③ 古学斌:《农村社会工作:理论与实践》,社会科学文献出版社,2018年,第133—134页。

④ 刘伟、赵秀琴:《专业社工机构介入民族地区农村养老服务实践研究——基于广西某养老服务中心的调查》,《调研世界》2016年第7期。

⑤ 闫红红、郭燕平等:《合作经济、集体劳动与农村妇女——一个华南村落的乡村旅舍实践案例》,《妇女研究论丛》2017年第6期。

农村公共事务的人群,因此,需要对村民进行素质提升。素质的提升表现在多方面,首先,需要提升居民的文化素养,培养居民理性思考的能力,通过社区教育为居民普及科学文化、农业技术方面的知识;其次,提升农村居民的职业技术也至关重要,不论是留在农村的居民,还是外出务工的居民,提升其职业技能可以使其增加家庭经济收入,解决经济困难;最后,提升村民的道德素养,能够促进邻里和睦,构建村民之间互相帮扶的支持网络。

2. 促进居民的社区参与

有研究指出,农村社区能力的整体衰退和居民的低参与度有关。随着农村人口流动性加快,家庭主要成员流动至城市,农村社区居民之间共同利益减少,因此,共同体意识衰落,人际关系由熟悉转向陌生,村民之间的信任支持关系减弱。[①] 近年来,各地在促进居民参与方面做了许多尝试,通过召开村民议事会、民主协商会等方式,开展民主议事活动,共同讨论村级公共事务;通过新乡贤的力量,调动家庭、家族、宗族参与社区公共事务的治理和决策。[②] 这些措施不仅达到了汇聚人力资本,增进居民联系,促进社区参与的目的,也形成了农村社区小范围的自治,增强了居民的社区凝聚力。

3. 培育农村社会组织

农村社区社会组织的培育发展,是提高农民自我管理、自我服务、自我教育、自我监督的重要途径,也是农村经济社会发展的重要载体。近年来,各地基层不断探索培育农村社区自治组织的路径。"资产为本"理念下培育的农村社区互助组织效果良好,提升了基层治理的水平和能力[③];在农村社区提升农村居民的公共精神,能够构建社会资本,培育出农村居民自治组织,促成社会善治。[④]

(四)助力乡村振兴

农村社区工作在我国反贫困阶段做出了重大贡献[⑤],促进了脱贫攻坚和乡村振兴有效衔接。社会工作作为致力于回应社会问题和助人自助的应用性学科,关注社会变革、民生福祉和能力建设,在价值理念和发展目标等方面与乡村振兴战略具有高度的契合性,因此,社会工作在乡村振兴中依然具有较大的可为性。[⑥] 社会工作参与乡村振兴战略要求从社区资源和农民能力出发,注重资产、潜能、主体和自决,协助政府探索一条乡村振兴的新出路。"社工驻村"模式有利于与村民建立专业关系,近距离地为村民服务。社会工作者长期驻扎在村子里,成为其中的一分子,与村民"同吃同住同劳动",面向村民提供"零距离"的专业服

[①] 黄云凌:《农村人居环境整治中的村民参与度研究——基于社区能力视角》,《农村经济》2020年第9期。

[②] 张兴宇、季中扬:《新乡贤参与农村社区治理的路径和实践方式——基于社会关系网络的视角》,《南京社会科学》2020年第8期。

[③] 万江红:《资产如何为本——兼论农村社区社会工作的实践路径》,《求索》2021年第2期。

[④] 刘瑜:《农村社会组织:促进社会善治重要力量》,《人民论坛》2017年第8期。

[⑤] 张和清主编:《农村社会工作》,高等教育出版社,2008年,第152—153页。

[⑥] 陈涛:《社会工作在乡村振兴中大有可为》,《中国社会工作》2017年第34期。

务。专业的社工服务站设立在村子当中,工作者随时随地向村民提供上门服务。①

四、农村社区社会工作的功能

(一) 合理配置社会资源,促进社会公平

农村地区长期受到城乡二元结构的影响,获得的社会资源并不充足。社会公平是社会工作追求的重要目标,在农村社区中发挥着资源配置的作用。一方面,社会工作者本身是资源的协调者、政策的倡导者,在宏观资源分配方面,社会工作者能够通过精确的实地调研,了解农村居民的需要和长期未解决的历史问题,通过政策倡导的方式影响决策者做出资源分配的改变,为农村居民争取更多的保障,为农村弱势群体争取更多权益,改善生活质量;另一方面,社会工作者本身也是一种服务资源,在每个农村社区配备相应数量的社会工作者,通过专业的社会工作服务,协调每个社区之间、组织与社区之间、居民与社区之间的利益关系,使社区的资源配置更加合理有效。

(二) 增强农村社区的社会功能

农村社区生产方式单一、人口教育水平普遍偏低,往往不能充分发挥社区应当具备的经济、教育、文化和情感支持等方面的功能。而农村社区工作则能够针对性地解决这些问题,帮助农村社区开发出适合当地文化的产业,改善农村社区的经济功能;开展社区教育,包括成人教育、职业教育等,改善社区的教育功能;增强居民之间的社交网络,拉近居民之间的距离,发挥社区的情感支持功能。农村社区的功能得到良好发挥,也能够获得应对危机的能力。

(三) 预防和解决农村问题,回应农村居民需要

农村社区工作者有着敏锐的"问题意识",社工能够发现社区中潜在的危机,预防问题的产生,也能够在与居民相处的过程中,发现居民最迫切的需要和最集中、最普遍的问题,对这些问题做出原因分析和对策提议,帮助居民解决普遍性问题,回应居民的需要。

(四) 增加农村居民福利

我国农村社区发展起步较晚,速度较慢,一些福利保障制度不够完善,或者短期内无法延伸至农村地区,农村社区居民无法享有与城市社区同等的福利保障,而农村社区的外出务工人员在融入城市的过程中,也未能得到相应的福利保障,因此,农村社区社会工作需要在争取农村社区居民的福利方面发挥作用。

(五) 发掘农村居民潜能

优势视角的农村社区工作注重社区本身具有的文化、资源和能力,农村社区工作者相信

---

① 李伟:《农村社会工作参与乡村振兴:理念、模式与方法》,《河南社会科学》2019年第8期。

居民的潜能。社区参与需要居民有参与的动机和参与的能力，在面对群体需要和群体问题时，培养居民的社区参与意识和社区参与能力，发掘潜能，促使农村社区解决问题，摆脱困难和危机。

第二节　农村社区社会工作的发展历程

一、国外农村社区社会工作的发展历程

农村社会工作在国外又被称为乡村社会工作，对农村社区社会工作的研究主要集中在发达国家，其中以美国、加拿大、英国居多，部分发展中国家的农村社区社会工作起步较晚，且主要是在反贫困问题上发展起来的。国外农村社区社会工作的发展历程较为曲折，对农村地区的社会工作关注度并不高，农村社会工作研究相对较少，也没有发展成社会工作的独立分支。

（一）工业革命后的国外农村社区社会工作

社会工作的发展最早源于西方社会福利国家，像英国、美国、澳大利亚等国家早期的社会保障和福利政策为社会工作的开端打下了基础。英国1601年《伊丽莎白济贫法》的颁布，将小范围的民间慈善赈济事业转变为一项服务于弱势群体、救济贫困人群的政府行为。

西方发达国家的农村社会工作源于工业化时期，由于工业革命的产生，许多国家出现了大量的社会问题，如住房紧张、交通拥挤、贫富差距大等问题。随着这些社会问题的出现，专业社会工作也应运而生。在这一时期，由于工业化进程的加快，导致乡村地区的农民大量涌入城市，改变了乡村原有的生产结构，社会矛盾不断激化。专业社会工作很快便在农村地区进行实践，提供社会服务以改变社会下层农民的生存现状，这一时期的农村社会工作得到了快速地发展。19世纪中后期，工业革命迅猛发展，而早期的济贫法案无法解决日益突出的贫困问题，为更好解决社会贫困问题，各种慈善组织纷纷成立，募集捐款救济农民，英美等国开始建立慈善组织会社。农村社会工作在缩小城乡二元结构矛盾等方面发挥了重要的作用，有的发达国家开始在农村地区通过建立农民互助共利的农业合作社的方式来达到化解社会矛盾的目的。合作社通过推动社区建设项目，缩小城乡差距，有效地解决了城乡低收入群体问题和农户之间贫富悬殊的矛盾问题。[①]

到了20世纪初期，美国处于"进步时代"和罗斯福"新政"时期，政府十分关注社区建设和社区发展问题，高度重视社区建设，在社区建设和社区发展中发挥着重要作用。当时美国社会较为关注失业农民以及其他农民的生活困境，政府采取了应对农村危机和农村各种问题的各种政策举措。1908年，美国组建了专门的"农村生活委员会"，深入了解农村社会，解

---

① 潘泽泉：《行动中的社区建设》，中国人民大学出版社，2014年，第186页。

决他们面临的问题①,"二战"前夕的社会工作者运用其专业知识和手法开展各种服务行动,发挥出了社会工作帮助农民群体改善生存处境、解决农村社会问题,并促进城市和乡村更加协调发展的功能。到了20世纪20年代,摩里士首次提倡在英国设置社区学院,社区学院的设置和社区规划,也是英国社区建设行动方案的重要内容之一。

（二）"二战"后的国外农村社区社会工作

"二战"之后,西方国家经济恢复重建,在这一时期的发展过程中,国外的农村社区社会工作充满了政治性的意味。20世纪50年代联合国推广社区发展,加拿大遵从政府主导社区建设规划与社区发展的实践逻辑。20世纪60年代末期的美国,在"反贫困战争"的浪潮下,政府实施社区行动计划。20世纪20至60年代,美国的社区组织具备较强的政治敏锐性,希望居民有参与制定政策的机会。同时,这一时期开展了新农村社会福利运动,社会工作者纷纷参与到这场运动中来,试图通过煽动农民们的自决情绪以达到他们的政治性目的。在这样的政策实施中不难看出,美国的农村社区社会工作具有较强的政治化倾向,试图通过在农村地区发展社会工作服务,以巩固和建立强有力的政权。同样的,在农村社区社会工作中体现出政治敏锐性特点的还有英国。经过大约十年时间,在美国乡村运动的影响下,英国的农村社会工作在20世纪70年代似乎沿着类似的道路发展起来。在当时的英国,部分学者认为要想使农村地区的社会工作有所发展,首先要和当地农村建立联系,并且必须要跟当地政府密切合作,建立问题需求机制。农村核心小组将通过开展工作影响其组织机构,即全国社会工作协会和农村社会工作联盟,为农村基层社会工作者发出政治声音。

与此同时,"二战"后的西方国家对农村社会工作的兴趣转移到了第三世界的发展工作上。一些欧美国家在"二战"后迅速发展,自视其模式很成功,应该向第三世界国家推广②,包括对这些国家进行社会和制度重建,开展社区运动对其进行社会性援助等等。20世纪50至60年代欧美国家纷纷建立起发展研究中心,为致力于第三世界发展的年轻人以及来自第三世界国家的留学生提供农村社区发展培训。③ 在这一阶段,主要重视农村社会工作服务内容的开发和拓展,着重于在人们的贫困问题和生活困境上进行介入,针对农村环境现状进行改善和维护,对农村的福利政策体系和保障制度进行完善,从而促进城乡地区的和谐统一发展。同时,有的国家将农村社会工作与本国发展和社区建设相结合,形成了鲜明的地区特色。日本以"农协"为主体,集中关注农业的生产和发展问题,包括农产品的销售、农业现代化技术的普及和应用以及在农村地区开展社会调查等方面;韩国则成立了"中央研究院",倡导"新村"运动,通过社区学校的形式帮助农民摆脱知识匮乏的窘境,提升文化水平。通过组织化的手段改善农民在交易中的弱势地位,维护农民的利益。通过教育培训,提高农民的知识技能,适应现代化发展的需要。④

---

① 童小军:《美国的农村社会工作——发展历史》,《中国社会报》2007年5月28日第4版。
② 钟涨宝主编:《农村社会工作》,复旦大学出版社,2011年,第21页。
③ 张和清、杨锡聪等:《优势视角下的农村社会工作——以能力建设和资产建立为核心的农村社会工作实践模式》,《社会学研究》2008年第6期。
④ 程建平:《发展乡村社会工作、促进新农村建设》,《华北水利水电学院学报(社科版)》2009年第4期。

(三) 当代国外的农村社区社会工作

在当代,随着各国经济社会的快速发展,现代意义的农村也呈现出许多新特点。由于各国经济发展速度和政治体制的不同,其农村发展也存在着较大的差别,社会工作在该领域的研究和实践也各不相同。

西方发达国家在"二战"后的很长一段时间,经济获得了持续的增长,城市化和现代化进程不断加快,美英等发达程度较高的西方国家在20世纪初就已经实现了城市化,农村常被看作是城市的延续,城市和农村在一定程度上界限并不分明。很多乡村在城市化进程中转变为城市,而且现存的乡村在住房和基本生活保障等方面与城市居民几乎一致。发达国家的农村社会生活并不存在很多发展中国家中的贫困问题,甚至这些国家的农村基础设施很完善,因此,社区建设和社区营造在农村地区开展并没有出现实质性的困难。政府在农村地区开展农村社会工作时主要侧重于社会政策和社会福利在农村地区的实施,国家有全民性的退休、医疗、失业、教育等基础政策,使得农村地区居民的生活能够有很好的保障,同时也会颁布一些惠及农村地区经济发展的倾向性政策,促进农村地区的经济发展。

由于城乡形态并无明显差别,一些发达国家的农村社会工作与城市社会工作没有明显界限,内容和服务群体也大致相同,但农村社会工作的模式与城市不同,具有自己的特色。[1] 在美国,城市地区的社会工作采用"专才模式",因为社会工作的教育比较发达,专业社工人才也很多,所以社会工作在人才资源和社会性资源方面相较于农村地区有很大的优势,针对不同服务对象群体会划分更加细致的分工,例如,城市的医疗社工领域会有精神健康医疗社工、临终关怀医务社工、普通医院的住院社工和儿童医疗社工等,每个社工根据自己的工作内容和服务人群,通常都会主攻个案、小组和社区三大方法当中的一种,做到"术业有专攻"。而在农村地区,资源相对比较短缺,选择进入农村地区的社工人才较少,在介入服务的领域和群体并没有进行具体的划分,所以美国的农村社会工作采用的是"通才模式",一般需要社会工作者兼具各种能力,在家庭、社区、学校、医院等不同领域同时扮演服务提供者、资源连接者、政策倡导者等不同的角色。

在当代一些发展中国家,随着经济的增长和社会的稳定,城市化进程不断推进,政府也开始关注到了农村地区的发展。一些发展中国家本土的农村社会工作的探索与实践,往往展现出鲜明的文化特色,亚、非、拉等第三世界国家形成了自己特有的注重乡村和农民的社会工作传统。[2] 比如在加纳,开始推行一种依靠本土资源的社区发展战略,通过社区运动推行成人文化教育;推行妇女家庭经济方案,培训和发展乡村中的妇女组织;推行农村自我扶助项目等。[3] 在印度,国家和地方政府机构在印度的社区建设中起了重要作用。由于印度的城乡地区之间的经济社会发展差距较大,农村的各项基础设施、医疗保障、住房和教育都远远落后于城市地区。国家为了平衡这种状况,针对农村地区制定了许多利民政策,其中也包括大力发展农村社区社会工作,比如政府在农村开展社区建设和发展NGO组织,以改善

---

[1] 童小军:《美国的农村社会工作——当代的模式和特点》,《中国社会报》2007年6月7日第4版。
[2] 钟涨宝主编:《农村社会工作》,复旦大学出版社,2011年,第25页。
[3] 潘泽泉:《行动中的社区建设》,中国人民大学出版社,2014年,第196页。

贫困人口的生活质量为主要目标,推行反贫困计划并有 NGO 的资助,使得社区中的绝对贫困人口的生活得到了改观,摆脱了贫困。① 印度 NGO 组织在改善农村地区贫困问题中发挥了重要作用。在印度的很多社区,NGO 帮助社区居民获得谋生的工具和技能、提供各种服务(如卫生保健),并且在 NGO 的推动下,很多自助组织发展迅速,充当了政府机构和私人机构与社区之间联系的重要中介,把资源更多地引入社区②,在提高农村社区居民的经济收入和社会地位方面都起到了重要作用。

二、我国农村社区社会工作的发展历程

(一) 中国古代农村社区社会工作

中国自古以来就是一个农耕社会,在传统农业社会中,人们自给自足,以家庭保障为主,形成了较为固定的邻里联系,人们自发地形成了社会救助体系和社会救济组织,以抵御日常生活中的天灾人祸。③ 但相较于西方,中国传统历史上缺乏社会福利事业、社会救助的土壤,并没有发展出专业的社会工作,社区中更没有专门助人的社会工作机构和人员,但仍有一些蕴含社区工作理念的理论和实践,孕育着农村社区社会工作的雏形。

我国历史上具有丰富的社会福利思想。较著名的有儒家的"大同"思想。"大同"思想出自《礼记·礼运》,表达了古代人们对美好社会的向往与憧憬。这种理想社会的设想与社会工作的"利他主义""平等公正""关爱互助"等价值理念是相互契合的。

社仓乡约蕴含着社区工作的萌芽。社仓是指中国古代的仓储救济制度。仓储制度是古代社会工作事业中的重要备荒和赈灾措施。实行的仓储救济大致有常平仓、义仓、社仓三种。西汉汉宣帝设立常平仓,其意为"常持其平",在价低时由政府买入谷物储蓄,谷贵时再低价售出,以此救济百姓,使其安度荒年;隋文帝时期,出现义仓。义仓是由政府课税或由富户义捐的粮食储存到仓库里,由官府派人管理,荒年时出仓以赈济难民,属于赈济性质,基本属于国家行为。仓储救济起到了平抑粮价、调节市场、赈灾备荒、安民固本的作用。④

乡约制度是我国古代社区组织的创举,乡约即由乡村邻里共同约定、共同遵守的规范。著名的有北宋的吕氏乡约,由蓝田的吕大钧及其兄弟、邻里亲友用书面形式约定形成。其内容分为德业相劝、过失相规、礼俗相交、患难相恤四大项,经理学家朱熹提倡在全国得以推行,后为梁漱溟在乡村建设运动中所采用。直到现在,我国农村地区还将乡规民约作为调节村民行为的规范守则。

(二) 中国近代农村社区社会工作

近代中国,自然灾害和战争频繁,流民、贫民大量出现,客观上需要慈善救济;同时,近代

---

① 潘泽泉:《行动中的社区建设》,中国人民大学出版社,2014 年,第 205 页。
② 迪帕·纳拉扬、帕蒂·皮特施:《在广袤的土地上》,崔惠玲、董筱丹、李颜敏等译,中国人民大学出版社,2004 年,第 185 页。
③ 江立华:《社区工作》,华中科技大学出版社,2009 年,第 39 页。
④ 刘伟:《浅谈中国古代粮食仓储管理制度》,《农业发展与金融》2002 年第 4 期。

工商业的发展为慈善事业提供了经济来源;另外,西方慈善文化的传入和中国知识分子的慈善思想,推动了慈善事业的发展,也间接培育了近代意义上的社会工作事业。[1]

1. 解决农村社区问题的制度建设

国民政府设立社会调查部,开展有关社会政策与社会立法的创制、修订及执行工作,并且与从事社会研究的机关合作,协力倡导社会调查。组织地方"以工代赈"、兴修水利,一定程度缓解了人民流离之苦。1943年,民国政府实施《社会救济法》,这是中国历史上第一部国家救助法律。而后相继颁布了《社会救济法施行细则》《社会部奖励社会福利事业暂行办法》《赈灾查放办法》等[2],逐步形成了一套救助法律体系,为以后社会救助福利事业打下了法律基础。

1921年中国共产党成立,在"农村包围城市,武装夺取政权"的方针政策指导下,中国共产党尤其重视农民工作。将工作重心由城市转入农村,在江西、福建等地创建了农村革命根据地,开展农村救助工作、农村基层文教工作、农村卫生工作、农村妇女工作[3],其中一些工作思路为现代农村建设留下了宝贵的经验。1931年苏维埃政府制定了《解放区临时救济委员会组织和工作条例》,向苏区的农民、灾民提供救助。

2. 乡村建设运动中的社会工作实践

20世纪二三十年代开展的"乡村建设运动",是在中国农村经济日益走向衰弱的时代背景下,由一批知识分子倡导并参加的、以建设和复兴中国农村和解决中国农民问题为主旨的社会改良运动。其中最著名的有晏阳初的平民教育运动和梁漱溟的乡村建设运动。作为现代意义上中国农村社区组织与社会发展事业的一个开端,对社会工作发展有积极贡献。

梁漱溟在山东邹平主持乡村建设实验。20世纪30年代,中国农村经济日趋崩溃,梁漱溟主张中国应该走乡村建设的道路。中国建设不能走发展工商业的道路,必须走乡村建设之路,走振兴农业引发工业之路,要从农业生产、农民消费两方面来刺激工业发展,从农业引发工业,更从工业推动农业。

他主张从乡村建设着手,构建调和了中国固有精神与西洋文化长处的新型社会组织构造,他将其概括为"团体组织、科学技术"八个大字,以最终挽救中国。为了践行这一理念,1931年梁先生来到山东邹平,创办了"乡村建设研究院",着手乡村建设和各类人才的培养工作,然后以他们为骨干,分赴全县实际推进乡村建设实验。以县为实验区,进行了政治、经济、教育方面的全面改革,推动乡村建设。

乡村建设研究院与邹平实验区是教育与实验一体化的机构,二者紧密相关。乡村建设研究院分为三个部分。第一部分是乡村建设研究部,培养大学毕业生或大专毕业生,毕业后分配到实验县任科长、辅导员。第二部分是乡村服务人员训练部,负责训练到乡村服务的人才,多为山东本地人,结业生各回原县,担任各县乡村建设的骨干。第三部分是乡村建设实验区,邹平实验县重视乡村教育,县以下设乡学,几个村或十几个村设一个乡学,乡学既是行

---

[1] 周秋光、桂林:《试论近代慈善事业兴起的社会历史背景》,《湖南师范大学社会科学学报》2007年第4期。
[2] 钟涨宝、万江红等:《农村社会工作》,复旦大学出版社,2011年,第32—42页。
[3] 参见彭秀良:《守望与开新——近代中国的社会工作》,河北教育出版社,2010年。

政机关,又是教育机构。发展合作组织,组织建立生产合作社,还采纳先进科学技术、改良棉种、革除陋俗、开展乡村自卫。

晏阳初在河北定县主持平民教育实践。面对"积贫积弱"的中国,晏阳初提出了"愚穷弱私"论。他认为,中国的社会问题主要是农村问题,而农村问题的根本,则是人(农民)的问题。中国人身上存在四大痼疾,即"愚穷弱私"。所谓愚,是指大多数农民缺乏文化,目不识丁;所谓穷,是指中国大多数人民的生活谈不上什么质量;所谓弱,是指中国大多数人体弱多病,且缺乏基本医疗条件;所谓私,是指中国大多数人不能团结,不知合作。

他主张从推进平民教育入手解决四大问题,1923年晏阳初参与组织了"中华平民教育促进总会"。平民教育是指对12岁以上未受教育的男女国民提供国民不可缺少的基本教育。主张以文艺教育培养知识力,解决"愚"的问题;以生计教育培养生产力,解决"穷"的问题;以卫生教育培植强健力,解决"弱"的问题;以公民教育培植团结力,解决"私"的问题。他同时提出了学校式、家庭式与社会式三大教育方式,以推进四大教育,其中学校式是主体,通过普遍设立平民学校来进行。[①] 其工作目标是解决农村问题,从事农村改造。将四大教育灌输到农民生命里,农民才能了解、创立一种新的心理状态、新习惯、新技能。晏阳初平民教育的目的是教人做整个的人,要使中国人,尤其是大多数农民,人们都富于智识力、生产力、强健力和团结力。

(三) 中国现代农村社区社会工作

1949年新中国成立,由此进入了一个全新的时代,这一时期的农村社区工作发展呈现出鲜明的时代特征,总的来说可以分为新中国成立到改革开放前、改革开放后和新世纪农村社区社会工作三个阶段。

1. 改革开放前,计划经济时期的农村社区社会工作

新中国成立初期,实行计划经济体制,相应地整个社会被纳入高度行政化和计划化的轨道。[②] 社区这种社会生活实体与基层社会管理与服务仍然存在,只不过从属于当时社会改造和行政管理的工作方式。为了巩固新政权,党和国家废除了国民党时期旧的城乡保甲制度,在农村设立了乡、村政权,推行人民公社制度;实行农村社区合作医疗制度;推行"五保"供养制度。

(1) 人民公社制度

人民公社是在1958年,通过人民公社化运动在中国普遍建立起来的政社合一的农村政权和农业集体经济的组织形式。从20世纪50年代末期成立到1984年解体,人民公社对中国农业的发展和农村社区建设有极其重要的影响。

人民公社制度实行供给制,以人定粮,粮食统一拨给食堂,给社员发就餐券,体现了政府对农村社区、农民生活的关注。

(2) 农村合作医疗制度

农村合作医疗是依托大队或公社这一农业经济组织而建立的农民集体福利事业,它与

[①] 晏阳初:《晏阳初文集》,四川教育出版社,1990年,第4页。
[②] 吴亦明:《现代社区工作——一个专业社会工作的领域》,上海人民出版社,2003年,第99页。

农民极低的收入水平和农业生产组织方式相适应。[①] 以保障日常性疾病为主,是一种保障程度较低的福利型合作医疗。集体组织有限的经济实力决定了合作医疗保障内容的有限性,无法保障急危、重症等大病。符合当时历史背景元素的农村合作医疗,为农民生命安全保驾护航,也为当下农村社区医疗社会工作开展提供了历史经验。

(3) "五保"供养制度

为解决农村中特殊困难群众的生活问题,中央政府出台了农村"五保"供养政策。对鳏寡孤独农户在生产生活上做出安排,保吃、保穿、保烧(燃料)、保教(儿童和少年)、保葬。"五保"供养制度是对农村最困难弱势群体的生存权和发展权的救助,只针对农村地区的孤寡残幼人群,是农村特有的社会保障制度。

总之,"五保"供养制度因其保障内容的全面性,集合了社会救助、社会保险、社会福利、社区互助等多种保障为一体;保障对象的特殊性,主要针对农村地区弱势群体;保障标准的非"最低标准"以及责任主体的多元化,不失为新中国成立初期在农村地区较为完善的农村社区保障制度,为农村社区社会救助、社会工作开展提供了制度依据。

新中国成立初期,中国政府在计划体制下开展的这些工作在一定程度上推动了农村福利事业的发展,为今后农村社区社会工作开展提供了借鉴。

2. 改革开放后的农村社区社会工作

改革开放后,随着家庭联产承包责任制的实行,撤销了"政社合一"的人民公社制度,乡镇、村组织重建,实行"政社分开",政权与村民自治组织开始分离,乡镇作为国家农村基层政权,依法行政,村民委员会作为村民自治组织,依法自治。农村社区社会工作进入了新的发展阶段,主要表现为农村社区社会工作的重建、发展;农村社会保障制度的改革发展;农村社区福利事业有了较大发展。

(1) 农村社区社会工作的重建、发展

改革开放后,社会工作作为社会学的重要组成部分也开始重建。社会工作作为一个新事物,逐渐被政府、学界和社会所认识,在 1952 年被迫停顿 30 年之后,走上了重建和发展之路,1988 年北京大学等高校开始开设社会工作与管理本科专业,我国社会工作专业教育正式走向恢复重建道路,相应地农村社区社会工作也开始了重建之路。

(2) 农村社会保障制度的改革、发展

在社会经济转型期,原有集体保障制度被打破,农村的社区型社会保障项目,福利资源非常有限,不能满足农村社会经济发展迫切需要。党的十七大把"加快建立覆盖城乡居民的社会保障体系,保障人民基本生活"作为全面建设小康社会的目标之一。为实现此目标,进行了一系列社会保障政策、制度改革。比如,在农村的"五保"供养制度方面,推广了以乡为单位的统筹供养,保证了"五保"户的基本水平不低于一般农民;在扶贫方面,从 20 世纪 80 年代中后期开始,政府改变了传统的单项式救济扶贫,推动开发式扶贫,动员农民积极参与,最终达到脱贫致富、改善生活的目标。在农村社会保险方面,在 80 年代中期开始实施新型农村合作医疗,并建立了农村养老保险。20 世纪 90 年代,最低生活保障制度也在全国逐步

[①] 纪志耿:《新中国成立以来党领导农村公益事业发展的历史进程与基本经验研究》,四川大学出版社,2017 年,第 72 页。

推广。农村社会保障政策的发展与农村社区社会工作发展息息相关,保障政策制度的改革为农村社区社会工作发展奠定了政策基础。

(3) 农村社区福利事业的发展

20 世纪 90 年代以来,农村社会福利机构不断扩展。不仅改建和新建了一大批机构养老设施,如敬老院、光荣院、老人公寓等,而且新增了社区福利服务设施,如老年人活动中心、棋牌室、老年食堂、图书室等,为老年人提供了满足其基本生活需要和精神文化需要的各类服务项目。社会福利机构的服务对象开始从"五保"老人逐步扩展到社会老人。为适应农村人口老龄化的发展趋势,国家和集体还增加了对农村养老机构以及设施的建设投入,有计划、有目的地建成了一大批农村养老服务的样板示范机构,带动了整个农村福利事业的发展。

3. 21 世纪专业性的农村社区社会工作

(1) 促进农村地区建设发展,用政策保驾护航

21 世纪进入信息互联网时代,全球化进程加快,亟须推进农业发展的现代化。[1] 为此,中央在 2014 年出台了《关于全面深化农村改革加快推进农业现代化的若干意见》,力争在社会主义新农村建设基础上取得新的进展。2015 年我国提出"十三五"规划,将农村贫困人口脱贫作为全面建成小康社会最艰巨的任务,要"实施精准扶贫、精准脱贫"。《中共中央、国务院关于打赢脱贫攻坚战的决定》,对脱贫工程进行了更为详细的部署。可以看出,党和国家在农村发展问题上予以了充分的重视,力图解决农村生产发展迟缓、文化建设水平低下、基础设施不足、"空巢"老人、"留守"儿童等农村经济生产、文化教育、人口发展管理等问题。

(2) 打造农村社区社会工作专业人才队伍

为了响应国家农村现代化发展战略,推进"扶贫攻坚"战略,社会工作者这一社会角色作用不可忽视。社会工作者作为专业的社会服务人员,本着利他主义价值观,为农村弱势群体提供服务,促进农村社区发展和人文建设。为此,相关部门大力推进农村社区社会工作人才队伍建设;发展农村社区社会工作专业特色。党的十六届六中全会中做出"建设宏大的社会工作人才队伍"的重大战略部署;大批高校设立社会工作专业,在不同层次开展社会工作专业教育或专业培训。一些高校的专业社工师生与当地政府、村民共同努力,在中西部农村贫困区,运用社会工作理念与技巧,开展一系列富有创新性的扶贫与农村社会建设工作。[2]

4. 农村社区专业社会工作发展前瞻

(1) 不断得到党和政府的高度重视和政策支持

2015 年"社会工作"首次被写入政府工作报告,后连续 4 年出现在政府工作报告中,体现了国家对社会工作的重视。[3] 党中央、国务院和民政部党组对社会工作发展提出了明确要求。李克强总理也在第十二届全国人大五次会议上所作的《政府工作报告》中明确提出要

---

[1] 徐选国、杨絮:《农村社区发展、社会工作介入与整合性治理——兼论我国农村社会工作的范式转向》,《农村社会工作研究》2016 年第 5 期。

[2] 史铁尔:《农村社会工作》,中国劳动社会保障出版社,2007 年,第 61 页。

[3] 熊景维、钟涨宝:《新时期我国农村社会工作的典型实践、经验与挑战》,《华东理工大学学报(社会科学版)》2016 年第 5 期。

促进专业社会工作发展。在这些政策的大力支持下,专业社会工作的政策环境、发展前景一片良好,为农村社区专业社会工作的发展铺上了一条康庄大道。

(2)汇聚社工力量,助力乡村振兴战略

党的十九大报告提出了乡村振兴战略的总目标,而社会工作作为提供社会服务的重要社会力量,在乡村振兴中发挥了重要作用。基于我国社会工作理论和实务服务水平的提升、良好的政策环境和社会工作职业目标与乡村振兴战略目标的一致性,社会工作能够凭借助人自助的专业价值观和专业工作方法参与乡村振兴战略,并在助力脱贫攻坚、服务困难特殊群体、繁荣发展农村文化和创新基层社会治理等方面开展专业社工服务,助力乡村振兴战略。[1]

(3)展望未来,制定长远发展目标

2020年,党的十九届五中全会强调"大力发展社会工作,支持社会组织、人道救助、志愿服务、公益慈善发展"。并在其中提到"实施大学生社工计划""发挥群团组织和社会组织在社会治理中的作用,畅通和规范市场主体、新社会阶层、社会工作者和志愿者等参与社会治理的途径"。我国农村社区社会工作将会获得更好、更长远的发展。2021年,民政部提出乡镇社会工作服务站在"十四五"时期实现全覆盖,将为农村社区工作提供新的发展机遇。

第三节 农村社区社会工作的发展现状

在党和政府的推动下,我国农村社区社会工作获得了较大的发展。2006年党中央提出要积极开展农村社区建设。2017年提出要在农村留守儿童关爱保护中发挥社会工作专业人才作用,2018年提出在乡村振兴中引入社会工作专业人才和志愿者,为农村留守儿童和妇女、老年人以及困境儿童提供关爱服务,将农村社会工作人才作为一支专业力量列入乡村治理人才。截至2019年底,农村社区综合服务设施覆盖率从15年的31.8%上升到59.3%[2],截至2021年第一季度,民政部推动各地壮大乡镇(街道)社会工作人才队伍,全国已建成近六千个乡镇(街道)社会工作站。从社区建设到社工人才队伍建设,一系列的政策及文件出台不仅表明了我国农村社区社会工作实践的重要性和有效性,也进一步表明了农村社区社会工作发展是我国未来发展规划中的重要环节。

一、我国农村社区社会工作取得的成就

随着新农村建设、统筹城乡发展、精准扶贫、乡村振兴、完善城乡基层治理等一系列国家政策的推动,我国的农村社区社会工作实践呈现出从传统救助、帮扶为特征的弱势群体服务,向文化挖掘、社区互助、生态营造、社区参与为导向的综合服务发展。

---

[1] 萧子扬、刘清斌等:《社会工作参与乡村振兴:何以可能和何以可为?》,《农林经济管理学报》2019年第2期。

[2] 本数据来源于《2019年民政事业发展统计公报》,民政部门户网站。

(一) 建设社会主义新农村文化体系

文化建设是农村社区治理的基础。传统农村是一个人际关系更为稳定持久的熟人社会,随着现代化进程的推进,农村受现代性的冲击,村民之间关系出现了冷漠和疏离,主流文化不能占据主导地位,村民精神文化生活匮乏。必须建设社会主义新农村文化,满足农民文化需求,建设文化娱乐与文化设施,丰富农民精神文化生活,提高农民的文化素质,规范人们的行为规范、本土习俗、信仰观念、人际关系等。

社会工作介入农村社区文化建设主要有以下几个层面:

1. 搭建农村社区文化平台

这既包括以社区文化活动中心为主要载体的硬件设施,又包括应用现代化信息手段搭建的社区文化网络平台。结合社区实际,针对农村社区人群特点,一是挖掘农村社区中具有特色的、承载丰富历史文化信息的物质文化平台,如祠堂、宗庙、小广场等;二是建设具有社区教育、娱乐、休闲属性的平台,如展览馆、图书室、休闲活动中心、科普馆等。

2. 组建文化建设人才队伍

在介入农村社区的初期阶段,通过组建文娱团队或者志愿者团队作为社区治理的切入点,由于大部分农村社区都处于青壮年劳动力大量流失的状态,针对相对弱势的农村妇女、老年人、儿童等群体,初步组建起文化建设人才队伍,在服务过程中进一步赋权,使其一方面成为社区文化平台的建设参与者,另一方面成为文化的传播者。

3. 开展社区文化活动

农村社区相对位置偏远,交通不便,文化活动和设施相对不足、村民精神生活较为单一枯燥。社会工作者通过发挥专业优势,利用专业知识和专业技巧,引导居民开展多种多样的文体活动,基于村民兴趣爱好,组织村民成立文艺队伍,开展村民喜闻乐见,寓教于乐的文体活动,活跃村民生活,增加村民之间的互动和交流,满足村民多层次、多方面的精神文化需求。

4. 挖掘发展特色社区文化

以优势视角挖掘社区文化资产,保护和发展有地方和民族特色的优秀传统文化,并与农村社区居民共同挖掘社区文化资产背后的内涵和价值,既是重构社区文化资产的过程,也是培育社区文化人才队伍的过程。

(二) 培育发展农村社区人才队伍

1. 社会工作专业人才培养

这既包括外来社会工作者,也包括本地社会工作者。广东省的"双百计划"建立了"项目办—地区中心—社工站"网络人才支持系统,进行人才培养和建立社会组织,激发了乡村振兴的内生力量。[①] 在本土化人才培养方面,"双百计划"主要是录用本地社工或者已在外地

[①] 颜小钗、张和清:《镇(街)社工站建立之地方实践(一)广东社工"双百计划"运营模式面面观》,《中国社会工作》2020年第28期。

从事社会工作的人才回家乡开展社工服务,培育本土人才,致力于建立稳定的、本土化一线社工服务队伍;同时,支持本土一线社工人才在开展服务的基础上,搭建本土社会工作支持平台,培育和发展本土社会工作机构,以探索本土社会工作服务模式,最终实现社会工作本土化。

2010年出台的《国家中长期人才发展规划纲要(2010—2020)》明确培养造就一支职业化、专业化的社会工作人才队伍。2011年中组部等18个部门和组织联合下发了《关于加强社会工作专业人才队伍建设的意见》,制定了《社会工作专业人才队伍建设中长期规划(2011—2020年)》。

2. 农村社区本土领袖的挖掘与培养

社区社会工作强调号召社区居民参与和提升社区居民的参与能力。对于农村地区而言,由于青壮年劳动力流向城市社区,留在农村社区的主要是老年人、未成年人以及妇女群体,在传统思维中,这些群体都被认为是弱势群体。而社工能够以优势视角来挖掘这些群体中的社区领袖,从而进一步发挥居民在社区治理中的作用。

(三)聚焦社区优势,助力扶贫帮困

帮扶弱势群体,服务有需要人群本身就是社会工作的核心价值,而在农村社区社会工作实践中主要是针对留守人群以及特殊个案进行帮扶。社工针对农村留守儿童积极做好救助保护、家庭教育指导、心理关爱等服务。2019年民政部发文《民政部办公厅关于进一步做好贫困地区农村留守老年人关爱服务工作的通知》将社工列入服务农村留守老年人的工作队伍,针对性地提供生活照料、精神慰藉、文化娱乐、医疗保健和权益维护等服务。

社会工作介入扶贫领域是我国在社会工作实践中的独特尝试,贫困并不单单是饥饿和经济的问题,而是因为经济的匮乏衍生出各种各样的问题,包括受教育程度偏低、因贫致病、儿童虐待和忽视、家庭暴力等多个方面。截至2021年11月,保障农村最低生活保障人数3 479.4万人,农村最低生活保障户数1 946.0万户。① 结合最新人口普查结果,在农村社区中,每100人就有约7人需要最低生活保障。② 2013年至2019年,我国农村贫困人口数量由8 249万人下降到551万,贫困县也在2017年—2019年间逐步完成脱贫摘帽工作。③ 在乡村振兴的发展战略下,社会工作介入扶贫领域,为提升农村贫困群体的能力带来了专业力量,也探索了乡村贫困治理协同创新的实现路径。

社会工作在扶贫领域,一方面培养了一批专业的扶贫社会工作者,另一方面对贫困群体赋权赋能。社会工作的专业服务能够针对贫困群体的脱贫意识、脱贫资源、致富技能等多个层面开展复合型工作。

1. 经济扶贫

由于网络新兴媒体的崛起和物流的发展,贫困群体在地就业机会大大增加。一方面是

---

① 《2021年11月份民政统计数据》,民政部门户网站。
② 2020年人口普查报告中显示,乡村人口为50 979万人,农村最低生活保障人数占比约为0.07。
③ 《2019年全国农村贫困人口减少1 109万人》,中国政府网,2020年1月24日。

农业产业扶贫门槛大大降低,截至 2019 年,我国农业产业化龙头企业与农户达成交易订单的比例超过 55%。[1] 二是国家整体规划下对贫困地区进行旅游开发,全面推进乡村振兴,开发休闲农业和乡村旅游产业。社会工作在这一环节中主要是资源连接以及相关政策的广泛宣传。

2. 精神扶贫

随着就业机会的不断增加,脱贫攻坚的核心在于激发贫困群体脱贫的动机,社会工作在这一方面的实践,既包括针对特殊个案开展服务,又包括营造积极脱贫的整体氛围。社会工作者坚持扶贫先扶志,扶贫必扶智的理念。帮助贫困群众树立起摆脱困境的信心、决心和勇气,激发其内在动力,避免等靠要。扶智就是扶知识、扶技术、扶思路,社会工作者通过连接资源,为村民开展技能培训、科普下乡等方式,提升贫困群体脱贫致富的综合素质。

(四) 营造社区生态,助力社区发展

虽然农村社区相对城市社区来说,属于熟人社会,集体意识较强,但随着农村社区的"空心化",村民的集体意识、公共意识开始日益变得薄弱或消亡,社会工作者不仅需要提供公共服务、福利服务,同时需要组织培育村民的参与意识。社工介入农村社区后,能够发挥专业引导作用,动员社区居民成立志愿者服务队,或者社区议事会,共同讨论社区公共事务,提高村民的参与度。通过丰富的社区服务、社区文化活动和居民议事活动,培养村民的集体精神、公共意识、议事能力和解决当地问题的能力。

随着城市化进程的不断发展,越来越多的农村社区面临着合村并居、移村并居、拆村并居的情况。农村社会工作通过开展社区融合服务,帮助新居民建立新型人际互动支持网络,培育共同体意识,逐渐熟悉和融入新社区。

二、我国农村社区社会工作典型模式

这里按照运作主体将我国农村社区社会工作的模式分为三类:一是政府主导模式,二是高校或民间团体主导模式,三是政府购买农村社会工作服务模式。[2]

(一) 行政主导模式

行政主导模式是指基于科层结构的政府主导社区建设的行为模式,其治理结构是基于命令服从的层级制,治理资源主要来自自上而下的行政资源,治理手段是行政命令。[3] 行政主导模式为主的农村社区社会工作呈现出政府工作人员执行力强但社会参与度低的特点。在这样的环境下,能够在短期快速地完成相应的指标要求,但同时,政府的支持程度直接影

---

[1] 《2019 中国农业经济发展报告及展望》,中国经济网,2020 年 6 月 19 日。
[2] 蒋国河:《中国特色农村社会工作:本土化探索与实践模式》,社会科学文献出版社,2017 年,第 67—84 页。
[3] 曾莉、李佳:《城市社区治理中的基层政府行为:行政主导抑或合作共治——来自上海市 P 社区的田野调查》,《学习论坛》2020 年第 7 期。

响到服务后期的可持续性。

"万载模式"是行政主导模式的典型。2007年,作为全国首批社会工作人才队伍建设试点县,江西万载县开创了农村欠发达地区的社会工作模式。在大力推进新农村建设的背景下,依靠政府的强力推动,通过高位推动和广泛发动完成了行政动员和社会宣传,纵向从省到县至乡、村,横向从领导到一般干部、员工,均被发动起来。该县先后出台了《关于加强社会工作人才队伍建设推进社会工作发展的意见》和《农村社会工作实施方案》等10项配套政策文件。主要资金来源于政府财政补贴和彩票公益金,高效率地整合人力、物力、财力资源。从社区及机构等层面和民政、妇联、卫生等多个政府条线推进社会工作人才队伍建设和社会工作发展。形成了以注重人才培养本土化为特征的农村社会工作模式。

(二) 高校或民间团体主导模式

这一模式以云南平寨项目、湘西项目为典型,主要依靠高校师生的参与、高校或民间团体的资金支持,具有志愿服务的性质,政府的介入程度弱。其特点主要有:经费来源以高校或民间资金为主,民政部门或基层政府支持为辅。资金一般来自高校经费及民间基金支持。项目实践承载着人才培养、服务农村社会、学术研究的多重目标。如云南平寨项目探索了以能力建设和资产建立为核心的农村扶贫新模式,开展了农村社会工作实务研究或行动研究。服务模式以周期性的暑期驻村服务为主,根据高校教学计划,服务活动通常安排暑期进行。实务运行中专业自主性强,不会受到行政化的困扰,能够自主地根据自己的专业理想、价值目标,立足基层民众的切身需求,踏实开展实务活动。

"绿耕模式"是由香港大学联合中山大学在云南、四川、广东等地开展农村社区社会工作服务实践的成果。该模式采取以社区为本的整合社会工作策略,立足社区,通过构建社区支持网络,由社工主导,以社区经济作为切入点,综合运用社会工作专业方法和技术,推动社区发展。

(三) 政府购买农村社会工作服务模式

近年来,政府购买社工服务从城市逐步发展到农村。这类模式以广东从化项目、广东"双百计划"、湖南乡镇社工站项目、四川理县项目、江西留守儿童未保项目等为代表,其购买方式分为两种类型:一种是由政府向社会工作机构购买社会服务,如湖南政府购买乡镇社工站项目;一种是政府直接购买社会工作岗位和服务,如广东政府购买乡镇(街道)社工服务站项目。这一模式的特点主要有:创新社区治理体制,探索了政社分工合作、开展农村社会工作服务的新模式,政府提供资金和政策支持,社会工作为困难群众提供专业化、个性化服务,协同解决农村社会服务需求的问题。实现增强基层民政服务力量、推动社会工作发展、推进共建共治共享社会治理格局的多重目标。

三、我国农村社区社会工作发展的不足

(一) 农村社区公共服务资金保障不足

农村社区之间的经济发展存在差异性。对于发展相对滞后的农村社区来说,更为需要

社会工作的介入,但现阶段政府购买农村社区公共服务的情况仍然偏少。社区经济发展滞后,财政资金有限,社区服务项目的经费不足,造成服务经费的短缺以及农村社会工作人才培养的激励机制缺位,专业水平较高、非营利性的社会工作机构难以将服务送进农村,也难以造就一批长期扎根基层、服务基层的稳定的专业社会工作人才队伍。

(二)农村社区社会工作专业知晓度偏低

现阶段我国社会工作专业知晓度和影响力在农村地区仍然偏低。在农村社区,社会工作的专业理念与行业信息难以及时、广泛地得到传播,基层政府和村两委、村民大多对农村社区社会工作服务认识不足,或理解存在偏差。例如,街道、社区的宣传中所提到的社工,除了少数指明是社工机构的社工外,都是指社区工作人员。基层政府工作人员对社会工作缺乏了解,往往将社会工作者视为对行政工作力量的补充,不尊重社会工作的独立性、专业性和自主性。由于认识上的偏差,对社会工作以及社会工作者的职能定位也会出现偏差,期望过低或者过高,甚至过度干预,都会对项目的执行及其成效造成影响。

(三)农村社区人力资源不足,权责不明

农村社区村委会工作人员数量偏少,工作人员忙于承接乡镇下派的基础性行政工作。当专业社会工作者进入社区时,常常被要求帮助承担社区行政性工作。政府过多层级的体系也会增加各方沟通的成本。

项目的服务提供者、采购方和服务对象这三方主体之间存在信息不对称,需要建立相互协调的机制、促使需求与供给匹配。村民缺乏自下而上的需求表达与呈现的传递机制,在服务方案确定时缺位,其诉求和意愿无法得以表达,从而使需求的确认主要依赖服务提供者和政府的判断,导致提供的服务与村民需求脱节。由于服务提供者缺乏对社区环境的实际体验与了解,政府因其行政特点,在调研居民的真实需求时往往不够深入,产生了服务针对性不强和成效不足的问题。

(四)农村社区社会工作者专业能力不足

社会工作介入农村社区服务项目要求社会工作者要具有更高的专业能力,在缺乏资金、没有良好的专业人才扎根的环境下,容易出现参与实践的社会工作者专业能力不足的问题。在宣传渠道相对较少的农村社区,居民对社会工作的了解和认识就更加缺乏。对于农村居民来说,他们现阶段的关注点仍然以经济方面为主,部分地区仍以脱贫为目标。基于这一阶段的现实需求,也让以"增能赋权"为核心的社会工作服务价值无法得到农村社区居民的理解与认可。在服务过程中专业能力不足以应对农村社区所处的复杂性需求,服务仅仅停留在丰富群众精神文化生活的层面,会导致农村社区居民对服务的认同度不高,参与的积极性不足且持续下降。而服务专业性、针对性和成效的欠缺,又进一步降低了社会工作者对社会工作认同感,限制了其服务的积极性。长此以往,项目整体运作出现问题甚至中断,也会让社会工作介入农村社区的实践受到质疑。

参考文献

[1] 韩芳. 新型农村社区建设与管理研究[M]. 北京:知识产权出版社,2017.

[2] 黄蕾. 中国新型农村社区治理研究[M]. 北京:经济管理出版社,2020.

[3] 廖年忠. 乡村振兴背景下新农村社区建设与治理研究[M]. 重庆:重庆出版社,2019.

[4] 中华人民共和国住房和城乡建设部. 中国城乡建设统计年鉴[M]. 北京:中国统计出版社,2019.

[5] 中华人民共和国国家统计局. 中国统计年鉴2020[M]. 北京:中国统计出版社,2020.

[6] 黄云凌. 农村人居环境整治中的村民参与度研究:基于社区能力视角[J]. 农村经济,2020(9):123-129.

[7] 刘勇. 农村环境污染整治:从政府担责到市场分责[M]. 北京:社会科学文献出版社,2021.

[8] 徐春霞. 环境管理与规划[M]. 北京:中国林业出版社,2020.

[9] 于水. 从乡村治理到乡村振兴:农村环境治理转型研究[M]. 北京:中国农业出版社,2019.

[10] 于显洋. 社区概论[M]. 2版. 北京:中国人民大学出版社,2015.

[11] 农业农村部农村社会事业促进司. 农村社会事业研究2019[M]. 北京:中国农业出版社,2020.

[12] 卢春天,朱震. 我国环境社会治理的现代内涵与体系构建[J]. 干旱区资源与环境,2021(9):1-8.

[13] 洪大用. 环境社会学[M]. 北京:中国人民大学出版社,2021.

[14] 中国统计局农村社会经济调查司. 中国农村统计年鉴2020[M]. 北京:中国统计出版社,2020.

[15] 王树义,刘琳. 论我国农村环境保护之法治保障[J]. 环境保护,2015,43(21):43-47.

[16] 张贵玲,张兆成,马玉祥. 环境法治问题研究[M]. 北京:人民出版社,2015.

[17] 张克俊,杜婵. 从城乡统筹、城乡一体化到城乡融合发展:继承与升华[J]. 农村经济,2019(11):19-26.

[18] 魏后凯,杜志雄. 中国农村发展报告2020[M]. 北京:中国社会科学出版社,2020.

[19] 李小明. 关中地区乡村人居环境整治规划策略研究[D]. 西安:西安建筑科技大学,2018:13-16.

[20] 任建兰,王亚平,程钰. 从生态环境保护到生态文明建设:四十年的回顾与展望[J]. 山东大学学报(哲学社会科学版),2018(6):27-39.

[21] 沈费伟,刘祖云.合作治理:实现生态环境善治的路径选择[J].中州学刊,2016(8):78-84.
[22] 薛晓源,陈家刚.从生态启蒙到生态治理[J].马克思主义与现实,2005(4):14-21.
[23] 潘丹,孔凡斌.生态宜居乡村建设与农村人居环境问题治理[M].北京:中国农业出版社,2018.
[24] 王树义,周迪.回归城乡正义:新《环境保护法》加强对农村环境的保护[J].环境保护,2014,42(10):29-34.
[25] 嵇欣.当前社会组织参与环境治理的深层挑战与应对思路[J].山东社会科学,2018(9):121-127.
[26] 武春友,孙岩.环境态度与环境行为及其关系研究的进展[J].预测,2006(4):61-65.
[27] 周力.江苏农村发展报告2021[M].北京:社会科学文献出版社,2021.
[28] 吕建华,林琪.我国农村人居环境治理:构念、特征及路径[J].环境保护,2019,47(9):42-46.